Johannes Schumann

MITTELSTUFE DEUTSCH

Lösungen

Schlüssel zum Selbststudium
mit Verb-Wörterbuch

Verlag für Deutsch

Das Lehrwerk „Mittelstufe Deutsch" besteht aus folgenden Teilen:

Für den Schüler:

1. Textbuch – Best.-Nr. 365
2. Lösungen – Schlüssel zum Selbststudium mit Verb-Wörterbuch – Best.-Nr. 366
3. 2 Cassetten mit Texten und Übungen – Best.-Nr. 367
4. Arbeitsbuch – Best.-Nr. 368
5. Schlüssel zum Arbeitsbuch – Best.-Nr. 369
6. Zweisprachige Glossare

Zu den „Lösungen – Schlüssel zum Selbststudium" wird für Selbstlerner empfohlen:
1. das Textbuch „Mittelstufe Deutsch" – Best.-Nr. 365 und
2. die Cassetten mit Texten und Übungen – Best.-Nr. 367.

Für den Lehrer:

7. Lehrerhandbuch – Best.-Nr. 370
8. 35 Diapositive zu den Themen des Lehrbuchs – Best.-Nr. 371
9. Lehrerpaket (Lehrerhandbuch, 2 Cassetten mit Texten und Übungen, 35 Dias) – Best.-Nr. 372
10. 21 Folien – Best.-Nr. 373

4. 3. 2.   Die letzten Ziffern
1998 97 96 95 94   bezeichnen Zahl und Jahr des Druckes.
Alle Drucke dieser Auflage können, da unverändert,
nebeneinander benutzt werden.
1. Auflage
© 1992 VERLAG FÜR DEUTSCH
Max-Hueber-Str. 8, D-85737 Ismaning
Herstellung: VerlagsService Dr. Helmut Neuberger
& Karl Schaumann GmbH, Heimstetten
Satz: Fotosatz Völkl, Puchheim
Druck und Bindung: Ludwig Auer, Donauwörth
Printed in Germany
ISBN 3–88532–366–4

Liebe Deutschlernende,

dieser Band bietet Ihnen wichtige Hilfen beim Erlernen der deutschen Sprache:

1. Die *Lösungen* zu allen Übungen des Textbuches. Auf diese Weise können Sie Ihr Wissen selbst kontrollieren und das Textbuch weitgehend auch ohne die Hilfe eines Lehrers benutzen.
2. Ein umfangreiches *Verb-Wörterbuch* mit vielen Beispielen zum selbständigen Bearbeiten, denn der richtige Gebrauch der Verben stellt für viele Ausländer das größte sprachliche Problem dar. Die Lösungen zum Verb-Wörterbuch finden Sie im letzten Teil des Buches.
3. Zu den einzelnen Reihen gibt es Hinweise auf die Audiocassetten. Sie können die Texte und Übungen, die auf den Cassetten sind, hier in diesem Buch nachlesen. Besser wäre es natürlich, wenn Sie die beiden Cassetten zur Verfügung hätten, die Texte hören und die Übungen von der Cassette machen könnten.

Ich wünsche Ihnen viel Erfolg und Spaß bei der Arbeit!

Ihr Johannes Schumann

Inhalt

3

Reihe I: Die Liebe und die liebe Familie

Auf den Cassetten finden Sie folgende Texte und Übungen:

Sterben die Deutschen aus? (S. 9/10)
Lückendiktat (S. 11)
Übung: Zusammengesetzte Nomen (S. 12)
Erich Kästner: *Sachliche Romanze* (S. 14)
Hören und verstehen (S. 17)
Übung: Bilden Sie Adjektive (S. 19)
Hören und verstehen (S. 21)
Übung: Finden Sie die Nomen (S. 24)
Liebe (S. 26)
Kurt Tucholsky: *Frauen von Freunden* (S. 27)
Erich Fromm: *Ist Lieben eine Kunst?* (S. 30/31)

S. 8

Hilfen zum nachfolgenden Text
bezogen auf, mit, innerhalb, für, im, um, gegenüber, nach, um, für, in, zur, zum
1. die Wünsche nach Kindern
2. die Wünsche der Kinder (von Kindern)

S. 11

Lückendiktat

Seit 1816 hat sich die Bevölkerung auf dem Gebiet der heutigen Bundesrepublik fast versechsfacht, von 13,7 Millionen auf 79,7 Millionen (1991).
Bis 1972 übertraf die Zahl der Lebendgeborenen die der Todesfälle zu allen Zeiten mit Ausnahme der Jahre 1917/18 und 1944/45. Seit 1900 sank die Säuglingssterblichkeit dramatisch von 25 Prozent (1900) auf 10 Prozent (1925) und 5 Prozent (1939). Heute liegt sie bei 0,75 Prozent. In derselben Zeit verlängerte sich die durchschnittliche Lebenserwartung eines Neugeborenen von 35 Jahren (1900) auf 50 Jahre (1914) und 60 Jahre (1939). Jetzt beträgt sie für Frauen 79, für Männer 72 Jahre. Beide Tendenzen haben dazu beigetragen, daß heute auf einem Quadratkilometer der Bundesrepublik 222 Menschen leben, um 1871 waren es 82.

Richtig oder falsch?
1 falsch 2 richtig 3 richtig 4 falsch

S. 12

Wortbildung

I. Zusammengesetzte Nomen
1. die Plastiktüte 2. die Zimmerdecke 3. das Bücherregal 4. die Bügelmaschine 5. die Sturmwarnung 6. die Bratpfanne 7. die Lederhandschuhe 8. das Kalbfleisch 9. das Stadtzentrum 10. die Seeluft

II. mit Fugen-*s*
1. die Kindheitserinnerung 2. die Anwesenheitspflicht 3. der Trainingsanzug 4. die Säuglingspflege 5. der Demonstrationszug 6. die Positionslichter 7. die Lieblingsspeise 8. das Flüchtlingslager 9. die Wirtschaftskrise 10. der Verwandtschaftsgrad 11. das Qualitätserzeugnis 12. das Elektrizitätswerk 13. das Leitungswasser 14. die Zeitungslektüre

III. ohne *e*:

1. *Miet-:*	erhöhung, vertrag, verhältnis, zins, kaution, wohnung, usw.
2. *Schul-:*	bildung, arbeit, aufgaben, zeugnis, rat, schiff, zeit, usw.
3. *Sprach-:*	gefühl, lehrer, lehre, rohr, wissenschaft, fehler, usw.
4. *Kirsch-:*	wasser, baum, kern, blüte, kuchen, torte, usw.
5. *Eck-:*	pfeiler, stein, bank, zahn, ball, haus, usw.
6. *Kontroll-:*	rat, zählung, gang, apparat, organ, stempel, lampe, usw.
7. *Brems-:*	probe, belag, licht, pedal, flüssigkeit, spur, usw.
8. *Grenz-:*	linie, kontrolle, verkehr, land, gänger, schutz, wert, usw.
9. *Straf-:*	maß, arbeit, mandat, gesetz, porto, sache, recht, usw.
10. *Lehr-:*	kraft, plan, mittel, ziel, satz, fach, stuhl, buch, usw.
11. *Stimm-:*	bruch, gabel, bänder, recht, abgabe, enthaltung, usw.

IV.
der Schulhof, die Säuglingssterblichkeit, der Kirchturm, das Sicherheitsrisiko, die Geschwindigkeitsbegrenzung, das Meisterschaftsspiel, der Pappkarton, die Fernreise, der Zeitungsartikel, die Wolljacke, das Diskussionsthema

S. 13

Wie sagen Sie kürzer?
1. das Einzelkind 2. das Vorderteil 3. die Höchstgeschwindigkeit 4. das Mindestalter 5. der Hinterausgang 6. der Innenhof 7. die Außenwelt 8. die Gesamtzahl 9. das Halbjahr 10. die Kleinstadt 11. die Privatadresse 12. Rotwein 13. der Rundbogen 14. das Hochhaus 15. ein Doppelfenster 16. eine Sonderprämie 17. das Hinterrad

Wie heißt das Gegenteil?
1. Nein, das ist der Nebeneingang. 2. Nein, ein Einzelzimmer. 3. Nein, eine Mindestgeschwindigkeit von 50 km/h (Kilometern pro Stunde). 4. Nein, Vollmond. 5. Nein, (lieber) durch die Hintertür. 6. Nein, auf dem Rückflug. 7. Nein, eine Linkskurve. 8. Nein, aber Süddeutschland. 9. Nein, der Vorderreifen. 10. Nein, die Innentemperatur ist höher. 11. Nein, als Nebenfach. 12. Nein, Linksextremist. 13. Nein, im Doppelbett. 14. Nein, der Außenminister.

Wer war Kästner?
lebte, schrieb (verfaßte), verbrannten (vernichteten), ging, blieb, erhielt (bekam)

S. 14

Kästner: Sachliche Romanze

kannten, kam, waren, versuchten, sahen (an), wußten, weinte, stand, sagte, spielte, gingen, rührten, saßen, sprachen, konnten

S. 15

Elemente

1. Unsere Liebe fing vor acht Jahren an.
2. Erich sah sehr gut aus, und er lief mir nach.
3. Anfangs gingen wir häufig aus.
4. Ich zog mich chic an, und er holte mich ab.
5. Er brachte mir gewöhnlich Blumen mit.
6. Es kam oft vor, daß wir erst spät nach Hause zurückkehrten.
7. Manchmal wachte ich nachts auf und dachte lange über unsere Beziehung nach.
8. Aber bei Diskussionen hörte er mir nicht mehr zu und schlief immer sofort ein.
9. Eines Tages brachte ich ihm alle Geschenke zurück.
10. Ich machte ihm nicht mehr die Tür auf.
11. In dieser Zeit nahm ich sechs Kilo ab.
12. Ich nahm mir vor, mich nie mehr zu verlieben.
13. Schließlich fuhr er allein für einige Wochen weg.

Sortieren Sie die Verben

ie:

bewies, blies, briet, fiel, hielt, ließ, lief, lieh, mied, riet, rieb, schien, schlief, schrieb, schrie, schwieg, stieg, stieß, unterschied, verzieh

i:

ging, glich, griff, hing, litt, riß, ritt, schnitt, strich, stritt, verglich

S. 17

Zusätzliches Spiel

Wenn Sie abends mit Freunden zusammensitzen, können Sie das folgende Spiel probieren. Machen Sie zuerst eine Liste mit einigen temporalen und lokalen Adverbien (siehe unsere Vorschläge). Die Liste wird gefaltet, und der zweite Spieler schreibt ein Verb im passenden Tempus dazu. Nun wird die Liste wieder gefaltet, und der nächste Spieler schreibt eine bekannte Persönlichkeit dazu und faltet das Papier noch einmal. Der nächste Spieler schreibt nun ein Objekt dazu:

Beispiel: *Vorgestern/saß/Onkel Otto/in der Badewanne*
Es werden auf diese Weise mehr oder weniger sinnvolle und oft ganz witzige Sätze gebildet, und man lernt so auf spielerische Art, daß nach temporalen und lokalen Adverbien das Verb vor dem Subjekt steht.

temporal:

abends	anfangs	augenblicklich
bald	inzwischen	schon
bis jetzt	jetzt	selten

bisher
damals
dann und wann
eben
einst
einstmals
endlich
erst
früh
für immer
gestern
gewöhnlich
gleich
heute
häufig
immer
immerzu

jährlich
künftig
kürzlich
lange
manchmal
meistens
mitunter
morgen
nachher
nachts
neulich
nie
niemals
nun
oft
oftmals
plötzlich

soeben
sofort
spät
später
stets
ständig
stündlich
täglich
von altersher
vorgestern
wöchentlich
zeitlebens
zuerst
zuletzt
öfters
übermorgen

lokal:
anderswo
anderswoher
anderswohin
aufwärts
außen
da
daheim
daneben
darin
darunter
darüber
dazwischen
dort
dorther
dorthin
draußen
drin
drinnen

herab
herauf
herunter
herüber
hier
hierher
hierhin
hinab
hinauf
hinaus
hinein
hinten
hinunter
hinüber
innen
irgendwo
irgendwoher
irgendwohin

links
nirgends
nirgendwo
nirgendwoher
nirgendwohin
oben
rechts
rückwärts
unten
vorn
vorwärts
woanders
woandersher
woandershin
überall
überallher
überallhin

S. 17

Finden Sie ein Nomen mit „i"
der Beginn, der Gewinn, der Griff, die Hilfe, der Riß, der Biß, der Ritt, der Schnitt, der Schritt, der Sitz, der Stich, der Strich, der Tritt

Hören und verstehen
Was halten Sie von dem folgenden Zeitungsartikel?

Schadensmeldung an die Unfallversicherung (Frankenpost)
Ich wollte Fenster putzen. Damit ich von außen an das Fenster herankomme, legte ich ein Bügelbrett auf die Fensterbank. Mein Mann, der schwerer ist als ich, setzte sich innen auf das Bü-

gelbrett, und ich putzte, auf dem Brett stehend, das Fenster von außen. Plötzlich klingelte es an der Haustür. Als mein Mann unten öffnete, fand er mich vor dem Eingang liegend. Wir wissen bis heute nicht, wer geklingelt hat.

S. 18

Gemischte Verben und Gefühle
nannte, wandte, sandte, rannte, brannte, wußte, dachte, brachte

S. 19

Sortieren Sie die Verben
a:

begann, band, brach, empfahl, aß, fand, galt, half, las, lag, maß, schwamm, schwang, sang, sank, saß, stach, stand, starb, zwang

o:

bog, bot, flog, floh, floß, fror, genoß, goß, hob, log, schob, schloß, verlor, wog, zog

u:

grub, lud, schlug, trug, wuchs, wusch

Bilden Sie Adjektive
kindlich, väterlich, mütterlich, brüderlich, verwandtschaftlich, lieblich (liebevoll), tödlich, erblich, ehelich, vertraulich

S. 21

Hören und verstehen
Nennen Sie den Oberbegriff.
1. die Geduld, die Pünktlichkeit, die Tugend, der Fleiß
2. der Fluß, das Gewässer, der See, der Teich
3. der Maler, der Seiltänzer, der Künstler, der Bildhauer
4. die Banane, die Frucht, die Pampelmuse, die Orange
5. das Salz, der Pfeffer, das Gewürz, die Paprika*
6. das Kleidungsstück, der Schal, die Weste, der Anorak
7. der Panther, das Raubtier, der Löwe, der Leopard
8. das Besteck, der Löffel, die Gabel, das Messer
9. die Cola, die Limo, das Getränk, der Weißwein
10. die Waage, das Meßinstrument, der Tacho, das Thermometer
11. der Akademiker, der Jurist, der Arzt, der Richter
12. der Weizen, das Getreide, der Hafer, der Roggen
13. die Nadel, das Nähzeug, der Faden, der Fingerhut
14. der Handwerker, der Maurer, der Schlosser, der Klempner
15. der Laster, der Pkw, das Motorrad, das Fahrzeug
16. die Trunksucht, das Laster, der Geiz, das Rauchen
17. der Dollar, die Mark, der Rubel, die Währung

---

* eigentlich: der Paprika, aber häufiger: die Paprika(schote)

18. der Krug, die Vase, die Kanne, das Gefäß
19. der Smaragd, der Diamant, der Edelstein, der Rubin
20. der Tabak, der Alkohol, der Tee, das Genußmittel

Lösungen:

1. die Tugend	8. das Besteck	15. das Fahrzeug
2. das Gewässer	9. das Getränk	16. das Laster
3. der Künstler	10. das Meßinstrument	17. die Währung
4. die Frucht	11. der Akademiker	18. das Gefäß
5. das Gewürz	12. das Getreide	19. der Edelstein
6. das Kleidungsstück	13. das Nähzeug	20. das Genußmittel
7. das Raubtier	14. der Handwerker	

Temperamente

Choleriker: die Wut, die Leidenschaft, der Jähzorn, die Unbeherrschtheit
Melancholiker: die Schwermut, der Pessimismus, die Langsamkeit, der Trübsinn
Phlegmatiker: die Behäbigkeit, die Gleichgültigkeit, die Gemütlichkeit, die Schwerfälligkeit
Sanguiniker: die Beweglichkeit, die Lebhaftigkeit, die Leichtblütigkeit, der Optimismus

S. 22

Mann und Frau

V – O – R – U – R – T – E – I – L – E

Adjektive

Mit den genannten Adjektiven charakterisiert man den Wein. Ist Ihnen schon aufgefallen, daß der Wein mit Merkmalen beschrieben wird, die zum Teil mit Frauen assoziiert werden könnten?

Finden Sie ein maskulines Nomen mit „u"

(sämtlich maskulin): Bruch, Fund, Flug, Fluß, Genuß, Guß, Geruch, Ruf, Schwund, Schwung, Spruch, Verlust, Wuchs, Zug

S. 24

Finden Sie Wortpaare

1. Glanz und Gloria 2. mit Haut und Haaren 3. Gift und Galle 4. Kind und Kegel 5. Sack und Pack 6. fix und fertig 7. kurz und klein 8. Kopf und Kragen 9. Geld und Gut, Haus und Hof 10. Lust und Laune (Liebe) 11. Hinz und Kunz 12. Tür und Tor 13. Rast und Ruh 14. Himmel und Hölle

Was bedeutet ...?

Hier sind ein paar Beispielsätze:
1. Viele Lehrer haben einen Spitznamen, der typisch für ihr Aussehen oder ihren Charakter ist.
2. Klaus wollte gern mit Marion tanzen, aber sie gab ihm einen Korb und ließ ihn stehen.
3. Wer sich durchsetzen kann, realistisch ist und auch im Beruf mit beiden Beinen fest auf dem Boden steht, der steht seinen Mann.
4. Er liebt nur sie und ist treu wie Gold. Er hat sie nie im Stich gelassen.
5. Wer kurzfristig den Partner wechselt (untreu wird), macht einen Seitensprung.
6. Wenn die Frau die Rolle übernimmt, die meistens für das Verhalten von Männern typisch ist, sagt man, daß sie die Hosen anhat.

Finden Sie die Nomen

binden	–	das Band		graben	–	das Grab/der Graben
braten	–	der Braten		klingen	–	der Klang
denken	–	der Gedanke		liegen	–	die Lage
fahren	–	die Fahrt		messen	–	das Maß
fallen	–	der Fall		raten	–	der Rat
fangen	–	der Fang		singen	–	der Gesang
geben	–	die Gabe		stehen	–	der Stand
stehlen	–	der Diebstahl		befehlen	–	der Befehl
tun	–	die Tat		empfehlen	–	die Empfehlung
zwingen	–	der Zwang		gelten	–	die Geltung
anbieten	–	das Angebot				
biegen	–	der Bogen				
frieren	–	der Frost				
stoßen	–	der Stoß				

Sprichwörter

1. fällt selbst hinein
2. als die Taube auf dem Dach
3. Gold im Mund
4. fängt am Abend die Katz'
5. da fallen Späne
6. der nicht gewinnt
7. bis er bricht
8. schaut man nicht ins Maul
9. macht mich nicht heiß
10. hat auch Likör
11. ist auch kein Richter
12. das füg' auch keinem andern zu

S. 25

1. der dümmste Bauer
2. den letzten
3. Fliegen
4. Eulen
5. alte Liebe
6. Lügen
7. Wissen
8. die Katze
9. der Apfel
10. Liebe
11. mit Speck
12. Irren

S. 27

Wer war Kurt Tucholsky?
starb, kämpfte (wandte sich), gehörte (zählte), wurde

S. 28

1. der Hand 2. Fuß 3. die Hand 4. Finger 5. Hand 6. Fuß 7. Hand, Hand 8. Hände 9. Finger 10. Füße 11. Hände 12. Finger 13. Füße 14. Hand, Fuß 15. die Arme 16. Füßen 17. Fuß 18. Hand 19. der Hand 20. Hand 21. Hand 22. den Fuß 23. den Arm

S. 29/30

1b, 2f, 3m, 4i, 5d, 6a, 7h, 8r, 9q, 10n, 11j, 12u, 13o, 14v, 15l, 16t, 17g, 18p, 19k, 20s, 21c, 22e
a) Auge b) Mund c) Zähnen d) Auge e) Nase f) Mund g) Auge h) Augen i) Nase j) Ohren k) Mund l) Haar m) Ohr n) Lippe o) Augen p) Zähne q) Haare r) Mund s) Nase t) Zähne u) Haar v) Haaren

Foto:
Die Situation des Bildes ist nicht ganz eindeutig. Würden Sie es auch so beschreiben?
Ein junges Paar steht vor einem Schaufenster. Es sieht so aus, als ob sich beide sehr mögen, denn der junge Mann hat den Arm um seine Freundin gelegt. Im Schaufenster sind Brautkleider ausgestellt.
Die folgenden Dialoge sind willkürlich. Für welchen würden Sie sich entscheiden?

Variante 1: Der junge Mann grinst und sagt: Guck mal da, so was Blödes! Da gibt es doch tatsächlich so altmodische Typen, die in Weiß heiraten. Wo die Ehe doch in der heutigen Form längst überholt ist ... etc.

Variante 2: Der junge Mann lächelt ihr liebevoll zu und flüstert: Was meinst du, wär' das Kleid in der Mitte nicht genau das richtige für dich? Ich stell mir vor, wie du ganz in Weiß mit einem Blumenstrauß in der Kirche neben mir stehst ... etc.

S. 31

Fragen zum Text

Hilfen zur Analyse von Sachtexten

Es ist oft nicht ganz einfach, in mündlicher oder schriftlicher Form Stellung zu einem Text zu nehmen. Hier sind einige Fragen, die Ihnen Impulse geben sollen, wie man an einen Sachtext herangehen kann:

1. Wissen Sie etwas über den Autor? (Wenn nicht, benutzen Sie ein Lexikon.)
2. In welcher Zeit und unter welchen Umständen wurde der Text geschrieben?
3. Welche Absicht hatte wohl der Verfasser?
4. Informiert oder kommentiert der Text? Ruft er zum Handeln auf?
5. Welches Problem wird behandelt?
6. In welche Abschnitte läßt sich der Text gliedern? Könnte man Überschriften zu den Abschnitten finden?
7. Wo finden Sie Tatsachen, Fragestellungen, Thesen, Argumente, Zitate oder Wertungen?
8. Welche Bilder oder Vergleiche werden benutzt?
9. Welchen Wortschatz benutzt der Verfasser? Gibt es viele fachsprachliche Ausdrücke oder Fremdwörter? Benutzt er einen Nominal- oder Verbalstil? Lange oder kurze Sätze?
10. Aus welchem Medium stammt der Text (Rundfunk, Buch, Zeitung ...)?
11. Wer ist der Adressatenkreis? Wen will der Verfasser ansprechen?
12. Wendet sich der Text mehr an den Verstand oder an das Gefühl des Lesers? Warum?
13. Wie würden Sie selbst den Text beurteilen? Begründen Sie Ihre Meinung.

S. 33

Denksportaufgabe
Es sind 7 Kinder: 4 Jungen und 3 Mädchen. Somit hat Jan ebenso viele Schwestern wie Brüder, nämlich jeweils 3. Christel hat nur 2 Schwestern und 4 Brüder, also halb so viele Schwestern wie Brüder.

Momentan ist Jan 9 Jahre und Christel 12 Jahre alt. In 6 Jahren wird Christel 18 sein, also doppelt so alt, wie Jan heute schon ist.

S. 34

Adam sucht Eva
die Tante, die Braut, die Gattin, die Nichte, die Oma, die Schwägerin, die Cousine (Kusine), die Schwiegertochter, die Frau Gemahlin, die Verlobte, die Witwe

Familienstand
1. uns verlobt, Verlobter
2. verwitwet, Witwe
3. Junggeselle
4. getrennt
5. haben uns scheiden

S. 35

Finden Sie ein Nomen
die Heirat, die Verlobung, die Scheidung, die Trennung

S. 38ff. Weitere Übungen

1

Guten Tag, wie ist Ihr Name? – Und woher kommen Sie? – Wie viele Sprachen spricht man denn in der Schweiz? – Und wo wohnen Sie? – Wie viele Einwohner hat Bern eigentlich? – Also ist Bern die größte Stadt der Schweiz? – Welche Sehenswürdigkeiten gibt es denn in Bern? – Und was sind Sie von Beruf? – Was studieren Sie denn? – In welchem Semester sind Sie? – Und wie alt sind Sie, wenn ich fragen darf? – Was für ein Sternzeichen sind Sie denn? – Haben Sie einen Wagen? – Rauchen Sie? – Lesen Sie gern? – Sind Sie verheiratet? – Haben Sie auch Kinder? – Ein Junge oder ein Mädchen? – Geht das schon in die Schule? – Welche Hobbys haben Sie? – Waren Sie dieses Jahr schon im Urlaub? – Nehmen Sie Ihr Kind also nicht mit? – Möchten Sie noch einmal heiraten? – Haben Sie es schon einmal mit einer Kontaktanzeige in einer Zeitung versucht? – Gehen Sie oft aus? – In Diskotheken? – Sie arbeiten sicher nebenher? – Kriegt man da auch Trinkgeld? – Warum gehen Sie denn arbeiten? – Interessieren Sie sich für Politik? – Was, glauben Sie, wird in zwanzig Jahren sein? – Vielen Dank für das Interview, Christine. Alles Gute!

3

1f, 2a, 3g, 4e, 5b, 6d, 7k, 8i, 9j, 10c, 11h

4

Für Männer werden gebraucht: „Blödmann" ... bis „alte Sau"
Für Frauen werden gebraucht: „dumme Kuh" ... bis „blöde Tussi".

5

1. Da denkt man normalerweise nicht dran. 2. Da wartet niemand drauf. 3. Da kann ich mir nichts drunter vorstellen. 4. Da kannst du nicht rausgehen. 5. Da will ich nichts von wissen.

6. Da will ich nichts mit zu tun haben. 7. Da kann er nichts für. 8. Da hat jeder Angst vor. 9. Da kann ich nicht rüberschwimmen. 10. Da darfst du nicht reingehen. 11. Da muß man erst mal draufkommen. 12. Da kann man jemand mit ärgern. 13. Da habe ich nie dran geglaubt. 14. Da kannst du nichts mit anfangen. 15. Da kriegen mich keine zehn Pferde rauf. 16. Da kann man nichts gegen machen.

6

1. ist ja 2. wirst ja 3. sind ja 4. hast ja 5. klettert ja 6. steht ja 7. darf ja 8. Es ist ja zum Glück/Es ist zum Glück ja 9. ist ja 10. lügst ja

---

Erinnern Sie sich?
Zum Gebrauch von „ja"

1. Sie sagen etwas Tröstliches und bestätigen eine bekannte Tatsache:
   Der Weg ist *ja* nicht mehr weit.
   Eine Spinne ist *ja* nicht gefährlich.
2. Sie sind sehr erstaunt oder entrüstet:
   Es schneit *ja* draußen!
   Das ist *ja* nicht zu fassen!
3. Sie fordern jemanden auf, unbedingt etwas zu tun oder zu lassen:
   Mach *ja* noch deine Hausaufgaben!
   Laß *ja* die Finger davon!

7

1. mir vielleicht 2. war aber/vielleicht 3. war vielleicht 4. hat aber/vielleicht 5. ist aber/vielleicht 6. sitzt aber/vielleicht 7. ist aber/vielleicht 8. ist es aber/vielleicht

---

Erinnern Sie sich?
Zum Gebrauch von „vielleicht" und „aber"

Sie wollen sagen, daß etwas außergewöhnlich ist:
Mein Vater kann *vielleicht* schnarchen!
Die hat *aber* wirklich Glück gehabt!

8

1. du denn/heute abend denn 2. Sie denn 3. du denn 4. Sie sich denn 5. Sie ihn denn 6. Ist denn/Freund denn 7. Sie denn 8. Sie denn 9. Sie denn 10. er denn
(Statt „denn" kann man auch „eigentlich" oder „etwa" einsetzen.)

Erinnern Sie sich?
Zum Gebrauch von „denn", „eigentlich" und „etwa"

1. Sie wollen eine Sie interessierende Frage betonen:
   Wird *denn* bei der Bahn gestreikt?
2. Sie wollen einen Vorwurf in einer Frage anklingen lassen:
   Willst du *denn* schon wieder ein neues Auto kaufen?

Wie bereitet man ein Referat vor?

Sowohl im Studium als auch im Beruf werden Sie gelegentlich komplexe Sachverhalte oder Probleme mündlich oder schriftlich darstellen müssen. Vielleicht hilft es Ihnen, wenn Sie so vorgehen:

1. Versuchen Sie, das Thema zu erschließen: Welches ist der Leitgedanke?
2. Sammeln Sie genügend Stoff. Dies gelingt am besten, wenn Sie W-Fragen bilden: Stellen Sie sich Fragen nach dem Sachverhalt mit: wer? was? wie? wo? wann? Bilden Sie Fragen nach Grund, Zweck oder Nutzen, Bedeutung, Beziehung mit: warum? wozu? worin? womit?
3. Finden Sie eine gedankliche Ordnung. Welche Gedanken gehören zusammen? Was ist These – Antithese, Vorteil – Nachteil, Grund – Folge, Ursache – Wirkung, Pro – Kontra?
4. Gliedern Sie den Stoff. Welche Gedanken gehören in die Einleitung, welche in den Hauptteil, welche an den Schluß?
5. Lesen Sie keinesfalls vom Blatt ab! Machen Sie sich eine Liste mit Stichpunkten zur Erinnerung an die Struktur des Referats.
6. Überprüfen Sie Ihren Vortrag: Können Sie die Zeit einhalten? Was machen Sie bei Lampenfieber? Ist Ihre Einleitung für die Zuhörer motivierend? Bleibt die Spannung im Referat erhalten? Haben Sie im Hauptteil alle Argumentationen (Thesen und Antithesen) gut wiedergegeben? Sind die Beispiele einleuchtend? Sind Sie zu einer eigenen Synthese gekommen? Geben Sie im Schlußteil eine gute Zusammenfassung und eine kritische persönliche Stellungnahme?

11

abfahren – ankommen
abkühlen – erwärmen (sich)
ablehnen – annehmen
abmelden – anmelden
abrüsten – aufrüsten
achten – verachten
angreifen – verteidigen
anmachen – ausmachen
anziehen – ausziehen
arbeiten – faulenzen
aufbauen – zerstören
aufhören – anfangen/beginnen
aufmachen – zumachen
aufsteigen – absteigen

auftauen – gefrieren
auspacken – einpacken
ausschalten – einschalten
aussteigen – einsteigen
beenden – beginnen/anfangen
befehlen – gehorchen
belohnen – bestrafen
beruhigen – beunruhigen
beweisen – widerlegen
bewilligen – ablehnen
bitten – danken
bringen – holen
einschlafen – aufwachen
einstellen – kündigen

entladen – beladen
erlauben – verbieten
ernten – säen
finden – suchen
fragen – antworten
halbieren – verdoppeln
loslassen – festhalten
öffnen – schließen
senden – empfangen
sparen – ausgeben
verneinen – bejahen
zunehmen – abnehmen

12

die Badewanne, das Waschbecken, der Spiegelschrank, der Schwamm
der Oberschenkel, das Knie, das Schienbein, die Wade
Afrika, Asien, Europa, Australien
das Segelboot, das Ruderboot, das Schlauchboot, das Kanu
der Fernseher, das Radio, die Spülmaschine, der Staubsauger
Weihnachten, Ostern, Pfingsten, Neujahr

die Klingel, der Lenker, der Rücktritt, der Schlauch
der Vorhang, die Leinwand, das Plakat, der Klappsessel
das Blitzlicht, das Stativ, das Objektiv, der Film
die Fensterscheibe, das Weinglas, der Spiegel, die Brille
der Daumen, der Zeigefinger, der Mittelfinger, der Ringfinger
der König, die Dame, der Bauer, der Läufer
der Kamm, das Shampoo, das Rasiermesser, der Fön
die Ratte, das Kaninchen, der Hamster, das Eichhörnchen
der Drachen, das Flugzeug, der Ballon, der Hubschrauber
die Lippe, der Zahn, die Zunge, der Gaumen
die Pistole, das Gewehr, die Kanone, die Atombombe
das Feuerzeug, die Pfeife, der Tabak, die Zigarre
der Pantoffel, der Stiefel, die Sandale, der Stöckelschuh
der Besen, die Kehrschaufel, der Schrubber, der Eimer
Halma, Dame, Mühle, Schach
Anglistik, Romanistik, Slavistik, Germanistik
der Kreis, das Quadrat, das Dreieck, das Parallelogramm

13

1. Wenn mir der Kopf schmerzt/wenn ich Kopfschmerzen habe, nehme ich einfach eine Aspirintablette. 2. Wenn es gewittert, lege ich mich einfach ins Bett. 3. Wenn ich frühzeitig pensioniert werde, gehe ich einfach auf Weltreise. 4. Wenn ich mich von meinem Partner trenne, suche ich mir einfach einen neuen. 5. Wenn die Miete erhöht wird, ziehe ich einfach aus. 6. Wenn ich im Lotto gewinne, kaufe ich mir ein Haus mit einem Swimmingpool. 7. Wenn mich ein Vertreter anruft, sage ich einfach, daß ich nichts kaufen will. 8. Wenn mich ein Tiger angreift, klettere ich einfach auf einen Baum. 9. Wenn der Strom ausfällt, zünde ich einfach eine Kerze an. 10. Wenn ich in die Oper eingeladen werde, kann ich einfach nicht nein sagen. 11. Wenn sich der Verkehr staut/Wenn es einen Verkehrsstau gibt, schalte ich einfach den Verkehrsfunk ein. 12. Wenn mich eine Wespe sticht, sauge ich einfach das Gift aus. 13. Wenn mich meine Firma entläßt, suche ich mir einfach einen neuen Job.

14

1. entsalzen 2. entwaffnet 3. entflohen 4. entfaltet 5. entflammt 6. entwurzelt 7. entspannen 8. entladen 9. enteignet 10. entwässert 11. entschärft 12. enthüllt

16

1. Früher stand hier ein Bauernhof. 2. Früher mußte man eine Tagesreise bis in die Stadt machen. 3. Früher schlugen viele Lehrer ihre Schüler 4. Früher blieben die Alten im Kreis ihrer Familie. 5. Früher erzählte man sich Geschichten und Märchen. 6. Früher erfuhr man Neuigkeiten durch Reisende und Boten. 7. Früher gab es eine strenge Kleiderordnung.

17

1. dachte 2. brachte 3. kannte 4. wandte 5. nannte 6. rannte 7. sandten 8. brannten

18

1g, 2b, 3d, 4a, 5i, 6e, 7j, 8f, 9h, 10c

19

1. schuf 2. sendeten 3. wog 4. wiegte 5. schaffte 6. schleifte 7. wendete 8. wandten
9. sandte 10. schliff

20

814 starb Karl der Große. – 1517 trat Martin Luther auf, und die Reformation breitete sich aus.
– 1648 endete der Dreißigjährige Krieg. – 1789 begann die Französische Revolution. – 1914
brach der Erste Weltkrieg aus. – 1933 ergriff Hitler die Macht. – 1939 überfielen deutsche Truppen Polen. – 1944 scheiterte ein Bombenattentat auf Hitler. – 1945 kapitulierte das Dritte Reich
bedingungslos. – 1949 wurde die Bundesrepublik Deutschland gegründet. – 1953 wurde ein
Aufstand in der DDR durch sowjetische Truppen niedergeschlagen. – 1957 entstand die Europäische Gemeinschaft. – 1961 wurde die Berliner Mauer errichtet. – 1963 wurde der Freund-
schaftsvertrag zwischen Frankreich und der Bundesrepublik durch de Gaulle und Adenauer
unterzeichnet. – 1989 fiel die Berliner Mauer. – 1990 trat die DDR der Bundesrepublik bei.

21

1. vertrieb – Vertrieb 2. ritten aus – Ausritt 3. riß – Riß 4. biß – Biß 5. strichen an – Anstrich
6. schliff – Schliff 7. griffen an – Angriff 8. stieg ein – Einstieg 9. stieg ab – Abstieg 10. stiegen
auf – Aufstieg

22

1. wurde, wog, dauerte 2. mußte, fand, führte, fiel 3. hießen, lauteten, war 4. brachte, betrug
5. konnte

23

1. lebte, studierte, verliebte sich, berief, unternahm, verband, benannte 2. wurde, starb, er-
warb, komponierte, vertonte 3. erhielt, schuf, wirkte, verfaßte, unterstrich, rief ... auf, erfunden
hatte (= Plusquamperfekt)

25

er backt/bäckt, ihr backt	er hält, ihr haltet	er stiehlt, ihr stehlt
er befiehlt, ihr befehlt	er hilft, ihr helft	er stirbt, ihr sterbt
er bläst, ihr blast	er lädt, ihr ladet	er stößt, ihr stoßt
er brät, ihr bratet	er läßt, ihr laßt	er trägt, ihr tragt
er empfiehlt, ihr empfehlt	er liest, ihr lest	er trifft, ihr trefft
er erschrickt, ihr erschreckt	er mißt, ihr meßt	er tritt, ihr tretet
er ißt, ihr eßt	er mag, ihr mögt	er verdirbt, ihr verderbt
er fährt, ihr fahrt	er nimmt, ihr nehmt	er vergißt, ihr vergeßt
er fällt, ihr fallt	er rät, ihr ratet	er wächst, ihr wachst
er fängt, ihr fangt	er schläft, ihr schlaft	er wäscht, ihr wascht
er frißt, ihr freßt	er schlägt, ihr schlagt	er wirbt, ihr werbt
er gibt, ihr gebt	er sieht, ihr seht	er wirft, ihr werft
er gilt, ihr geltet	er spricht, ihr sprecht	er weiß, ihr wißt
er gräbt, ihr grabt	er sticht, ihr stecht	

26

1. nach 2. bis auf 3. Unter, von 4. auf 5. auf 6. ohne 7. in 8. an, auf, vor, über, außer 9. Bei
10. über/lang 11. Am 12. bis 13. Von, zu 14. Zu 15. aus, auf

27
1. Aufgrund 2. anläßlich 3. Trotz 4. zugunsten 5. Ungeachtet 6. innerhalb 7. mangels 8. kraft 9. Jenseits 10. mittels 11. samt 12. abseits 13. um ... willen 14. Angesichts 15. anstelle 16. infolge 17. Oberhalb 18. hinsichtlich

28
1. Zu/–/An/Über 2. Im 3. Zu/Mit 4. An/Zu 5. In, vor 6. Am, im 7. Vor/Bei 8. Im 9. Um 10. In

---

Erinnern Sie sich?

Mit Hilfe der Präposition können Sie einen bestimmten oder unbestimmten Zeitpunkt oder eine Zeitdauer ausdrücken.

Bestimmter Zeitpunkt:
an Ostern, *an* Pfingsten, *an* Weihnachten, *am* Sonntag, *am* 24.12., *am* Heiligen Abend, *am* frühen Morgen, *am* Vormittag, *am* Abend, *am* Wochenende
bei Tagesanbruch, *bei* Sonnenaufgang
in der Nacht, *in* einer Woche, *im* letzten Jahrzehnt, *im* 20. Jahrhundert, *in* der Frühe, *in* einer Minute, *in* 14 Tagen
um Mitternacht, *um* 11.00 Uhr
zu Beginn, *zu* Ostern, *zu* Pfingsten, *zu* Weihnachten, *zur* Zeit
Auch ohne Präposition, mit Akkusativ, auf die Frage *wann?*:
dieses Jahr, nächstes Wochenende, kommenden Mittwoch, letzten Freitag

Unbestimmter Zeitpunkt:
gegen Abend, *gegen* 12.00 Uhr, *um* Ostern (herum)

Zeitdauer:
innerhalb von einem Monat, *innerhalb* eines Jahres, *binnen* einer Stunde, *für* einige Tage, *während* eines Jahrzehnts, *in* letzter/jüngster Zeit, *in* der Zwischenzeit

---

29
zu Pfingsten, in der Nacht, zu Beginn des Jahres 1993, bei Tagesanbruch, im 19. Jahrhundert, am Nachmittag, am 24. Dezember, in der Mitte des Monats, am Wochenende, in diesem Jahr, zu Silvester, am Montag, in der übernächsten Woche, im Spätherbst, am Todestag des Dichters, um 12.30 Uhr, um Mitternacht, in jüngster Zeit, alles zu seiner Zeit, in der Zwischenzeit, zu meiner Zeit, in letzter Zeit

Reihe II: Medien: Buch, Presse, Rundfunk und Fernsehen

Auf den Cassetten finden Sie folgende Texte und Übungen:

Lückentest (S. 51)
Übung: Vokabeltraining (S. 53)
Bertolt Brecht: *Die Bücherverbrennung* (S. 54)
Bertolt Brecht: *Die Lösung* (S. 61)
Übung: Wörter mit schwieriger Aussprache (S. 66)
Tagesschau. Eine ausgewogene Berichterstattung (S. 70)
Hören und verstehen: *Telefonansagen* (S. 72)
Diktat: *Die deutsche Welle* (S. 73)
Hören und verstehen: *Medien* (S. 74)

S. 51/52

Lückentest

existieren (gibt es), veröffentlicht (publiziert, verlegt, herausgegeben), liegt, erscheint, verliehen, geleistet, sammelt (findet)

S. 52

Piktogramme (von links nach rechts)

Notruftelefon; Erste Hilfe; Baden ist hier lebensgefährlich; Rutschgefahr; öffentliche Toilette; Restaurant bzw. Imbiß; Fotografieren erlaubt oder z. B. Verkauf von Fotomaterial; Bahnübergang oder Bahnhof; Parkplatz, um Hunde auszuführen; Abfallbehälter, Mülltonne; Achtung! Vorsicht! Gefahr!; Platz zum Ballspielen; Reparaturwerkstatt; für Behinderte geeignet; elektrischer Anschluß, z. B. für Rasierapparat ___

Synonyme

2. die Illustrierte – die Zeitschrift	6. der Poet – der Dichter
3. der Autor – der Verfasser	7. die Überschrift – der Titel
4. der Verleger – der Verlagsleiter	8. die Einleitung – die Einführung
5. der Buchladen – die Buchhandlung	9. der Abschnitt – das Kapitel

S. 53

Denksportaufgaben

1. Die Lösung ist: *-buch*

   Die Bedeutungen einiger dieser Wörter:

   Fahrtenbuch: Ein Heft, in das alle Autofahrten mit der Entfernung und der Uhrzeit eingetragen werden. Kann für das Finanzamt wichtig sein.

   Taschenbuch: Eine billige Ausgabe eines Buches im Taschenformat.

   Handbuch: Ein Nachschlagewerk, in dem man Fakten über ein bestimmtes Wissensgebiet nachlesen kann.

Drehbuch: Der detaillierte Plan für die Produktion eines Filmes.
Gästebuch: Ein Buch, in das sich die Gäste eintragen können. Gästebücher findet man z. B. in Hotels.

2. Nachdem der Buchhändler eine halbe Stunde geredet hat, wird die Redezeit für die beiden anderen immer kürzer: eine Viertelstunde, siebenundeinhalb Minuten, usw. Auf diese Weise beträgt die gesamte Redezeit aller weniger als eine Stunde. Der Verleger und der Bibliothekar haben eine wesentlich kürzere Redezeit gehabt und sind deshalb verärgert.

Vokabeltraining

Hören Sie die Nomen von der Cassette, ergänzen Sie den Artikel und sagen Sie ein zum Nomen passendes Verb:

Beispiel:

Autor	*der Autor*	*schreiben*		Erzählung	die –	erzählen
Lektüre	die –	lesen		Beschreibung	die –	beschreiben
Verlag	der –	verlegen		Darstellung	die –	darstellen
Übersetzung	die –	übersetzen		Schilderung	die –	schildern
Kritik	die –	kritisieren		Zitat	das –	zitieren
Bestellung	die –	bestellen		Inserat	das –	inserieren
Abonnement	das –	abonnieren		Annonce	die –	annoncieren
Buchdruck	der –	drucken		Werbung	die –	werben
Dichtung	die –	dichten				

S. 55

Gedicht
behalten: 1. bei sich aufbewahren, in seinem Besitz lassen
2. sich an etwas erinnern, sich etwas merken

S. 56

Aufgaben
er möge (K), er spiele (K), sie dürfe (K), du willst (I), es bleibe (K), ihr seiet (K), du könntest (K), es soll (I), er kenne (K), er könne (K), er wisse (K), er mag (I), Sie seien (K), er esse (K), du nimmst (I), er solle (K), es regne (K)

2. Beispiel: können
ich könne, du könnest, er könne, wir können, ihr könnet, sie können

S. 57

Zeitungsumfrage
sei, sei

Wahrheit
wolle, müsse, sei, sei, könne, bestehe, sei, stehe, habe, wisse, lese

S. 58

1. Kennen Sie die Namen dieser Tageszeitungen?
   Es handelt sich um die wichtigsten bundesdeutschen überregionalen Tageszeitungen:
   Stuttgarter Zeitung, Die Welt, Frankfurter Allgemeine, Frankfurter Rundschau, Süddeutsche
   Zeitung, Westdeutsche Allgemeine, Bild-Zeitung
2. Hier ist die „wahre" Geschichte aus der Bild-Zeitung:
   So schmerzhaft kann Liebe sein – jetzt liegt der große blonde Steuergehilfe Oliver H. (19) in
   der Klinik auf der Intensivstation. Mit schwerer Gehirnerschütterung, Prellungen, Schürf-
   wunden.
   Das Pech beim Kuß kam so:
   Abends ging Oliver mit seiner hübschen Freundin Helga (20) vom Weißbierkeller zum S-
   Bahnhof am Marienplatz. Auf der obersten Stufe der acht Meter langen Steintreppe fiel sich
   das Pärchen in die Arme, küßte sich. Aber Oliver rutschte ab, verlor das Gleichgewicht und
   fiel die Steinstufen rückwärts hinunter.
   Oliver H.: „Mir wurde schwarz vor Augen. Als ich wieder zu mir kam, lag ich auf der Intensivstation." Es geht ihm schon wieder besser. Oliver: „Und morgen besucht mich meine Freundin – Mann, freu' ich mich auf einen Kuß!"

Widerruf
seien, solle (müsse), tue, seien

Ein altes, bekanntes Lügenparadoxon ist aus der Antike überliefert: Epimenides stellte die Be-
hauptung auf, alle Kreter seien Lügner. Epimenides stammte selbst aus Kreta. Die Aussage
kann deshalb weder wahr noch falsch sein.
Andere paradoxe Aufforderungen:
Ein Hinweisschild mit der Aufforderung: Bitte dieses Schild nicht beachten!
Eine Mutter, die ihr Kind immer wieder ermahnt, es solle endlich schlafen.
Vielleicht sind den Kursteilnehmern ähnliche paradoxe Situationen bekannt.

S. 60

Begriffe erraten

1. Flugblatt	5. Zeitungsbote	9. Schlagzeile	13. Interview
2. Abendzeitung	6. Extrablatt	10. Computer	14. Fernseher
3. Comic-Heft	7. Illustrierte	11. Hörfunk	15. Tonband
4. Händler	8. Tagesschau	12. Redakteur	

Der gesuchte Begriff heißt FACHZEITSCHRIFT.

S. 62

Aufgaben

I.
schwarz: konservativ, klerikal (CDU/CSU)
(auch: schwarzfahren: ohne Fahrschein fahren; schwarzsehen: pessimistisch sein; fernsehen,
ohne Gebühr zu zahlen; schwarzarbeiten: ohne Arbeitserlaubnis arbeiten; sich schwarzärgern:
sich andauernd heftig ärgern; Schwarzsender: Sender ohne Lizenz; Schwarzmarkt: nichtoffi-
zieller Markt)

rot: kommunistisch, sozialistisch, sozialdemokratisch
(auch: rotsehen: sehr wütend werden; im Gesicht aus Scham/Ärger rot werden; die Rothaut: der Indianer)
gold: wundervoll, herrlich, glorreich
(auch: die goldene Mitte wählen: das richtige Maß finden)
grün: für Umweltschutz und Abrüstung (die Grünen)
(auch: Farbe der Jägerei und Natur; Grünschnabel: unreifer junger Mensch; Grünzeug, Grünfutter: Pflanzen)
braun: (neo)nationalsozialistisch
(auch: braun werden: sich in der Sonne bräunen)
blau: betrunken, angetrunken, besoffen
(auch: blaumachen: nicht arbeiten; Blau-Weiß: bayerische Landesfarben; der blaue Montag: verlängerter Sonntag; sein blaues Wunder erleben: sehr staunen; mit einem blauen Auge davonkommen: etwas ohne großen Schaden überstehen; blaues Blut in den Adern haben: adlig sein; die blaue Bohne: die Gewehrkugel; der blaue Brief: Schreiben der Schule an die Eltern wegen schlechter Leistungen des Schülers)

II.
1. betrunken
2. unerfahren
3. Koalition aus Sozialdemokraten und Grünen
4. konservative
5. habe keine Hoffnung, bin skeptisch/pessimistisch
6. sehr gut
7. süß, putzig, hübsch
8. nationalsozialistische
9. haben wir keine Lust zum Arbeiten; lassen wir die Arbeit liegen
10. sehr schlimm geschlagen
11. sich sehr geärgert
12. illegal arbeitet, ohne Versicherung und Steuern zu zahlen
13. Leute, die ohne gültigen Fahrausweis öffentliche Verkehrsmittel benutzen

S. 63

Setzen Sie den Konjunktiv I ein
töte, sei, wisse, dürfe, einschlage, sei

Denksportaufgabe
habe, sei, habe, solle, habe, sei, habe, sei, habe, solle, stehe, solle

Lösung: Wenn Herr A. sofort nach dem Aufwachen einen Herzschlag bekommen hat, dann war er auch nicht in der Lage, seinen Traum zu erzählen.

S. 64

Vokabeltraining

aufwachen:	Ich wache nachts plötzlich auf.
aufwecken:	Ein Geräusch hat mich aufgeweckt.
bewachen:	Der Hund bewacht das Haus.

wach werden: Ich bin von einem bösen Traum wach geworden.
die Wache: Vor der Kaserne steht die Wache.
der Wecker: Ich verschlafe, wenn der Wecker nicht klingelt.

S. 66

Einige Ausnahmen

der Käse, das Ende, der Funke(n), der Gedanke, das Gebirge, der Reichtum, der Name, der Friede(n), der Irrtum

Andere Ausnahmen: der Bulle, der Löwe, der Hirte, der Bote, das Erbe, der Erbe, das Auge

Nomen mit verschiedenem Genus

der/das Eidotter	der/das Joghurt	der/das Radar
der/das Filter	der/das Lasso	der/das Sakko
der/das Gulasch	der/das Liter	der/das Teil
der/das Gummi	der/das Meter	der/das Virus

S. 67

Finden Sie das passende Nomen

2. Bund
3. Erbe
4. Paternoster

5. Ekel
6. See
7. Steuer

8. Stift
9. Verdienst
10. Gehalt

11. Junge
12. Bauer
13. Weise

14. Heide

S. 68

Vokabeltraining

1. der Harz: Gebirge bei Hannover
   das Harz: klebrige Flüssigkeit in Nadelbäumen
2. der Kiefer: Teil des Gebisses
   die Kiefer: Nadelbaum
3. der Laster: der Lastwagen
   das Laster: die Untugend
4. der Leiter: der Chef
   die Leiter: Hilfsmittel zum Klettern
5. der Mangel: die Not, die Entbehrung, die Knappheit
   die Mangel: Gerät zum Bügeln
6. die Mark: Geldstück
   das Mark: das Innere eines Knochens (Knochenmark)
7. der Mast: die Stange zum Befestigen des Segels
   die Mast: die Zucht, die Fütterung, z. B. die Schweinemast
8. der Tau: kleine Wassertropfen in der Natur, die man
   morgens an den Blättern findet
   das Tau: ein dickes Seil, z. B. für Schiffe
9. die Taube: ein Vogel
   der Taube: jemand, der nicht hören kann (taub ist)
10. der Tor: der Narr, der Idiot, der Dummkopf
    das Tor: eine große Tür, auch z. B. das Fußballtor

22

Ähnliche Wörter

2. die Röhre, das Rohr 3. die Socke, der Socken 4. die Ecke, das Eck 5. die Karre, der Karren
6. der Spalt, die Spalte 7. der Typ, die Type 8. der Zeh, die Zehe

S. 71

Vokabeltraining

1. a, e, f   2. a, c, f

S. 72

Finden Sie Synonyme

1. der Fernseher, der Fernsehapparat, das Fernsehen, die Glotze (ugs.), die Kiste (ugs.), der
   Kasten (ugs.)
2. ausschalten, ausmachen, ausstellen, abstellen
3. einschalten, anmachen, anstellen, anschalten

Hören und verstehen

Klassenlotterien

Bei der Staatlichen Nordwestdeutschen Klassenlotterie wurden am 9. August 5 Gewinne von
je 100 000 DM auf die folgenden Losnummern gezogen: 048 379; 075 752; 148 998; 155 492;
175 054.
Ende der Durchsage. Für die Richtigkeit der Angaben wird keine Gewähr übernommen. Auf
Wiederhören!

Küchenrezepte

Guten Tag, meine Damen und Herren! Unser Kochstudio stellt Ihnen eine kleine Zwischenmahl-
zeit vor: Toast mit Spiegelei.
Sie brauchen 40 g Butter, 4 Scheiben gekochten Schinken, 4 Scheiben Toastbrot, 4 Eier, Salz,
Paprika und Petersilie. 20 g Butter in der Pfanne erhitzen und die Schinkenscheiben darin knus-
prig braten. Gleichzeitig das Brot rösten. Restliche Butter in der Pfanne erhitzen. Eier 2 Minuten
in der offenen und 2 Minuten in der geschlossenen Pfanne braten. Getoastetes Brot mit den
Schinkenscheiben und den Spiegeleiern belegen. Das Eiweiß salzen, das Eigelb mit Paprika
bestreuen. Mit gewaschener und getrockneter Petersilie garnieren. Guten Appetit.

Pferdetoto

In einem abwechslungsreichen Samstagsprogramm steht im Pferderennen der mit 40 000 DM
dotierte Preis im Mittelpunkt. 10 Pferde gehen in diesem Rennen auf die Jagd nach der Sieg-
prämie, wobei sich 2 Pferde beste Chancen auf den Sieg ausrechnen können: Baby und Weißer
Blitz. Baby konnte nach seinem hervorragenden Platz im großen Preis von München trotz eines
zwischenzeitlichen Tiefs wieder seine Bestform zeigen. Weißer Blitz korrigierte seine letzte Niederlage und hat nunmehr gute Aussichten auf den Titelgewinn. Eintrittskarten zu dem Rennen
sind noch an den bekannten Vorverkaufsstellen erhältlich.

Reisevorschläge

Sie hören die von der Postreklame zusammengestellten Reisevorschläge: 200 Hotels in 24 der
schönsten Städte Europas bietet der Städtekatalog an, den das Amtliche Bayerische Reisebüro vorlegt. In allen denkbaren Preisklassen stehen beispielsweise Hotels in Amsterdam, Lon-

don, Rom und Florenz zur Auswahl. Neu im Angebot ist Luxemburg. Die Reisen können an jedem beliebigen Tag angetreten werden. Kombinationen verschiedener Städte sind selbstverständlich möglich. Sie können auch an Gruppenreisen in diese Städte teilnehmen. Auskunft und Prospekte erhalten Sie im Amtlichen Bayerischen Reisebüro am Hauptbahnhof oder am Flughafen.

Für schöne Tage empfiehlt die Deutsche Bundesbahn Tagesfahrten und Kurzreisen, z. B. mit dem bekannten und beliebten Gläsernen Zug am Donnerstag von Rosenheim nach Nürnberg. Zustiegsmöglichkeit in München, Fahrpreis 80 DM. Oder Sonntag von München aus ins Berchtesgadener Land, von dort weiter mit dem Bus in die nähere Umgebung und eine anschließende Schiffahrt auf dem Königssee. Preis 70 DM.

Stellenangebote
Sie hören unsere aktuellen Stellenangebote:
Eine Spedition sucht einen Speditionskaufmann oder eine -kauffrau für die Bereiche Import und Export. Der Führerschein Klasse III und Erfahrungen auf dem Sektor sind erforderlich. Tel. 51 54 25 3.
Eine Baufirma sucht eine Buchhalterin für die Lohn- und Gehaltsbuchhaltung. Schreibmaschinen- und EDV-Kenntnisse werden vorausgesetzt. Tel. 76 35 42 2.
Ein Kaufhaus in der Stadtmitte sucht eine Verkaufshilfe bis 40 Jahre für den Verkauf von Lederwaren, Koffern und Taschen. Es handelt sich um eine Stelle in Teilzeitbeschäftigung. Berufserfahrung wird verlangt. Tel. 51 45 40 1.
Eine Werbeagentur sucht ein männliches Fotomodell für die Herstellung eines Sportkatalogs. Neben sportlicher Figur wird ein sympathisches Äußeres verlangt. Tel. 77 82 31 6.
Übrigens: Alle Arbeitsamtdienststellen haben jeden Dienstag bis 18 Uhr Sprechstunde. Auf Wiederhören.

Straßenzustandsbericht
Hier der Straßenzustandsbericht für das Wochenende:
Die Autourlauber aus Dänemark, Rheinland-Pfalz und dem Saarland kehren wieder aus dem Süden nach Hause zurück, weil die Schulferien bald zu Ende gehen. Wie der ADAC mitteilt, werden diese Autokolonnen auf den verschiedenen Autobahnen in Richtung Norden am Wochenende mehrere Staus und zähflüssigen Verkehr verursachen.
Österreich: Nach wie vor sind nach der Hochwasserkatastrophe noch mehrere Brücken und Straßen gesperrt. Die Brennerautobahn ist in beiden Richtungen nur einspurig befahrbar.
Über die Verkehrslage im einzelnen informieren Sie die lokalen Verkehrsfunksender. Auf Wiederhören.

Theater- und Konzertveranstaltungen
Wegen der Theaterferien bis einschließlich 16. September entfällt die Theatervorschau. Diese Durchsage ist gebührenfrei.

Wohin heute?
Die von Ihnen gewählte Rufnummer wurde geändert. Wählen Sie bitte statt 115 die 116 und daran anschließend die letzten zwei Ziffern der bisherigen Rufnummer. Im Zweifelsfall rufen Sie bitte die zuständige Auskunft an. Diese Ansage ist gebührenfrei.

S. 73
Vokabeltraining
Briefmarke, telefonisch, Telefonzelle, gelbe Seiten, frankieren, kostenlos

S. 74

Hören und verstehen

Medien

Zu den wichtigsten Massenmedien gehören das Buch, die Zeitung, das Radio und das Fernsehen. Zur Literatur zählen wir die verschiedensten Textsorten. Bei einem Buch kann es sich beispielsweise um einen Roman, einen Krimi oder auch um eine Sammlung von Kurzgeschichten handeln.

Die Person, die ein Buch verfaßt, nennen wir Autor oder Verfasser. Zeitungen werden von Journalisten geschrieben. Wer eine Zeitung aufschlägt und liest, findet darin die verschiedensten Anzeigen, Kommentare und Berichte. Die regelmäßige Lektüre eines Buches oder einer Zeitung ist besonders nützlich, wenn man als Ausländer eine Fremdsprache lernen will.

Wer wenig Geld hat, kann sich Bücher in den Bibliotheken ausleihen. Sucht man aber ein ganz aktuelles Buch, muß man es meist in einer Buchhandlung kaufen. Wer die Lektüre einer Tageszeitung vorzieht, besorgt sie sich am Kiosk. Natürlich kann man sich eine Zeitung auch vom Zeitungsboten ins Haus bringen lassen, wenn man sie abonniert hat.

Die Leihgebühr der Bibliotheken ist sehr gering, wenn man daran denkt, die Bücher innerhalb einer bestimmten Frist zurückzubringen. Auch der Preis für ein Abonnement einer Tageszeitung ist nicht sehr hoch, wenn man z. B. noch studiert oder eine Schule besucht.

Spannende Bücher werden von den Lesern verschlungen – manche lesen ein dickes Buch an einem Tag durch. Zeitungen werden in der Regel weggeworfen. Das Schicksal von Büchern ist weniger hart: Auch wenn ein Buch einmal langweilig ist, wird es nur weggelegt und nicht – wie eine Tageszeitung – weggeworfen.

Vielen Menschen ist das Lesen zu anstrengend. Sie ziehen es vor, das Radio oder den Fernseher einzuschalten. Radio zu hören oder fernzusehen paßt wohl mehr zu unserem hektischen Leben, als in Ruhe ein Buch zu lesen. Manche schalten schon morgens ein Gerät ein und hören dann viele Stunden täglich Radiosendungen oder sehen schon am frühen Morgen fern. Nach der Einführung des Kabelfernsehens in der Bundesrepublik kann man noch mehr Sender als bisher empfangen.

Für Radio und Fernsehen muß man eine monatliche Rundfunkgebühr bezahlen. Manche ziehen es deshalb vor, schwarzzusehen oder -zuhören. Zu den öffentlichen, nichtkommerziellen Rundfunkanstalten gehören die ARD (das 1. Programm), das ZDF (2. Programm) und die Regionalprogramme (3. Programm). Durch die Videotechnik und die Privatsender wird der Einfluß des Fernsehens immer größer. Inzwischen gibt es auch immer mehr Piratensender, die ein alternatives Programm anbieten.

Immer mehr Sender leben von Werbung, Propaganda und Berieselung. Diskussionssendungen, Nachrichten oder Schulsendungen gehen mehr zurück, weil sie weniger Geld einbringen. Das Wort „Unterhaltung" bekommt eine neue Bedeutung: Der Mensch wird unten gehalten; die Informationsfreiheit wird zum Schlagwort.

Dies alles hat Wirkungen auf das Familienleben. Sex und Gewalt im Fernsehen und besonders auf Videofilmen sind für die seelische Entwicklung von Kindern gefährlich. Die Nachteile des Fernsehkonsums sind deutlich zu sehen: Immer mehr Langeweile breitet sich in den Familien aus. Wer viele Stunden abends im Sessel sitzt, Bier trinkt und Nüsse oder Kekse ißt, der nimmt viele Kalorien zu sich und wird immer dicker. Auch die Augen leiden unter dem hohen Fernsehkonsum. Und die vielen Werbespots führen in der Regel nur dazu, daß man mehr Geld ausgibt, als man eigentlich möchte. Da gibt es nur eine Lösung: Man kann den kleinen Knopf am Gerät nämlich nicht nur benutzen, um es einzuschalten, sondern auch, um es wieder auszuschalten. Nur finden viele Leute oft diesen Knopf nicht mehr.

S. 77ff. Weitere Übungen

3

1. oben, rauf 2. unten, runter 3. drüben, rüber 4. draußen, raus 5. hinein, rein

4

1. raus 2. rein 3. runter 4. rein 5. rauf 6. rüber 7. runter 8. runter 9. rein

7

1. die Hochzeit von meiner Schwester 2. die Antenne von dem Empfänger 3. das Schloß vom König Ludwig 4. das Grundstück von meinen Eltern 5. die Windeln von dem Kind 6. die Tastatur von dem Computer 7. die Mine von dem Kuli 8. die Bibliothek von dem Kloster 9. das Haar von dem Mädchen

8

(Die jeweils ersten Sätze werden nicht in der Schriftsprache benutzt!)
1. Das sind der Inge ihre Kinder. Das sind die Kinder von Inge.
2. Das ist dem Peter sein Hobby. Das ist das Hobby von Peter.
3. Das ist dem Michael seine Schokolade. Das ist die Schokolade von Michael.
4. Das sind der Tanja ihre Freundinnen. Das sind die Freundinnen von Tanja.
5. Gibst du mir mal der Helga ihre Autoschlüssel? Gibst du mir mal die Autoschlüssel von Helga?
6. Leihst du mir mal dem Jan seine Bademütze? Leihst du mir mal die Bademütze von Jan?

9

1. ihm schon 2. doch wohl nicht 3. haben doch wohl 4. Unfall schon 5. wird wohl 6. wird wohl 7. dir doch wohl 8. wird wohl 9. wird schon 10. ist ja wohl 11. wird wohl

10

1. fahren doch besser 2. ist doch der längste 3. ist doch schädlich 4. hatte doch Schuld 5. ist doch unendlich 6. haben doch (et)was 7. war doch schon mal in Südamerika 8. haben doch noch Mineralwasser 9. doch verlassen

---

Erinnern Sie sich?
Zum Gebrauch von „doch"

1. Sie widersprechen einer Behauptung:
   Der hat den Doktortitel? Der hat *doch* nie studiert!
   Müller soll krank sein? Der macht *doch* nur blau.
2. Sie bestätigen, daß etwas wirklich so ist.
   In den Tropen ist es *doch* zu heiß für mich:
   Da gibt es *doch* auch Malaria.
3. Sie fordern jemanden nachdrücklich auf, etwas endlich zu tun oder zu lassen:
   Komm *doch*!
   Laß mich *doch* in Ruhe damit!
4. Sie sind entrüstet:
   Das gibt's *doch* nicht!
   Das darf *doch* nicht wahr sein!

5. Sie stellen eine besorgte Frage, weil Sie sich vergewissern möchten:
Du kommst *doch* zu meinem Geburtstag?
Du hast *doch* den Lottoschein abgegeben?
6. Sie haben einen Wunsch:
Wenn es *doch* endlich regnen würde!
Wäre er *doch* einmal pünktlich!

11

1. Sei ja pünktlich! 2. Schließ ja die Haustür ab! 3. Denk ja nicht, du könntest die Prüfung mit links schaffen! 4. Bilde dir ja nicht ein, daß ich dich liebe! 5. Glaub ja nicht, daß man dich nie beim Schwarzfahren erwischt. 6. Kauf ja keine Teppiche an der Haustüre! 7. Halt ja deinen Mund! 8. Nimm ja keinen Kredit auf! 9. Spiel ja nicht mit Streichhölzern!
Hinweis: Sie können überall auch „bloß" benutzen, „nur" aber nur in der Verneinung.

Erinnern Sie sich?
Zum Gebrauch von „bloß"

1. Sie sind besorgt und warnen jemand:
Fang *bloß* das Rauchen nicht an!
Sag *bloß* nichts von seiner Krankheit!
2. Sie stellen eine besorgte Frage:
Was ist *bloß* heute mit ihm los?
Wann kannst du *bloß* deine Schulden bezahlen?
3. Jemand tut zu wenig, wo mehr erwartet wird:
Er hat *bloß* gelacht, statt mir zu helfen.
Er hat *bloß* den ganzen Tag im Bett gelegen.

12

(Anstelle von „eben" kann auch „halt", „nun mal" oder „einfach" stehen:)
1. werde ich eben nie 2. muß man eben 3. darf man eben 4. ist eben ein 5. läßt sich eben nicht 6. ist eben anstrengend 7. sei eben kein Vogel und könne eben deshalb 8. ist eben 9. ist eben 10. ist eben nicht mehr 11. bin eben

14/15

Hilfen zur Erstellung eines Formbriefes

Beachten Sie folgende Form (vgl. Musterbrief S. 192):

1. Oben links schreiben Sie Ihren Absender.
2. Darunter schreiben Sie den Empfänger.
3. Rechts oben schreiben Sie das Datum.
Beispiel: *München, den 14.03.1993*
4. Schreiben Sie, um was es sich in Ihrem Schreiben handelt.
Beispiel: *Ihr Wohnungsangebot in der FAZ vom 13.04.94*
oder: *Schadensmeldung Versicherungsnummer 238392–234*

5. Schreiben Sie die Anrede.
   Beispiel: *Sehr geehrte Damen und Herren,*
6. Schreiben Sie die Mitteilung.
   hiermit möchte ich Ihnen mitteilen, daß ...
   hiermit bewerbe ich mich um ...
7. Schließen Sie den Brief.
   Beispiel: *Mit freundlichen Grüßen*
8. Falls Sie dem Brief etwas beifügen, z. B. einen Lebenslauf und ein Zeugnis:
   Anlage: Lebenslauf
   Kopie des Diplomzeugnisses

18

bequem ↔ unbequem, mühsam, lästig
dick ↔ dünn, dürr, mager
dumm ↔ gescheit, intelligent, klug
fest ↔ locker, lose, weich
frei ↔ abhängig, besetzt, gefangen
ganz ↔ halb, kaputt, teilweise
gerade ↔ gebogen, gekrümmt, schief
giftig ↔ eßbar, genießbar, ungiftig

klar ↔ dunstig, trübe, undeutlich
klug ↔ blöde, doof, dumm
laut ↔ leise, ruhig, still
privat ↔ geschäftlich, öffentlich, staatlich
süß ↔ bitter, salzig, sauer
teuer ↔ billig, preisgünstig, preiswert
traurig ↔ fröhlich, glücklich, heiter

19

Dummheit, Festigkeit, Freiheit, Klarheit, Klugheit, Neuheit/Neuigkeit, Süßigkeit, Traurigkeit, Bosheit, Fröhlichkeit, Öffentlichkeit, Undeutlichkeit, Abhängigkeit, Gewohnheit, Bitterkeit, Heiterkeit, Genießbarkeit

20

der Norden, der Süden, der Osten, der Westen
der Kofferraum, der Sitz, der Tankdeckel, der Tachometer
die Wurzel, der Stamm, der Ast, das Blatt
das Gesundheitsamt, das Standesamt, das Finanzamt, das Jugendamt
der Arzt, der Rechtsanwalt, der Psychologe, der Pfarrer
der Maurer, der Schreiner, der Schuster, der Bäcker
die Rose, die Tulpe, die Nelke, das Veilchen
der Nominativ, der Genitiv, der Dativ, der Akkusativ
der Filzstift, der Bleistift, der Kuli, der Füller
der Hering, der Lachs, der Rotbarsch, die Scholle
das Messer, die Gabel, der Löffel, der Kaffeelöffel
Schwimmen, Stabhochsprung, Hammerwerfen, Surfen
Basteln, Fotografieren, Tanzen, Musizieren
der Haß, die Liebe, der Zorn, die Eifersucht
das Pfund, der Dollar, die Lira, der Yen
der Blumenkohl, der Spinat, die Möhre, der Rettich
Ungarisch, Tschechisch, Polnisch, Russisch
Finnland, Norwegen, Island, Dänemark
die Italienerin, die Spanierin, die Portugiesin, die Griechin
der Franzose, der Ire, der Belgier, der Holländer

der Staatsanwalt, der Verteidiger, der Zeuge, der Richter
der Gin, der Wodka, der Rum, der Obstler
der Traubensaft, der Orangensaft, der Apfelsaft, der Birnensaft
die Blaubeere, die Johannisbeere, die Himbeere, die Brombeere

21

1. die Gültigkeit des Visums (für einen Monat) 2. das Begräbnis der Opfer 3. die (günstige) Lage des Hotels 4. der Ausbruch des Vesuvs 5. die Einfuhr von Getreide 6. die Geburt eines Sohnes 7. die Entlassung (der Hälfte) der Belegschaft 8. das (falsche) Verhalten des Fahrschülers 9. der Ausfall der Elektrizität 10. der Fund eines Wracks (durch den Taucher) 11. die Flucht der Gefängnisinsassen 12. die Empfehlung (von) salzarmer Kost 13. der Ablauf des Ultimatums 14. sein Handel mit Drogen 15. der Bienenstich/Stich der Biene 16. das Geständnis des Erpressers 17. der Abschuß des Passagierflugzeugs 18. der Geruch frischen Brotes/von frischem Brot 19. die Besprechung der Lage 20. die Sperrung der Autobahn

1. hat gegolten 2. sind begraben worden 3. hat/war günstig gelegen 4. ist ausgebrochen 5. hat eingeführt 6. ist geboren worden 7. ist entlassen worden 8. hat sich falsch verhalten 9. ist ausgefallen 10. hat ein Wrack gefunden 11. sind geflohen 12. hat empfohlen 13. ist abgelaufen 14. hat gehandelt 15. hat gestochen 16. hat gestanden 17. ist abgeschossen worden 18. hat gerochen 19. ist besprochen worden 20. ist gesperrt worden

22

1. Wenn das Hotel brennt, dann alarmiere ich die Zimmernachbarn. 2. Wenn mich meine Schwiegermutter plötzlich besucht, dann backe ich eine Obsttorte. 3. Wenn meine Haare ausfallen, dann kaufe ich ein Toupet. 4. Wenn ich mich mit meinem Chef streite, dann melde ich mich krank. 5. Wenn ich mir in den Finger schneide, dann klebe ich ein Pflaster auf die Wunde. 6. Wenn mein Computer ausfällt, dann bringe ich ihn zur Reparatur. 7. Wenn in meine Wohnung eingebrochen wird, dann rufe ich die Polizei an. 8. Wenn die Alarmglocke läutet, dann verlasse ich das Gebäude. 9. Wenn sich der Zug verspätet, dann kaufe ich mir eine Zeitschrift. 10. Wenn meine Nachtruhe gestört wird, dann beschwere ich mich beim Nachbarn. 11. Wenn mein Wagen gestohlen wird, dann gehe ich zur Polizei. 12. Wenn die Bremse versagt, dann ziehe ich die Handbremse. 13. Wenn das Flugzeug startet oder landet, dann schnalle ich mich an. 14. Wenn ich meinen Reisepaß verliere, dann gehe ich zum nächsten Konsulat. 15. Wenn es stürmt und hagelt, dann verlasse ich nicht das Haus. 16. Wenn mich jemand unerwartet küßt, dann kriegt er eine Ohrfeige.

23

zu/an Ostern, nächstes Jahr, in einem Jahr, in einer knappen Stunde, übernächstes Wochenende, am Donnerstag abend, am kommenden Mittwoch, in der Nacht, um Mitternacht, an/zu deinem Geburtstag, zu/an Pfingsten, am ersten Mai, in ein paar Sekunden, gegen/am/zum Ende der Woche, um 7.30 Uhr, vor/nach Ablauf der Frist, vor/nach meinem Urlaub, zum/am Wochenbeginn, in ein paar Stunden, in der nächsten Stunde, zu Karneval, im Spätsommer, dieses Wochenende, in/nach vier Tagen, im Mai, gegen Mitte Juli, zu/an Silvester, am Heiligen Abend, in der Frühe, innerhalb der nächsten Woche, in wenigen Stunden, in/nach zwei Jahren, im Jahr 1999, in der dritten Aprilwoche, vor/bei/nach Tagesanbruch, vor/bei/nach Einbruch der Nacht, vor/bei/nach Sonnenuntergang

Die Präposition kann man weglassen bei:
Ich komme ... Ostern, Donnerstag abend, kommenden Mittwoch, Pfingsten, Ende der Woche, 7.30 Uhr, Mitte Juli, Heiligabend, Silvester.

24

1. Was für Möbel? 2. Welche Grapefruit? 3. Auf was für ein Gymnasium? 4. Welches Mannequin? 5. Was für Hunde? 6. Welche Pension? 7. Welche/Was für eine Medaille? 8. Welche Etage? 9. Was für einen Bungalow? 10. Welches Garagentor? 11. Was für/Welche Gewürze? 12. Was für (einen) Senf?

Erinnern Sie sich?   **Interrogativpronomen**

Sie wählen aus ähnlichen oder gleichen Dingen oder Personen etwas Bestimmtes oder ein Individuum:
Welchen Bonbon magst du, den roten oder den blauen?
Welche Freundin kommt morgen, Karin oder Kathrin?

Sie fragen nach der Eigenschaft oder Beschaffenheit:
Was für Bonbons magst du, saure oder süße?
Was für eine Freundin hat er, eine reiche oder eine arme?

25

1. Du solltest das Geschirr abtrocknen. Du brauchst das Geschirr nicht abzutrocknen. 2. Du solltest dir eine Krawatte umbinden, wenn wir ausgehen. Du brauchst dir keine Krawatte umzubinden, wenn wir ausgehen. 3. Du solltest deinen Teller leer essen. Du brauchst deinen Teller nicht leer zu essen. 4. Du solltest dich bei ihr entschuldigen. Du brauchst dich nicht bei ihr zu entschuldigen. 5. Du solltest nur biologische Lebensmittel kaufen. Du brauchst nicht nur biologische Lebensmittel zu kaufen. 6. Du solltest dir die Telefonnummer merken. Du brauchst dir die Telefonnummer nicht zu merken. 7. Du solltest die Auskunft anrufen. Du brauchst die Auskunft nicht anzurufen. 8. Du solltest eine Münze in die Parkuhr einwerfen. Du brauchst keine Münze in die Parkuhr einzuwerfen. 9. Du solltest nach links abbiegen. Du brauchst nicht nach links abzubiegen. 10. Du solltest die Zeitung abbestellen. Du brauchst die Zeitung nicht abzubestellen.

26

1. Während das Flugzeug startete, platzte ein Reifen. 2. Bevor das Manuskript veröffentlicht wurde, hatte ich es gelesen. 3. Nachdem der Streik beendet worden war, kam es zu neuen Unruhen. 4. Bevor er ins Krisengebiet abreiste, hatte ich ihn noch gewarnt. 5. Während sie fernsah, ist sie eingenickt. 6. Nachdem ich meinen kranken Schwiegervater besucht hatte, war ich erleichtert. 7. Während er redete, fing es furchtbar zu regnen an. 8. Bevor Sie bezahlen, sollten Sie die Rechnung überprüfen. 9. Nachdem die Geiseln befreit worden waren, waren alle erleichtert. 10. Nachdem wir am Flughafen angekommen waren, stellten wir fest, daß die Maschine überbucht war. 11. Bevor die Bank überfallen wurde, habe ich eine verdächtige Frau bemerkt. 12. Bevor du den Vertrag unterzeichnest, solltest du das Kleingedruckte lesen. 13. Während sein Ausweis kontrolliert wurde, versuchte der Terrorist zu entkommen.

27

1. Bei Sonnenaufgang 2. Bei Regen 3. Nach seiner Pensionierung 4. Nach dem Essen 5. Nach der Rede des Präsidenten 6. Vor seiner Operation 7. Vor ihrer Fahrt nach Berlin 8. Nach der Wende der politischen Verhältnisse 9. Vor dem Eintreffen des Taxis 10. Vor seinem Zusammenbruch 11. Nach dem Erfahrungsaustausch 12. Bei der Eröffnung der Messe 13. Nach der Landung des Flugzeugs

28

1. Seitdem er geschieden ist, muß er Unterhalt zahlen. 2. Als sie staubsaugte, fand sie den Ring. 3. Wenn die Sicht klar ist, sieht man die Zugspitze. 4. Falls im öffentlichen Dienst gestreikt wird, fahren die Busse nicht. 5. Weil die Steuern erhöht wurden, verlor die Regierung die Wahlen. 6. Er mietete das Appartement, zumal es verkehrsgünstig lag. 7. Wenn es keine Antibiotika gäbe, würden mehr Menschen sterben. 8. Obwohl die Zeugen gegen ihn aussagten, wurde er freigesprochen. 9. Solange er studierte, erhielt er ein Stipendium. 10. Sooft sie stritten, versuchte sie, recht zu behalten. 11. Um die Arbeitszeiten zu kontrollieren, benutzen wir eine Stechuhr. 12. Er rast durch die Stadt, als ob er verrückt wäre. 13. Soweit ich informiert bin, hat er ein Bankkonto in der Schweiz. 14. Indem wir Solartechnik einsetzen, sparen wir Energie. 15. Soviel ich weiß, ist Berlin der neue Regierungssitz. 16. Statt daß man ihm kündigte, erhielt er eine Abmahnung.

29

1. ein sprechender Papagei 2. ein sinkendes Schiff 3. kochende Milch 4. brennende Kerzen 5. verletzende Worte 6. erschreckende Ausmaße 7. eine nicht enden wollende Rede 8. eine enttäuschende Erfahrung 9. ein bezauberndes Kleid 10. wohltuende Stille 11. das schlafende Kind 12. ein sterbender Schwan 13. schmelzendes Eis 14. die zunehmende Gewalt 15. die untergehende Sonne 16. im Wasser treibendes Holz 17. kichernde Mädchen 18. ein ernst zu nehmender Gegner

---

Erinnern Sie sich?

Das Partizip Präsens wird auch Partizip I genannt. Man benutzt es als attributives Adjektiv. Es steht nach den Verben *sein, klingen, wirken*.
Beispiele:
der *spannende* Film → der Film war spannend
ihre *beruhigende* Stimme → ihre Stime klang beruhigend
das *fiebersenkende* Mittel → das Mittel wirkt fiebersenkend

Eine Sonderform ist das Gerundiv. Es wird mit *zu* gebildet und drückt eine Notwendigkeit oder Möglichkeit aus:
die Aufgabe muß gelöst werden → die Aufgabe ist zu lösen → die *zu lösende* Aufgabe
der Gewinn kann erwartet werden → der Gewinn ist zu erwarten → der *zu erwartende* Gewinn

---

30

1. Fische, die fliegen, sind fliegende Fische. 2. Wasser, das fließt, ist fließendes Wasser. 3. Schuhe, die passen, sind passende Schuhe. 4. Einnahmen, die sinken, sind sinkende Einnahmen 5. Wölfe, die heulen, sind heulende Wölfe. 6. Parteien, die rivalisieren, sind rivalisierende Parteien. 7. Eine Kritik, die vernichtet, ist eine vernichtende Kritik. 8. Wohnungen, die leer stehen, sind leerstehende Wohnungen. 9. Erinnerungen, die bleiben, sind bleibende Erinnerungen. 10. Ein Argument, das überzeugt, ist ein überzeugendes Argument. 11. Ein Baby, das schreit, ist ein schreiendes Baby. 12. Das Semester, das kommt, ist das kommende Semester. 13. Fieberanfälle, die sich wiederholen, sind sich wiederholende Fieberanfälle. 14. Geräusche, die klopfen, sind klopfende Geräusche.

31

1. niemand mehr 2. noch nie 3. nie mehr 4. nichts mehr 5. noch niemand 6. noch nichts
7. nicht mehr 8. nichts mehr 9. nichts mehr

1. schon 2. schon (ein)mal 3. noch (ein)mal 4. schon jemand 5. noch (et)was 6. noch jemand
7. schon (ein)mal 8. schon (et)was

32

1. noch welche, keine mehr 2. keine mehr, noch welche 3. noch eins, keins mehr 4. noch
einer, keiner mehr 5. noch welche, keine mehr 6. noch welche, keine mehr 7. noch eins, keins
mehr 8. keine mehr, noch welche 9. noch einen, keinen mehr 10. noch welcher, keiner mehr
11. noch welcher, keiner mehr 12. keins mehr, noch welches

33

Hast du schon ...
den Wecker gestellt, die Fotos entwickeln lassen, das Reisebüro angerufen, das Visum beantragt, die Rechnung bezahlt, den Schlüssel beim Hausmeister abgegeben, eine Platzkarte bestellt, den Roman zurückgebracht, Tante Frieda eingeladen, das Taxi bestellt, die Blumen gegossen, das Auto gewaschen, zum Geburtstag gratuliert, das Garagentor abgeschlossen, die
Alarmanlage eingeschaltet, die Reiseschecks unterschrieben, die Formulare ausgefüllt, das
Gebiß in den Koffer gepackt, die Adresse notiert, den Witz vergessen, den Lottoschein abgegeben?

35

1. hat geflogen 2. bin geflogen 3. ist geritten 4. hat geritten 5. ist gefallen 6. hat gefallen
7. bin geschwommen 8. hat geschwommen 9. ist gerissen 10. hat gerissen 11. bin gesprungen 12. hat übersprungen 13. bin gezogen 14. hat gezogen

36

1. Die Goldkurse sind in der letzten Woche gefallen. 2. Die ältere Dame ist auf der nassen
Straße ausgeglitten. 3. Der Motorradfahrer ist dem Fußgänger ausgewichen. 4. Der Gummibaum ist im Urlaub eingegangen. 5. Über Nacht ist eine Besserung des Zustands des Kranken
eingetreten. 6. Die Bäume sind durch den Sturm umgefallen 7. Am Flughafen bin ich in ein Taxi
eingestiegen. 8. Ich bin in eine Altbauwohnung im Bahnhofsviertel eingezogen. 9. Der Blitz ist
(hat) in den Blitzableiter eingeschlagen. 10. Die Truppen sind auf Widerstand gestoßen. 11. An
der Haltestelle bin ich in die Straßenbahn umgestiegen. 12. Der Intercity ist mit Verspätung in
Salzburg abgefahren.

37

1. auf einer gelungenen Party 2. in der gestohlenen Handtasche 3. eine gebratene Forelle
4. tiefgefrorenes Fleisch 5. eine verlorene Wette 6. die betrogene Ehefrau 7. ein erschrocke-
nes Kind 8. das zerrissene Blatt Papier 9. der eingetroffene Zug 10. der zerbrochene Krug
11. eine gebogene Linie 12. eine ausgedachte Geschichte 13. der betrunkene Fahrer 14. ver-
schwundene Wertsachen 15. mit geriebenen Kartoffeln 16. das abgewogene Gemüse
17. geschnittene Zwiebeln 18. der vergessene Name 19. auf einem verbotenen Weg 20. ein
mißlungener Versuch

38

1. eingeschlafene Füße 2. die versprochene Belohnung 3. eine durchzechte Nacht 4. übereilte Entschlüsse 5. eine kaputtgegangene Glühbirne 6. die enthaltenen Konservierungsstoffe 7. der beschriebene Unfallhergang 8. der vergeudete Reichtum 9. eine unterstrichene Überschrift 10. ihre hübsch angezogene Puppe 11. der überführte Räuber 12. die unterbliebene Hilfe 13. der unterlegene Ringkämpfer 14. eine übergeordnete Position 15. die unterbrochenen Verhandlungen 16. der untergetauchte Terrorist 17. die überschrittenen Grenzwerte 18. ein übergelaufener Spion 19. der überraschte Einbrecher 20. eine ausgeraubte Villa

39

1. Wir haben jemand um Hilfe rufen hören. 2. Er hat mich nicht zu Wort kommen lassen. 3. Sie hat der älteren Dame die Tasche tragen helfen. 4. Ich habe alles so kommen sehen. 5. Er hat die Sportschau sehen wollen. 6. Die Kinder haben Silvester länger aufbleiben dürfen. 7. Sie hat das Baby ins Bett bringen sollen. 8. Er hat die Bilanz überprüfen müssen. 9. Er hat seinen Nachtisch nicht essen mögen. 10. Sie hat sich gut an ihre Kindheit erinnern können.

Erinnern Sie sich?

Die Modalverben *dürfen, können, mögen, müssen, sollen, wollen* und die Verben *helfen, hören, lassen, sehen* bilden das Perfekt mit einem doppelten Infinitiv:
sie darf zu lange fernsehen → sie hat zu lange *fernsehen dürfen*
er sieht das Unglück kommen → er hat das Unglück *kommen sehen*

40

1. Er schreibt, daß Onkel Heinrich gestorben sei. Die Beerdigung finde am Mittwoch statt.
2. Er schreibt, daß das Flugzeug ausgebucht sei. Er komme morgen. 3. Er schreibt, daß er einen Motorschaden habe. Er brauche einen Austauschmotor. 4. Er schreibt, daß die Sendung beschädigt eingetroffen sei. Man verweigere die Annahme. 5. Er schreibt, daß er das Schiff verpaßt habe. Er nehme das nächste. 6. Er schreibt, daß er den Betrag per Telex überwiesen habe. Er bitte um eine Empfangsbestätigung. 7. Er schreibt, daß seine Schecks mit Scheckkarte entwendet worden seien. Man solle sein Konto sperren. 8. Er schreibt, daß Christel geboren sei. Der Vater sei wohlauf.

41

1. daß er am schnellsten laufen würde 2. daß er die Unwahrheit sagen würde 3. daß er eine Geschäftsreise ins Ausland unternehmen würde 4. daß sie ihr Opfer umbringen würden 5. daß er seine Untergebenen schlecht behandeln würde 6. daß die Renten erhöht würden 7. daß sie ihn bald wiedersehen würde

42

1. daß sie sich bessern werde 2. daß er von seinem Amt zurücktreten werde 3. daß die Angelegenheit vertraulich behandelt werde 4. daß er die Ware fristgerecht liefern werde 5. daß sie sich um die Sache kümmern werde 6. daß er die Auslandsschulden abbauen werde 7. daß er seinen ermordeten Bruder rächen werde

43

1. daß der Hund bissig sei/der Hund sei bissig 2. daß ich mit ihm rechnen könne/ich könne mit ihm rechnen 3. daß man hier nicht rauchen dürfe/hier dürfe man nicht rauchen 4. daß er seinen Kollegen vertreten solle/er solle seinen Kollegen vertreten 5. daß er keine dicken Bohnen möge/er möge keine dicken Bohnen 6. daß er in seinem Leben immer Schwein gehabt habe/er habe in seinem Leben immer Schwein gehabt 7. daß sie für immer und ewig bei ihm bleiben wolle/sie wolle für immer und ewig bei ihm bleiben 8. daß er sich vor der Polizei verstecken müsse/er müsse sich vor der Polizei verstecken 9. daß er nichts von den Vorgängen in seiner Firma wisse/er wisse nichts von den Vorgängen in seiner Firma 10. daß sie nichts von Computertechnik verstehe/sie verstehe nichts von Computertechnik 11. daß er das Ergebnis abwarten werde/er werde das Ergebnis abwarten 12. daß er den Untersuchungsbericht nicht kenne/er kenne den Untersuchungsbericht nicht

44

1. starken 2. heiße 3. saure 4. gesalzene 5. eiskaltes 6. frische 7. geräucherter 8. gekochte 9. belegte

Erinnern Sie sich?		**Deklination von Adjektiven ohne Artikel**		
	Maskulinum	Femininum	Neutrum	Plural
Nom.	alter Wein	frische Milch	rohes Gemüse	junge Leute
Akk.	alten Wein	frische Milch	rohes Gemüse	junge Leute
Dat.	altem Wein	frischer Milch	rohem Gemüse	jungen Leuten
Gen.	alten Wein(e)s	frischer Milch	rohen Gemüses	junger Leute

45

1. gekühltes Bier 2. tiefgefrorene Himbeeren 3. offenen Wein 4. eine einfarbige Krawatte 5. einen englischen Schaukelstuhl 6. ein altmodisches Kostüm 7. einen dunklen Anzug 8. nichtalkoholische Getränke 9. klassische Musik 10. dunkle Zigarren 11. einen grünen Bikini 12. russischen Kaviar 13. gebrannte Mandeln 14. einen gemischten Salat 15. eine chinesische Vase 16. mageres Rindfleisch 17. biologisch angebautes Gemüse

46

1. rotes Auto 2. neuer Schwarm 3. schwarzer Kamm 4. eigene Worte 5. verrückte Ideen 6. ungebügelte Wäsche 7. schlagfertige Antwort 8. schmutzige Tasse 9. intellektuelle Freunde 10. blauer Schal 11. verlorener Schlüsselbund 12. hohe Telefonrechnung

1. rotes Auto gesehen 2. neuen Schwarm kennengelernt 3. schwarzen Kamm genommen 4. eigene Worte noch im Gedächtnis 5. von Claudias verrückten Ideen gehört 6. ungebügelte Wäsche bemerkt 7. schlagfertige Antwort gehört 8. schmutzige Tasse bemerkt 9. intellektuelle Freunde gesehen 10. blauen Schal gesehen 11. verlorenen Schlüsselbund gesehen 12. hohe Telefonrechnung gesehen

47

aus: geschiedener Ehe, reichem Elternhaus, deutschen Landen, gutem Grund, langer Erfahrung, destilliertem Wein, freiem Willen, tiefer Überzeugung, gegebenem Anlaß, gehärtetem Glas, damaliger Sicht, alter Tradition *durch:* andere Umstände, wachsende Einnahmen, hohes Verkehrsaufkommen, feigen Mord, heftige Regenfälle, ausströmendes (ausgeströmtes) Gas, dichten Nebel, herabfallendes (herabgefallenes) Gestein, tödliches Gift, starke Orkanböen

am: letzten Sonntag, kommenden Wochenende, ersten Januar, folgenden Freitag, nächsten Morgen, neunundzwanzigsten Februar, morgigen Osterfest, heutigen Nationalfeiertag, gestrigen Neujahrsempfang

seit: langer Zeit, letzten April, vorigen Sommer, vorletzten Mittwoch, vielen Stunden, vergangenem Herbst, wenigen Jahren, etlichen Monaten

trotz: schlechten Wetters, rechtzeitiger Sturmwarnung, intensiver Vorbereitung, fortgeschrittenen Alters, aller Mühe, sinkender Einkünfte, starker Schmerzen, steigender Temperatur

48
ein altmodischer Schrank, viele moderne Möbel, das scharfe Messer, alle alten Bäume, keine hübschen Studentinnen, mein bester Freund, unsere neue Ware, saure Milch, etliche ältere Menschen, mit unseren lieben Großeltern, das andere Ufer, sein spezielles Hobby, dichter Nebel, knusprige Brötchen, bei den wilden Seeräubern, unsere dicke Freundschaft, kohlensäurehaltiges Mineralwasser, den gezähmten Tiger, bei vielen mittelalterlichen Kunstwerken, eine schwimmende Luftmatratze, mit meiner unleserlichen Handschrift, ein strenger Verkehrspolizist, für manche schönen Stunden, einige krumme Nägel, kein origineller Gedanke, die großen Löcher im Käse, ein interessanter Vortrag, seine große Leidenschaft, durch unser sofortiges Handeln, aus purem Egoismus, gegen sein eigenes Interesse, peinliche Sekunden, ein berühmtes Bauwerk, keine alkoholischen Getränke, sämtliche renovierten Häuser, etliche neue Produkte, gegen beide ausländischen Mannschaften, eine tolle Frisur, das bittere Ende

Reihe III: Krieg und Frieden

Auf den Cassetten finden Sie folgende Texte und Übungen:

Bertolt Brecht: *Wenn die Haifische Menschen wären* (S. 93/94)
Hören und verstehen: *Vater und Sohn über den Krieg* (S. 97)
Franz Alt: *Unsere Macht ist zerstörerisch* (S. 97/98)
Esoterik – ein Weg zum inneren Frieden? (S. 99)
Hören und verstehen: *Lesebuchgeschichten* von Wolfgang Borchert (S. 103)
Paul Celan: *Todesfuge* (S. 105)
Hören und verstehen: *Wofür?* von Manfred Mai (S. 107)
Kurt Tucholsky: *Und wenn alles vorüber ist* (S. 107)
Bertolt Brecht: *Die Seeräuber-Jenny* (S. 108/109)

S. 95

Bilden Sie das Präteritum und den Konjunktiv II
I. er kam, er käme; er blieb, er bliebe; er schrieb, er schriebe; er dachte, er dächte; er nahm, er nähme; er traf, er träfe; er las, er läse; er sah, er sähe; er aß, er äße; er fuhr, er führe; er fiel, er fiele; er ging, er ginge; er fing an, er finge an; er bat, er bäte; er bot, er böte; er lag, er läge; er

wuchs, er wüchse; er begann, er begänne; er trug, er trüge; er floh, er flöhe; er log, er löge; er verlor, er verlöre; er sank, er sänke; er schoß, er schösse; er war, er wäre; er hatte, er hätte; er wurde, er würde

(Bei den schwachen Verben sind die Formen des Konjunktivs II und des Präteritums identisch: er kostete, er arbeitete, er rechnete, er mietete, er öffnete, er antwortete, er hoffte, er hörte, er telefonierte, er studierte, er versuchte, er gehörte.)

II. Die Konjunktivendungen sind: -e, -est, -e, -en, -et, -en

Konjunktiv-Quiz
1a, 2b, 3b, 4c, 5a, 6c, 7a

S. 96

Bilden Sie die Negationsformen
nirgends/nirgendwo, nirgendwohin, niemand, keiner, nichts, nie(mals)

Sie wünschen sich das Gegenteil
1. Wenn mir nur jemand helfen würde!
2. Wenn es hier bloß was zu rauchen gäbe!
3. Wenn er mir doch bloß mal schriebe (schreiben würde)!
4. Wenn ich doch meinen Freund irgendwo finden könnte!
5. Wenn ich bloß was verstehen würde!
6. Wenn wir bloß im Urlaub irgendwohin führen (fahren würden)!
7. Wenn doch jemand zu Hause wäre!
8. Wenn er nur nicht immer etwas vergessen würde!
9. Wenn sie nur etwas von ihrer Familie wüßte!
10. Wenn man bloß was zu essen kaufen könnte!
11. Wenn ich nur einschlafen könnte!
12. Wenn er nur mehr Geld verdienen würde!
13. Wenn ich doch meine Meinung sagen dürfte!
14. Wenn es doch nirgendwo auf der Welt Atomwaffen gäbe!
15. Wenn er mich doch mal besuchen würde!

S. 97

Hören und verstehen (Häufige Konjunktiv-II-Formen)
Vater und Sohn über den Krieg (gekürzt)
nach Karl Valentin

Sohn: Du, Vata, gell, der Krieg is was Gefährliches?
Vater: Freili, des is das Gefährlichste, was es gibt!
Sohn: Warum wird dann immer wieder Krieg geführt, wenn er so gefährlich is?
Vater: Ja mei! Es heißt halt, solange es Menschen gibt, gibt es Kriege.
Sohn: Wird dann das Volk auch gefragt, ob wir an Krieg wolln oder nicht?
Vater: Nein, 's Volk wird nicht gfragt, denn das Volk sind ja die Parteien, weil das Sechzig-Millionen-Volk im Reichstagsgebäude keinen Platz hätte – deshalb hat das Volk seine Vertreter.

Sohn: Du, Vata, werdn die Soldaten auch gfragt, obs an Krieg wolln?
Vater: Na! Die Soldaten werden nicht gfragt, die müssen in den Krieg ziehn, sobald er erklärt ist
– mit Ausnahme der Freiwilligen.
Sohn: Müssen die Freiwilligen auch schießen im Krieg?
Vater: Nein – ein Freiwilliger muß nicht, der schießt halt, weil im Krieg geschossen werden muß.
Sohn: Dann müssens ja doch!
Vater: Aber nur freiwillig muß er!
Sohn: Gell, Vata, die Gewehre, die Kanonen, die Fliegerbomben und alle die Kriegswerkzeuge,
die läßt alle der Kaiser machen?
Vater: Natürlich.
Sohn: Die sind teuer, gell Vata?
Vater: Die sind freilich teuer, die kosten viele, viele Milliarden.
Sohn: Der Kaiser kanns aber leicht zahln, weil er reich is.
Vater: Der is freili reich, der Kaiser is der reichste Mann im ganzen Land.
Sohn: Von was is denn der Kaiser so reich worn, Vata?
Vater: Durch sein Volk – durch die vielen Steuern.
Sohn: Aber dem Kaiser sein Volk is net reich.
Vater: Nein, das nicht, aber das macht die Masse. Wenn zum Beispiel von den 60 Millionen
Menschen nur jeder eine Mark Steuern im Jahr zahlt, sind es schon 60 Millionen Mark.
Sohn: Ja, Vata, wennst du und deine Arbeitskameraden nie in einer Rüstungsfabrik arbeiten
tatn, dann gäb es doch keine Waffen – dann wär doch immer Frieden, weil man ohne
Waffen keinen Krieg führen kann.
Vater: Ja, ja, da hast du schon recht – aber das müssen alle Arbeiter auf der ganzen Welt beher-
zigen.
Sohn: Warum tuans das nicht?
Vater: Mei, Bua – du bist noch so jung – das verstehst noch nicht, wenn ich dir das auch erklär
– die Arbeiter werden von den Kapitalisten überlistet.
Sohn: Warum hast du dann nicht gestreikt?
Vater: Ich allein kann doch nicht streiken – wenn schon, dann müssen alle Arbeiter der ganzen
Welt sofort in den Streik treten und keine Waffen mehr machen, dann wäre gleich Schluß
mit den unseligen Kriegen.
Sohn: Warum tun das dann die Arbeiter nicht?
Vater: Mei, Bua, redst du dumm daher. Wenn i damals nach der großen Arbeitslosigkeit net in
der Rüstungsfabrik gearbeitet hätt, wären wir, ich, die Mutter und du, verhungert und die
anderen Arbeiter auch.
Sohn: Ja, du hast ja doch gearbeitet, und trotzdem müssen wir heute auch bald verhungern.
Vater: Na, na – so schlimm wirds nicht werden.
Sohn: Wenn sich aber die ganzen Arbeiter auf der Welt einig wären, gäbs dann auch noch an
Krieg?
Vater: Nein – dann nicht mehr – das wäre der ewige Friede.
Sohn: Aber gell, Vata – die werden nie einig.
Vater: Nie!

Aus der Süddeutschen Zeitung

Die neuesten demoskopischen Erhebungen belegen nach Informationen der SZ, daß junge Frauen die Bundeswehr immer mehr für eine attraktive Alternative zur freien Wirtschaft halten. Dies zeigt sich auch in mehr Anfragen und Bewerbungen. Etwa die Hälfte aller Bürger denken demnach, daß der Wehrdienst eine reine Männersache sei (wäre). Immerhin meinen aber 44 Prozent, Frauen solle die Möglichkeit gegeben werden, sich freiwillig zur Bundeswehr zu melden; aber die Mehrheit ist dabei der Meinung, sie dürften keinen Dienst mit der Waffe leisten.

S. 98

Unsere Macht ist zerstörerisch

1. vernichten
2. weniger, als
3. Obwohl (Obgleich)
4. Derjenige (Der)
5. Aufgabe, zu
6. Krieg, Haß, Trauer, Geburt

S. 102

1. Es ist zweifelhaft, daß man den eigenen Atem und Herzschlag regulieren kann. 2. Es ist eher unwahrscheinlich, daß man fremde Gedanken lesen kann. 3. Es ist durchaus wahrscheinlich, daß man jemand in Hypnose versetzen kann. 4. Es ist denkbar, daß man barfuß über glühende Kohlen laufen kann. 5. Es ist nur schwer vorstellbar, daß man Stimmen aus dem Jenseits hören kann. 6. Es ist kaum möglich, daß man Erdstrahlen spüren kann. 7. Es ist ganz sicher, daß man durch Homöopathie heilen kann. 8. Es ist eher unwahrscheinlich, daß man nach dem Tod in einem anderen Körper weiterleben kann. 9. Es ist durchaus wahrscheinlich, daß man Gegenstände durch geistige Kraft bewegen kann. 10. Es ist kaum möglich, daß man von zukünftigen Ereignissen träumen kann. 11. Es ist völlig ausgeschlossen, daß man Gespenstern begegnen kann. 12. Es ist ganz unmöglich, daß man die Lottozahlen erraten kann. 13. Es ist nur schwer vorstellbar, das man durch Handauflegen heilen kann. 14. Es ist ganz ungewöhnlich, daß man politische Ereignisse vorhersagen kann. 15. Es ist völlig ausgeschlossen, daß man eine Reise in eine andere Zeit unternehmen kann. 16. Es ist ganz sicher, daß man durch Hingabe an einen Guru in geistige Abhängigkeit und wirtschaftliche Ausbeutung geraten kann. 17. Es ist so gut wie sicher, daß man den Charakter eines Menschen aus dessen Handschrift erkennen kann.

1. Daß es Hexen und Zauberer gibt, ist völlig ausgeschlossen. 2. Daß jeder Mensch einen Schutzengel hat, ist so gut wie sicher. 3. Daß positives Denken zu einem glücklichen Leben führt, ist durchaus wahrscheinlich. 4. Daß man mich leicht hypnotisieren könnte, ist leicht möglich. 5. Daß Drogen wie LSD das Bewußtsein erweitern, ist ganz sicher. 6. Daß der Teufel der wahre Herrscher der Welt ist, ist nur schwer vorstellbar. 7. Daß der Stand der Sterne bei der Geburt das Schicksal jedes Menschen prägt, ist denkbar. 8. Daß Horoskope in Illustrierten meist zutreffen, ist völlig ausgeschlossen. 9. Daß man mit einer Wünschelrute oder einem Pendel unterirdische Quellen oder verborgene Schätze finden kann, ist sehr wahrscheinlich. 10. Daß man sich durch Akupunktur das Rauchen abgewöhnen kann, ist so gut wie sicher. 11. Daß in früherer Zeit Astronauten von fremden Sternen die Erde besucht haben, ist ganz unmöglich. 12. Daß Hellseher den Kriminalbeamten bei der Suche nach Vermißten oft helfen, ist nur schwer vorstellbar. 13. Daß unser Planet Erde als Ganzes ein Lebewesen ist, ist kaum möglich. 14. Daß auch Pflanzen Gefühle haben, ist nur schwer vorstellbar. 15. Daß am Freitag, dem 13. mehr Unfälle als an anderen Tagen passieren, ist kaum anzunehmen. 16. Daß alle Ereignisse im Leben eines Menschen bereits vorherbestimmt sind, ist eher unwahrscheinlich.

S. 104

Hören und verstehen

Aus: Wolfgang Borchert: *Lesebuchgeschichten*

Als der Krieg aus war, kam der Soldat nach Haus. Aber er hatte kein Brot. Da sah er einen, der hatte Brot. Den schlug er tot. Du darfst doch keinen totschlagen, sagte der Richter. Warum nicht, fragte der Soldat.

Als die Friedenskonferenz zu Ende war, gingen die Minister durch die Stadt. Da kamen sie an einer Schießbude vorbei. Mal schießen, der Herr? riefen die Mädchen mit den roten Lippen. Da nahmen die Minister alle ein Gewehr und schossen auf kleine Männer aus Pappe.

Mitten im Schießen kam eine alte Frau und nahm ihnen die Gewehre weg. Als einer der Minister es wiederhaben wollte, gab sie ihm eine Ohrfeige.

Es war eine Mutter.

Es waren einmal zwei Menschen. Als sie zwei Jahre alt waren, da schlugen sie sich mit den Händen.

Als sie zwölf waren, da schlugen sie sich mit Stöcken und warfen mit Steinen.

Als sie zweiundzwanzig waren, schossen sie mit Gewehren nach einander.

Als sie zweiundvierzig waren, warfen sie mit Bomben.

Als sie zweiundsechzig waren, nahmen sie Bakterien.

Als sie zweiundachtzig waren, da starben sie.

Als sich nach hundert Jahren ein Regenwurm durch ihre beiden Gräber fraß, merkte er gar nicht, daß hier zwei verschiedene Menschen begraben waren. Es war dieselbe Erde. Alles dieselbe Erde.

S. 106

Abbildung: Welche Aufgabe hat Amnesty International?

Hier ist ein kurzer Text zum Thema:

Amnesty International hat es sich zur Aufgabe gemacht, für die Freilassung und für die Unterstützung von Menschen zu arbeiten, die unter Mißachtung der Allgemeinen Erklärung der Menschenrechte verhaftet, gefangen, auf andere Weise physischem Zwang ausgesetzt oder Freiheitsbeschränkungen unterworfen sind, und dies aufgrund ihrer politischen, religiösen oder anderen Überzeugungen, ihrer ethnischen Abstammung, ihrer Hautfarbe oder ihrer Sprache, vorausgesetzt, daß sie Gewalt nicht angewendet noch sich für die Anwendung von Gewalt eingesetzt haben.

Amnesty International tritt gegen die Verhängung und Vollstreckung von Todesurteilen, gegen die Folter und gegen grausame, unmenschliche oder erniedrigende Behandlung oder Bestrafung der Gefangenen ein. Die Organisation setzt sich für die Einhaltung der Regeln eines gerechten Gerichtsverfahrens für alle politischen Gefangenen ein.

(Quelle: Amnesty International)

Finden Sie die Verben

einberufen, entlassen, verpflegen, bekleiden, bewaffnen, angreifen, zerstören, rüsten, schießen, feuern, befehlen, marschieren, wachen, vernichten, verteidigen

S. 107

Hören und verstehen

Manfred Mai
Wofür?

Tote steigen aus
ihren Gräbern, zuerst
wenige, dann immer mehr.

Sie schütteln sich
die Erde aus den
Knochen, grüßen alte Freunde.

Viele Worte sind
nicht nötig, sie wissen,
was zu tun ist.

Schweigend ziehen sie
an vollen Schaufenstern und
leeren Menschen vorbei.

Gegen die Innenstädte
richten sie ihre Schritte,
zu den Marktplätzen.

Geballte Fäuste am Ende
der Arme weisen
in alle Himmelsrichtungen

Dafür sind wir nicht
gestorben! rufen die Stimmen
in die Menge.

Die Leute hängen
an ihren Einkaufstaschen, nicken
den Toten verlegen lächelnd zu.

Weniger als zehn
bleiben einen Moment stehen, drücken
Münzen in hohle Hände.

S. 112

Silbenrätsel
die Aufrüstung, der Verteidiger, der Gegner, der Feigling, der Angriff, die Niederlage, der Aufbau, den Krieg erklären, kapitulieren

Substantivierte Adjektive
der Tote, die Toten; der Vermißte, die Vermißten; der Kranke, die Kranken; der Schwache, die Schwachen; der Verletzte, die Verletzten; der Amputierte, die Amputierten; der Verwundete, die Verwundeten; der Gefallene, die Gefallenen; der Fahnenflüchtige, die Fahnenflüchtigen; der Wehrpflichtige, die Wehrpflichtigen; der Freiwillige, die Freiwilligen

S. 113

Ergänzen Sie
1. die Gefangenen 2. Alle Verwundeten 3. Die Verletzten und Kranken 4. Den Gefallenen 5. viele Ertrunkene und Vermißte 6. Alle Angehörigen der Verwundeten und Gefallenen 7. Ein Geistlicher tröstet die Hinterbliebenen 8. allen Freiwilligen und Wehrpflichtigen 9. Alle Fahnenflüchtigen 10. Jugendliche und Alte

S. 114

Substantivierte Adjektive
angestellt: der Angestellte, manche Angestellte(n)
intellektuell: ein Intellektueller, alle Intellektuellen

verrückt: ein Verrückter, etliche Verrückte
bekannt: ein Bekannter, diese Bekannten
angehörig: eine Angehörige, keine Angehörigen
verwandt: eine Verwandte, solche Verwandten
verlobt: die Verlobte, mehrere Verlobte
arbeitslos: ein Arbeitsloser, einige Arbeitslose
abgeordnet: der Abgeordnete, wenige Abgeordnete
vorsitzend: ein Vorsitzender, jene Vorsitzenden
reisend: der Reisende, alle Reisenden
neugierig: ein Neugieriger, etliche Neugierige
geistlich: der Geistliche, viele Geistliche

S. 115

Spaß muß sein
Gefreiter, Unbekannter, Gefreite, Vorgesetzter, Wachhabenden, Gefreite – Gefreiter – Gefreiter, Vorgesetzter, Gefreiten

S. 116

Ergänzen Sie
1. Tote 2. Deutschen 3. Bekannter, vielen Arbeitslosen 4. Verwandter, Vorsitzender, Bundestagsabgeordneter 5. Verlobte, Verwandten 6. Deutsche(n), Fremde, einzelne Deutsche, Deutschen 7. Alle Beamten, viele Angestellte, etliche 8. mehreren Intellektuellen 9. Streikenden, viele Angestellte, keine Beamten 10. Viele Jugendliche, Älteren 11. Strafgefangene, Obdachlose, Behinderte, Drogensüchtige, Homosexuelle

S. 117/118

Ihnen, keiner Armee, der Allgemeinheit, mir, dem Gegner, Ihnen, Ihrer Frage, mir, mir, mir, meinem Vaterland, Unseren Politikern, ihnen, mir, Ihnen, dem Vaterland, dem, dem Wehrdienst, der Armee, dem Wahnsinn, meinem Ideal, mir, Mir, meinem Gewissen, mir, keinem Führer, mir, Ihnen, Mir, Ihnen, der des Feindes, Ihnen, Ihnen, mir, Mir, Mir, Ihnen, Ihnen, Ihren Siegesmeldungen, denen, anderen Vorbildern, Ihnen, Ihnen, Mir, mir, mir, der Ehre, mir, Mir, mir, mir, keinem Uniformierten, dem Befehl, ihrem Gewissen, Ihnen, der Gewalt, dem Befehl, der Lüge, der Versuchung, dem Hurrageschrei, den Rednern, Ihren Paraden, mir, Ihnen

S. 118

Wie hätten Sie entschieden?
Die Sekretärin verlor den Prozeß. Aus der Urteilsbegründung:
„Die Entscheidung, aus pazifistischen Gründen die Arbeit der Firma abzulehnen, wird nicht durch das Grundrecht aus Art. 4 Absatz 3 GG geschützt. Das hiernach gewährleistete Recht, den Kriegsdienst mit der Waffe zu verweigern, erstreckt sich nicht auf jede Mitwirkung am Krieg, sondern bezieht sich nur auf Tätigkeiten, die in einem – nach dem Stand der jeweiligen Waffentechnik – unmittelbaren Zusammenhang mit dem Einsatz von Kriegswaffen stehen. ... Angesichts der engen Verflechtungen in Wirtschaft und Gesellschaft trägt praktisch jede Tätigkeit zugleich dazu bei, etwa über die Zahlung von Steuern, die Herstellung von Nahrungsmitteln

oder Bekleidung oder durch Mitwirkung an der Erzeugung anderer Güter oder Dienstleistungen, den Bestand, die Organisation und Funktionsfähigkeit der bewaffneten Macht zu erhalten bzw. zu stärken. Der Klägerin blieb und bleibt das Recht, aus Gewissensgründen Arbeitsstellen abzulehnen, ihr sind aber ... gewisse Opfer zuzumuten.

S. 122ff. Weitere Übungen

2

die Tankstelle (an der), der Autofriedhof (auf dem), das Fließband (am), das Schlaraffenland (im), der Juwelier (beim), das Aquarium (im), die Altstadt (in der), die Polizeiwache (auf der), die Burg (auf einer), das Hotelzimmer (in einem), das Zelt (in einem), das Einkaufszentrum (in einem), das Treibhaus (in einem), der Flohmarkt (auf einem), der Gefängnishof (auf dem), der Mond (auf dem), der Hafen (in einem), die Straßenbahnhaltestelle (an einer), die Kirche (in einer), das Parlament (im), die Kunstgalerie (in einer), der Skilift (auf einem), der Wasserfall (an einem), die Wüste (in der), die Sauna (in einer), das Taxi (in einem), der Tunnel (in einem), die Schreibwarenhandlung (in einer), die Militärkaserne (in einer), der Souvenirladen (in einem), das Museum (in einem), der Friseur (beim), der Zeitungskiosk (an einem), das Postamt (in einem), das Nonnenkloster (in einem), das Krankenhaus (im), die Metzgerei (in einer), das Atomkraftwerk (in einem), der Leuchtturm (auf einem), das Hexenhäuschen (in einem), das Bergwerk (in einem), der Kühlraum (in einem), das Fernsehstudio (in einem), das Oktoberfest (auf dem), der Karnevalszug (in einem)

Alternativen bei Ortsangaben sind natürlich möglich, z. B.: in einem Taxi, vor einem Taxi, hinter einem Taxi, usw.

4

1. Bist du etwa Vegetarier geworden? 2. Hat er etwa einen Unfall gehabt? 3. Bist du etwa zur Kur gewesen? 4. Hast du etwa dein Studienfach gewechselt? 5. Hat es etwa keinen Treibstoff mehr gehabt? 6. Hast du es etwa verloren? 7. Hast du gestern abend etwa zuviel getrunken? 8. Hast du dich etwa neu verliebt? 9. Hast du etwa zuviel vom Konto abgehoben? 10. Hast du dich etwa bekleckert? 11. Haben die Nachbarn etwa gefeiert?

5

Beide sind gleich weit von Hannover entfernt.

7

1. ist es denn 2. ist er denn 3. Haben Sie denn 4. Wie teuer ist denn 5. braucht man denn 6. haben Sie denn 7. du dich denn 8. hast du denn 9. Ihr Kind denn

9

1. Halten Sie mal 2. Könnten Sie mir mal 3. Hätten Sie mal 4. Möchte Sie gern mal 5. Kannst du mal 6. Könntest du mir mal 7. Hilfst du mir mal 8. Würden Sie mir mal 9. Leih mir mal 10. Machen Sie uns mal

10

1. Schlaf dich ruhig aus 2. Probieren Sie ruhig 3. Kommen Sie ruhig 4. Fahren Sie ruhig 5. Verlassen Sie sich ruhig 6. Richten Sie die Beschwerde ruhig 7. Nehmen Sie sich ruhig 8. Bleiben Sie ruhig 9. Nimm ruhig 10. Wirf ruhig

13

Es war, als hätt' der Himmel	Die Luft ging durch die Felder,	Und meine Seele spannte
Die Erde still geküßt,	Die Ähren wogten sacht,	Weit ihre Flügel aus,
Daß sie im Blütenschimmer	Es rauschten leis' die Wälder,	Flog durch die stillen Lande,
Von ihm nun träumen müßt'.	So sternklar war die Nacht.	Als flöge sie nach Haus.

14

der Abend – der Morgen
die Abfahrt – die Ankunft
die Abkühlung – die Erwärmung
die Ablehnung – die Zustimmung
die Abmeldung – die Anmeldung
die Abnahme – die Zunahme
der Absender – der Empfänger
der Altbau – der Neubau
das Alter – die Kindheit
der Anfang – das Ende
das Angebot – die Nachfrage
die Antwort – die Frage
die Armut – der Reichtum
der Arzt – der Patient
die Ausfahrt – die Einfahrt
die Ausfuhr – die Einfuhr
der Ausgang – der Eingang
die Ausnahme – die Regel
die Belohnung – die Strafe
der Berg – das Tal
die Bitte – der Dank

der Cousin – die Cousine
die Dummheit – die Klugheit
die Dunkelheit – die Helligkeit
der Durst – der Hunger
die Eintracht – die Zwietracht
die Einzahl – die Mehrzahl
der Erfolg – der Mißerfolg
die Erlaubnis – das Verbot
der Ernst – der Spaß
der Fachmann – der Laie
der Feiertag – der Werktag
die Feigheit – der Mut
der Feind – der Freund
die Ferne – die Nähe
der Friede(n) – der Krieg
der Frost – die Hitze
der Frühling – der Herbst
der Gast – der Gastgeber
die Geburt – der Tod
der Gesunde – der Kranke
der Gewinn – der Verlust

15

die Alpen, der Schwarzwald, der Bayerische Wald, der Harz
die Hantel, der Tennisschläger, der Federball, der Turnschuh
die Pest, der Krebs, der Rheumatismus, die Grippe
der Kiosk, das Sportgeschäft, die Metzgerei, die Bäckerei
das Wohnzimmer, das Arbeitszimmer, die Küche, das Schlafzimmer
Sächsisch, Schwäbisch, Bayrisch, Hessisch
das Dach, der Giebel, der Blitzableiter, der Schornstein
der Hund, die Katze, das Meerschweinchen, der Hamster
das Küken, das Fohlen, der Welpe, das Kätzchen
die Büchse, der Eimer, der Krug, die Schüssel
der Pelzmantel, der Handschuh, der Schal, die Pudelmütze
der Oberarm, der Ellbogen, das Handgelenk, der Bizeps
die Hautcreme, die Sonnenmilch, das Deodorant, der Lippenstift
das Theater, die Oper, das Museum, das Planetarium
das Gemälde, das Denkmal, die Skulptur, die Plastik

die Kuh, das Pferd, das Schaf, das Huhn
der Roggen, der Weizen, die Gerste, der Hafer
Surfen, Segeln, Wasserski, Rudern

16

Planet, Edelstein, Sternzeichen, Dokument, Religion, Schmuck, Studienfach, Sportart, Dialekt, Raubkatze, Säugetier, Vogel, Insekt, Verwandtschaft, Werkzeug, Wochentag

17

1. Wo krieg' ich knusprige Brötchen her? Geh doch mal in die Bäckerei. 2. Wo krieg' ich junge Bäume und Sträucher her? Geh doch mal in die Gärtnerei. 3. Wo krieg' ich einen handgemachten Keramiktopf her? Geh doch mal in die Töpferei. 4. Wo krieg' ich farbige Visitenkarten her? Geh doch mal in die Druckerei. 5. Wo krieg' ich ein altes Lexikon her? Geh doch mal in die Bücherei. 6. Wo krieg' ich einen maßgefertigten Anzug her? Geh doch mal in die Schneiderei. 7. Wo krieg' ich frisches Hammelfleisch her? Geh doch mal in die Metzgerei. 8. Wo krieg' ich eine leckere Torte her? Geh doch mal in die Konditorei. 9. Wo krieg' ich saubere Bettwäsche her? Geh doch mal in die Wäscherei. 10. Wo krieg' ich ein neues Türschloß her? Geh doch mal in die Schlosserei. 11. Wo krieg' ich ein großes Faß Bier her? Geh doch mal in die Brauerei.

18

Laß die Mäkelei, Heuchelei, Schaukelei, Schmiererei, Angeberei, Kritzelei, Sauferei, Drängelei, Fragerei, Fresserei, Rumsauerei, Wichtigtuerei, Streiterei!

19

1. der Import der Ware 2. die Explosion der Gasflasche 3. der Schutz der Nashörner 4. die Erprobung des Medikaments 5. der Anruf des Chefs 6. der Abschied der Gäste 7. der Widerspruch des Antragstellers 8. die Versteigerung der Gemälde 9. der Streit der nationalen Minderheiten 10. der Diebstahl meines Schmucks 11. der Abschluß der Arbeit 12. der Absturz des Hubschraubers 13. der Entwurf eines Plans 14. die Speicherung der Anschriften 15. die Ausweisung des Konsuls 16. das Wachstum des Getreides 17. die Wahl des Bürgermeisters 18. der Durchzug einer Kaltfront 19. die Rache des Opfers 20. der Austausch der Luftschichten

20

Beim Fußball kommt es darauf an, daß man die meisten Tore schießt.
Beim Marathonlauf kommt es darauf an, daß man eine gute Kondition hat.
Beim Fotografieren kommt es darauf an, daß man gute Motive findet.
Beim Mensch-ärgere-dich-nicht kommt es darauf an, daß man alle vier Steine als erster nach Hause bringt.
Beim Lottospiel kommt es darauf an, daß man sechs Richtige hat.
Bei der Mister-Universum-Wahl kommt es darauf an, daß man ein gutgebauter und muskulöser Mann ist.
Bei einer Verkehrskontrolle kommt es darauf an, daß das Fahrzeug in Ordnung ist und daß man keinen Alkohol getrunken hat.
Beim Monopoly kommt es darauf an, daß man möglichst viele Grundstücke kauft und Hotels baut.
Bei einem Bewerbungsschreiben kommt es darauf an, daß man sich gut verkaufen kann.
Beim Pilzesammeln kommt es darauf an, daß man keinen giftigen Pilz erwischt.

Beim Fechten kommt es darauf an, daß man geschickt parieren kann.
Bei einem Hotelbrand kommt es darauf an, daß man einen Fluchtweg nach draußen findet.
Beim Alkohol kommt es darauf an, daß man nicht zuviel davon trinkt.
Beim Schach kommt es darauf an, daß man den Gegner matt setzt.
Bei einer Raubtierdressur kommt es darauf an, daß die gefährlichen Tiere tun, was man will.
Bei einem Soldaten kommt es darauf an, daß er diszipliniert ist.
Bei einem Deutschlehrbuch kommt es darauf an, daß es Spaß macht, damit zu arbeiten.

21
Eisbahn, Autobahn, Laufbahn, Wildbahn, Landebahn, Rutschbahn, Kegelbahn, Fahrbahn, Flugbahn

22
Wasserhahn (Gegenstand), Streithahn (Mensch), Gewehrhahn (Gegenstand), Zapfhahn (Gegenstand), Auerhahn (Tier), Gashahn (Gegenstand), Haupthahn (Gegenstand), Benzinhahn (Gegenstand)

23
Mondschein, Lichtschein, Anschein, Vorschein, Kerzenschein, Heiligenschein, Sternenschein, Fackelschein

24
Ein Mensch trägt im Mund keinen ... „Affenzahn", „Löwenzahn", „Sägezahn", „Giftzahn", „Radzahn".

25
ein Jongleur jongliert im Zirkus, ein Taxichauffeur chauffiert ein Taxi, ein Souffleur souffliert den Schauspielern, ein Friseur frisiert seine Kunden, ein Masseur massiert seine Patienten, ein Fahrscheinkontrolleur kontrolliert die Fahrgäste, ein Kommandeur kommandiert seine Truppe, ein Inspekteur inspiziert etwas, ein Akquisiteur akquiriert Kunden, ein Importeur importiert Waren

26
ohne „e": klaglos, farblos, endlos, freudlos, straflos, hilflos, fraglos, sorglos, sprachlos, stimmlos

mit „s": teilnahmslos, ausnahmslos, arbeitslos, vermögenslos, einfallslos, konfessionslos, ausdruckslos, vorurteilslos, berufslos, widerstandslos, mitleidslos, erwerbslos

ohne Änderung: ehelos, erfolglos, zusammenhanglos, gefahrlos, gehörlos, ärmellos, zahllos, spurlos, gewissenlos, formlos, zweifellos, ziellos, tadellos, skrupellos

mit „n": faltenlos, lückenlos, ideenlos, namenlos, grenzenlos

27
ohne Änderung: leidvoll, liebevoll, qualvoll, geschmackvoll, gefühlvoll, sinnvoll, wundervoll, machtvoll, wertvoll, grauenvoll, mühevoll, reizvoll, glanzvoll, schmerzvoll, ruhmvoll

mit „n": sorgenvoll

mit „s": sehnsuchtsvoll, rücksichtsvoll, eindrucksvoll, anspruchsvoll, widerspruchsvoll, verantwortungsvoll, erwartungsvoll, hochachtungsvoll, vertrauensvoll

28

1. Du wirst dir jetzt sofort die Hände waschen! 2.Du wirst jetzt sofort den Ball vom Dach holen! 3. Du wirst das jetzt sofort deinen Eltern beichten! 4. Du wirst jetzt sofort den Teller leer essen! 5. Du wirst jetzt sofort das Spielzeug einsammeln! 6. Du wirst jetzt sofort den Fernseher ausschalten! 7. Du wirst jetzt sofort den Aufsatz korrigieren! 8. Du wirst dich jetzt sofort bei der Oma entschuldigen! 9. Du wirst jetzt sofort den Handschuh suchen! 10. Du wirst jetzt sofort die Haustür zumachen! 11. Du wirst dir jetzt sofort die Nase putzen!

29

1. Du wirst sonst einen Sonnenbrand bekommen. 2. Du wirst sie sonst vergessen. 3. Du wirst sonst runterfallen. 4. Du wirst sonst verlieren. 5. Man wird es dir sonst klauen. 6. Sie wird sich sonst Sorgen machen. 7. Du wirst sonst ertrinken. 8. Du wirst dich sonst verbrennen. 9. Du wirst dich sonst vergiften. 10. Du wirst es sonst bereuen. 11. Du wirst sonst alles verspielen.

31

1. Die Erdbevölkerung wird sich wohl verdoppeln. 2. Das Weltklima wird sich wohl erwärmen. 3. Die tropischen Regenwälder werden wohl abgeholzt werden. 4. Viele Tier- und Pflanzenarten werden wohl ausgerottet werden. 5. Die Krebskrankheit wird wohl besiegt werden. 6. Der Meeresspiegel wird wohl ansteigen. 7. Der Tourismus wird wohl zunehmen. 8. Die Lebensmittelproduktion wird sich wohl erhöhen. 9. Der Flugverkehr wird sich wohl steigern. 10. Die Lebenserwartung wird wohl abnehmen. 11. Regionale Konflikte werden sich wohl vermehren. 12. Die Supermächte werden wohl ihre Macht verlieren. 13. Die Wüstengebiete werden sich wohl ausbreiten. 14. Die Computergeräte werden sich wohl verkleinern.

32

1. Hätten Sie 2. Könnten Sie 3. Würden Sie 4. Wären Sie 5. Dürfte ich 6. Hielten Sie

33

1. Würden Sie bitte Briefpapier nachbestellen? 2. Würden Sie bitte den Firmenwagen volltanken lassen? 3. Würden Sie bitte frischen Kaffee machen? 4. Würden Sie mir bitte helfen, meine Brille zu finden? 5. Würden Sie bitte den Termin absagen? 6. Würden Sie mir bitte eine Kopfschmerztablette und ein Glas Wasser geben? 7. Würden Sie bitte den Reparaturdienst/Reparaturservice für den Kopierer benachrichtigen? 8. Würden Sie bitte einen anderen Flug buchen lassen? 9. Würden Sie bitte den Besuch empfangen? 10. Würden Sie bitte einen Strauß Blumen und eine Glückwunschkarte für unser Geburtstagskind besorgen?

34

1. Hätte ich ihn gesehen 2. Hättest du auf mich gehört 3. Hättest du eine lange Unterhose angezogen 4. Ginge ich ins Ausland 5. Bliebe ich über Nacht 6. Wäre er gesund

35

1. An deiner Stelle gäbe ich ihm weniger Süßigkeiten. 2. An ihrer Stelle hätte ich mich besser vorbereitet. 3. An ihrer Stelle ginge ich mal zum Augenarzt. 4. An deiner Stelle würde ich mich bei ihm entschuldigen. 5. An deiner Stelle würde ich mich darum bewerben. 6. An deiner Stelle ginge ich mal wieder einkaufen. 7. An deiner Stelle bliebe ich im Bett. 8. An deiner Stelle würde ich langsamer fahren. 9. An deiner Stelle würde ich mal die Störungsstelle anrufen. 10. An deiner Stelle würde ich trampen oder ein Taxi nehmen.

36

1. Wenn er doch bloß öfter schreiben würde! 2. Wenn sie doch bloß besser hören könnte! 3. Wenn wir doch bloß frei wären! 4. Wenn ihr doch bloß mehr Geld hättet! 5. Wenn er doch bloß versetzt würde! 6. Wenn sie doch diesmal bloß pünktlich käme! 7. Wenn er das doch bloß könnte! 8. Wenn sie mich doch bloß zu Wort kommen lassen würde!

37

1. Es wäre ratsam, wenn Sie die Geldbuße bezahlen würden. 2. Es wäre klüger, wenn Sie den Mund halten würden. 3. Es wäre konsequent, wenn Sie kündigen würden. 4. Es wäre aufrichtiger, wenn Sie von Ihrem Amt zurücktreten würden. 5. Es wäre besser, wenn Sie den Mut nicht sinken lassen würden. 6. Es wäre empfehlenswert, wenn Sie eine Versicherung abschließen würden. 7. Es wäre weniger gefährlich, wenn Sie den Hund an die Leine nehmen würden. 8. Es wäre gesünder, wenn Sie mehr Sport treiben würden.

39

1. fast wäre er in die falsche Richtung gefahren 2. fast wäre er zu spät gekommen 3. fast hätte er sie verloren 4. fast hätte er zugebissen 5. fast wäre sie eingestürzt 6. fast hätte sie ihn getroffen 7. fast wäre er entkommen 8. fast hätte er sie erraten

40

1. Wenn sie ihm einmal deutlich die Meinung gesagt hätte, hätte er sie bestimmt in Ruhe gelassen. 2. Wenn ich im Lotto gewonnen hätte, hätten alle meine Verwandten etwas abgekriegt. 3. Wenn ich Politiker gewesen wäre, hätte es keine Korruption gegeben. 4. Wenn ich in die Tropen gefahren wäre, hätte ich mich gegen Malaria geschützt. 5. Wenn ich an deiner Stelle gewesen wäre, hätte ich mich nicht mit meinem Vorgesetzten angelegt. 6. Wenn du nicht getrunken hättest, wäre ich mit dir gefahren. 7. Wenn kein Stau gewesen wäre, hätten wir die Maschine nach München noch kriegen können. 8. Wenn wir Viren im Computer gehabt hätten, hätten wir einen Fachmann um Hilfe bitten müssen. 9. Wenn du die Grammatik gelesen hättest, hättest du mehr gewußt.

41

1. als ob er der Kaiser von China wäre 2. als ob sie es selbst erlebt hätte 3. als ob die Goldpreise fielen 4. als ob ich im siebten Himmel wäre 5. als ob er tablettenabhängig wäre 6. als ob Sie von nichts wüßten 7. als ob er keine Manieren hätte 8. als ob sie tot wäre 9. als ob Sie das zum ersten Mal machen würden 10. als ob es um sein Leben ginge 11. als ob es gestern gewesen wäre

1. als wäre er der Kaiser von China 2. als hätte sie es selbst erlebt 3. als fielen die Goldpreise 4. als wäre ich im siebten Himmel 5. als wäre er tablettenabhängig 6. als wüßten Sie von nichts 7. als hätte er keine Manieren 8. als wäre sie tot 9. als würden Sie das zum ersten Mal machen 10. als ginge es um sein Leben 11. als wäre es gestern gewesen

42

1. Wenn er zurückgetreten wäre, so hätte das eine Lawine ausgelöst. 2. Wenn die Regierung gestürzt worden wäre, so hätte das den Krieg verhindert. 3. Wenn der Gast in einer Pension untergebracht worden wäre, so wäre das billiger gewesen. 4. Wenn sie rechtzeitig geimpft worden wäre, so hätte ihr das eine Kinderlähmung erspart. 5. Wenn die diplomatischen Beziehungen abgebrochen worden wären, so wäre das eine unangemessene Reaktion gewesen. 6. Wenn die Arbeiter in den Betrieben gestreikt hätten, so hätte das die Regierung unter Druck

gesetzt. 7. Wenn die Preiserhöhungen zurückgenommen worden wären, so wäre das auf die Demonstrationen zurückzuführen gewesen. 8. Wenn unsere Firma umgezogen wäre, so wäre das mit hohen Kosten verbunden gewesen. 9. Wenn die Gespräche gescheitert wären, so hätte das eine Verschärfung der Situation bedeutet.

43

1. Fast hätte er sich mit dem Messer geschnitten. 2. Fast wäre die Milch auf dem Herd übergekocht. 3. Fast hätte die Gardine Feuer gefangen. 4. Fast wärst du in einen Hundehaufen getreten. 5. Fast hätte ich die Schachpartie verloren. 6. Fast wäre sie in den Abgrund gefallen. 7. Fast wäre ich in den falschen Zug gestiegen. 8. Fast hätte er das große Los gezogen. 9. Fast wäre er im Fluß ertrunken. 10. Fast hätte man den Dieb geschnappt.

44

1. An seiner Stelle käme ich pünktlicher. 2. An seiner Stelle nähme ich mir öfter mal Zeit für die Familie. 3. An seiner Stelle brächte ich meiner Frau öfter mal Blumen mit. 4. An seiner Stelle wäre ich geduldiger. 5. An seiner Stelle gäbe ich meinen Kindern Taschengeld. 6. An seiner Stelle würde ich jemand um Rat bitten. (bäte) 7. An seiner Stelle ginge ich vor Mitternacht zu Bett. 8. An seiner Stelle würde ich öfter mal Bekannte einladen. (lüde ... ein) 9. An seiner Stelle würde ich ihren Geburtstag nicht vergessen. (vergäße) 10. An seiner Stelle würde ich nicht jeden Abend vor dem Fernseher sitzen. (säße) 11. An ihrer Stelle ließe ich mich nicht scheiden.

45

1. Bei einer regelmäßigen Einnahme von Schlaftabletten könnte man unter Umständen süchtig werden. 2. Bei Nichtgefallen könnte man unter Umständen das Geschenk umtauschen. 3. Bei einer Streichung des Fluges könnte man unter Umständen den Flugpreis erstattet bekommen. 4. Bei einer Bohrung in den Schacht könnte man unter Umständen die verschütteten Bergleute retten. 5. Bei einer Auslastung der Produktionskapazität könnte man unter Umständen den Liefertermin einhalten. 6. Bei verringertem Kohlendioxydausstoß könnte man unter Umständen den Treibhauseffekt vermindern. 7. Bei einem Hundebiß könnte man unter Umständen eine Blutvergiftung bekommen. 8. Bei einem Einspruch gegen den Bußgeldbescheid könnte unter Umständen von einer Geldstrafe abgesehen werden.

1. Wenn man regelmäßig Schlaftabletten einnimmt, könnte man unter Umständen süchtig werden. 2. Wenn das Geschenk nicht gefällt, könnte man es unter Umständen umtauschen. 3. Wenn der Flug gestrichen wird, könnte man unter Umständen den Flugpreis erstattet bekommen. 4. Wenn in den Schacht gebohrt würde, könnte man unter Umständen die verschütteten Bergleute retten. 5. Wenn die Produktionskapazität ausgelastet wäre, könnte man unter Umständen den Liefertermin einhalten. 6. Wenn der Kohlendioxydausstoß verringert würde, könnte man unter Umständen den Treibhauseffekt vermindern. 7. Wenn man von einem Hund gebissen wird, könnte man unter Umständen eine Blutvergiftung bekommen. 8. Wenn man gegen den Bußgeldbescheid Einspruch erheben würde, könnte unter Umständen von einer Geldstrafe abgesehen werden.

46

Ich mag knuspriges Stangenbrot mit gesalzener Butter und französischem Käse. Dazu eine kleine Flasche trockenen Rotwein. Auch knackigen Salat natürlich, z. B. einen griechischen Bauernsalat. Frisches Obst und ein paar grüne und schwarze Oliven aus dem sonnigen Süden dürfen nicht fehlen. Und nette Leute mit guter Laune, die all die leckeren Dinge mit mir teilen.

Er schließt den Brief mit herzlichen Grüßen, mit seinen besten Grüßen, mit einem lieben Gruß, mit freundlichem Gruß, mit all seinen besten Grüßen, mit freundlichen Grüßen. Er sendet ihr beste Grüße, viele liebe Grüße, einen ganz herzlichen Gruß, freundliche Grüße.

Grammatische Regeln sind oft kompliziert. Aber ich übe komplizierte Regeln, diese besonders komplizierte Regel, einige komplizierte Regeln, jene komplizierte Regel, alle komplizierten Regeln. Komplizierte Regeln sind schwer zu verstehen. Bei einigen komplizierten Regeln mache ich Fehler.

Dunkel mag ich lieber als hell. Ich mag dunkle Augen und dunkles Haar, aber trinke lieber helles Bier als dunkles. Menschen mit dunkler Hautfarbe finde ich meist interessanter als die meisten hellen Typen. Dunkle Gassen sind gemütlicher als die hellen Straßen. Dunkle Kleidung ist vornehmer als helle, darum trage ich keine hellen Anzüge.

Freunde kann man sich aussuchen, Verwandte nicht. Einer meiner Verwandten trinkt, ein anderer Verwandter ist immer pleite, und eine Verwandte kriegt ein uneheliches Kind. Nur ganz wenige meiner Verwandten besuchen mich gelegentlich, aber alle Verwandten wollen mich beerben. Aber von mir kriegt kein einziger Verwandter was!

47

Amnesty International hilft politischen Gefangenen. Die Organisation steht manchem Gefangenen bei. Viele Gefangene brauchen Hilfe, besonders solche Gefangene, die gefoltert wurden. Politische Gefangene brauchen unsere besondere Aufmerksamkeit.

Er mißtraut allen Alten. Sie schmeichelt ihrem Vorgesetzten. Er sieht meinem Bekannten ähnlich. Der Chef dankt seinen Angestellten, jenem Betriebsangehörigen, keinem seiner Untergebenen, allen Beamten, mehreren Auszubildenden.

Ich kenne diesen Fremden, einen Verrückten, den Toten, jenen Geistlichen, alle Abgeordneten, nur Intellektuelle, all meine Verwandten, unseren Vorsitzenden, deine ganzen Bekannten, viele Arbeitslose.

Wir trauern um den Toten. Sie suchen nach vielen Vermißten, etlichen Verschollenen. Ein Schiffbrüchiger wurde lebend geborgen. Es gab viele Gefallene und Verletzte. Einige Verwundete erlagen ihren Verletzungen. Sie gedachten der Verstorbenen.

48

1. Jemand, der etwas vorträgt, ist ein Vortragender. 2. Jemand, der überlebt, ist ein Überlebender. 3. Jemand, der Dienst hat, ist ein Diensthabender. 4. Jemand, der anders denkt, ist ein Andersdenkender. 5. Jemand, der eine Stellung sucht, ist ein Stellungssuchender. 6. Jemand, der an etwas mitwirkt, ist ein Mitwirkender. 7. Jemand, der allein steht, ist ein Alleinstehender. 8. Jemand, der streikt, ist ein Streikender. 9. Jemand, der betrunken ist, ist ein Betrunkener. 10. Jemand, der verstorben ist, ist ein Verstorbener. 11. Jemand, der gefangen ist, ist ein Gefangener. 12. Jemand, der geisteskrank ist, ist ein Geisteskranker. 13. Jemand, der erwachsen ist, ist ein Erwachsener. 14. Jemand, der reist, ist ein Reisender. 15. Jemand, der fortgeschritten ist, ist ein Fortgeschrittener.

49

1. Der Kaufmann brachte dem Kunden die Waren. Der Kaufmann hat dem Kunden die Waren gebracht. 2. Die Polizeibehörde sandte dem Autofahrer einen Bußgeldbescheid. Die Polizeibehörde hat dem Autofahrer einen Bußgeldbescheid gesandt. 3. Der Taschendieb entwen-

dete der Dame die Handtasche. Der Taschendieb hat der Dame die Handtasche entwendet. 4. Der Besucher nannte dem Portier seinen Namen. Der Besucher hat dem Portier seinen Namen genannt. 5. Der Forscher kannte das Geheimnis der Pyramide. Der Forscher hat das Geheimnis der Pyramide gekannt. 6. Der Politiker beantwortete die Frage des Journalisten. Der Politiker hat die Frage des Journalisten beantwortet. 7. Der Vorgesetzte dankte allen Angestellten der Firma. Der Vorgesetzte hat allen Angestellten der Firma gedankt. 8. Die Aufführung mißfiel den Besuchern der Oper. Die Aufführung hat den Besuchern der Oper mißfallen. 9. Der Reisende hörte der Auskunft des Bahnbeamten gut zu. Der Reisende hat der Auskunft des Bahnbeamten gut zugehört. 10. Der Personalchef kündigte einem Kranken in unserer Abteilung. Der Personalchef hat einem Kranken in unserer Abteilung gekündigt. 11. Der Zigarettenrauch schadete allen Mitarbeitern des Großraumbüros. Der Zigarettenrauch hat allen Mitarbeitern des Großraumbüros geschadet. 12. Der Name seines Bekannten fiel ihm nicht ein. Der Name seines Bekannten ist ihm nicht eingefallen. 13. Der Richter verdächtigte den Angeklagten der Falschaussage. Der Richter hat den Angeklagten der Falschaussage verdächtigt. 14. Der Verletzte bedurfte der Hilfe eines Arztes. Der Verletzte hat der Hilfe eines Arztes bedurft. 15. Der Detektiv folgte der Spur des Verdächtigen. Der Detektiv ist der Spur des Verdächtigen gefolgt.

50
Das Buch gehört mir (D). Er bleibt ein armer Schlucker (N). Sie trinkt die Milch (A) aus. Er antwortet ihm (D). Geld allein dient mir (D) nicht. Der Versuch ist ihm (D) mißlungen. Ich rufe dich (A) an. Der Dieb entkam der Polizei (D). Er ist ein Dummkopf (N). Man drohte ihm (D) mit Bestrafung. Der erste Versuch ist mir (D) geglückt. Die Suppe schmeckt ihr (D) nicht. Ich ziehe die Schuhe (A) an. Er gedachte der Opfer (G). Er erfreute sich ihres Anblicks (G). Es bedarf eines neuen Versuchs (G). Ihnen (D) passierte ein Unglück. Unser Lehrer heißt Herr (N) Müller. Sie blickt ihm (D) nach. Das entspricht meinen Erwartungen (D). Ich koche das Wasser (A). Er begegnete mir (D). Sie eifert ihrem Idol (D) nach. Widersprich mir (D) nicht! Schau ihm (D) zu! Die Freunde standen ihm (D) bei. Er wirft das Handtuch (A). Die Indianer folgten ihrem Häuptling (D). Er gehorcht seinem Vater (D).

S. 137ff. Zwischentest Lektionen 1–3

1
1. sind ... gestiegen 2. erhöht 3. um 8 % zurückgegangen ist 4. ist ... von 1,98 DM auf 1,87 DM gefallen 5. hat ... zugenommen

2
1. Da liegt ja der gesuchte Schlüssel! 2. Das Essen im Restaurant war vielleicht teuer! 3. Macht nichts, der aufgebrochene Tresor war sowieso leer. 4. Mach bloß keine Schulden! 5. Sie wird wohl krank sein. 6. Kannst du mir eben mal das Salz reichen? 7. Hat er etwa keine Freundin? 8. Männer vertragen eben doch mehr Alkohol als Frauen.

3
1. Kindheitserinnerung 2. Wohnungsmiete 3. Geschwindigkeitsbegrenzung 4. Wehrdienstverweigerer 5. Meinungsumfrage 6. Buchhandlung 7. Sprachkurs 8. Bevölkerungsdichte 9. Zeitungsartikel 10. Umweltverschmutzung

4
1. um einen passenden Partner/eine passende Partnerin zu finden
2. weil er/sie einen passenden Partner/eine passende Partnerin finden möchte
3. er/sie möchte einen passenden Partner/eine passende Partnerin finden
4. Deshalb (auch: Darum, Deswegen, Daher, Aus diesem Grund, Also)
5. einen passenden Partner/eine passende Partnerin (auch: nach einem passenden/nach einer passenden)
6. durch eine Heiratsanzeige einen passenden Partner/eine passende Partnerin finden
7. Sie/Er möchte nämlich einen passenden Partner/eine passende Partnerin finden
8. In Heiratsanzeigen sucht eine Frau/ein Mann

5
1. werde 2. könne 3. würden 4. werde 5. seien 6. sei 7. könne 8. hätten

6
1. Wenn ich doch (bloß) in Ruhe meine Zeitung lesen könnte!
2. Wenn meine Frau doch (bloß) weniger reden würde!
3. Wenn er doch (bloß) nicht jeden Abend (abends immer) vor dem Fernseher sitzen würde (säße)!
4. Wenn ich das doch (bloß) vor der Hochzeit gewußt hätte!
5. Wenn sie mir doch (bloß) nicht immer meinen Walkman wegnehmen würde (wegnähme)!
6. Wenn man mich doch (bloß) in Ruhe lassen würde (ließe)!
7. Wenn unsere Eltern doch (bloß) nicht so altmodisch wären!
8. Wenn die Zeit doch (bloß) nicht so schnell vergangen wäre!

Reihe IV: Naturwissenschaft und Technik

Auf den Cassetten finden Sie folgende Texte und Übungen:

---

* Sollten Ihnen die Pausen zu kurz erscheinen, stoppen Sie bitte das Band. Das gilt für alle Übungen mit Pausen.

S. 142

Schreiben Sie die Zahlen aus

zwölf, siebenunddreißig, sechsundzwanzig, sechzehn, sechsundsechzig, siebenhundertsiebenundsiebzig, sechshundertsechsunddreißig, (ein)hunderteins, sechstausendfünfhundertdreiundvierzig

S. 143

Setzen Sie die Präposition ein

Um 10 zu erhalten, kann man:

6 zu 4 zuzählen	50 durch 5 teilen
5 von 15 abziehen	20 durch 2 dividieren
5 mit 2 malnehmen	2 mit 5 multiplizieren

Hören und verstehen

1 ½ Pfund (Pfd.); 750 Gramm (g); 0,75 Kilo(gramm) (kg); 97 Pfennig (Pf); 61,98 DM; Viertel nach sieben (7.15 Uhr oder 19.15 Uhr); 1,68 Meter (m); 235 Quadratmeter (qm, m²); 600 vor Christi Geburt (v. Chr.); −32 Grad (− 32 °C); 954 Kubikmeter (m³); der 20.8.1961; fünf vor halb acht (7.25 Uhr oder 19.25 Uhr); 765,28 DM; zehn nach halb zwölf (11.40 Uhr oder 23.40 Uhr); 13 579; 624,89 DM; 1.234.567; meine Bankverbindung: Kto.-Nr. 83 273 773; meine Telefon-Nr. ist 53 23 83 (Vorwahl 089)

Lesen und verstehen

1. ABC; 2. z. B. Tas-se; 3. z. B. 1234; 4. IV; 5. 012345; 6. z. B. 0,245; 7. z. B. 3/4; 8. Es beginnt mit „A"; 9. Es beginnt mit Alpha; 10. z. B. 2 und 3; 11. 33. v. Chr.

Denksportaufgabe

Man addiert 1 + 99, 2 + 98, 3 + 97, 4 + 96 usw. Die Summe ergibt jedesmal 100. Dies kann man 49 mal machen (bis 49 + 51 = 100). Nun addiert man noch die fehlende 50 und die fehlende 100. Das richtige Ergebnis ist 5050.

S. 144

Synonyme

1. Ich ziehe vier von sieben ab. 2. Man muß drei mit vier malnehmen. 3. Zählen Sie zwölf und zehn zusammen. 4. Teilen Sie zehn durch fünf. 5. Zehn weniger drei ist sieben. 6. Acht mal fünf ist vierzig. 7. Neun geteilt durch drei ist drei. 8. Sechs und drei sind neun. (gleich = sind = macht = ist = ergibt)

Gedanken lesen

Nein, die gedachte Zahl wurde nur scheinbar erraten. Sie wurde verdoppelt und halbiert und anschließend wieder abgezogen. Dadurch bleibt nur die Hälfte der zugezählten Zahl (hier 5) übrig.

Lesen Sie die fehlenden Rechenzeichen mit

3 mal 3 gleich 9; 1 plus 2 gleich 3; 9 weniger 7 gleich 2; 16 (geteilt) durch 8 gleich 2; 3 mal 3 weniger 3 gleich 6; 8 durch 2 weniger 4 gleich 0; 1 plus 1 minus 1 gleich 1

Hören und Verstehen

1. Wieviel ist 4,6 plus 5,4?
2. Subtrahieren Sie 20 von 40!
3. Teilen Sie bitte 90 durch 3!
4. Was macht 4 mal 10?
5. Was ist 4 zum Quadrat?
6. Was ist die Summe von 78 und 2?
7. Was ist die Wurzel aus 36
8. Ziehen Sie 90 von 100 ab!
9. Wieviel ist a mal a?
10. Multiplizieren Sie 7 mit 9!
11. Addieren Sie 16 und 14!
12. Was macht 14 weniger 4?
13. Wieviel ist 3 mal 10 durch 5?
14. Wieviel ist 6 weniger 2 mal 4?
15. Rechnen Sie 3 hoch 3!
16. Nehmen Sie 6,6 mit 10 mal!
17. Was ist die Differenz von 3,5 und 0,5?
18. Dividieren Sie 50 durch 5!
19. Ein Faktor ist 6, ein Faktor ist 4. Was ist das Ergebnis?
20. Was ist das Produkt von 4 und 6?
21. Runden Sie auf: 0,255.
22. Runden Sie ab: 1,854.
23. Was ist die Hälfte von 26?
24. Was ist das Doppelte von 5,5?

Lösungen:

1.	10	7.	6	13.	6	19.	24
2.	20	8.	10	14.	16 oder −2	20.	24
3.	30	9.	a Quadrat (a^2)	15.	27	21.	0,26
4.	40	10.	63	16.	66	22.	1,85
5.	16	11.	30	17.	3	23.	13
6.	80	12.	10	18.	10	24.	11

Vokabeltest

das Vorzeichen, -; der Faktor, -en; das Produkt, -e; die Zahl, -en; die Ziffer, -n; die Nummer, -n; das Ergebnis, -se; der/das Teil, -e; der Bruch, ̈e; die Hälfte, -n; das Drittel, -; das Viertel, -; die Differenz, -en; die Summe, -n; der Betrag, ̈e; die Lösung, -en; die Aufgabe, -n; der Zähler, -; der Nenner, -; die Rechnung, -en; das Beispiel, -e; der Bruchstrich, -e; die Probe, -n

Synonyme

Kennen Sie übrigens die lateinischen Bezeichnungen?

+	und	plus
−	weniger	minus
×	mal	multipliziert mit
:	geteilt durch	dividiert durch

Kennen Sie die deutschen Bezeichnungen?

addieren	zuzählen
subtrahieren	abziehen
multiplizieren	malnehmen
dividieren	teilen

Wie heißen die Nomen?

addieren	die Addition
subtrahieren	die Subtraktion
multiplizieren	die Multiplikation
dividieren	die Division

Definitionen

Was sind ...?

Primzahlen: Zahlen, die nur durch 1 und sich selbst teilbar sind, z. B. 3; 5; 7; 11; 13.

gerade Zahlen: Zahlen, die man durch 2 teilen kann, z. B. 2; 4; 6; 8.

ganze Zahlen: Zahlen, die kein Komma oder keinen Bruchstrich bei sich haben, z. B. 1; 2; 3.

Dezimalzahlen: Zahlen, die man durch einen Bruch ausdrücken kann und die ein Komma bei sich haben, z. B. 1,05.

S. 149

Funktionsverbgefüge

I.

anfing; glauben; verbunden; sich erfüllen; einsehen; hängen mehr und mehr von ... ab (werden abhängig von); hängt zusammen mit; irrt sich; diskutiert werden; bedeutet mehr als; zu entscheiden; bestrafen; überzeugt; bemühen sich; helfen; widerspricht der eigenen

II.

vor Augen führen; in Kauf nehmen; außer acht lassen; in Verbindung bringen; auf Kritik stoßen; zum Opfer fallen; in Sicht sein; in Vergessenheit geraten; in der Lage sein; zu Ende gehen; im Begriff sein; zur Rechenschaft ziehen; in Kraft sein; Abschied nehmen; Bilanz ziehen; seinen Preis haben; außer Betracht bleiben; Gefahr laufen; zur Konsequenz haben; in Rückstand geraten

III.

in Gang kommen; zum Stillstand kommen; zum Schluß kommen; zur Sprache kommen; zum Ergebnis kommen; zu Wohlstand kommen; zur Verfügung stehen; am Anfang stehen; in Einklang stehen; unter Druck stehen; in Aussicht stellen; in Frage stellen

S. 151

Redewendungen

vom *Hundertsten ins Tausendste kommen:* sich in Details verlieren, sich verzetteln (besonders beim Reden)

einmal ist keinmal: Es ist nicht schlimm, wenn man nur einmal etwas Dummes macht.

doppelt (genäht) hält besser: Wer etwas zweifach absichert, tut es besser und geht weniger Risiko ein.

aller guten Dinge sind drei: Wer etwas dreifach tut, tut es am besten und rundet es ab.

in Null Komma nichts: im Nu, sehr schnell, plötzlich

unter vier Augen: zu zweit (z. B. vertraulich reden)

null Bock haben: keine Lust haben

jetzt schlägt's dreizehn: Das ist aber ein Ding! So was Unmögliches ist mir noch nicht passiert! Jetzt reicht's!

auf einem Bein kann man nicht stehen: einmal ist keinmal (z. B. wenn man ein Glas Schnaps getrunken hat und ein zweites möchte)

Vokabeltest

1. Temperatur	4. Stunden	7. Geschwindigkeit
2. Grad	5. Volumen, Kubikmetern	8. Widerstand
3. Metern	6. Druck	9. Leistung

S. 152

Bilden Sie Sätze

1. Je mehr Quadratmeter, desto größer die Fläche. 2. Je mehr Kilometer pro Stunde, desto höher die Geschwindigkeit. 3. Je mehr Volt, desto größer die Spannung. 4. Je mehr Ampere, desto größer die Stromstärke. 5. Je mehr Meter, desto größer die Länge. 6. Je mehr Lichtjahre, desto größer die Entfernung. 7. Je mehr Kubikmeter, desto größer der Rauminhalt.

Sie können die Übung auch mit „weniger" bzw. „niedriger", „geringer" oder „kleiner" probieren.

Vokabeltest

die Chemie	der Chemiker	chemisch
die Physik	der Physiker	physikalisch
die Biologie	der Biologe	biologisch
die Musik	der Musiker	musikalisch
die Medizin	der Mediziner	medizinisch
die Geographie	der Geograph	geographisch
die Astronomie	der Astronom	astronomisch
die Philosophie	der Philosoph	philosophisch
die Ökonomie	der Ökonom	ökonomisch
die Mathematik	der Mathematiker	mathematisch
die Technik	der Techniker	technisch

S. 153

Bilden Sie Sätze mit „je ... desto/um so"
1. Je mehr (weniger) Arbeitsplätze, desto weniger (mehr) Arbeitslose.
2. Je mehr (weniger) Autos, desto dichter (geringer) der Verkehr.
3. Je größer (kleiner) der Radius, desto größer (kleiner) der Umfang.
4. Je höher (niedriger) die Geschwindigkeit, desto länger (kürzer) der Bremsweg.
5. Je höher (niedriger) die Temperatur, desto geringer (höher) die Heizkosten.
6. Je stärker (schwächer) die Inflation, desto höher (niedriger) die Preise.
7. Je besser (schlechter) die Wohnlage, desto höher (niedriger) die Miete.
8. Je mehr (weniger) Zeit, desto weniger (mehr) Geld.
9. Je mehr (weniger) Ärzte, desto besser (schlechter) die medizinische Versorgung.
10. Je mehr (weniger) Studenten, desto mehr (weniger) Akademiker.
11. Je größer (geringer) die Trockenheit, desto geringer (größer) die Ernte.
12. Je mehr (weniger) deutsche Grammatik, desto langweiliger (weniger langweilig) der Unterricht.

Wie heißen die Nomen?
die Zunahme, der Anstieg, die Verstärkung, die Vergrößerung, die Vermehrung, die Steigerung, der (Ab)fall, die Verringerung, die Verkleinerung, die Verminderung, die (Ab)schwächung, die Abnahme, die Senkung, das (Ab)sinken

Welche Verben fehlen?
1. fallen 2. senken (verringern, vermindern) 3. schwächt 4. nimmt 5. abgenommen 6. vergrößern 7. vermehren 8. nimmt 9. vergrößern

S. 154

Was ist der Unterschied zwischen ...?
Steigern und *senken* sind transitive oder reflexive Verben.
Beispiele: Wir steigern das Bruttosozialprodukt.
Das Bruttosozialprodukt steigert sich.
Wir senken den Stromverbrauch.
Der Stromverbrauch senkt sich.

Steigen und *sinken* werden intransitiv benutzt.
Beispiele: Das Bruttosozialprodukt steigt.
　　　　　 Der Stromverbrauch sinkt.

Wie heißt das Gegenteil?
die Zunahme, die Verkleinerung, die Verminderung, die Verstärkung

Bilden Sie einen neuen Satz
1. Das Einkommen der Beamten sinkt (wird gesenkt).
2. Die Miete erhöht sich (wird erhöht).
3. Die Zahl der Wochenarbeitsstunden vermindert sich (wird vermindert).
4. Die Zahl der Verkehrstoten verringert sich (wird durch den Gurt verringert).
5. Der Verdacht des Kommissars verstärkt sich (wird verstärkt).
6. Der Bestand unseres Lagers verkleinert sich (wird verkleinert).
7. Die Produktion steigert sich um 40 % (wird ... gesteigert).

S. 155

Bilden Sie Sätze mit „je ... desto"
1. Je geringer die Reibung, desto höher die Geschwindigkeit.
2. Je höher der Widerstand, desto geringer die Stromstärke.
3. Je größer das Foto, desto geringer die Schärfe.
4. Je niedriger das Gewicht, desto geringer das Infarktrisiko.
5. Je höher die Temperatur, desto größer das Volumen.
6. Je mehr Menschen es gibt, desto mehr Hunger gibt es.

Beschreiben Sie das Atommodell
Auf dem Bild sehen wir das Modell eines Atoms. Im Zentrum sehen wir den Atomkern, der aus Protonen und Neutronen besteht. Der Atomkern wird von sehr schnellen Elektronen umkreist. Diese Elektronen bilden die Atomhülle.

Silbenrätsel
der Sauerstoff, der Stickstoff, der Schwefel, das Eisen, der Wasserstoff, das Kupfer, das Silber, das Quecksilber

S. 156

Materialien
1g, 2m, 3k, 4i, 5a, 6b, 7n, 8c, 9l, 10o, 11j, 12d, 13f, 14e, 15h, 16p

Finden Sie Unterbegriffe
Metalle:　　Gold, Silber, Eisen, Kupfer, Messing, Stahl, Zink, Zinn
Gase:　　　 Helium, Wasserstoff, Stickstoff, Krypton, Kohlendioxyd
Rohstoffe:　Holz, Eisen, Kautschuk, Öl, Kohle, Baumwolle

Aggregatzustände
flüssig, verdunstet; fest, gefriert; gasförmig, verdampft

Denksportaufgaben
1. 10-$-Goldstücke sind kleiner und haben weniger Gold als 20-$-Goldstücke. Zwei Kilo davon sind aber in jedem Fall mehr wert als nur ein Kilo 20-$-Goldstücke.
2. Das Haus steht direkt auf dem Nordpol. Ein Eisbär läuft daran vorbei. Er ist weiß.
3. Probieren Sie's aus.

S. 157

Wie heißt das Gegenteil?
1. stumpf 2. spitz 3. steil 4. rund 5. dünn 6. hohl 7. krumm

Finden Sie die richtige Reihenfolge
1. eiskalt – kalt – kühl – mild – lauwarm – warm – heiß
2. naß – feucht – schwül – trocken
3. jetzt – sofort – gleich – bald – demnächst – später – nie
4. niemals – selten – manchmal – öfters – oft – immer

S. 159

Bilden Sie das Passiv mit untrennbaren Verben
1. Die Rede wird übersetzt.
2. Die Schlucht wird überbrückt.
3. Die Bank wird überfallen.
4. Das Lösegeld wird übergeben.
5. Das Volk wird unterdrückt.
6. Die Geschichte wird übertrieben.
7. Die Wüste wird durchquert.
8. Die Situation wird überblickt.
9. Der Geldbetrag wird überwiesen.

Bilden Sie Sätze im Perfekt mit trennbaren Verben
1. Er ist aus der Sackgasse umgekehrt.
2. Das Römische Reich ist untergegangen.
3. Die Ansichten haben übereingestimmt.
4. Die Kriminalität hat überhandgenommen.
5. Sie hat die Ware umgetauscht.
6. Man hat die Kontrolle durchgeführt.
7. Man hat sich unter seine Autorität untergeordnet.

Was paßt zusammen? Bilden Sie Sätze
unterbrechen – Radiosendung
Man hat die Radiosendung unterbrochen.

unterkommen – billige Pension
Wir sind in einer billigen Pension untergekommen.

untergehen – Sonne
Die Sonne ist untergegangen.

unterstellen – Schuld am Unfall
Der Richter unterstellt dem betrunkenen Fahrer die Schuld am Unfall.

untersagen – Betreten der Baustelle
Das Betreten der Baustelle ist strengstens untersagt.

unterstreichen – Bedeutung
Ich möchte die Bedeutung dieser Entdeckung unterstreichen.

überlaufen – Feind
Er ist zum Feind übergelaufen.

übersehen – Fehler
Der Lehrer hat einen Fehler übersehen.

übertreffen – Weltrekord
Er hat den Weltrekord im Hochsprung übertroffen (besser: überboten).

überwachen – Instrumente
Alle Instrumente im Flugzeug werden überwacht.

umbringen – Geiseln
Die Geiseln wurden von den Terroristen umgebracht.

umgraben – Garten
Der Garten wird im Herbst umgegraben.

umrühren – Suppe
Rühr die Suppe um, damit sie nicht anbrennt!

umsteigen – Intercity
Du mußt in Köln in den Intercity umsteigen!

umwenden – Bratwürste
Die Bratwürste auf dem Grill werden umgewendet.

durchfallen – Prüfung
Er ist bei der Prüfung durchgefallen.

durchkreuzen – Pläne
Das Wetter durchkreuzt unsere Reisepläne.

durchsuchen – Gepäck
Unser Gepäck wird an der Grenze durchsucht.

durchmachen – Silvester
An Silvester machen wir selbstverständlich die Nacht durch!

S. 160

Trennbar oder untrennbar?
1. unter/bringen, unterbrechen, unter/gehen, unter/kommen, sich unter/ordnen, untersagen, sich unter/stellen, jemandem etwas unterstellen, unterstreichen, unter/tauchen
2. sich überanstrengen, überblicken, übereilen, überein/stimmen mit, überhand/nehmen, über/laufen, über/siedeln (auch: übersiedeln), überweisen, übertreffen, überwachen, überzeugen
3. um/bringen, umfassen, um/graben, um/kehren, um/kommen, um/rühren, umzingeln, um/tauschen, sich um/sehen, umrahmen, um/steigen, umgeben, umhüllen, um/wenden.
4. durch/fallen, durch/führen, durch/halten, durchkreuzen, durch/greifen, durch/lesen, durchqueren, durchsuchen, durch/streichen, durch/wühlen, (oder: durchwühlen), durch/machen

Zustand oder Entwicklung
1. Oxygenium heißt auch Sauerstoff.
2. Wasser verwandelt sich bei 100 Grad Celsius zu Wasserdampf.
3. Leistung ist als Arbeit durch Zeit definiert.
4. Einen festen Körper bezeichnet man als Festkörper.
5. Neon, Helium und Krypton werden Edelgase genannt.
6. Reibung erzeugt Wärme.
7. Aus Kohle entsteht im Kohlekraftwerk Elektrizität.
8. Bei Diesel- und Ottomotoren spricht man von Verbrennungsmotoren.
9. Silber und Gold werden als Edelmetalle bezeichnet.

S. 161

Vervollständigen Sie die Reihe
3, 6, 9, 12 (Es wird immer 3 addiert.)
18, 14, 10, 6 (Es wird immer 4 subtrahiert.)
2, 4, 8, 16 (Die Zahlen werden verdoppelt.)
16, 8, 24, 12, 36, 18, 54 (Es wird durch 2 dividiert und dann mit 3 multipliziert.)
81, 64, 49, 36, 25, 16 (Quadratzahlen rückwärts.)
Kreis, Sechseck, Fünfeck, Viereck, Dreieck

Denksportaufgabe
Mit diesem imaginären Superfernrohr müßte man tatsächlich in die Vergangenheit blicken können. Da das Licht langsamer als die Reisegeschwindigkeit wäre (was undenkbar ist), könnte man so das Vergangene sehen, in unserem Beispiel also den Zweiten Weltkrieg. Wir sehen bekanntlich auch Sterne am Himmel, von denen wir wissen, daß sie in Wirklichkeit nicht mehr existieren – aber erst jetzt erreicht uns ihr Licht.

An welche Zahl denken Sie? Warum?
Dies ist eine Aufgabe mit freien Assoziationen, auch andere Lösungen sind möglich:

ein Kilo: 1000 – Ein Kilo hat 1000 Gramm.
Erster Weltkrieg: 1914 – Im Jahr 1914 brach der Erste Weltkrieg aus.
Geburtstag 22.3.1950 – Ich wurde am 22.3.1950 geboren.
kochendes Wasser: 100 – Wasser kocht normalerweise bei 100 Grad Celsius
Bundesländer: 16 – In der Bundesrepublik gibt es 16 Bundesländer.
Großstadt: 100 000 – Eine Großstadt hat mindestens 100 000 Einwohner.
Silvester: 365 – Silvester ist der letzte Tag im Jahr.
Neujahr: 1 – Neujahr ist der erste Tag im Jahr.
Kolumbus: 1492 – Im Jahr 1492 entdeckte Kolumbus Amerika.
Fußballmannschaft: 11 – Eine Fußballmannschaft besteht aus 11 Spielern.
Erdteile: 6 – Amerika (Nordamerika, Südamerika), Asien, Afrika, Europa, Australien, Antarktis
Zimmertemperatur: 20 – Die normale Zimmertemperatur beträgt etwa 20 Grad Celsius.
Alphabet: 26 – Das deutsche Alphabet hat (ohne Umlaute) 26 Buchstaben.
politische Parteien: 5 – In der Bundesrepublik gibt es zur Zeit 5 politische Parteien im Bundestag. (Oder: Es gibt eine 5-Prozent-Klausel, nach der eine Partei mindestens 5 % der Wählerstimmen erhalten muß, um im Bundestag vertreten zu sein.)
Kleinbildfilm: 36 – Mit einem Kleinbildfilm kann ich bis zu 36 Bilder machen.
Zugspitze: 3000 – Die Zugspitze ist fast 3000 m hoch und damit der höchste Berg Deutschlands. (Genau 2962 m)

Mittwoch: 3 – Der Mittwoch ist der dritte Tag der Woche.
Februar: 2 – Der Februar ist der zweite Monat des Jahres.
Sterne: Unendlich – Es gibt unendlich viele Sterne.
Wiedervereinigung: 1990 – Die DDR trat 1990 der Bundesrepublik bei.

Zusatz-Denksportaufgabe: *Geld erraten*
Ich kann erraten, wieviel Mark Sie in Ihrer Geldbörse haben. Nehmen Sie Ihren Geldbetrag mal 50. Zählen Sie 72 hinzu. Ziehen Sie 111 ab, zählen Sie dann noch einmal 39 hinzu und teilen Sie das Ergebnis durch 5.
Ich teile das Resultat durch 10 und habe damit den Geldbetrag herausgefunden.

Adjektiv + Akkusativ
I.
die Breite/die Dicke/die Größe/die Höhe/die Länge/die Schwere (das Gewicht)/die Stärke/die Weite/die Entfernung

S. 162

II.
1. Der Baum ist ein halbes Jahrtausend alt. 2. Die Wolken sind einen Kilometer hoch. 3. Der Felsbrocken ist eine Tonne schwer. 4. Der Stern ist etwa ein Lichtjahr entfernt. 5. Die Fenster sind einen Meter breit. 6. Das Brett ist einen Zentimeter tief. 7. Das Blech ist einen Millimeter stark.

S. 164ff. Weitere Übungen

5
1. Jetzt ist die Tasse kaputtgegangen. – Macht nichts, die hatte eh schon einen Sprung. 2. Der Vortrag fällt heute abend aus. – Macht nichts, ich wollte mir eh die Fußballübertragung ansehen. 3. Du hast deinen Regenschirm stehenlassen. – Macht nichts, der war eh kaputt. 4. Der Termin ist geplatzt. – Macht nichts, ich hatte eh keine Zeit. 5. Der Marathonlauf findet nicht statt. – Macht nichts, es regnet eh in Strömen. 6. Wir müssen die geplante Investition verschieben. – Macht nichts, wir sind eh knapp bei Kasse. 7. Jetzt haben wir den Bus verpaßt! – Macht nichts, der fährt eh in die falsche Richtung. 8. Jutta hat jetzt die Scheidung eingereicht. – Macht nichts, die beiden paßten eh nicht zusammen. 9. Die Regierung ist gestürzt worden. – Macht nichts, die war eh unfähig. 10. Jetzt habe ich deine Pralinen aufgegessen. – Macht nichts, ich wollte eh eine Schlankheitskur machen. 11. Du hast einen Fleck auf der Bluse. – Macht nichts, ich habe heute eh Waschtag.

9
der Meinung sein, seine Zustimmung geben, Vorbereitungen treffen, eine Entscheidung treffen, einen Beitrag leisten, die Absicht haben, Vollmacht erteilen, ein Referat halten, in Erwägung ziehen, Einigung erzielen, ein Urteil abgeben

10
1. Die Eltern beeinflussen die geistige Entwicklung des Kindes. 2. Benachrichtigen Sie mich sofort, wenn etwas passieren sollte! 3. Ich möchte Sie zu diesem Erfolg beglückwünschen. 4. Der Vertrag berechtigt mich zur fristlosen Kündigung. 5. Er stimmte unseren Plänen zu.

6. Wer unter Alkoholeinfluß Auto fährt, gefährdet sich und andere. 7. Die Bundesrepublik beansprucht die früheren Ostgebiete nicht. 8. Die Eiskunstläuferin hat die Jury stark beeindruckt. 9. Ich würde eine pragmatische Lösung bevorzugen.

11

die Starts, die Chefs, die Materialien, die Büros, die Themen, die Babys, die Fuchsbaue, die Hobbys, die Konten, die Reptilien, die Computerviren, die Kinos, die Zentren, die Shampoos, die Mopeds, die Gymnasien, die Dramen, die Daten, die Taxis, die Streiks, die Parks, die Koteletts

12

der Export – der Import
die Gefahr – die Sicherheit
die Gesundheit – die Krankheit
das Glück – das Pech
der Gott – der Teufel
die Großmutter – der Großvater
die Hauptsache – die Nebensache
der Haß – die Liebe
der Himmel – die Hölle
die Hinfahrt – die Rückfahrt
die Hochzeit – die Scheidung
die Häßlichkeit – die Schönheit
die Höhe – die Tiefe
der Kauf – der Verkauf
der Käufer – der Verkäufer
der Krach – die Ruhe
die Kürze – die Länge
der Lärm – die Stille
die Landung – der Start
der Lehrer – der Schüler

die Lüge – die Wahrheit
die Macht – die Ohnmacht
die Mehrheit – die Minderheit
der Mieter – der Vermieter
die Milde – die Strenge
das Mißtrauen – das Vertrauen
die Mutter – der Vater
der Nachname – der Vorname
die Nacht – der Tag
der Nachteil – der Vorteil
der Neffe – die Nichte
der Norden – der Süden
der Nutzen – der Schaden
die Oma – der Opa
der Onkel – die Tante
der Osten – der Westen
das Recht – das Unrecht
der Schwager – die Schwägerin
der Sommer – der Winter

13

1. übergangen 2. aufgegangen 3. aus 4. aus 5. zergeht 6. begehst 7. entgangen 8. umgehen 9. umgehen 10. untergegangen 11. vor 12. vorgehen 13. vor 14. angehen 15. an 16. aufgegangen 17. eingegangen 18. zugehen

14

das T-Shirt, die Sandalen, die Socken, das kurzärmlige Hemd
die Nase, der Mund, das Auge, die Stirn
Hammelfleisch, Schweinefleisch, Rindfleisch, Kalbfleisch
der Pfeffer, das Salz, der Curry, der Ingwer
der Pudding, der Fruchtsalat, der Käse, die Quarkspeise
die Melkmaschine, der Pflug, der Traktor, die Mähmaschine
der (oder: das) Bonbon, der Dauerlutscher, der Kaugummi, die Praline
der Zentimeter, der (oder: das) Meter, der Kilometer, das Lichtjahr
die Kugel, die Pyramide, der Würfel, der Zylinder
der Karton, die Plastikfolie, die Pappe, die Schnur

die Wasserkraft, die Kernkraft, die Sonnenenergie, die Windkraft
die FAZ, die Frankfurter Rundschau, die Bild-Zeitung, die Welt
die Gotik, die Renaissance, das/der Barock, das Rokoko
Weihnachten, Neujahr, Ostern, Pfingsten
der Buddhismus, das Christentum, der Islam, das Judentum
die Bank, der Hocker, der Sessel, der Stuhl

15

die Alpen → das Gebirge; das Bein → der Körperteil; das Benzin → der Kraftstoff; der Blumen-kohl → das Gemüse; die Buche → der Laubbaum; das Bügeleisen → das Haushaltsgerät; die Fichte → der Nadelbaum; die Fleischerei → das Geschäft; die Gabel → das Besteck; die Grippe → die Krankheit; der Groschen → das Geldstück; der Herbst → die Jahreszeit; das Hochhaus → das Gebäude; der Hund → das Haustier; der Hundertmarkschein → die Banknote; der Ja-nuar → der Monat; der Kabeljau → der Fisch; der Koffer → das Gepäckstück; der Pfeffer → das Gewürz; (das) Pfingsten → der Feiertag; die Posaune → das Musikinstrument; der Pudding → der Nachtisch; der Sauerstoff → das Gas; (das) Schweden → das Land; das Mineralwasser → das Getränk; das Stiefmütterchen → die Blume; der Strumpf → das Kleidungsstück; der Tank-wart → der Beruf; der Teich → das Gewässer; der Teller → das Geschirr; der Weizen → das Ge-treide; der Westen → die Himmelsrichtung; die Zitrone → die Frucht

17

rechtlich, bürgerlich, kräftig, indisch, süchtig, energisch, tödlich, periodisch, mündlich, ge-werblich, steuerpflichtig, abergläubisch, sorgfältig, bärtig, gewichtig, mächtig, wörtlich, vorrä-tig, psychisch, wohltätig, mittelmäßig, neugierig, haarig, wahnsinnig, menschlich, nebensäch-lich, europäisch, kugelförmig, nachbarlich, bäuerlich, rheinländisch, neidisch, schimmelig, nachteilig, wink(e)lig, würdig, schädlich, feindlich, sommerlich, ehelich, farblich (farbig), tür-kisch, alltäglich, kirchlich, friedlich, parteiisch, männlich, schwedisch, gnädig, neblig

18

1. auf das Wort 2. an der Reihe 3. eine Chance 4. in Frage 5. zur Sprache 6. Mühe 7. Rück-sicht 8. Stellung 9. Hilfe 10. Platz 11. Bescheid 12. Rolle 13. Kredit

19

1. setzen 2. leisten 3. nehmen 4. treffen 5. stellen 6. erheben 7. treffen 8. treffen 9. bringen
10. leisten 11. fassen

20

1. Ich bringe meine Gefühle zum Ausdruck. 2. Ich habe einen Entschluß gefaßt. 3. Ich setze mich nicht zur Wehr. 4. Ich leiste keine Hilfe. 5. Ich leiste keine Zahlung. 6. Ich treffe Reisevor-bereitungen. 7. Ich stelle einen Antrag auf Sozialhilfe. 8. Ich treffe Vorsorge für den Ernstfall. 9. Ich treffe die Entscheidung über meine Berufswahl. 10. Ich nehme seine Dienste in An-spruch.

21

1. Willst du meine zerrissene Jacke? – Mit einer Jacke, die zerrissen ist, kann ich nichts anfan-gen. 2. Willst du meine löchrige Hose? – Mit einer Hose, die Löcher hat, kann ich nichts anfan-gen. 3. Willst du mein altes, vom Sperrmüll stammendes Mobiliar? – Mit altem Mobiliar, das vom Sperrmüll stammt, kann ich nichts anfangen. 4. Willst du meine zerkratzten Schallplatten?

– Mit Schallplatten, die zerkratzt sind, kann ich nichts anfangen. 5. Willst du meine altmodischen Krawatten? – Mit Krawatten, die altmodisch sind, kann ich nichts anfangen. 6. Willst du meinen defekten Geschirrspüler? – Mit einem Geschirrspüler, der defekt ist, kann ich nichts anfangen. 7. Willst du mein durchgerostetes Auto? – Mit einem Auto, das durchgerostet ist, kann ich nichts anfangen.

Erinnern Sie sich?				Relativpronomen
	Maskulinum	Femininum	Neutrum	Plural
Nom.	der	die	das	die
Akk.	den	die	das	die
Dat.	dem	der	dem	denen
Gen.	dessen	deren	dessen	deren

22

1. Der alte Baum, der innen schon hohl war, ist umgesägt worden. 2. Der Radfahrer, dessen Lampe kaputt war, wurde von einem Polizisten angehalten. 3. Das Erdbeben, dessen Epizentrum in Anatolien lag, hatte verheerende Folgen. 4. Der Koffer, der die Banknoten enthielt, wurde gestohlen. 5. Die Wohnung, die über meiner liegt, wird frei. 6. Der Schnee, der heute nacht gefallen ist, wird vom Bürgersteig geschaufelt. 7. Die Hose, die gekürzt werden muß, habe ich zum Schneider gebracht. 8. Die Ware, mit der wir unzufrieden waren, haben wir zurückgeschickt. 9. Die Studenten, deren Professor verhaftet worden war, sind in den Hungerstreik getreten. 10. Den Brief, den mir Onkel Max geschickt hat, kann ich nicht finden. 11. Das Kleid, das du in der Oper anhattest, steht dir toll. 12. Der Anzug, auf dem die Spaghettisoßenflecken sind, muß in die Reinigung. 13. Der Sportler, den man bei der Dopingkontrolle überführt hat, wird disqualifiziert.

23

Ein Korkenzieher ist ein Gerät, das man benutzt, um einen Korken aus einer Weinflasche zu ziehen. – Brieftauben sind Vögel, die sich besonders Taubenzüchter im Ruhrgebiet als Hobby halten und die den Weg nach Haus schnell und sicher finden. – Ein Schal ist ein längeres Kleidungsstück, das man sich im Winter um den Hals wickelt. – Eine Sonnenbrille ist eine Brille, die dunkel ist und die vor den schädlichen Strahlen der Sonne schützt. – Eine Kinderklinik ist ein Krankenhaus, das auf Kinderkrankheiten spezialisiert ist. – Ein Regal ist ein Möbelstück, das aus Brettern besteht und in dem man z. B. Bücher aufbewahrt. – Ein Professor ist ein Gelehrter, der an einer Universität unterrichtet. – Eine Diskette ist ein Datenträger, auf dem Programme und Dateien stehen und den man in einen Computer stecken kann. – Ein Walfisch ist ein riesiges Säugetier, das im Meer lebt und das von der Ausrottung bedroht ist. – Ein Thermometer ist ein Instrument, mit dem man die Temperatur messen kann.

24

1. dessen 2. deren 3. deren 4. dessen 5. deren 6. dessen 7. deren 8. deren 9. dessen

25

1. Wo liegt der Zettel, auf dem ich die Telefonnummer notiert hatte? 2. Wie heißt der Gast gleich, auf dessen Namen ich nicht komme? 3. Wer ist der Fremde, auf den du jeden Tag wartest? 4. Kriegst du die Stelle, auf die du hoffst? 5. Meinst du, er kriegt die Erbschaft, auf die er

sicher spekuliert? 6. Er ist ein zuverlässiger Kerl, auf den du dich unbedingt verlassen kannst. 7. Sind das die Beobachtungen, auf denen deine Vermutungen beruhen? 8. So sehen meine Forderungen aus, auf denen ich übrigens bestehe. 9. Der Termin, auf den man mich vertrösten will, liegt im Herbst. 10. Das ist ein echter Freund, auf den man zählen kann.

26
1. Der Motor ist angesprungen. – Ein Köter hat das Kind angesprungen.
2. Der Müllwagen hat den Müll abgefahren. – Die S-Bahn ist abgefahren.
3. Sie sind zu einem Fußmarsch aufgebrochen. – Er hat den Safe aufgebrochen.
4. Seine Rede ist auf Ablehnung gestoßen. – Sie hat sich den Kopf an der Schranktür gestoßen.
5. Das Schiff hat die Insel angelaufen. – Die Suchaktion ist angelaufen.
6. Du hast den dicken Pulli ausgezogen. – Er ist aus der Wohnung ausgezogen.
7. Das Dokument ist an der Ecke eingerissen. – Der Bagger hat das Haus eingerissen.
8. Ich habe schon immer einen VW-Golf gefahren. – Ich bin an den Golf gefahren.
9. Ich bin nachts öfter aufgestanden. – Das Fenster hat die ganze Nacht aufgestanden.
10. Wir sind in die Stadt gezogen. – Die Elektriker haben das Kabel gezogen.

27
1. Er hat die Frage geschickt umgangen.
   Sie ist mit den Kindern unfreundlich umgegangen.
2. Der Tag ist angebrochen.
   Sie hat die Cognacflasche angebrochen.
3. Die Demonstration ist gut verlaufen.
   Die Demonstranten haben sich danach verlaufen.
4. Sie ist zum Islam übergetreten.
   Er hat die Gesetze übertreten.
5. Er hat sich beim Sturz einen Zahn ausgebrochen.
   Die Häftlinge sind aus der Untersuchungshaft ausgebrochen.

28
1. ob er der Täter war 2. ob ihr ihn in der Stadt getroffen habt 3. ob Jan die Schule geschwänzt hat 4. ob das ein Umweg war 5. ob heute die Zirkuspremiere ist 6. ob die Krankheit zum Tode führt 7. ob er eine Visitenkarte bei sich hat 8. ob sie den Hund gefüttert hat 9. ob er an der Demonstration teilnimmt 10. ob wir einen Betriebsausflug machen 11. ob sie heimlich geheiratet hatten 12. ob jemand die Schecks gestohlen hat 13. ob er mir schon mal vorgestellt wurde 14. ob Sie mich richtig verstanden haben

29
1. wenn 2. wann 3. Als 4. Wenn 5. Wenn 6. ob 7. wann 8. wenn, ob 9. wann 10. Ob 11. als 12. wenn 13. wenn 14. als 15. ob 16. wann 17. wenn 18. Ob 19. wann 20. ob

Erinnern Sie sich?		wenn – als
Handlung	Vergangenheit	Gegenwart und Zukunft
einmalig	*als*	*wenn*
mehrmalig	*immer wenn / jedesmal wenn / sooft*	

Beispiele:
Handlung ist einmalig in der Vergangenheit:
Als ich ihn wieder traf, habe ich ihn nicht erkannt.

Handlung ist einmalig in der Gegenwart oder Zukunft:
Wenn du lieb bist, bringe ich dir was mit.

Handlung ist mehrmalig:
Immer wenn (jedesmal wenn, sooft) ich fliege, kriege ich Angst.

wann
Benutzen Sie *wann* nur, wenn Sie auch statt dessen sagen können: *um wieviel Uhr, an welchem Tag, in welchem Monat, in welcher Jahreszeit, in welchem Jahr, in welchem Jahrhundert.*

Frage nach einem Zeitpunkt: *Wann* kommst du?
Antwort: Ich weiß noch nicht, *wann* ich komme.

ob
Benutzen Sie *ob,* wenn Sie einen Zweifel oder eine Ungewißheit ausdrücken wollen:
Fragen:
Ob das Wetter wohl bald besser wird?
Ob er die Operation übersteht?
Antworten:
Ich habe keine Ahnung, *ob* der Sturm nachläßt.
Die Ärzte wissen noch nicht, *ob* er überlebt.

30
1. Das Öl wird den Strand verpesten, es sei denn, der Wind dreht seewärts. (..., es sei denn, daß der Wind seewärts dreht.) 2. Angenommen (Gesetzt den Fall), ich mache eine Erbschaft, dann lege ich die Hände in den Schoß. (..., daß ich eine Erbschaft mache, dann lege ich die Hände in den Schoß.) 3. Er wird die Schachpartie gewinnen, es sei denn, daß sie Remis (unentschieden) spielen. (... es sei denn, sie spielen Remis.) 4. Gesetzt den Fall (Angenommen), ein Störfall tritt ein, dann wird der Reaktor automatisch abgeschaltet. (..., daß ein Störfall eintritt, dann ...) 5. Gesetzt den Fall (Angenommen), sein Gesundheitszustand verschlechtert sich, dann müssen wir die Verwandten benachrichtigen. (..., daß sich sein Gesundheitszustand verschlechtert, ...) 6. Sie müssen die Auskunft anrufen, es sei denn, Sie kennen die Telefonnummer. (..., es sei denn, daß Sie die Telefonnummer kennen.) 7. Sie können keinen Bankkredit bekommen, es sei denn, Sie können Sicherheiten bieten. (..., es sei denn, daß Sie Sicherheiten bieten können.) 8. Angenommen (Gesetzt den Fall), Sie ziehen um, dann können Sie einen Nachsendeantrag bei der Post stellen. (..., daß Sie umziehen, ...)

31
1. Für den Fall, daß wir ins Hochgebirge fahren, müssen wir noch die Winterreifen montieren. 2. Im Fall, daß wir Besuch bekommen, werden wir Käsefondue machen. 3. Nehmen wir an, daß der Aufzug stecken bleibt, dann kann man einen Alarmknopf drücken. 4. Vorausgesetzt, daß er das Abitur besteht, will er Germanistik studieren. (Unter der Bedingung, daß ...) 5. Im Fall, daß

die Paketsendung verlorengegangen ist, können Sie Schadensersatz verlangen. 6. Vorausgesetzt, daß Eigenbedarf des Vermieters besteht, ist die Kündigung wirksam. 7. Für den Fall, daß der Chef auf Dienstreise ist, sprechen Sie mit seinem Stellvertreter. 8. Nehmen wir an, daß mehr Frauen eine Berufstätigkeit aufnehmen, dann benötigen wir mehr Krippenplätze.

32

1. Der Wärter schlief. Währenddessen brach ein Gefangener aus. 2. Die Eltern sahen fern. Währenddessen spielten die Kinder mit Streichhölzern. 3. Die Antilope weidete. Währenddessen schlich sich ein Löwe heran. 4. Das Volk demonstrierte. Währenddessen trat die Regierung zusammen. 5. Es wurde hell. Währenddessen begannen die Vögel zu singen. 6. Er schnarchte, daß die Wände wackelten. Währenddessen beschwerte sie sich beim Schlafwagenschaffner. 7. Wir besichtigten den Dom. Währenddessen hatte man versucht, unser Auto aufzubrechen. 8. Er tanzte mit ihrer Schwester. Währenddessen flirtete sie mit ihrem Tischnachbarn.

Anmerkung:
Alle Beispielsätze sind auch möglich mit „indessen", „unterdessen", „währenddem" und „inzwischen".

33

1. Bevor/Ehe 2. allerdings/jedoch 3. gleichwohl/trotzdem 4. Soviel/Soweit 5. Insofern/Insoweit 6. während/wohingegen 7. als ob/wie wenn 8. Angenommen/Gesetzt den Fall 9. Unterdessen/Währenddessen 10. Überdies/Zudem 11. andernfalls/sonst 12. selbst/sogar

34

1. Wegen des Gewitters 2. Durch den heftigen Hagel 3. Wegen des Schneefalls 4. Trotz der glühenden Hitze 5. Wegen Eisglätte 6. Bei zunehmender Dunkelheit 7. Während der Mondfinsternis 8. Statt des warmen Sonnenscheins 9. Kurz nach der Wetterbesserung 10. Nach Tagesanbruch 11. Vor Ausbruch des Sturms 12. Durch den Kälteeinbruch 13. Trotz der Nebelauflösung 14. Vor dem Wolkenaufzug 15. Durch Verlagerung des Hochs

35

1. dir 2. einen 3. einen 4. ihm 5. der alten 6. einen 7. mir 8. mir 9. Ihnen 10. mir 11. mir 12. einen

36

Hinweis: Die Stellung des Adjektivs im Satz kann in diesen Sätzen verändert werden.

1. Der Professor ist mit dem Examen unzufrieden. 2. Der Kanister ist voll mit Benzin. 3. Die Bundesrepublik ist arm an Erdölvorkommen. 4. Ich bin in meine Lehrerin verliebt. 5. Jürgen ist auf seinen Kollegen eifersüchtig. 6. Der General ist auf seine Soldaten stolz. 7. Die Straße ist frei von gefährlichem Eis. 8. Die Nachbarn sind neidisch auf den Lottogewinner. 9. Der Kranke ist glücklich über seine Genesung. 10. Die Zuschauer wurden blaß vor Schreck. 11. Der Regisseur wurde auf ein junges Talent aufmerksam. 12. Das Opfer war böse auf den Taschendieb. 13. Monika ist mit dem Telefonieren fertig. 14. Ich bin mit dem Filmstar bekannt.

Reihe V: Aus der Welt der Wirtschaft

Auf den Cassetten finden Sie folgende Texte und Übungen:

Ende des Wachstums? (S. 178/179)
Hören und verstehen: *Erfahrungen mit dem Ladenschluß* (S. 189)
Sprechübungen: Schon erledigt (S. 193)
Sprechübung: Geld regiert die Welt (S. 196)
Hören und verstehen: *Zeitungstexte* (S. 196)
Übungen zum Passiv (S. 197)

S. 179

Fragen zum Text
1. Das Bruttosozialprodukt (BSP) ist der Wert der Gesamtheit der Güter und Dienstleistungen, die in einem Land innerhalb von einem Jahr erbracht werden.

S. 180

Wortbildung
I.
der Apparat zum Fernsehen; der Markt für die Konsumgüter; der Kauf eines Autos; der Preis für Energie; die Länder, in denen Öl gefördert wird; die Geschäfte im Export; der Strom von Flüchtlingen; der Boom an Babys; der Haushalt des Staates; die Kosten für den Unterhalt

II.
die Wirtschaftslage; die Stellensuche; die Scheckkarte; das Streikrecht; die Meisterprüfung; der Gewerkschaftsbund; der Arbeitgeberanteil; das Industriegebiet; die Energieversorgung; die Massenherstellung; die Lohnsteuer; das Warenmuster; die Zahlungsbedingungen; die Krankenversicherung; die Transportkosten

S. 181

Setzen Sie die Präposition ein
1. um 2. an 3. zum 4. nach 5. auf 6. auf 7. von, auf 8. in 9. um 10. mit

S. 182

Synonyme
1d, 2e, 3f, 4h, 5g, 6c, 7a, 8b

Häufige Abkürzungen
Gesellschaft mit beschränkter Haftung, Offene Handelsgesellschaft, Kommanditgesellschaft, Aktiengesellschaft, Deutsche Mark, Abteilung, eingetragener Verein, von Hundert, im Auftrag, Konto, Bankleitzahl, Deutscher Gewerkschaftsbund, Deutsche Angestelltengewerkschaft, Deutscher Beamtenbund, Industriegewerkschaft, Gewerkschaft für Öffentliche Dienste, Transport und Verkehr

S. 184

Vokabeltest

die Ware	– herstellen	– die Herstellung	– der Hersteller
das Erzeugnis	– erzeugen	– die Erzeugung	– der Erzeuger
das Produkt	– produzieren	– die Produktion	– der Produzent
das Fabrikat	– fabrizieren	– die Fabrikation	– der Fabrikant

Synonyme

der Besitz; die Fusion – der Zusammenschluß; der Verbrauch – der Konsum; der Erwerbstätige – der Arbeitnehmer; die Güter – die Waren; die Einkünfte – das Einkommen; die Rezession – die Flaute; das Wachstum – der Zuwachs; das Unternehmen – die Firma; das Kartell – die Absprache

S. 185

Wie heißen die Verben?

die Abnahme – abnehmen, die Verringerung – (sich) verringern, die Verkleinerung – (sich) verkleinern, der Fall – fallen, das Sinken – sinken, der Anstieg – ansteigen, die Erhöhung – (sich) erhöhen, die Zunahme – zunehmen, das Anwachsen – anwachsen, die Vermehrung – (sich) vermehren, die Vergrößerung – (sich) vergrößern

S. 187

Zeugnisse

1c, 2b, 3a, 4f, 5i, 6h, 7d, 8g, 9e

S. 188

Finden Sie den Oberbegriff

1. die Tarifpartner 2. die Sozialleistung 3. das Bankwesen 4. die Konjunktur 5. die Betriebsunkosten 6. die Werbung 7. der Arbeitskampf

Was stimmt?

1d, 2b, 3c, 4d, 5a, 6c, 7c, 8c, 9c

S. 189

Hören und verstehen

Erfahrungen mit dem Ladenschluß

Schon am ersten Sonntag morgen in einem deutschen Hotel war ich vom Frühstück enttäuscht. Ich hatte mich schon so auf die knusprigen deutschen Brötchen gefreut. Statt dessen gab es nur weiches Toastbrot.

Am Samstag nachmittag rief mich mein Freund an. Er hatte plötzlich Besuch bekommen und wollte mit anderen Ausländern am Abend eine Fete machen. Das ging aber dann doch nicht, denn wo sollten wir bloß Getränke und Essen herkriegen?

In der Woche mache ich oft Überstunden. Und nach halb sieben am Abend sind alle Läden zu. Die ganze Stadt ist wie ausgestorben. Ich würde dann gern noch bummeln geh'n, aber ich will mir ja nicht nur die Geschäfte von außen ansehen.

S. 190

Das Passiv
II.
1. Die Rechnungen werden geschrieben. 2. Die Kündigung wird abgeschickt. 3. Die Mitarbeiter werden vom Chef beobachtet. 4. Die Waren werden von der Sekretärin bestellt. 5. Alle Produkte werden von der Spedition geliefert. 6. Der Kunde wird von dem Vertreter geworben.

S. 191

Wie heißen die Verben?
die Entlassung – entlassen; die Abdankung – abdanken; die Absetzung – absetzen; die Beendigung – beend(ig)en; der Hinauswurf – hinauswerfen; der Rausschmiß – rausschmeißen; die Kündigung – kündigen

Wußten Sie das? *Vokabeln zum Thema „Kündigung"*
Für die Beendigung eines Arbeitsverhältnisses gibt es verschiedene sprachliche Ausdrücke.
umgangssprachlich-vulgär: rausfliegen, rausgeworfen werden, rausgeschmissen werden, an die Luft gesetzt werden, gefeuert werden
neutral: um die Entlassung bitten, kündigen, in den Ruhestand treten, in Pension gehen, um die Papiere bitten, das Dienstverhältnis beenden, sich zur Ruhe setzen
gehobene Ebene: seinen Abschied nehmen, um seine Entlassung bitten, demissionieren, sein Amt niederlegen, abgesetzt werden

Drücken Sie das Gegenteil aus
1. ..., er ist in den Ruhestand versetzt worden.
2. ..., er ist entlassen worden.
3. ..., er ist seines Amtes enthoben worden.
4. ..., er hat seine Papiere bekommen.

Bilden Sie das Passiv
1. Bevor ich pensioniert werde, beantrage ich selbst die Pensionierung.
2. Bevor ich rausgeschmissen werde, gehe ich schon von selbst.
3. Bevor ich entlassen werde, reiche ich selbst die Entlassung ein.
4. Bevor der Parteivorsitzende seines Amtes enthoben wurde, stellte er selbst sein Amt zur Verfügung.
5. Bevor ich in den Ruhestand versetzt werde, gehe ich freiwillig.
6. Bevor ich gefeuert werde, hänge ich den Job gleich selbst an den Nagel.
7. Bevor der General verabschiedet wurde, reichte er selbst seinen Abschied ein.
8. Bevor ich abgesetzt werde, danke ich lieber selbst ab.

S. 193

Sprechübung: *Schon erledigt*
Beispiel: Schreiben Sie die Rechnung.
　　　　　　Die Rechnung ist längst geschrieben worden.
1. Rufen Sie den Reparaturdienst an.
2. Beantworten Sie das Schreiben.
3. Frankieren Sie die Post.
4. Leeren Sie den Papierkorb.
5. Sagen Sie den Termin ab.
6. Machen Sie eine Fotokopie.
7. Legen Sie mir den Brief zur Unterschrift vor.

Lösungen:
1. Der Reparaturdienst ist längst angerufen worden. 2. Das Schreiben ist längst beantwortet worden. 3. Die Post ist längst frankiert worden. 4. Der Papierkorb ist längst geleert worden. 5. Der Termin ist längst abgesagt worden. 6. Eine Fotokopie ist längst gemacht worden. 7. Der Brief ist Ihnen längst zur Unterschrift vorgelegt worden.

Sprechübung: *Eine ehrenwerte Firma*
Beispiel: Fräulein Müller, buchen Sie einen Flug auf die Bahamas.
　　　　　　Ein Flug auf die Bahamas ist schon gebucht worden.
1. Reservieren Sie mir ein Hotelzimmer.
2. Rufen Sie bei der Bank an.
3. Leeren Sie das Firmenkonto.
4. Öffnen Sie den Tresor.
5. Packen Sie das Geld ein.
6. Schicken Sie meiner Frau Blumen.
7. Bestellen Sie das Taxi zum Flughafen.
8. Informieren Sie nicht die Polizei.

Lösungen:
1. Ein Hotelzimmer ist schon reserviert worden. 2. Bei der Bank ist schon angerufen worden. 3. Das Firmenkonto ist schon geleert worden. 4. Der Tresor ist schon geöffnet worden. 5. Das Geld ist schon eingepackt worden. 6. Ihrer Frau sind schon Blumen geschickt worden. 7. Das Taxi zum Flughafen ist schon bestellt worden. 8. Die Polizei ist schon informiert worden!

Bilden Sie das Passiv
1. Von der Bundesrepublik werden Investitionsgüter in alle Welt exportiert.
2. Das industrielle Wachstum der Bundesrepublik nach dem Zweiten Weltkrieg wurde als Wirtschaftswunder bezeichnet.
3. Die Automobilindustrie wird wohl auch zukünftig als ein Konjunkturbarometer betrachtet werden.
4. Zu den größten Chemieunternehmen werden Hoechst, Bayer und BASF gezählt.
5. Nach der Einführung der EDV (Elektronischen Datenverarbeitung) ist vielen Mitarbeitern gekündigt worden.
6. Im Grundgesetz war die Freiheit der privaten Initiative und das Privateigentum garantiert worden.
7. Nicht nur die deutsche Wirtschaft wurde vom Ölpreisschock getroffen.
8. Die Preise an den Tankstellen werden sicher in Zukunft mehr beachtet werden.
9. Die Bauwirtschaft wird von der öffentlichen Hand mit Aufträgen unterstützt.

S. 194

Denksportaufgabe
werden, werden, werden, wurden, wurden
Die Bleistifte wurden zunächst in kleine Bleistiftstummel zersägt. Dann wurden sie angespitzt und abgeliefert. Die Bleistiftstummel wurden dann gegen neue Bleistifte eingetauscht.

Sprechübung
1. Was ist mit dem Scheck?   – Der muß eingelöst werden.
2. Was ist mit dem Brief?   – Der muß frankiert werden.
3. Was ist mit dem Firmenwagen?   – Der muß gewaschen werden.
4. Was ist mit dem Paket?   – Das muß geschnürt werden.
5. Was ist mit Herrn Müller?   – Der muß gemahnt werden.
6. Was ist mit der Hotelbuchung?   – Die muß storniert werden.
7. Was ist mit der Schreibmaschine?   – Die muß repariert werden.
8. Was ist mit dem Taxi?   – Das muß bestellt werden.

S. 195

Konkurs
II.
Unser Juniorchef wollte hoch hinaus. Er selbst wollte natürlich luxuriös leben. Wir sollten uns alle sehr anstrengen, aber er selbst wollte sich keine große Mühe geben. Bald war die Firma bei allen Banken verschuldet. Bei diesen hohen Zinsen konnten wir es ja nie zu etwas bringen. Das wurde nicht bekanntgemacht. Und wir als Arbeiter wußten natürlich nicht Bescheid. Wir dachten, wir sind noch abgesichert. Und dabei war die Firma in ihrer Existenz gefährdet. Eines Tages mußte aber auch der Juniorchef nachgeben. Da hat er alles eingestanden und erklärt, daß er uns kündigen müßte. Der Betriebsrat hat dann zum Glück alles Mögliche unternommen, und so sind wir noch mal ohne größeren Schaden davongekommen.

S. 196

Vokabelsalat
Gewerkschaft: Mutterschaftsurlaub, Streik, Gehalt, Urlaubsanspruch, Überstunde, Akkord, Mitgliederbeitrag
Bank: Wechsel, Girokonto, Überweisung, Kreditzinsen, Bankleitzahl, Kurs
Rohstoffe: Erdöl, Braunkohle, Eisen, Kupfer
Unkosten: Miete, Lagerhaltung, Investition, Porto, Gehalt, Kreditzinsen, Abschreibung
Korrespondenz: Adresse, Empfänger, Porto, Anschrift, Postleitzahl, Unterschrift

Wie heißen die Nomen?
1. die Abhebung 2. der Umtausch 3. die Einzahlung 4. die Auszahlung 5. die Anlage 6. die Überweisung 7. der Wechsel

Sprechübung: *Geld regiert die Welt*
Beispiel: Eine Geldüberweisung?
       Ja, das Geld soll überwiesen werden.
1. Ein Geldwechsel?   – Ja, das Geld soll gewechselt werden.
2. Einen Geldumtausch?   – Ja, das Geld soll umgetauscht werden.

3. Eine Geldabhebung?   – Ja, das Geld soll abgehoben werden.
4. Eine Geldeinzahlung?   – Ja, das Geld soll eingezahlt werden.
5. Eine Geldauszahlung?   – Ja, das Geld soll ausgezahlt werden.
6. Eine Geldanlage?   – Ja, das Geld soll angelegt werden.

Hören und verstehen: *Wirtschaftstexte aus der Zeitung*

Keine Zeit

Der Zeitmangel wird in unserer Gesellschaft immer größer. Es gilt bei vielen als schick, einen überfüllten Terminkalender zu haben. Obwohl die Mehrheit der Bevölkerung nur zwischen 37 und 40 Stunden pro Woche arbeitet, gilt das nicht für Manager und Führungskräfte. In ihren Bürozimmern brennt oft spätabends noch Licht. Oder sie nehmen sich Arbeit fürs Wochenende mit nach Hause. Immer mehr talentierte junge Menschen verzichten deshalb gern auf eine berufliche Karriere. Sie wollen ihre Zeit genießen und tauschen sie gern gegen den beruflichen Aufstieg ein.

Was die Deutschen am liebsten essen

Der Verbrauch an Süßigkeiten ist wieder einmal gestiegen. Jeder Bundesbürger verzehrte pro Jahr im Durchschnitt etwa 17 Kilo Schokolade, Waffeln, Kekse, Lebkuchen, Salzgebäck, Pralinen, Nüsse, Kartoffelchips, Gummibonbons, Marzipan oder Kaugummi. Am verführerischsten ist offenbar die Schokolade. Durchschnittlich aß jeder 35 Tafeln, das sind 3,5 Kilo. Nicht jeder dicke Deutsche hat seinen Bauch nur vom Biertrinken bekommen.

Vorsichtiger Optimismus

Die Großbanken sind der Ansicht, daß die Konjunktur im kommenden Jahr in Deutschland wesentlich an Fahrt verlieren könnte. Die Experten meinen, daß im Westen Deutschlands nur noch mit einem Wachstum des Bruttosozialprodukts von 1,8 Prozent zu rechnen sei. In den neuen Bundesländern hingegen erwarten sie eine Zunahme der Wirtschaftsleistung um über 10 Prozent. Auch die Gewinne der Unternehmen werden vermutlich weiter ansteigen.

Betrug mit Scheckkarten

Von den 25 Millionen Eurocheque-Kartenbesitzern kann sich nur ein Drittel die Geheimzahl im Kopf merken. Viele notieren sich deshalb diesen Code, getarnt als Telefonnummer, in ihrem Adreßbuch. Diesen Trick kennen jedoch auch viele Taschendiebe. Sie bedienen sich dann ohne große Mühe an den Geldautomaten. Die neueren Geldautomaten geben deshalb nur einmal täglich eine Geldsumme bis zu einem Höchstbetrag heraus.

Die harte D-Mark

Die D-Mark hat sich in den Jahren des Bestehens der Europäischen Gemeinschaft als die mit Abstand stabilste Währung erwiesen. Das ist ein Erfolg, der wesentlich der Deutschen Bundesbank zu danken ist. Und die Bundesbank konnte so erfolgreich sein, weil erstens die Geldwertstabilität zu ihren wichtigsten Zielen gehört und weil sie zweitens staatlichen Weisungen nicht unterworfen ist. Genau diese beiden Voraussetzungen für eine erfolgreiche Stabilitätspolitik sollen auch für die Europäische Zentralbank gelten, deren Aufgabe es sein wird, über die Stabilität einer gemeinsamen EG-Währung zu wachen, die spätestens 1999 eingeführt werden soll.

S. 197

Tonbandübung

1. ein Mangel wurde festgestellt. 2. der Empfang wurde bestätigt 3. der Kaufpreis wurde erstattet 4. das Angebot wurde unterbreitet 5. der Betrag wurde überwiesen 6. die Rechnung wurde beglichen 7. die Ware wurde geliefert 8. die Angelegenheit wurde erledigt 9. um Auskunft wurde gebeten 10. die Bestellung wurde widerrufen 11. der Auftrag wurde ausgeführt

Aus Geschäftsbriefen

I. *Setzen Sie die richtige Verbform ein.*

1. unterbreiten 2. bitten 3. erlauben 4. erfolgt 5. lauten 6. widerrufen 7. ausführen 8. bestätigen 9. bestellte, erledigen 10. festgestellt 11. gelieferte, erstatten 12. überweisen 13. beglichen 14. finden 15. verbleiben

S. 198

II.

13b, 6c, 11d, 9e, 7f, 5g, 1h, 3i, 14j, 12k, 10l, 8m, 4n, 2o

199

Was paßt zusammen?

1d, 2b, 3g, 4c, 5e, 6a, 7f (Alternativen sind möglich!)

Wie heißen die fehlenden Präpositionen?

2. auf 3. um 4. über 5. auf 6. auf 7. zur 8. auf, zur

S. 201ff. Weitere Übungen

2

der Campingplatz (auf einem), die Paßkontrolle (an der), die Oper (in der), die Pferderennbahn (auf der), die Schatzkammer (in einer), die Universität (in der), das Großraumbüro (in einem), der Zahnarzt (beim), die Autofähre (auf einer), die Beerdigung (auf einer), das Haushaltswarengeschäft (in einem), die Dichterlesung (bei einer), die Waldlichtung (auf einer), Utopia (in), der Fahrstuhl (in einem), das Badezimmer (im), der Zoo (im), das Olympiastadion (im), die Räuberhöhle (in einer), der Hauptbahnhof (auf dem), das Fundbüro (im), der Luxusdampfer (auf einem), die Bank (in einer), der Liegewagen (in einem), das Kino (im), die Gemüsehandlung (in einer), die Diskothek (in einer), das Schwimmbad (im), der Nachtclub (in einem), der Golfplatz (auf einem), der Keller (im), das Reisebüro (in einem), der Heißluftballon (in einem), der Strand (am), der Nordpol (am), der Sumpf (in einem), die Autobahnbrücke (auf einer), der Wohnwagen (in einem), der Bauernhof (auf einem), die Apotheke (in einer), der Bunker (in einem), die Wassermühle (in einer), die Bäckerei (in einer), der Optiker (bei einem), die Wäscherei (in einer), der Frühstückstisch (am), die Eissporthalle (in einer), das Hochzeitsfest (auf einem), die Müllhalde (auf einer), der Flugplatz (auf einem), der Verkehrsstau (im)

5

1. bei einem Arbeitsessen 2. auf einer Geschäftsreise 3. im Urlaub 4. auf der Hannover-Messe 5. bei einem Empfang im Rathaus 6. auf dem Finanzamt 7. bei einem Firmenjubiläum 8. im Tennisclub

6

1. Könnte ich Herrn/Frau Dr. Müller von der Chirurgiestation sprechen? 2. Könnte ich Herrn Schuster aus der Devisenabteilung sprechen? 3. Könnte ich Frau Vetter vom Versand sprechen? 4. Könnte ich irgend jemand vom Technischen Dienst sprechen? 5. Könnte ich Herrn Schneider von der Hausdruckerei sprechen? 6. Könnte ich Frau Blume aus der Buchhaltung sprechen? 7. Könnte ich meinen Bruder, Apparat 234, sprechen?

7

1. der/die ist gerade auf einer Dienstreise nach San Francisco. 2. der ist gerade in einer Besprechung beim Vorstand. 3. die ist gerade zur Kur in Bad Reichenhall. 4. der Kundendienst hat schon seit 17.00 Uhr Feierabend. 5. der ist auf einem Betriebsausflug und erst morgen wieder erreichbar. 6. die ist bis Ende der Woche in Paris. 7. der ist erst in einer halben Stunde zurück.

8

1. er/sie möchte sich nach seiner/ihrer Rückkehr bei Prof. Schulz melden. 2. er möchte sich schnellstens mit der Kreditabteilung in Verbindung setzen 3. er möchte einen Besprechungstermin beim Vertrauensarzt vereinbaren. 4. die Kabel für die per Kurier gelieferten Geräte fehlen 5. er möchte die Einladung in das Konzert nicht vergessen 6. der reparierte Fernsehapparat sei abholbereit 7. er möchte seinen Bruder zurückrufen

Oder Nebensatz mit „daß":
1. daß er/sie ... melden möchte. 2. daß er ... setzen möchte. 3. daß er ... vereinbaren möchte. 4. daß ... fehlen 5. daß er ... usw.

14
Die Rechtsformen der Unternehmen
In der Wirtschaft finden wir eine ganze Reihe von Unternehmensformen. Man unterscheidet zwischen Personengesellschaften und Kapitalgesellschaften. Bei Personengesellschaften, wie z. B. der Gesellschaft bürgerlichen Rechts oder der OHG, haften die einzelnen Gesellschafter auch mit ihrem Privatvermögen für die Verbindlichkeiten. Die OHG gehört zu den verbreitetsten Gesellschaftsformen. Eine KG unterscheidet sich von einer OHG dadurch, daß die Gesellschafter, die sogenannten Kommanditisten, nur mit einer vertraglich festgelegten Vermögenseinlage haften. Ein Gesellschafter, der sogenannte Komplementär, haftet aber auch unbeschränkt mit seinem ganzen Vermögen. Zu den Kapitalgesellschaften zählen die AG und die GmbH. Für Großbetriebe der Wirtschaft ist die AG gedacht. Die Aktionäre haften nicht für Geschäftsverbindlichkeiten. Die Organe einer AG heißen Vorstand, Aufsichtsrat und Hauptversammlung. Mittlere und kleinere Unternehmen wählen häufig die Rechtsform einer GmbH. Ihre Geschäftsführer vertreten die Gesellschaft nach außen. Sie werden durch die Satzung bestimmt oder von der Gesellschafterversammlung gewählt.

15

1. Kennen Sie die Lösung,
a) oder sind Sie ein Teil des Problems?

2. Wissen ist Macht,
l) nichts wissen macht auch nichts.

3. Wo war ich denn,
e) als ich mich am meisten gebraucht habe?

4. Wo wir sind, klappt nichts,
j) doch wir können nicht überall sein.

5. Fahren Sie mich irgendwohin,
i) ich werde überall gebraucht.

6. Vor lauter Kaffeepausen
k) kann ich nachts nicht mehr schlafen.

7. Wer kriecht,
c) kann nicht stolpern.

8. Keiner ist unnütz,
b) er kann immer noch als abschrecken-
des Beispiel dienen.

9. Operative Hektik
d) ersetzt geistige Windstille.

10. Wie kann ich wissen, was ich denke,
g) bevor ich höre, was ich sage.

11. Eine Lösung hatte ich,
f) aber die paßte nicht zum Problem.

12. Sie können machen, was Sie wollen,
h) aber nicht so.

13. Ich antworte mit
n) einem entschiedenen Vielleicht.

14. Die Pflicht ruft,
m) laß sie schreien.

16

die Geige, die Zither, der Kontrabaß, die Bratsche
die Buche, die Linde, die Eiche, die Pappel
Adenauer, Erhard, Kiesinger, Brandt, Schmidt, Kohl
der Paß, der Führerschein, der Personalausweis, der KFZ-Schein
die CDU, die SPD, die Grünen, die FDP
das Feuerzeug, der Aschenbecher, die Pfeife, die Zigarre
die Addition, die Subtraktion, die Multiplikation, die Division
das Zelt, der Gaskocher, die Luftmatratze, der Schlafsack
die Kette, der Ring, das Armband, die Brosche
die Grundschule, die Hauptschule, die Realschule, das Gymnasium
Korbball, Fußball, Volleyball, Handball
Englisch, Chinesisch, Spanisch, Portugiesisch
das Rathaus, das Postamt, der Bahnhof, die Volkshochschule
das Papier, die Dampfmaschine, die Glühbirne, das Telefon
der Löwe, der Tiger, der Leopard, der Gepard

17

Neue Bundesländer:
Brandenburg → Potsdam
Mecklenburg-Vorpommern → Schwerin
Sachsen → Dresden
Sachsen-Anhalt → Magdeburg
Thüringen → Erfurt

Alte Bundesländer:
Baden-Württemberg → Stuttgart
Bremen → Bremen

Bayern → München
Berlin → Berlin
Hamburg → Hamburg
Hessen → Wiesbaden
Niedersachsen → Hannover
Nordrhein-Westfalen → Düsseldorf
Rheinland-Pfalz → Mainz
Saarland → Saarbrücken
Schleswig-Holstein → Kiel

Die Bundesrepublik hat eine FOEDERALISTISCHE Struktur. In den Landeshauptstädten haben die LANDESREGIERUNGEN ihren Sitz.

19

1. die Änderung – verändern – Seine Handschrift ist verändert. 2. die Arbeit – verarbeiten – Die Möbel sind schlecht verarbeitet. 3. die Blüte – verblühen – Ihre Schönheit ist verblüht. 4. das Blut – verbluten – Der Verletzte ist verblutet. 5. der Brand – verbrennen – Das Papier ist verbrannt. 6. die Buße – verbüßen – Die Haftstrafe ist verbüßt. 7. der Dampf – verdampfen – Das

Wasser ist verdampft. 8. der Dunst – verdunsten – Der Alkohol ist verdunstet. 9. der Durst – verdursten – Die Blume ist verdurstet. 10. die Ebbe – verebben – Der Lärm ist verebbt. 11. das Ende – verenden – Das angefahrene Reh ist verendet. 12. das/der Erbe – vererben – Die Nase ist vererbt. 13. der Film – verfilmen – Der Roman ist verfilmt. 14. das Gift – vergiften – Der Apfel ist vergiftet. 15. der Hunger – verhungern – Der Gefangene ist verhungert. 16. der Kalk – verkalken – Sein Gehirn ist verkalkt. 17. der Klang – verklingen – Die Melodie ist verklungen. 18. der Krüppel – verkrüppeln – Seine Hand ist verkrüppelt. 19. die Narbe – vernarben – Die Wunde ist vernarbt. 20. der Regen – verregnen – Dieses Wochenende ist total verregnet. 21. der Riegel – verriegeln – Die Tür ist verriegelt. 22. der Rost – verrosten – Der Nagel ist verrostet. 23. das Salz – versalzen – Die Suppe ist versalzen. 24. der Schlaf – verschlafen – Das Dorf ist verschlafen. 25. der Schmutz – verschmutzen – Der Boden ist verschmutzt. 26. das Siegel – versiegeln – Die Wohnung ist versiegelt. 27. die Speise – verspeisen – Der Kaviar ist schon verspeist. 28. die Sperre – versperren – Die Ausfahrt ist versperrt. 29. der Stein – versteinern – Die Muschel ist versteinert. 30. die Steuer – versteuern – Alle Einkünfte sind versteuert. 31. der Tausch – vertauschen – Das Gepäck ist vertauscht. 32. der/das Teil – verteilen – Die Bonbons sind verteilt. 33. die Trockenheit – vertrocknen – Der Boden ist vertrocknet. 34. der/die Waise – verwaisen – Der Ort ist verwaist. 35. das Wasser – verwässern – Der Wein ist verwässert. 36. die Witwe – (verwitwen) – Die Frau ist verwitwet. 37. die Wunde – verwunden – Der Soldat ist verwundet. 38. die Wüste – verwüsten – Das Land ist verwüstet. 39. der Zoll – verzollen – Die Zigaretten sind verzollt.

20
eßbar sind: Steinpilz und Schimmelpilz (auf Käse)

21
Eichenblatt, Buchenblatt, Weinblatt, Kleeblatt

22
Himmelbett, Wasserbett, Ehebett

23
Ein Masochist ist jemand, der sich selbst gern Schmerz zufügt.
Ein Pessimist ist jemand, der immer nur schwarzsieht.
Ein Pianist ist jemand, der Klavier spielt.
Ein Germanist ist jemand, der germanische Sprachen studiert hat.
Ein Internist ist jemand, der in der inneren Medizin arbeitet.
Ein Egoist ist jemand, der nur an sich selbst denkt.
Ein Rassist ist jemand, der seine eigene Rasse für die beste hält.
Ein Terrorist ist jemand, der Schrecken verbreitet, um politische Ziele zu erreichen.

24
Man kann nur auf einem O-Bein, X-Bein oder Holzbein stehen.

25
1. Anschrift 2. Aufschrift
1. Gegensatz 2. Gegenteil
1. Fernsehen 2. Fernseher
1. Weinflasche 2. Flasche Wein

1. Ernährung 2. Lebensmittel 3. Nahrung 4. Grundnahrungsmitteln
1. Schulden 2. Schuld
1. Worten 2. Wörter

26

Aus Getreide wird Mehl gemacht. Aus Obst wird Saft gemacht. Aus Milch wird Butter gemacht. Aus Ton werden Krüge gemacht. Aus Erdöl wird Benzin gemacht. Aus Tierhaut wird Leder gemacht. Aus Tabak werden Zigarren gemacht. Aus Stoff werden Kleider gemacht. Aus Pappe werden Kartons gemacht. Aus Leder werden Handtaschen gemacht. Aus Glas werden Gläser gemacht. Aus Holz werden Möbel gemacht. Aus Gold wird Schmuck gemacht.

27

1. Die Hose war zu lang. Sie ist gekürzt worden. 2. Der Pulli war zu schmutzig. Er ist gewaschen worden. 3. Das Stromkabel war zu kurz. Es ist verlängert worden. 4. Mein Hemd war zu faltig. Es ist gebügelt worden. 5. Die Suppe war zu heiß. Sie ist umgerührt worden. 6. Das Fleisch war zu roh. Es ist gebraten worden. 7. Der Kaffee war zu stark. Er ist verdünnt worden. 8. Seine Sprachkenntnisse waren zu schlecht. Sie sind verbessert worden. 9. Die Dichtung war zu alt. Sie ist erneuert worden. 10. Die Milch war zu kalt. Sie ist erwärmt worden. 11. Das Foto war zu klein. Es ist vergrößert worden. 12. Das Krankenzimmer war zu hell. Es ist verdunkelt worden.

28

1. Grillen zirpen 2. Katzen miauen 3. Ziegen meckern 4. Gänse schnattern 5. Schweine grunzen 6. Elefanten trompeten 7. Schlangen zischen 8. Löwen brüllen 9. Vögel singen 10. Pferde wiehern 11. Schafe blöken 12. Hunde bellen 13. Bienen summen 14. Hähne krähen 15. Hühner gackern

29

Aus einem Fohlen wird ein Pferd; aus einem Küken wird ein Huhn; aus einem Zicklein wird eine Ziege; aus einem Lamm wird ein Schaf; aus einem Kalb wird eine Kuh; aus einem Welpen wird ein Hund; aus einem Kätzchen wird eine Katze; aus einem Ferkel wird ein Schwein.

30

1. Rabe 2. Mücke, Elefanten 3. Ente 4. Bären 5. Kuhhaut 6. Löwen 7. Schwein 8. Vogel 9. Katze 10. Fuchs 11. Floh 12. Wolf 13. Frosch 14. Fliege 15. Gans 16. Hahn 17. Pudel 18. Bock 19. Kuckuck 20. Sau

31

1. die Beschäftigung mit einem Hobby 2. der Dank für die Unterstützung 3. die Bitte um Antwort 4. die Entschuldigung für das Versehen 5. die Entscheidung über die Investition 6. die Entwicklung zur Katastrophe 7. die Erinnerung an den Urlaub 8. der Gedanke an die Zukunft 9. der Hinweis auf Komplikationen 10. das Interesse an Neuerungen 11. die Neigung zu Wutausbrüchen 12. der Protest gegen Subventionskürzungen 13. die Sorge um die Preisentwicklung 14. die Teilnahme an der Veranstaltung 15. die Überweisung auf das Girokonto 16. die Wahl zum Präsidenten 17. der Zweifel an der Zeugenaussage

32

1. zum 2. auf 3. über 4. um 5. nach 6. zu 7. zum 8. nach 9. auf 10. vor 11. an 12. an 13. in 14. gegenüber 15. nach 16. an

33

1. die Achtung vor den Eltern 2. die Forderung nach Gerechtigkeit 3. die Diskussion über Erziehungsmethoden 4. die Liebe zur Kunst 5. die Entscheidung über die Frage 6. die Hoffnung auf eine gute Ernte 7. das Gespräch mit alten Bekannten 8. der Antrag auf eine Aufenthaltserlaubnis 9. der Gruß an die Bekannten 10. die Verabschiedung von den Gästen

34

1. Er starb an einer schweren Blutvergiftung. 2. Nach der Dopingkontrolle durfte er nicht weiter an den Olympischen Spielen teilnehmen. 3. Ich schreibe an meinen besten Geschäftspartner. 4. Man wird sich an höhere Mietpreise gewöhnen müssen. 5. Die Wissenschaft stößt an ihre bisherigen Grenzen. 6. Ich zweifele nicht an deiner guten Absicht. 7. Mein Kind hat sich an der scharfen Tischkante gestoßen. 8. Man erkannte ihn schon aus der Ferne an seinem schwerfälligen Gang. 9. Ich glaube nicht an den vorausgesagten Untergang des Abendlandes. 10. Bitte sende das Schreiben an alle unsere Filialen. 11. Am besten wendest du dich an unseren gewählten Betriebsrat. 12. Richte den Brief an die Geschäftsleitung! 13. Ich erinnere mich noch gut an meinen ersten Kuß.

Dativ:	sterben an	Akkusativ:	schreiben an	senden an
	teilnehmen an		sich gewöhnen an	sich wenden an
	zweifeln an		stoßen an	richten an
	erkennen an		glauben an	sich erinnern an

35

1. abseits der überfüllten Autobahn 2. anhand meiner gemachten Aufzeichnungen 3. anstelle vergeudeter Investitionen 4. diesseits des umkämpften Gebiets 5. infolge des nicht erkannten Herzinfarkts 6. inmitten tanzender Leute 7. innerhalb der gesetzten Frist 8. jenseits des reißenden Flusses 9. beiderseits der errichteten Mauer 10. oberhalb der zugeschneiten Täler 11. östlich der vereinbarten Oder-Neiße-Linie 12. seitlich des bebauten Grundstücks 13. unterhalb der leuchtenden Gipfel 14. zugunsten der lachenden Erben 15. zuungunsten des abgewiesenen Bewerbers

Erinnern Sie sich?　　　　　　　　　　　**Präpositionen mit dem Genitiv**

Präpositionen mit dem Genitiv klingen oft etwas bürokratisch oder nach Zeitungsdeutsch. Hier die wichtigsten:

abzüglich	hinsichtlich	trotz
angesichts	inklusive	um ... willen
anläßlich	kraft	ungeachtet
anstatt	mangels	während
bezüglich	mittels	wegen
dank	namens	zuzüglich
einschließlich	statt	zwecks

Einige kann man mit dem Genitiv oder auch mit der Präposition *von* + Dativ benutzen:

abseits (von)	inmitten (von)	seitlich (von)
anhand (von)	innerhalb (von)	südlich (von)
anstelle/an Stelle (von)	jenseits (von)	unterhalb (von)
aufgrund/auf Grund (von)	links (von)	unweit (von)
außerhalb (von)	nördlich (von)	zugunsten (von)
beiderseits (von)	oberhalb (von)	zu Lasten (von)
diesseits (von)	östlich (von)	zuungunsten (von)
infolge (von)	rechts (von)	

36

1. über 2. für, um, von, auf 3. von, auf 4. per 5. Bei, in, von 6. Innerhalb, auf 7. Vor, zum 8. Um 9. unter, gegenüber 10. Auf, auf, mit 11. Auf, in, auf 12. am, aus, über 13. Mit, während, an 14. Außerhalb 15. Zur 16. Für, im 17. auf, auf 18. Wegen, außer

37

1. Wir freuen uns auf unseren Urlaub. 2. Er freut sich über das Geschenk, das er bekommen hat. 3. Das Segelboot geriet in einen schweren Sturm. 4. Er geriet bei mir an die falsche Adresse. 5. Sie ist auf die schiefe Bahn geraten. 6. Der Patient leidet an den Folgen der Verbrennungen. 7. Das Kind leidet unter der autoritären Erziehung seiner Eltern. 8. Ich halte ihn für einen fairen Spieler. 9. Was hältst du von meiner Idee? 10. Unser Chef hält sehr auf Pünktlichkeit im Büro. 11. Er versteht sich gut mit seiner Freundin. 12. Unter moderner Unterhaltungsmusik versteht man Schlager, Rockmusik, Chansons, Popmusik und Folklore. 13. Die Sozialarbeiterin versteht sich gut auf den Umgang mit behinderten Kindern. 14. Ich verstehe nicht viel von Astronomie. 15. Die Halskette besteht aus reinem Gold. 16. Seine Tätigkeit besteht in der Ausbildung der Lehrlinge. 17. Bitte überweisen Sie den Betrag auf mein Konto. 18. Der Arzt hat den Patienten an einen Facharzt überwiesen. 19. Ein Geschiedener muß für den Unterhalt seiner Kinder sorgen. 20. Man muß sich um das Wachstum der Weltbevölkerung sorgen.

38

1. miteinander 2. aufeinander 3. miteinander 4. beieinander 5. ineinander 6. miteinander 7. auseinander 8. aufeinander 9. voreinander 10. füreinander, zueinander 11. zueinander 12. durcheinander

Erinnern Sie sich?

Zwischenmenschliche (reziproke) Beziehungen werden oft durch die Präposition + *einander* ausgedrückt:
Beispiele:
Gefallen finden *an* jemandem
Sie fanden Gefallen *aneinander.*

gut *mit* jemandem auskommen
Sie kamen gut *miteinander* aus.

39

die Treue zur Firma – den Mut zu unkonventionellen Lösungen – den Glauben an das Leistungsprinzip – den Stolz auf das Erreichte – den Reichtum an Ideen – die Sorge um die bleibende Qualität – den Verzicht auf Sonderurlaub – die Hoffnung auf eine Beförderung – das Verständnis für seine Kollegen – der Einsatz für seine Abteilung – die Einsicht in die Notwendigkeit des Personalabbaus

Die Kollegen wußten natürlich Bescheid über seinen Mangel an Durchsetzungsvermögen – seinen Hang zur Unpünktlichkeit – seine Neigung zum Trinken – sein Interesse an der Chefsekretärin – seine Eifersucht auf den Chef – seine Wut auf den Lehrling – seine Angst vor einer Strafversetzung – seinen Ärger über die Gehaltskürzung.

Es herrschte Trauer um einen lieben Kollegen.

40

1. gemacht 2. tun 3. tut 4. tut 5. machen 6. machen 7. gemacht 8. machen 9. gemacht 10. Tu, machen 11. macht 12. tun 13. tun 14. machen 15. machen 16. Mach(t) 17. getan 18. tun 19. tut 20. machten

41

1. die verkaufte Braut 2. die gestohlenen Juwelen 3. die geschnittene Tomate 4. das geschlachtete Rind 5. der gefangene Fisch 6. die angebrannte Suppe 7. die geschälten Kartoffeln 8. die geriebenen Möhren 9. die gesalzenen Preise 10. die angelassenen Triebwerke 11. die wiedergefundene Brille 12. der erstattete Kaufpreis 13. die verpackte Ware 14. der gefällte Baum 15. der dressierte Tiger 16. das geschlossene Tor 17. der abgerissene Knopf 18. die gemolkenen Kühe 19. die ausgetrunkene Flasche 20. das gepflügte Feld 21. das gegebene Versprechen 22. die mitgebrachten Butterbrote

42

1. die steigenden Energiepreise 2. die schwindenden Hoffnungen 3. die zunehmenden Flüchtlingsströme 4. die explodierenden Mieten 5. die sinkenden Steuereinnahmen 6. die anstrengenden Dienstreisen 7. ein schwankender Wechselkurs 8. die regierende Partei 9. die fallenden Erträge 10. ein tropfender Wasserhahn

43

1. diese andauernden Streitigkeiten 2. den protestierenden Studenten 3. unsere bleibenden Erinnerungen 4. wachsende Kritik 5. etliche kichernde Mädchen 6. einige beängstigende Entwicklungen 7. ein zu lösendes Problem 8. treffende Bemerkungen 9. mit dem behandelnden Arzt 10. für reißenden Absatz 11. bei anhaltendem Westwind 12. die galoppierende Inflation 13. mit einem weinenden und einem lachenden Auge 14. dieses strahlende Lächeln 15. kochendes Wasser 16. viele anregende Gespräche 17. alle schreienden Kinder 18. mehrere sich widersprechende Aussagen 19. mit einem überraschenden Sieg 20. die sich wiederholenden Aufgaben 21. einige in der Schlange stehende Kunden 22. viele vorkommende Rohstoffe 23. in den laufenden Verhandlungen

44

1. Den Drucker, der repariert worden war, holte er mit seinem Wagen ab. 2. Die Kinder, die geimpft worden waren, überlebten die Krankheit. 3. Das Buch, das geliehen worden war, wurde zurückgegeben. 4. Der Nichtschwimmer, der gerettet worden war, überlebte. 5. Die Studen-

ten solidarisierten sich mit den Fabrikarbeitern, die ausgesperrt worden waren. 6. Der Lehrer fragte den Unterrichtsstoff ab, der behandelt worden war.

Erinnern Sie sich?	**Die Tempora im Passiv**
Präsens	Er *wird entlassen.*
Präteritum	Er *wurde entlassen.*
Perfekt	Er *ist entlassen worden.*
Plusquamperfekt	Er *war entlassen worden.*
Futur I	Er *wird entlassen werden.*
(Futur II	Er *wird entlassen worden sein.)*

45

Die Versicherung ist abgeschlossen worden. Die Bewerbung ist eingereicht worden. Die Gehälter sind erhöht worden. Die Mehrwertsteuer ist angehoben worden. Die Zinsen sind gesenkt worden. Die Banken sind geschlossen worden. Der Betriebsrat ist gewählt worden. Die Dividende ist ausgeschüttet worden. Die Mauer ist errichtet worden. Die Hundebabys sind ertränkt worden. Die Tafel ist sauber gewischt worden. Die Filiale ist eröffnet worden. Die Anschrift ist geändert worden. Der Kühlschrank ist abgetaut worden. Der Reifen ist geflickt worden.

46

1. Es sind ja auch viele Bäume gepflanzt worden. 2. Es sind ja auch die Fassaden gestrichen worden. 3. Es sind ja auch Dämme errichtet worden. 4. Es sind ja auch die Grenzkontrollen aufgehoben worden. 5. Es ist ihm ja auch eine Blutübertragung gegeben worden. 6. Es sind ja auch mehr Lehrer eingestellt worden. 7. Es ist ja auch das U-Bahn-Netz ausgebaut worden. 8. Es ist ja auch der Deutschunterricht intensiviert worden. 9. Es sind ja auch mehr Polizisten eingesetzt worden.

47

1. Die Tauben hätten nicht gefüttert werden dürfen. 2. Nachts hätte kein Damenbesuch empfangen werden dürfen. 3. Die Blumentöpfe hätten nicht auf das äußere Fensterbrett gestellt werden dürfen. 4. Das Fahrrad hätte nicht im Zimmer untergestellt werden dürfen. 5. Die Wäsche hätte sonntags nicht auf dem Balkon aufgehängt werden dürfen. 6. Haustiere hätten von Ihnen nicht angeschafft werden dürfen. 7. Feten hätten nicht bis spät in die Nacht gefeiert werden dürfen. 8. Die Badewanne hätte häufiger geputzt werden müssen. 9. Die Haustür hätte immer abgeschlossen werden müssen. 10. Die Herdplatte hätte nicht angelassen werden dürfen. 11. Wodka hätte nicht ins Aquarium geschüttet werden dürfen. 12. Die Miete hätte pünktlicher überwiesen werden müssen.

48

1. Der Dirigent hatte einen Schwächeanfall. Das Konzert hatte abgebrochen werden müssen. 2. Der Dichter hat sich verspätet. Die Lesung hatte später begonnen werden müssen. 3. Die Sekretärin war schwanger. Eine Vertretung hatte eingestellt werden müssen. 4. Das Abendkleid war fleckig. Es hatte zur Reinigung gebracht werden müssen. 5. Der Politiker war heiser. Die Rede hatte unterbrochen werden müssen. 6. Der Mittelstürmer war verletzt. Der Mannschaftsarzt hatte herbeigerufen werden müssen. 7. Das Beweismaterial war verschwunden. Die Gerichtsverhandlung hatte vertagt werden müssen. 8. Das Unfallopfer war eingeklemmt.

Die Autokarosserie hatte aufgeschnitten werden müssen. 9. Die Braut war unentschlossen. Die Hochzeit hatte verschoben werden müssen. 10. Die Expeditionsmannschaft war verschollen. Eine Suchaktion hatte ausgelöst werden müssen.

49

1. Die Sturmschäden wurden repariert. 2. Die Zahlen wurden addiert. 3. Die Akten wurden verbrannt. 4. Die Flugblätter wurden gedruckt. 5. Das Pharaonengrab wurde gefunden. 6. Der Asylant wurde anerkannt. 7. Der Gipfel wurde bestiegen. 8. Seine Unschuld wurde bewiesen. 9. Die Kosten wurden aufgewendet. 10. Das Endspiel wurde übertragen. 11. Die Spione wurden ausgetauscht. 12. Der Täter wurde beschrieben. 13. Die Bedingungen wurden angenommen. 14. Die Muskulatur wurde massiert. 15. Die Kohle wurde exportiert. 16. Die Pfandgebühr wurde rückerstattet. 17. Der Patient wurde hypnotisiert. 18. Die Schulabgänger wurden entlassen. 19. Der Beamte wurde bestochen. 20. Der Zeuge wurde vernommen. 21. Das Gesetz wurde angewendet.

50

1. ist nicht zu befahren 2. ist nicht zu bezahlen 3. ist nicht vorherzusehen 4. ist nicht einzunehmen 5. sind nicht aufzufinden 6. ist nicht zu entschuldigen 7. ist nicht zu überwinden 8. ist nicht zu bezwingen 9. ist nicht abzuwenden 10. ist nicht zu widerlegen 11. ist er nicht zu genießen 12. sind nicht zu durchschauen

51

1. unbezweifelbar 2. unstillbar 3. unaustilgbar 4. unüberbrückbar 5. unausrottbar 6. unverschiebbar 7. unnachahmbar 8. unbezahlbar 9. unabsehbar 10. unverwechselbar 11. unvereinbar 12. unbrauchbar 13. unüberhörbar 14. undefinierbar

52

1. Trotz der Kälte hatte sie nur ein dünnes T-Shirt an. – Es war kalt. Trotzdem hatte ... 2. Trotz der guten Bezahlung arbeitet er kaum. – Er wird gut bezahlt. Trotzdem arbeitet ... 3. Trotz seiner Müdigkeit fährt er mit dem Auto. – Er ist müde. Trotzdem fährt ... 4. Trotz seines Geizes spendiert er mir ein Abendessen. – Er ist geizig. Trotzdem spendiert ... 5. Trotz seines geringen Verdienstes reist er um die ganze Welt. – Er verdient wenig. Trotzdem reist ... 6. Trotz der planmäßigen Abfahrt hatte der Eurocity Verspätung. – Der Eurocity war planmäßig abgefahren. Trotzdem hatte ... 7. Trotz seines Krebsleidens wurde er geheilt. – Er litt an Krebs. Trotzdem wurde ... 8. Trotz der friedlichen Demonstration der Studenten griff die Polizei ein. – Die Studenten demonstrierten friedlich. Trotzdem griff ... 9. Trotz einer genauen Beschreibung des Bankräubers konnte er nicht gefaßt werden. – Der Bankräuber wurde genau beschrieben. Trotzdem konnte ... 10. Trotz der pünktlichen Überweisung des Rechnungsbetrags bekam ich eine Mahnung. – Ich hatte den Rechnungsbetrag pünktlich überwiesen. Trotzdem bekam ... 11. Trotz unserer dringenden Bitte um Hilfe hat er uns im Stich gelassen. – Wir hatten ihn dringend um Hilfe gebeten. Trotzdem hat ...

Erinnern Sie sich?

Trotz ist eine Präposition, die mit dem Genitiv oder dem Dativ benutzt wird:
trotz des Regens ...
trotz dem Regen ...

Trotzdem wird nur in der Umgangssprache wie *obwohl* als Konjunktion benutzt:
Obwohl er krank war, ist er ins Büro gegangen.
Trotzdem er krank war, ist er ins Büro gegangen.

Trotzdem wird als Konjunktionaladverb benutzt:
Er war krank. *Trotzdem* ging er ins Büro.

53
1. Trotz des Schneefalls fährt er mit Sommerreifen. 2. Trotz des Rauchverbots durch den Arzt raucht er eine Packung Zigaretten täglich. 3. Trotz der warmen Kleidung habe ich mich erkältet. 4. Trotz des Ausbaus des Verkehrsnetzes bekommen wir immer größere Verkehrsprobleme. 5. Trotz des Einsatzes von Computern konnten wir keine Mitarbeiter einsparen. 6. Trotz seiner vielen Einwände konnte er kein Gehör finden. 7. Trotz des Bankrotts hat er eine neue Firma gegründet.

54
1. Sein Arbeitszimmer gleicht einem Schlachtfeld. 2. Die Einzelheiten entnehmen Sie bitte dem beiliegenden Prospekt. 3. Seine Karriere verdankt er seinem Fleiß und seiner Ausdauer. 4. Der Schuldner kam seinen Zahlungsverpflichtungen nicht nach. 5. Die Kinder sahen dem Bagger beim Ausschachten zu. 6. Wir schreiben den Verkaufserfolg unserer letzten Werbekampagne zu. 7. Der Verteidiger hat dem Angeklagten in der Verhandlung beigestanden. 8. Der wirtschaftliche Aufschwung ist den neuen Bundesländern gelungen. 9. Die Subventionierung der Erzeugerpreise nützt den Bauern. 10. Passives Rauchen schadet der Gesundheit. 11. Der Redner dankte den Zuhörern für ihre Aufmerksamkeit.

55
1b, 2c, 3j, 4l, 5p, 6o, 7i, 8k, 9d, 10m, 11n, 12f, 13h, 14e, 15g, 16a

Reihe VI: Ausländer und Deutsche

Auf den Cassetten finden Sie folgenden Text und folgende Übungen:

Deutsche in Ost und West (S. 221–223)
Übung: Ländernamen (S. 233)
Übung: Miteinander (S. 238)

S. 227

Verben mit Präpositionen
2. führen zu 3. betrachten als 4. verteidigen gegen 5. bezeichnen als 6. mangeln an 7. abhängig sein von 8. zunehmen um 9. einbeziehen in 10. helfen bei 11. verpflichten zu 12. werden zu 13. denken an 14. rechnen mit

S. 229

§ 14 Ausländergesetz

Es ist nicht legal, einen Ausländer in einen Staat abzuschieben, wo sein Leben oder seine Freiheit wegen seiner Rasse, seines Glaubens, seiner Staatsangehörigkeit, seiner Zugehörigkeit zu einer bestimmten sozialen Gruppe oder wegen seiner politischen Überzeugung bedroht ist. Dies hat keine Gültigkeit für einen Ausländer, der aus schwerwiegenden Gründen eine Gefahr für die Sicherheit bedeutet oder gefährlich für die Allgemeinheit ist, weil er als Schwerverbrecher rechtskräftig verurteilt wurde.

Verben mit Präpositionen

leiden an D	(einer Krankheit)	sterben an D	(den Unfallfolgen)
glauben an A	(das Gute im Menschen)	mit/wirken an D	(dem Theaterstück)
an/knüpfen an A	(eine Bemerkung)	hängen an D	(der Familie)
appellieren an A	(die Vernunft)	zerbrechen an D	(der Enttäuschung)
erkennen an D	(der Frisur)	zweifeln an D	(der Atomtechnik)
teil/haben an D	(dem Ereignis)	ändern an D	(der Situation)
teil/nehmen an D	(der Versammlung)	beteiligt sein an D	(dem Aktienpaket)
interessiert sein an D	(seinem Hobby)	sich erinnern an A	(seine erste Liebe)
mangeln an D	(gutem Willen)	arbeiten an D	(einem neuen Buch)
schreiben an A	(die Freundin)		

Bilden Sie Sätze

1. Viele Gastarbeiter leiden an Heimweh.
2. Sie hängen an ihrer Heimat und zerbrechen manchmal an der Gefühlskälte in Deutschland.
3. Keiner stirbt in Deutschland am (an) Hunger, aber mancher leidet an (unter) der Isolation oder an (unter) Vorurteilen.
4. Es mangelt an Verständnis auf beiden Seiten.
5. Es ist ein Vorurteil, daß Ausländer mehr an Gewaltverbrechen beteiligt sind als Deutsche.
6. Deutsche und Ausländer arbeiten ohne Probleme an denselben Maschinen.
7. Ausländische Frauen haben oft nicht am öffentlichen Leben teil.
8. Sie glauben an ihre Werte und knüpfen an heimatliche Traditionen an.
9. Man erkennt sie manchmal an der bunten Kleidung oder an den Kopftüchern.
10. Viele Deutsche zweifeln an der Möglichkeit einer Integration der Gastarbeiter und wollen an der Situation nichts ändern.
11. Andere wirken an (bei) deutsch-ausländischen Festen mit und nehmen an Folklore und Tanz teil.
12. Andere appellieren an die Toleranz der Bevölkerung und schreiben beispielsweise einen Leserbrief an die Zeitung.
13. Die Ausländerfeindlichkeit erinnert an die Zeit des Dritten Reiches.
14. Deutschland trägt noch heute schwer an der dunkelsten Epoche seiner Geschichte.
15. Die meisten Deutschen sind am guten Zusammenleben mit ihren ausländischen Gästen interessiert.

S. 230

Umwandlungsübung

1. an der Einsamkeit leiden 2. an die Vernunft appellieren 3. an die Wahrheit glauben 4. an Veranstaltungen teilnehmen 5. an der Kultur interessiert sein 6. sich an die Familie erinnern 7. an

Geld mangeln 8. an einem Fließband arbeiten 9. an die Behörde schreiben 10. an seinen Fähigkeiten zweifeln 11. an einem Projekt mitwirken

Lückentest

darf, werden, sein, zu, Überzeugung, gilt, für, Gründen, für, für, Verbrechens, wurde

S. 233

Quiz: Genus der Länder

der   Irak, Sudan, Vatikan, Libanon

die   Schweiz, Tschechoslowakei, Mongolei, Türkei, Bundesrepublik

die   USA, Vereinigten Staaten, Niederlande, Philippinen

S. 234

Nationalitäten

die ersten beiden Spalten haben die Endung -e, die dritte und vierte Spalte haben die Endung -er.

Bilden Sie den Plural

Holländer, Europäer, Kanadier, Vietnamesen, Chinesen, Brasilianer, Belgier, Russen, Asiaten, Spanier, Afrikaner, Südamerikaner, Polen, Dänen, Österreicher, Franzosen, Deutsche(n)

Denksportaufgabe

Um die Denksportaufgabe zu lösen, schreibt man am besten alle Merkmale, die man jedem Haus zuordnen kann, in eine Tabelle:

grau	gelb	grün
Amerikaner	Holländer	Schweizer
MERCEDES	VW	Ford
Bratwürste	Fisch	Sauerbraten
Bungalow	Reihenhaus	Hochhaus

weiß	rot
Franzose	Chinese
Porsche	Audi
Schweinshaxe	VEGETARIER
Fachwerkhaus	Villa

Der Chinese ist Vegetarier. Der Amerikaner hat falsch geparkt.

S. 235

Vokabeltest

Sprache	Land	männlich	weiblich
russisch	Rußland	Russe	Russin
französisch	Frankreich	Franzose	Französin
holländisch/französisch	Belgien	Belgier	Belgierin
dänisch	Dänemark	Däne	Dänin
spanisch	Spanien	Spanier	Spanierin

holländisch	Holland	Holländer	Holländerin
portugiesisch	Portugal	Portugiese	Portugiesin
chinesisch	China	Chinese	Chinesin
englisch	die USA	Amerikaner	Amerikanerin
polnisch	Polen	Pole	Polin
schwedisch	Schweden	Schwede	Schwedin

S. 237

Setzen Sie die Präposition ein

sich mit mir unterhalten; mit mir arbeiten; sich um mich kümmern; auf mich Rücksicht nehmen; an mich denken; über meine Probleme Bescheid wissen; zu mir halten; mit mir sprechen

S. 238

Sprechübung *Miteinander*

Beispiel: Man sollte mehr mit Ausländern arbeiten.
　　　　Es ist wichtig, miteinander zu arbeiten.
1. Man sollte mehr mit Ausländern sprechen.
2. Man sollte mehr von Ausländern wissen.
3. Man sollte mehr zu Ausländern halten.
4. Man sollte mehr für Ausländer eintreten.
5. Man sollte mehr für Ausländer sorgen.
6. Man sollte mehr Rücksicht auf Ausländer nehmen.
7. Man sollte mehr an Ausländer denken.
8. Man sollte mehr über Ausländer nachdenken.

Lösungen:
1. ..., miteinander zu sprechen. 2. ..., mehr voneinander zu wissen. 3. ..., zueinander zu halten. 4. ..., füreinander einzutreten. 5. ..., füreinander zu sorgen. 6. ..., aufeinander Rücksicht zu nehmen. 7. ..., aneinander zu denken. 8. ..., übereinander nachzudenken.

Umwandlungsübung

1. der Zweifel an den Möglichkeiten 2. das Interesse an der Kultur 3. der Glaube an die Gerechtigkeit 4. die Erinnerung an die schöne Zeit 5. der Appell an die Toleranz 6. der Mangel an Trinkwasser 7. die Teilnahme an einem Sprachkurs 8. das Schreiben an die Behörde 9. die Mitwirkung an einem Projekt 10. die Beteiligung an einer guten Sache 11. das Leiden an einer Krankheit 12. die Arbeit an Reformen

S. 239

Spezielle Pluralformen

1. der Bau 2. der Kaufmann 3. das Thema 4. der Regen 5. der Streit 6. das Komma 7. das Lexikon 8. das Fotoalbum 9. der Rhythmus 10. das Abstraktum 11. das Visum 12. das Material 13. der Atlas 14. der Kaktus/die Kaktee 15. das Gymnasium 16. das Museum 17. die Firma 18. die Villa 19. das Konto 20. das Individuum

S. 241ff. Weitere Übungen

8

die Trompete, die Posaune, die Flöte, das Saxophon
die Kirsche, die Erdbeere, die Pflaume, die Traube
der Jupiter, die Venus, der Mars, der Saturn
die Couch, der Sessel, das Bücherregal, der Fernseher
die Sparsamkeit, die Geduld, der Fleiß, die Gastfreundschaft
der Geiz, die Ungeduld, die Faulheit, das Rauchen
der Apfel, der Pfirsich, die Birne, die Aprikose
die Tanne, die Lärche, die Fichte, die Kiefer
die Pythonschlange, der Eisbär, der Panther, das Nashorn
die Mücke, die Fliege, die Biene, die Wespe
das Segelflugzeug, der Motordrachen, der Jet, der Doppeldecker
der Schwager, der Cousin, der Neffe, der Onkel
der Adler, der Spatz, der Storch, der Flamingo
der Hammer, die Zange, die Axt, die Säge
die AG, die OHG, die GmbH, die KG
der Frühling, der Sommer, der Herbst, der Winter

9

Ich befahre einen Feldweg.
Ich erfahre eine Neuigkeit.
Ich habe mich in dem unbekannten Gebiet verfahren.
Er wirkt zerstreut und zerfahren.
Er umfährt das Denkmal mit seinem Rad.

10

die Attraktion, -en; das Jahrhundert, -e; das Tuch, ¨er; die Autotour, -en; der Apfel, ¨; der Katholik, -en; das Studienfach, ¨er; die Ortschaft, -en; der Brauch, ¨e; die Tradition, -en; das Ideal, -e; der Staat, -en; die Stadt, ¨e; die Provinz, -en; der See, -n; das Plakat, -e; der Teppich, -e; der Sack, ¨e; das Faß, ¨sser; das Dokument, -e; die Vorschrift, -en; der Mantel, ¨; der Anzug, ¨e; die Zeitschrift, -en; der Analphabet, -en; das Projekt, -e; der Augenblick, -e; der Vorteil, -e; der Gewinn, -e; der Verlust, -e;

11

Sie mag (verehrt/umarmt/himmelt ... an/denkt ständig an) ...
einen Griechen, einen Portugiesen, einen Jugoslawen, einen Finnen, einen Schweden, einen Russen, einen Polen, einen Tschechen, einen Deutschen.

Sie flirtet/telefoniert mit ...
einem Griechen, einem Portugiesen, einem Jugoslawen, einem Finnen, einem Schweden, einem Russen, einem Polen, einem Tschechen, einem Deutschen.

12

1. Hasen 2. Neffen, Junggesellen 3. Studenten, Herzen 4. Kollegen, Theologen 5. Namen, Franzosen 6. Glauben, Frieden 7. Willen, Menschen 8. Gedanken, Artisten 9. Juristen, Nachbarn 10. Planeten, Jungen 11. Herrn, Bauern

13

1. auf meiner vorherigen Stelle 2. die damalige Freundin 3. mit seinen ehemaligen Klassenkameraden 4. die sofortige Notoperation 5. meine derzeitigen Absichten 6. meine heutigen Pläne 7. mit seinem nochmaligen Versuch 8. alle bisherigen Ergebnisse 9. die dortige Situation 10. das hiesige Gymnasium 11. der morgige Besuch 12. der erstmalige Lottogewinn 13. eine nochmalige Frage

15

1. wortlos 2. arbeitslos 3. erbarmungslos 4. bedeutungslos 5. nutzlos 6. kostenlos 7. zwanglos 8. grenzenlos 9. friedlos 10. ergebnislos

17

1. fahrplanmäßig 2. aussichtslos 3. vorschriftsmäßig 4. rechtmäßige 5. altersmäßige 6. bedingungslos 7. rücksichtsloses 8. gefühlsmäßige 9. regelmäßige 10. gewohnheitsmäßig 11. kinderlos 12. ahnungslos 13. saumäßig 14. verantwortungslos 15. hoffnungslos

18

1. Die Aktion „Saubere Umwelt" soll gestartet werden. 2. Das neue Gymnasium soll eingeweiht werden. 3. Die Goethe-Medaille soll übergeben werden. 4. Der Abgeordnete soll zum Vizepräsidenten ernannt werden. 5. Die baufälligen Häuser sollen abgerissen werden. 6. Der Bunker soll gesprengt werden. 7. Die Olympischen Spiele sollen eröffnet werden. 8. Ein Literaturpreisträger soll geehrt werden. 9. Das neue Studentenwohnheim soll übergeben werden. 10. Ein Mahnmal für die Opfer des Faschismus soll errichtet werden. 11. Das alte Stadttheater soll wieder eröffnet werden. 12. Die Sammlung „altägyptische Kunst" soll in dieser Woche ausgestellt werden. 13. Ein Film soll im Zoo-Palast uraufgeführt werden.

19

1. Die Aktion „Saubere Umwelt" ist gestartet worden. 2. Das neue Gymnasium ist eingeweiht worden. 3. Die Goethe-Medaille ist übergeben worden. 4. Der Abgeordnete ist zum Vizepräsidenten ernannt worden. 5. Die baufälligen Häuser sind abgerissen worden. 6. Der Bunker ist gesprengt worden. 7. Die Olympischen Spiele sind eröffnet worden. 8. Ein Literaturpreisträger ist geehrt worden. 9. Das neue Studentenwohnheim ist übergeben worden. 10. Ein Mahnmal für die Opfer des Faschismus ist errichtet worden. 11. Das alte Stadttheater ist wieder eröffnet worden. 12. Die Sammlung „altägyptische Kunst" ist in dieser Woche ausgestellt worden. 13. Ein Film ist im Zoo-Palast uraufgeführt worden.

20

Hier der Kamm. Das Kind muß noch gekämmt werden. – Das hätte schon längst gekämmt werden müssen!
Hier die Creme. Das Kind muß noch eingecremt werden. – Das hätte schon längst eingecremt werden müssen!
Hier der/das Puder. Das Kind muß noch eingepudert werden. – Das hätte schon längst eingepudert werden müssen!
Hier die Badewanne. Das Kind muß noch gebadet werden. – Das hätte schon längst gebadet werden müssen!
Hier das Handtuch. Das Kind muß noch abgetrocknet werden. – Das hätte schon längst abgetrocknet werden müssen!

Hier das Jäckchen. Das Kind muß noch angezogen werden. – Das hätte schon längst angezogen werden müssen!
Hier die Waage. Das Kind muß noch gewogen werden. – Das hätte schon längst gewogen werden müssen!
Hier das Fläschchen. Das Kind muß noch gefüttert werden. – Das hätte schon längst gefüttert werden müssen!

21

Der Wasserhahn hätte noch zugedreht werden müssen! Die Steuererklärung hätte noch unterschrieben werden müssen! Die Einladung hätte noch abgeschickt werden müssen! Die Katze hätte noch versorgt werden müssen! Der Elektroherd hätte noch ausgeschaltet werden müssen! Die Nachbarn hätten noch benachrichtigt werden müssen! Die Fensterläden hätten noch geschlossen werden müssen! Die Zeitung hätte noch abbestellt werden müssen! Das Geschenk hätte noch mitgenommen werden müssen! Die Badehose hätte noch eingepackt werden müssen! Die Telefonrechnung hätte noch bezahlt werden müssen! Das Visum hätte noch beantragt werden müssen! Der Wohnungsschlüssel hätte noch beim Hausmeister abgegeben werden müssen!

22

1. Ich komme aus den USA und fahre nach Kanada. Ich bleibe nicht in Kanada, sondern fahre zurück in die USA. 2. Ich komme aus Mexiko und fahre in die Vereinigten Staaten. Ich bleibe nicht in den Vereinigten Staaten, sondern fahre zurück nach Mexiko. 3. Ich komme aus Rumänien und fahre in die Türkei. Ich bleibe nicht in der Türkei, sondern fahre zurück nach Rumänien. 4. Ich komme aus Deutschland und fahre nach Polen. Ich bleibe nicht in Polen, sondern fahre zurück nach Deutschland. 5. Ich komme aus Belgien und fahre in die Niederlande. Ich bleibe nicht in den Niederlanden, sondern fahre zurück nach Belgien. 6. Ich komme aus Ägypten und fahre nach Israel. Ich bleibe nicht in Israel, sondern fahre zurück nach Ägypten. 7. Ich komme aus Italien und fahre nach Österreich. Ich bleibe nicht in Österreich, sondern fahre zurück nach Italien. 8. Ich komme aus dem Irak und fahre in den (nach) Iran. Ich bleibe nicht im (in) Iran, sondern fahre zurück in den Irak. 9. Ich komme aus der Mongolei und fahre nach Rußland. Ich bleibe nicht in Rußland, sondern fahre zurück in die Mongolei. 10. Ich komme aus China und fahre nach Japan. Ich bleibe nicht in Japan, sondern fahre zurück nach China. 11. Ich komme von den Philippinen und fahre nach Indonesien. Ich bleibe nicht in Indonesien, sondern fahre zurück auf die Philippinen. 12. Ich komme aus der Bundesrepublik und fahre nach Frankreich. Ich bleibe nicht in Frankreich, sondern fahre zurück in die Bundesrepublik. 13. Ich komme aus Spanien und fahre nach Marokko. Ich bleibe nicht in Marokko, sondern fahre zurück nach Spanien. 14. Ich komme aus dem Sudan und fahre nach Äthiopien. Ich bleibe nicht in Äthiopien, sondern fahre zurück in den Sudan. 15. Ich komme aus der Schweiz und fahre nach Liechtenstein. Ich bleibe nicht in Liechtenstein, sondern fahre zurück in die Schweiz.

23

1. Ich halte das Rad für die größte Erfindung. 2. Der Patient bedankt sich für den Blumenstrauß. 3. Die Krankenschwester kümmert sich um den Patienten. 4. Die Hinterbliebenen trauern um den Toten. 5. Dieser Firmenname bürgt für Qualität. 6. Die Kinder zanken sich um das Spielzeug. 7. Die Eheleute streiten sich um das Haushaltsgeld. 8. Die UNO bemüht sich um eine Konfliktlösung. 9. Der Redner bittet um ein Glas Wasser. 10. Die Truppen kämpfen gegen die Partisanen. 11. Die Eltern sind um die Schulbildung der Kinder besorgt.

Erinnern Sie sich?   **Infinitivkonstruktionen**

Oft kann man einen Nebensatz durch eine Infinitivkonstruktion ausdrücken. Hier einige Beispiele:
Er ist glücklich, daß er gesiegt hat.
Er ist glücklich, *gesiegt zu haben.*

Es lohnt sich, daß man fleißig ist.
Fleißig zu sein lohnt sich.

Er freut sich (darauf), daß er bald Urlaub macht.
Er freut sich (darauf), *bald Urlaub zu machen.*

Seine Hoffnung, daß er Finderlohn bekommen würde, war falsch.
Seine Hoffnung, *Finderlohn zu bekommen,* war falsch.

Sie rannte, damit sie die U-Bahn kriegte.
Sie rannte, *um die U-Bahn zu kriegen.*

26
1. Er fordert, die Kampfhandlungen einzustellen. 2. Sie verlangt von ihm, sich schnell zu entscheiden. 3. Wir bemühen uns, die Produktion zu erhöhen. 4. Er zwingt sie, ihren Beruf aufzugeben. 5. Nach dem Segelkurs fing er an zu surfen. 6. Die Gesundheitsbehörde verbietet (es), im See zu baden. 7. Den Soldaten wird gestattet, am Wochenende heimzufahren. 8. Ich helfe gern, das Auto abzuschleppen. 9. Ich schlage vor, die Übung zu wiederholen.

27
Bei den Sätzen 1, 2, 4, 6 und 7 kann man nicht »seitdem« benutzen.

28
1. Dadurch, daß du schweigst, machst du alles noch schlimmer. 2. Dadurch, daß man regelmäßig die Bild-Zeitung liest, spart man das Abitur. 3. Dadurch, daß man die Kinder schlägt, werden sie nicht besser erzogen. 4. Dadurch, daß man per Fax bestellt, wird die Lieferzeit kürzer. 5. Dadurch, daß man das Shampoo regelmäßig gebraucht, vermeidet man Schuppenbildung. 6. Dadurch, daß alle Kräfte eingesetzt wurden, wurde die Produktivität erhöht. 7. Dadurch, daß man zuhört, erreicht man oft mehr als durch Reden. 8. Dadurch, daß man das Blut untersucht, kann man den Krankheitserreger entdecken. 9. Dadurch, daß man den Wein lagert, kann man seinen Geschmack verbessern.

29
1. Dadurch, daß man reist, erweitert man seine Allgemeinbildung. 2. Dadurch, daß man Vollkornbrot verzehrt, versorgt man den Körper mit notwendigen Vitaminen und Ballaststoffen. 3. Dadurch, daß man fossile Brennstoffe verbrennt, erhöht man den Treibhauseffekt. 4. Dadurch, daß man eine Brieffreundschaft mit einem Ausländer unterhält, erweitert man seine Sprachkenntnisse. 5. Dadurch, daß man mit Gewichten trainiert, stärkt man seine Muskeln. 6. Dadurch, daß man einen Thermostaten einbaut, spart man Heizkosten.

Alle Sätze auch mit „Indem" möglich: „Indem man ..." oder mit „Durch": „Durch Reisen ..."

30

1. Indem ihr protestiert, macht ihr alles noch schlimmer. 2. Indem man fernsieht, lernt man, Fremdsprachen besser zu verstehen. 3. Indem du trainierst, wird dein Kreislauf stabiler. 4. Indem man ein Kind zu streng erzieht, deformiert man seine Persönlichkeit. 5. Indem man die Lawinengefahr kennt, vermeidet man ein Unglück. 6. Indem man die Zufahrtswege blockiert, will man den Einmarsch verhindern. 7. Indem der Konzern die Ladenkette übernimmt, will er seine Marktposition stärken.

33

Hätten Sie mich doch bloß gestört! Wären Sie doch bloß vorbeigekommen! Wären Sie doch bloß weggerannt! Hätten Sie doch bloß länger gewartet! Hätten Sie sich doch bloß entschuldigt! Hätten Sie sich doch bloß angemeldet! Hätten Sie doch bloß eine Versicherung abgeschlossen! Hätten Sie doch bloß die Tür aufgemacht! Hätten Sie doch bloß den Schnee weggeschaufelt und Salz gestreut! Wären Sie doch bloß die Wette eingegangen!

34

1. Worauf/Worüber/Auf wen/Über wen hätte ich mich freuen sollen? 2. Wovor/Vor wem hätte ich Angst haben sollen? 3. Worauf/Auf wen hätte ich warten sollen? 4. Worüber/Auf wen hätte ich böse sein sollen? 5. Worauf/Auf wen hätte ich wütend sein sollen? 6. Wofür/Bei wem hätte ich mich entschuldigen sollen? 7. Worauf/Auf wen hätte ich stolz sein sollen? 8. Wofür/Bei wem hätte ich mich bedanken sollen? 9. Worüber/Mit wem hätte ich mich unterhalten sollen?

35

das Fernglas − ist nicht meins, das Taschenmesser − ist nicht meins, die Sonnencreme − ist nicht meine, die Zeitschrift − ist nicht meine, den Bildband − ist nicht meiner, die Decke − ist nicht meine, den Anorak − ist nicht meiner, den Schraubenzieher − ist nicht meiner, das Abschleppseil − ist nicht meins, den Walkman − ist nicht meiner, die Kassetten − sind nicht meine

36

1. Platz nehmen würden 2. den Oberkörper frei machen würden 3. den Tisch reservieren würden 4. den Brief einwerfen würden 5. die Schuhe ausziehen würden 6. die Kinder beruhigen würden 7. mit dem Bohren aufhören würden 8. das Paket entgegennehmen würden

Reihe VII: Reisen, Auto und Verkehr

Auf den Cassetten finden Sie folgende Texte und Übungen:

Auto-Superlative (S. 257/258)
Übung: Verben (S. 264)

S. 251

Hilfen zum nachfolgenden Fachtext
der Ruf, in aller Welt, zählen zu, optimal, konventionell, das Antriebsaggregat, emissionsarm, die Reduktion, die Geräuschdämmung, die Werkstoffe

S. 252

Richtig oder falsch?
1. ja 2. nein 3. ja 4. nein 5. ja 6. ja

S. 253

Denksportaufgabe
Simulieren Sie am besten die Situation. Zeichnen Sie die Straße mit der Ausweichmöglichkeit für nur einen LKW, nehmen Sie vier kleine Gegenstände als Autos:
Wagen 2 fährt in die Bucht. Wagen 3 und 4 fahren vorwärts an der Bucht vorbei. Wagen 1 fährt rückwärts, um Platz für Wagen 3 und 4 zu machen. Wagen 2 verläßt die Bucht und hat freie Fahrt. Wagen 3 und 4 fahren nun wieder rückwärts an der Bucht vorbei. Wagen 1 kann in die Bucht einfahren. Wagen 3 und 4 haben nun freie Fahrt. Wagen 1 verläßt die Bucht und hat ebenfalls freie Fahrt.

S. 254

Interessant
an, finde, für, an (dar)an, für, zu, in, für

S. 255

Die Komparation
I.
1. längste 2. klarste 3. kürzeste 4. härteste 5. wärmste 6. kälteste 7. stärkste 8. höchste
9. schwächste 10. schärfste 11. gröbste 12. tollste 13. zarteste 14. klügste 15. ärmste
16. Jüngste 17. rascheste 18. stolzeste 19. schlankste 20. größte

S. 256

II.
1c, 2a, 3c, 4d, 5c, 6a, 7d, 8c

Elemente
1. Eine Rakete kann höher als ein Flugzeug fliegen.
2. Die S-Bahn fährt schneller als die Straßenbahn.
3. Je dichter der Autoverkehr ist, desto schlechter ist die Luft.
4. Es gibt immer weniger Parkplätze in der Innenstadt.
5. Ich frage nach dem kürzesten Weg zum Bahnhof.
6. Die Fahrt auf der Landstraße ist nicht so sicher wie die Fahrt auf der Autobahn.
7. Das Benzin wird immer teurer.
8. Nach der Zugfahrt bin ich nicht so müde wie nach der Autofahrt.
9. Je glatter die Straßen sind, desto mehr Unfälle passieren.
10. Trampen ist billiger als Bahnfahren.
11. Je älter das Auto, desto mehr Reparaturen.

Auto-Superlative

erfolgreichste, ersten, stärkeren, höchste – wichtiger, preiswertere, einfachere, billigere – älteste, interessantesten, ersten, erste, bekanntesten, teuersten – schneller, höchste, modernsten, zweitschnellsten, flach(e)sten, einsamsten, weiter, schneller – umsatzstärkste, größten, größte

S. 258

Erklären Sie die Bedeutung dieser Verkehrszeichen

1. Hier darf man nicht schneller als 100 Kilometer pro Stunde fahren.
2. Der Tunnel ist nur 3,5 m hoch. Das Fahrzeug muß niedriger als die Tunnelhöhe sein.
3. Das Fahrzeug darf einschließlich seiner Ladung nicht schwerer als 5,5 Tonnen sein. Man sieht dieses Verkehrszeichen oft vor Brücken.
4. Man sollte nicht langsamer als 50 Kilometer pro Stunde fahren (z. B. auf der Autobahn).

S. 259

Kreuzworträtsel

S. 261

Lückentest

1. tiefste 2. höchste 3. steilste 4. älteste 5. dichteste

Kombinieren Sie

die Handbremse ziehen; Gas geben; das Schiebedach öffnen; den Reifen aufpumpen; den Öl-
stand prüfen; Benzin tanken; den Gang einlegen; die Schneeketten montieren; die Karosserie
ausbeulen; den Rückspiegel einstellen

S. 263

Wortschatz
Die drei Dinge sind: der Sicherheitsgurt, die Schneeketten, das Verbandszeug.

S. 264

Finden Sie die entsprechenden Verben
die Hupe, die Bremse, die Beschleunigung, die Zündung, die Lenkung, der Anhalter, der Blin-
ker, der Verbrauch, der Tank, die Versicherung, die Schaltung, das Abblendlicht, der Feuerlö-
scher

Lösungen:
hupen, bremsen, beschleunigen, zünden, lenken, anhalten, blinken, verbrauchen, tanken, versichern, schalten, abblenden, löschen

Denksportaufgabe
Die Erde wäre gar nicht schwerer, denn das Material, mit dem die Autos gebaut werden, kommt
ja nicht vom Mond.

S. 265

Silbenrätsel für Spezialisten
1. Werkzeug 2. Karosserie 3. Rad 4. Kraftstoff 5. Zündung 6. Verbandszeug 7. Papiere

S. 266

Wortbildung
2. rein 3. rüber(gehen) 4. raus(gehen) 5. rüber 6. runter, rauf 7. rein 8. runter 9. rein 10. rauf-
(klettern) 11. raus(kommst) 12. runter 13. rein

S. 267

Eine Fahrt durch Deutschland
Folgende Lösungsmöglichkeiten wären u. a. noch denkbar: Hamburg 5. (Bevor); Lübeck
6. (welcher); Leipzig 2. (Musiker); Freiburg 1. (in welchem); Stuttgart 5. (durch); Rothenburg
6. (zeigen)

S. 282 ff. Weitere Übungen

6
das Brandenburger Tor – Berlin; das Oktoberfest – München; die Reeperbahn – Hamburg; den
Christkindlmarkt – Nürnberg; die Stadtmusikanten – Bremen; die Buchmesse – Frankfurt; die

Wartburg – Eisenach; den Zwinger – Dresden; Marzipan und Thomas Mann
– Lübeck; Beethovens Geburtshaus – Bonn

7

Die griechische Hauptstadt ist Athen.
Athen ist die Hauptstadt Griechenlands.
In Griechenland leben Griechen.

Die deutsche Hauptstadt ist Berlin.
Berlin ist die Hauptstadt Deutschlands.
In Deutschland leben Deutsche.

Die schweizerische Hauptstadt ist Bern.
Bern ist die Hauptstadt der Schweiz.
In der Schweiz leben Schweizer.

Die belgische Hauptstadt ist Brüssel.
Brüssel ist die Hauptstadt Belgiens.
In Belgien leben Belgier (Flamen und Wallonen).

Die ungarische Hauptstadt ist Budapest.
Budapest ist die Hauptstadt Ungarns.
In Ungarn leben Ungarn.

Die rumänische Hauptstadt ist Bukarest.
Bukarest ist die Hauptstadt Rumäniens.
In Rumänien leben Rumänen.

Die finnische Hauptstadt ist Helsinki.
Helsinki ist die Hauptstadt Finnlands.
In Finnland leben Finnen.

Die dänische Hauptstadt ist Kopenhagen.
Kopenhagen ist die Hauptstadt Dänemarks.
In Dänemark leben Dänen.

Die portugiesische Hauptstadt ist Lissabon.
Lissabon ist die Hauptstadt Portugals.
In Portugal leben Portugiesen.

Die britische (englische) Hauptstadt ist London.
London ist die Hauptstadt Großbritanniens (Englands).
In Großbritannien leben Engländer, Schotten, Waliser und Iren.

Die spanische Hauptstadt ist Madrid.
Madrid ist die Hauptstadt Spaniens.
In Spanien leben Spanier.

Die russische Hauptstadt ist Moskau.
Moskau ist die Hauptstadt Rußlands.
In Rußland leben Russen.

Die norwegische Hauptstadt ist Oslo.
Oslo ist die Hauptstadt Norwegens.
In Norwegen leben Norweger.

Die französische Hauptstadt ist Paris.
Paris ist die Hauptstadt Frankreichs.
In Frankreich leben Franzosen.

Die tschechische Hauptstadt ist Prag.
Prag ist die Hauptstadt der Tschechei.
In der Tschechei leben Tschechen.

Die bulgarische Hauptstadt ist Sofia.
Sofia ist die Hauptstadt Bulgariens.
In Bulgarien leben Bulgaren.

Die schwedische Hauptstadt ist Stockholm.
Stockholm ist die Hauptstadt Schwedens.
In Schweden leben Schweden.

Die polnische Hauptstadt ist Warschau.
Warschau ist die Hauptstadt Polens.
In Polen leben Polen.

Die österreichische Hauptstadt ist Wien.
Wien ist die Hauptstadt Österreichs.
In Österreich leben Österreicher.

8

1. Auf dem Land hingegen gibt es weniger Geschäfte. 2. Das Zimmer zur Straße hingegen ist ziemlich laut. 3. Vor einem Nashorn hingegen solltest du dich in acht nehmen. 4. In Reihenhäusern hingegen hat man mehr Kontakte. 5. Niedersachsen hingegen ist ein großes. 6. Bei ihrem Mann hingegen redet sie ununterbrochen. 7. Außerhalb hingegen sind sie ausgestorben. 8. Ist er hingegen nüchtern, ist er sanft wie ein Lamm. 9. Zu Hause hingegen können sie tun und lassen, was sie wollen. 10. Bei meiner Frau hingegen schmeckt es mir ausgezeichnet.

Alle Sätze auch mit „dagegen" und „jedoch" möglich; beachten Sie aber die Wortstellung nach „im Gegensatz dazu": „Im Gegensatz dazu gibt es auf dem Land ..." und „während": „..., während es auf dem Land weniger Geschäfte gibt."

Erinnern Sie sich?   **Adversative Satzverbindungen**

Einen inhaltlichen Gegensatz können Sie mit den Konjunktionaladverbien *dagegen, hingegen, indessen, jedoch* oder mit der Konjunktion *während* ausdrücken.
Beachten Sie die Satzstellung:
Er wird oft krank; sie dagegen nie.
                sie hingegen nie.
                sie indessen nie.
                sie im Gegensatz dazu nie.
                sie jedoch nie.
Er wird oft krank, während sie nie krank *wird*.

9

1. falschen 2. leichte 3. lange 4. blaues 5. große 6. schiefe 7. sauren 8. bösen 9. blassen 10. eigenen 11. eisernem 12. nackten 13. letzte 14. offene 15. reinen 16. rohes 17. Trok-

kene 18. vollen 19. schmutzige 20. goldene 21. hohe 22. Gleichem 23. gutes 24. Ganzes 25. heiler 26. heißes 27. grünen 28. fremden

10

1p, 2i, 3b, 4c, 5r, 6g, 7q, 8t, 9s, 10o, 11n, 12f, 13j, 14m, 15h, 16l, 17a, 18k, 19d, 20e

14

Es geschah Samstag morgen, morgens früh um zehn, als Hunderte von Menschen, Alte und Junge, mit dem Auto oder Rad am Wochenende ins Blaue fuhren. Mit der Deutschen Bundesbahn fuhren nur wenige. Jeder einzelne wollte sich mit Recht das strahlende Wetter zunutze machen und ein paar Stunden radfahren oder Motorrad fahren.

Das Folgende ereignete sich: Ein Trabbi machte mit Motorschaden auf der Autobahn halt und wurde von einem Porsche abgeschleppt. Der Trabbifahrer erklärte dem Porschefahrer, er würde laut hupen, wenn ihm die Fahrt zu schnell ginge.
Auf der Autobahn will natürlich jeder der Schnellste sein. Schnelle Autos überholen die langsamen. Nichts anderes hatte ein anderer Porschefahrer im Sinn. Der Hintere nämlich wollte überholen. Der mit dem Trabbi im Schlepp jedoch wollte sich nicht überholen lassen. Die beiden Porschefahrer gaben Vollgas. Keiner wollte den kürzeren ziehen. Dem Trabbifahrer wurde angst. Er war nicht schuld an dem Wettrennen. Er konnte einem wirklich leid tun. In großer Angst tat er sein möglichstes und hupte wie ein Wilder.
Ein noch schnellerer Mercedesfahrer näherte sich von hinten. Er meinte, daß die beiden Porschefahrer dem Trabbifahrer unrecht täten, weil sie ihn trotz des lauten Hupens nicht überholen ließen, obwohl dieser die Porschefahrer eines Besseren belehren wollte.

15

1. Vor kurzem traf ich ihn wieder. 2. Er gab ohne weiteres zu, verliebt zu sein. 3. Von klein auf nannte man ihn „Hänschen". 4. Er ist mit ihr durch dick und dünn gegangen. 5. Über kurz oder lang möchte ich ihn wiedersehen. 6. Er würde gern die Angelegenheit ins reine bringen. 7. Fürs erste weiß ich genug. Ich habe alles mögliche erfahren. 8. Ich möchte auf dem laufenden gehalten werden. 9. Ich tue mein möglichstes, um zu helfen. 10. Deine kritische Bemerkung hat ins Schwarze getroffen. 11. Du hast seinen Diskussionsbeitrag ins Lächerliche gezogen. 12. Er bestand zu Recht auf seiner Forderung. 13. Sie behielt natürlich recht. 14. Er war im Recht.

16

Widder, Stier, Wassermann, Waage
der Bodensee, die Müritz, der Chiemsee, der Starnberger See
der Januar, der Februar, der März, der April
Stefan Heym, Christa Wolf, Sarah Kirsch, Reiner Kunze
Iphigenie auf Tauris, Torquato Tasso, Faust, Wilhelm Meister
die Armbanduhr, die Stoppuhr, der Wecker, die Turmuhr
der Morgen, der Mittag, der Nachmittag, der Abend
der Tee, der Kaffee, der Grog, die Schokolade
der Stern, der Spiegel, die Bunte, die Wirtschaftswoche
Sachsen, Thüringen, Brandenburg, Sachsen-Anhalt
der Hut, die Kapuze, die Mütze, der Zylinder
die Leber, die Lunge, das Herz, die Niere
der Hautarzt, der Zahnarzt, der Internist, der HNO-Arzt

der Güterzug, die S-Bahn, die U-Bahn, der Intercity
die Tastatur, der Bildschirm, die Maus, die Festplatte
die ARD, das ZDF, das RTL, das SAT1
die Sekunde, die Minute, die Stunde, der Tag
Joseph Beuys, Ernst Barlach, Oskar Kokoschka, Wassily Kandinsky
das Reh, der Hase, der Fuchs, der Hirsch

17

Ich zerhacke die Äste. Ich zerbröckele das Brot. Ich zerschlage das Geschirr. Ich zermahle die Kaffeebohnen. Ich zerstampfe die Kartoffeln. Ich zerkratze den Lack. Ich zerknacke die Nuß. Ich zerlege den Motor. Ich zerknülle die Serviette. Ich zerschneide den Stoff.

18

1. Verdunkel/Verdunkle das Zimmer! 2. Sie hat ihren Mann vergiftet. 3. Er hat sich verfrüht. 4. Der Himmel verdüstert sich. 5. Von den Videoclips verblödet man. 6. Der Verlierer ist verärgert. 7. Die Kindheitserinnerungen verblassen. 8. Das Benzin verteuert sich. 9. Die Äpfel am Baum verfaulen. 10. Ich habe mich verschrieben. 11. Die beiden haben sich verkracht. 12. Die Nachbarn haben sich verfeindet. 13. Das Metall hat sich verflüssigt. 14. Er hat sich verfahren. 15. Die Bevölkerung in den Ländern der Dritten Welt verarmt.

19

1. Berlin hat über 3,4 Millionen Einwohner.
2. Im Angebot gibt es günstige Geschirrspülmaschinen, preiswerte Elektroherde, billige Kühlschränke, gebrauchte Fernsehapparate, moderne Kaffeeautomaten zu niedrigen Preisen mit hohen Preisnachlässen.
3. Alle langjährigen Arbeitskräfte erhalten höhere Beträge als Löhne und Gehälter ausgezahlt.
4. Nicht alle cleveren Geschäftsleute sind schlimme Kapitalisten.
5. Auf meinen Ausflügen filmte ich klare Bäche, weite Flüsse, breite Kanäle, fruchtbare Äcker, hohe Berge und enge Täler.
6. In den Kliniken arbeiten Professoren, Ärzte und Krankenschwestern, um den Patienten zu helfen.
7. Als weitgereiste Touristen und zahlende Gäste kommen hauptsächlich Japaner und Chinesen zu uns. Aber auch Schweden, Dänen, Norweger und Finnen sind häufige Kunden unserer Verkehrsämter. Sie erhalten nützliche Auskünfte und gedruckte Informationsmaterialien.
8. Die heftigen Zusammenstöße der berittenen Polizisten mit den vermummten Demonstranten verliefen unblutig.
9. In den kleinen Seebädern auf den ostfriesischen Nordseeinseln gibt es zum Glück keine lauten Privatautos, wohl aber einige Taxis.
10. Während der wilden Streiks warteten unschuldige Passagiere auf den spanischen Flughäfen. Dutzende schliefen auf harten Bänken und Stühlen, andere versuchten, neue Auskünfte zu bekommen. Auf den örtlichen Bahnhöfen und zentralen Busstationen sah es nicht viel besser aus. Nur die einheimischen Taxichauffeure machten glänzende Umsätze.
11. Deine gestrigen Notizen enthalten nach meinen bisherigen Eindrücken viele schwere Irrtümer.

20

Maskulin sind: der Rhein, der Neckar, der Main, der Inn.

Heidelberg? – Am Neckar. Ich fahre gern an den Nackar.
Bonn? – Am Rhein. Ich fahre gern an den Rhein.
Bremen? – An der Weser. Ich fahre gern an die Weser.
Dresden? – An der Elbe. Ich fahre gern an die Elbe.
Berlin? – An der Spree. Ich fahre gern an die Spree.
Hannover? – An der Leine. Ich fahre gern an die Leine.
Wien? – An der Donau. Ich fahre gern an die Donau.
Frankfurt? – Am Main. Ich fahre gern an den Main.
Frankfurt? – An der Oder. Ich fahre gern an die Oder.
Trier? – An der Mosel. Ich fahre gern an die Mosel.
Halle? – An der Saale. Ich fahre gern an die Saale.
Innsbruck? – Am Inn. Ich fahre gern an den Inn.

22

1. Die Müritz hat die größte Ausdehnung nach dem Bodensee. 2. Hamburg hat die meisten Einwohner nach Berlin. 3. Der Schwarzwald ist das höchste Gebirge nach den Alpen. 4. Fehmarn ist die größte Insel nach Rügen (und Usedom). 5. Die Donau ist innerhalb der deutschen Grenzen der längste Fluß nach dem Rhein. 6. Niedersachsen ist das größte Bundesland nach Bayern.

23

1. wie 2. als 3. wie 4. wie 5. als 6. als 7. wie 8. wie, als 9. als 10. als

S. 290ff.
Abschlußtest Lektionen 4–7

1

1. stehen 2. gestellt 3. steht 4. steht 5. stellen 6. stellt(e)

2

1. zur Folge 2. waren ... nicht in der Lage 3. sofort eine Entscheidung zu treffen. 4. in Kauf nehmen 5. war gerade im Begriff

3

1. überwéisen 2. sich unterhálten 3. áusfüllen 4. téilnehmen 5. überzéugen 6. áuffallen 7. erfüllen 8. sich éinschreiben 9. fórtsetzen

4

1.
a) die Ausbildungsvergütung auch für die Unterrichtszeit zu zahlen.
b) vom Arbeitgeber auch für die Unterrichtszeit zu zahlen.
c) vom Arbeitgeber auch für die Unterrichtszeit gezahlt werden.

2.
a) die Miete am Monatsende überweisen.
b) vom Mieter am Monatsende überwiesen werden.
b) die Miete am Monatsende zu überweisen.

5

1.
a) Der Proletarier konnte ausgetauscht und ersetzt werden.
b) Der Proletarier war austauschbar und ersetzbar.

2.
a) Der Plan war nicht durchführbar.
b) Der Plan ließ sich nicht durchführen.

3.
a) Seine Zukunft konnte nicht eingeschätzt werden.
b) Seine Zukunft ließ sich nicht einschätzen.

4.
a) Wohlstand kann nicht nur materiell gemessen werden.
b) Wohlstand ist nicht nur materiell meßbar.

5.
a) Das Problem der Arbeitslosigkeit kann nach Ansicht der Arbeitgeberverbände nur durch Verzicht auf Lohnerhöhungen gelöst werden.
b) Das Problem der Arbeitslosigkeit läßt sich nach Ansicht der Arbeitgeberverbände nur durch Verzicht auf Lohnerhöhungen lösen.

6

1. Es mangelt an Studienplätzen.
2. Die Wirtschaftskrise führte zu einem Anstieg der Arbeitslosigkeit.
3. Für ihr Studium bewarb sie sich um ein Stipendium in der Bundesrepublik.
4. An seinem Arbeitsplatz galt er als tüchtig und zuverlässig.
5. Griechenland gehört zur Europäischen Gemeinschaft.
6. Viele Vereine und kulturelle Institutionen sind von staatlicher Unterstützung abhängig.
7. Im Reisebüro fragte er nach günstigen Flügen von Paris nach München.
8. Bei ihrem Nachbarn beklagte sie sich über die nächtliche Ruhestörung.
9. Alle waren mit seinem Vorschlag einverstanden.

7

1. dafür 2. davon 3. dazu 4. daran 5. darauf

Auswertung der Zentralen Mittelstufenprüfung

S. 302ff.

Goethe-Institut
Zentrale Mittelstufenprüfung

LESEVERSTEHEN

Lösungsschlüssel

Teil A			*Punkte*
H	–	Erziehung vollzieht sich ...	0,5
E	–	Die Kinder werden größer ...	0,5
D	–	Ein anderes Beispiel für ...	0,5
G	–	Eine andere Studie der Schweizer Psychologen ...	0,5
C	–	Warum ist es für einen Säugling ...	0,5
F	–	Aufschlußreich auch, wie ...	0,5
			erreichbar: 3,0

Teil B (I)

Mindestangabe:

1.	JA	Zeile 13–16	1,0
2.	JA	Zeile 19–21	1,0
3.	NEIN		0,5
4.	NEIN		0,5
5.	JA	Zeile 54–56 (bzw. 16–19)	1,0
6.	NEIN		0,5
7.	NEIN		0,5
8.	JA	Zeile 71–72	1,0
			erreichbar: 6,0

Teil B (II)

1. Wenn die Eltern nicht zuverlässig auf Schreien reagieren, schreien Kinder auch viel, wenn sie älter als sechs Monate sind. / Die prompte Reaktion der Eltern auf Weinen oder Schreien ist für das Baby lebensnotwendig. / Eltern ahmen das Verhalten ihres Babys stärker nach, als dies umgekehrt der Fall ist o. ä. 2,0

2. Sie wurden beim Essen / am Eßtisch / wenn die Familie gemeinsam ißt / und bei den Hausaufgaben / beim Hausaufgabenmachen beobachtet o. ä. 2,0

3. Die Mutter war flexibler / erfolgreicher / geschickter als der Vater. / Die Kinder hatten gegenüber der Mutter ganz andere Verhaltensweisen. / Der Vater war strenger / autoritärer / ungeschickter als die Mutter o. ä. 2,0

erreichbar: 6,0

Teil C (I)

1a, 2c, 3d, 4b, 5b, 6c, 7b, 8c, 9c, 10a

Für jede richtige Lösung: 0,5 Punkte, also insgesamt erreichbar: 5,0

Teil C (II)

Anmerkung: Es soll mit den Worten des Textes geantwortet werden.

1. Erfolgserlebnis   1,0
2. für eine Studie / um zu zeigen, wie sehr der Erziehungsstil der
   Eltern vom Verhalten ihrer Kinder abhängt.   1,0
3. daß jedes Kind seine Mutter, seinen Vater verändert   1,0

                                                           erreichbar: 3,0

Teil C (III)

1. Würden o. ä.   1,0
2. von einem/dem Säugling ausgeübt wird o. ä.   1,0
3. Wenn/Sobald die Kinder selbständiger werden /
   Wenn die Selbständigkeit (der Kinder) zunimmt o. ä.   1,0
4. wenn ... wollen / damit ... können   1,0
5. bestehenden Anordnungen   1,0
6. die Frauen es / das / davon wußten o. ä.   1,0
7. damit es sein Selbstvertrauen aufbauen kann o. ä.   1,0

                                                           erreichbar: 7,0

Berechnung des Gesamtergebnisses:

Teil A .... max. 3 Punkte
Teil B (I) .... max. 6 Punkte
Teil B (II) .... max. 6 Punkte
Teil C (I) .... max. 5 Punkte
Teil C (II) .... max. 3 Punkte
Teil C (III) .... max. 7 Punkte

Gesamtergebnis erreichbar: 30 Punkte

Errechnung der Prädikate:

Punkte		Note
30–28 Punkte	=	sehr gut
27–24 Punkte	=	gut
23–19 Punkte	=	befriedigend
18–15 Punkte	=	ausreichend
*13,5 bzw. 14 Punkte	=	nicht bestanden, ausgleichbar
13– 0 Punkte	=	nicht bestanden

---

* Im Gesamtergebnis werden halbe Punkte – auch bei 13,5 Punkten – auf volle Punkte aufgerundet.

Die Präsentation des Hörverstehens erfolgt in zwei Durchläufen:
1. Text ohne Pausen.
2. Text in Abschnitten noch einmal. Die Abschnitte sind markiert durch *. Für jede zu lösende Aufgabe werden 30 Sek. Zeit zur Beantwortung der entsprechenden Frage benötigt.

Th.: = Thorsten
Spr.: = Sprecherin

Schauspieler, ein Traumberuf?

Spr.: Wie jeden Freitag herzlich willkommen zu unserem Magazin „Treffpunkt". Alle, die gerne Schauspieler werden möchten, sollten jetzt besonders aufpassen. Wir haben nämlich heute als Studiogast einen jungen Schauspieler, der einiges über diesen Traumberuf und über seine Erfahrungen damit erzählen will. Thorsten, stellst du dich mal kurz vor?

Th.: Ja, ich heiße Thorsten Krein, bin jetzt 27 und komme aus Nürnberg. Die letzten drei Jahre bin ich in München auf die Schauspielschule gegangen, und jetzt fange ich an, als Schauspieler zu arbeiten.

Spr.: Wie bist du denn auf die Idee gekommen, daß du Schauspieler werden willst?

Th.: Ich hab' zwar im Gymnasium, in meiner Schulzeit, schon Schultheater gespielt, und das hat Spaß gemacht, aber ich habe nach der Schule nicht den Plan gehabt, Schauspieler zu werden. Ich hab' ganz normal nach der Schule meinen Zivildienst gemacht und dann nachgedacht, was machst du jetzt. Da war ein gewisses Loch, eine Pause, und eigentlich dachte ich eher an eine wissenschaftliche Karriere, also an Soziologie oder Philosophie. Dann hat mich aber in dieser Pause ein Freund angesprochen und hat gefragt, ob ich mich nicht mit ihm vorbereiten möchte, er möchte bei einer Schauspielschule vorsprechen. Das hab' ich dann gemacht. Ich hatte viel Zeit. Wir haben dann unsere drei Rollen, die man braucht für die Aufnahme an einer Schauspielschule, vorbereitet. D. h., wir haben uns gegenseitig angeschaut und korrigiert und dann jeweils auch Ideen dazu eingebracht, wie man das spielen könnte. Da hab' ich mir gedacht, ja also, der will auf die Schauspielschule, und das kannst du eigentlich auch, und dann hab' ich mich auch gleich an einer Schauspielschule beworben und mein Glück versucht.
(* Aufgaben 1a/1b)

Spr.: Und wie war das mit der Aufnahmeprüfung? Hast du denn die Prüfung dann ohne Probleme bestanden?

Th.: Die Aufnahmeprüfung gibt's nicht, es waren zehn Stück, das ist eigentlich so üblich. Es gibt in Deutschland ungefähr zehn große staatliche Schulen, z. B. in München, in Stuttgart, in Hannover, in Berlin, in Frankfurt, um nur einige zu nennen. Und da es für jede Schule, für jedes Jahr, 600 bis 800 Bewerber pro Schule gibt und da nur 10 bis 15 für jeden Jahrgang genommen werden, kann man sich ausrechnen, daß man eigentlich an allen Schulen vorsprechen muß, um die Chance zu haben, einen von diesen wenigen Plätzen zu ergattern.
(* Aufgabe 2)

Spr.: Ja und was passiert dann, wenn man endlich glücklicherweise an einer dieser staatlichen Schauspielschulen aufgenommen worden ist? Was erlebt man denn da?

Th.: Ja, dann geht der Streß erst mal weiter, weil dann das Probehalbjahr kommt, also man ist erst mal auf Probe da. Vielleicht fliegt man nach einem halben Jahr wieder raus. In meiner Klasse ist das vier von 14 passiert. Das ist ein ziemlicher Druck. Und man ist in einer fremden Stadt, mit zehn anderen Kollegen in der Klasse zusammengewürfelt, ein Haufen von Leuten, die alle sehr selbstbewußt, sehr stark auftreten. Und die sind jetzt plötzlich zusammen und müssen ihre Rivalitätskämpfe austragen. Das kann sich positiv auswirken, ganz oft aber auch negativ. Im ersten halben Jahr wird an der Schauspielschule sehr viel improvisiert, d. h., man arbeitet ohne festen Text, soll z. B. Gefühle wie Eifersucht darstellen oder ein Tier spielen. Die Idee dahinter ist, daß man sich durch Improvisation und Körpertraining selber kennenlernen soll, Barrieren und Hemmungen abbauen soll. Und das ist natürlich auch ein psychischer, ein sehr extremer Vorgang. Und das kann sehr positiv sein, aber manche Leute sind dann auch wirklich ziemlich verschreckt, und erst mal verschwindet das, was ihr Talent ausgemacht hat, plötzlich völlig. Dann kommt aber nebenbei viel Neues, das ist immer ganz aufregend, so Sachen, die man früher vielleicht gar nicht so gemacht hat, also Tanzen, Gesang und Sprechausbildung. Das ist schön und spannend, wenn man den eigenen Körper, die eigene Stimme ausprobiert und erfährt. Das ist eine wirkliche Selbsterfahrung.
(* Aufgaben 3/4a/4b)

Spr.: Und wie lange dauert die Ausbildung insgesamt? Gibt es so was wie einen Studienplan?
Th.: Also, die Ausbildung ist jetzt, weil die staatlichen Schulen Hochschulen sind, Akademiestatus haben, vier Jahre. Um 'ne richtige Hochschulausbildung zu haben, muß man mindestens vier Jahre studiert haben. Die Ausbildung ist unterteilt. Im ersten Jahr wird – wie gesagt – viel improvisiert und nur langsam an die Rollenarbeit gegangen, im zweiten Jahr wird schon Rollenarbeit gemacht, d. h., es werden Rollen einstudiert, es werden auch schon kleine Projekte am Ende des zweiten Jahres aufgeführt, und im dritten Jahr bereitet man sich eben eigentlich auf den Abschluß vor. Man arbeitet Rollen, mit denen man dann auch vorsprechen kann, Monologe, Dialoge. Am Ende des dritten Jahres ist das Intendantenvorsprechen, es kommen Intendanten, also Theaterdirektoren, und auch Regisseure und schauen sich die Schauspielschüler an, die Rollen und Szenen spielen. Da werden Verträge für die nächste Spielzeit, d. h. für das nächste Jahr gemacht. Dann hat man auch noch dieses vierte Jahr, in dem man auch ein bißchen Geld bekommt, also quasi so ein Auffangjahr. Entweder man hat da ein Engagement, oder, wenn man nichts hat, kann man weitere Rollen arbeiten. Also drei Jahre die eigentliche Ausbildung, vier Jahre die gesamte Ausbildung.
(* Aufgaben 5a/5b/6)

Spr.: Und was heißt das, man arbeitet Rollen? Was tut man, wenn man so einen Text vor sich hat und jetzt da einen Menschen darstellen muß? Ist das Auswendiglernen, das Gedächtnis das wichtigste oder was sonst?
Th.: Das ist natürlich wirklich sehr schwer zu erklären. Die Gedächtnisleistung ist natürlich eine, sie ist aber auch keine, weil man arbeitet die Rollen wochenlang intensiv mit Regisseuren und anderen Schauspielern. Und Arbeiten an der Rolle heißt, daß man sich erst mal klarzuwerden versucht, was ist überhaupt die Situation, was passiert da, wer ist der Mensch, den ich spielen soll, also welche Gefühle werden da frei. Nachdem das geklärt ist, versucht man das eben durch bestimmte Gänge, durch bestimmte Stellungen, durch gewisse Gesten, durch ein gewisses Verhalten deutlich zu machen, also zu übersetzen. Das ist der rein äußerliche Vorgang. Was ein Schauspieler macht, um konkret die Emo-

tionen und die Situation dann spielen zu können, das ist nun ganz unmöglich zu erklären, und das ist eben das Talent oder das spezifische Geheimnis eines jeden Schauspielers, wie der das herbringt, so daß man ihm das abnimmt und man das glauben kann. Jeder Satz ist mit einer gewissen Emotion verbunden, es geht um ein emotionales Gedächtnis. Ich versuche also, die Gefühle der Reihe nach hervorzurufen, und dazu gehört dann auch der Text. Und so ist dieser Text nicht nur gelernt und im Kopf verankert, sondern er ist im ganzen Körper verankert. Das ist schwer zu erklären, wenn man das nicht selber schon mal gemacht hat.

(* Aufgabe 7)

Spr.: Wie geht es nun für dich nach der Schauspielschule weiter?

Th.: Ich hab' jetzt erst mal in München hier in einer kleinen, freien Gruppe in einem Privattheater eine Produktion gemacht. In so einer Gruppe bekommt man kein festes Gehalt, sondern es gibt Prozente von den Einnahmen. Nach dieser Produktion habe ich einen Anschlußvertrag, einen Vertrag für ein Stück am Mainzer Staatstheater, der geht bis zum Ende der Spielzeit. Und dann hoffe ich, daß ich für die nächsten zwei Jahre einen Anfängervertrag an einem städtischen oder staatlichen Theater bekommen werde.

Spr.: Ist dein Weg typisch für einen angehenden Schauspieler, wenn du so deine Kollegen anguckst?

Th.: Es gibt ganz verschiedene Wege. Von unserem Jahrgang, also zehn Leuten, um da ein Beispiel zu nennen, haben vier bis jetzt ein festes Engagement, zwei davon an einem großen Theater, einer am Berliner Schiller-Theater und eine an den Münchner Kammerspielen. Weitere vier werden noch eins finden an einem kleineren Ort, also nennen wir z. B. hier als kleinere Theater Kassel, Mainz, Bielefeld. Wenn man Pech hat, wird es auch ein ganz kleiner Ort wie Celle oder Bruchsal. Da will niemand so gerne hin. Und dann werden vielleicht zwei erst mal keine feste Anstellung bekommen und müssen sich entweder mit Funkaufnahmen beim Rundfunk oder mit kleineren Fernsehgeschichten oder mit Arbeiten in freien Gruppen über Wasser halten. Vielleicht müssen sie auch mal was Berufsfremdes machen und sich dann entscheiden, ja, machen wir das weiter, halten wir das durch, warten wir darauf, daß es noch klappt. Oder hören wir damit auf und fangen jetzt einfach was anderes an.

(* Aufgabe 8)

Spr.: Hast du schon Pläne für deine weitere Zukunft? Was möchtest du in den nächsten fünf Jahren so machen?

Th.: Natürlich mach' ich mir Gedanken. Eine realistische Karriereplanung sieht etwa so aus: Zuerst ein mittleres Stadttheater, so in Städten wie Wiesbaden oder Hannover. Das ist der eigentliche Traum von jedem. Ich kann mir sagen, es ist nicht zu schlecht und 'ne Möglichkeit weiterzukommen. Wenn ich Glück habe, schaffe ich nach, sagen wir, zwei Jahren Hannover, dann zwei Jahren Kassel, den Sprung an ein großes Theater wie Hamburg, München, Bochum oder Berlin. Man darf nicht zu lange an einem Ort bleiben.

Spr.: Ja, wie ist denn das, wenn man erst zwei Jahre in Wiesbaden ist und dann zwei Jahre in Kassel und dann, so Gott will, zwei Jahre in Berlin, wie ist denn das mit dem Privatleben? Kann man eine feste Beziehung haben, und wie steht das mit dem Freundeskreis?

Th.: Ja, Privatleben. Also, es ist ja so, daß eigentlich schon in der Schauspielschule die meisten alten Freunde wegfallen. Man ist in einer anderen Stadt, man befindet sich in einem radikalen Umbruch, und viele sagen, wie hast du dich denn verändert. Also es gibt ja ganz wenige Leute, die wirklich bereit sind, die ausschließliche Beschäftigung mit sich selbst, die für viele Schauspieler typisch ist, zu akzeptieren. Viele sagen: Also der ist mir zu abgehoben, du bist nur auf dich fixiert, du bist egozentrisch. Die da mitmachen, das sind dann wirklich schon gute Freunde oder eben die große Liebe. Natürlich kommt nach der Schule das nächste Problem, weil man in der Tat in den ersten Jahren häufig umziehen muß. Aber, das ist natürlich die Frage, inwieweit kann da jetzt der Partner zurückstecken. Meistens haben beide eben ihre Berufe, und das zu koordinieren ist schwer. Ich glaube, daß aus diesem Grund heraus ganz viele Inzuchtbeziehungen bestehen, d. h., es haben ganz viele Schauspieler mit einer Kollegin, einem Kollegen eine Beziehung. Da beide um dieses Problem wissen, glauben sie also, dafür eben mehr Verständnis zu haben. Nur diese Versuche scheitern auch ganz häufig, weil dann eben zwei so extreme Leute zusammen sind, die sich auch extrem selbst verwirklichen wollen. Und lange Zeit ist das schwer zu halten.

(* Aufgaben 9/10)

Spr.: Über das Geld haben wir jetzt noch gar nicht geredet. Was verdient man denn so als Anfänger?

Th.: Als Anfänger ist es so, daß in Deutschland von Theater zu Theater verschieden zwischen 2200 und 2800 brutto gezahlt wird. Das ist nicht viel. Es ist ziemlich wenig, also wenn man so andere Anfängergehälter sieht, ist das ganz minimal. Das sind nun Stadttheater, da kommt nicht jeder rein. Wenn man in freien Theatergruppen arbeiten muß, z. B. in München gibt es ganz viele kleine Theater, da verdient man z. B. für die Proben ganz häufig gar nichts. Da spielt man abends auf Beteiligung, und das bedeutet, daß man ja am Abend auch mal nur 30,– Mark verdient, wenn wenige Zuschauer kommen. Davon kann man nun überhaupt nicht leben, deswegen muß man was anderes nebenher machen, man muß jobben. Später kann man dann schon mehr verdienen, aber reich wird dabei fast niemand. Schauspieler ist ein toller, schlechtbezahlter Beruf. Das muß man wissen.

(* Aufgabe 11)

Spr.: Uns hören jetzt sicher einige zu, die auch gern Schauspieler werden möchten. Und die wollen bestimmt wissen, woran man erkennt, ob man begabt ist. Anders gefragt: Was ist eigentlich schauspielerisches Talent, und was muß ein Schauspieler sonst noch so mitbringen?

Th.: Also, man kann es nicht erkennen, ob man begabt ist. Ich glaube, niemand kann das erkennen. Also, man hat vielleicht Erfolge aus den Schulaufführungen usw. Das ist aber oft ganz persönlich gefärbt und hat eben mit Talent, das man als Schauspieler braucht, auch wenig zu tun. Tja, Talent, was ist das? Man hat es oder eben nicht. Ja, was braucht man: eine wahnsinnige Konstitution, also eine unheimliche Kraft, was auszuhalten, weil man kriegt oft Kritik zu hören: Das ist schlecht, was du da machst, es ist ganz schlecht, das kannst du so nicht machen. Damit muß man leben. Was man aber, glaube ich, vor allen Dingen braucht, und das kann man ja an sich selbst ablesen, ist, ob man das wirklich will, ob man diesen Wunsch hat, und der sollte wahrscheinlich aufgrund der Schwierigkeiten und auch der ganzen Widrigkeiten, die es mit sich bringt, ein sehr totaler sein. Also, die ganzen Träume, die man damit verbindet, gehen dann doch nur bei einem ganz geringen Prozentsatz von Leuten in Erfüllung, und der Rest, ja, der muß eben irgendwo auch ein Gaukler sein oder ein Komödiant, also, das muß einem Spaß machen. Und es gibt noch etwas ganz Wichtiges für Schauspieler: Das sind Fleiß und Disziplin. Talent allein genügt nicht.

Spr.: Tja, auch der Traumberuf Schauspieler ist also harte Arbeit, noch dazu schlecht bezahlt. Thorsten, du hast sicher viele Illusionen zerstört, aber uns wirklich gut informiert. Herzlichen Dank! Nun aber wieder Musik. (* Aufgabe 12)

(Goethe-Institut, Ref. 43, München)

HÖRVERSTEHEN

Lösungsschlüssel *Punkte*

1. a) (Es hatte) eine geringe Bedeutung / wenig Bedeutung. / Es hat Spaß gemacht o. ä. — 2,0

   b) (Er hatte) eine große Bedeutung. / Thorsten hat sich mit ihm auf die Schauspielschule vorbereitet. / Thorsten hat bei der gemeinsamen Vorbereitung auf die Schauspielschule gemerkt, daß er Schauspieler werden will o. ä. — 2,0

2. Es gibt viele Bewerber und wenige Plätze. / Von 600 bis 800 Bewerbern werden nur 10 bis 15 an jeder Schule genommen. / Pro Schule gibt es 600 bis 800 Bewerber und nur 10 bis 15 Plätze o. ä. — 2,0

3. Das erste halbe Jahr ist / die ersten sechs Monate sind das / ein Probehalbjahr / eine Probezeit. / Man ist auf Probe da. / Man kann wieder rausfliegen / rausgeworfen werden o. ä. — 2,0

4. a) Es gibt Rivalitätskämpfe. / Es gibt Probleme, weil alle sehr selbstbewußt sind o. ä. — 2,0

   b) Es wird viel improvisiert / man arbeitet ohne festen Text. / (Durch) Improvisation und Körpertraining (sollen Hemmungen abgebaut werden.) / (Man lernt Fächer wie) Tanzen, Gesang und Sprechausbildung. / Der Unterricht ist eine Selbsterfahrung o. ä. — 2,0

5. a) Es werden Rollen (ein)studiert und kleine Projekte aufgeführt. / Rollenarbeit und kleine Projekte (sind die Schwerpunkte) o. ä. — 2,0

   b) Man (er)arbeitet Rollen / Monologe und Dialoge für den Abschluß / für das Intendantenvorsprechen /, um einen Vertrag für nächstes Jahr zu bekommen o. ä. — 2,0

6. (Das vierte Jahr) ist ein Auffangjahr. / Man bekommt etwas Geld. / Man hat entweder ein Engagement / einen Vertrag / eine Arbeit, oder man (er)arbeitet weiter Rollen o. ä. — 2,0

7. Sie ist eine und (auch) keine. / Es geht um ein emotionales Gedächtnis. / Der Text ist im (ganzen) Körper verankert o. ä. — 2,0

8. Die einen haben ein (festes) Engagement / einen (festen) Vertrag an einem großen Theater. / Andere an einem kleinen Theater. / Einige arbeiten in freien Gruppen / Privattheatern. / Manche / einige haben keine feste Anstellung / Stellung / müssen bei Funk und Fernsehen (frei) arbeiten. / Wenige / manche müssen etwas anderes / etwas Berufsfremdes machen / aufhören o. ä. — 2,0

9. Zuerst will er an mittleren (Stadt)theatern arbeiten und dann an einem großen Theater. / Er will / darf nicht (zu) lange an einem Ort bleiben. / Er will / muß öfters das Theater (und den Ort) wechseln o. ä.   2,0

10. Die (meisten) alten Freunde fallen weg. / Den meisten Menschen sind Schauspieler zu egozentrisch / auf sich bezogen. / Das häufige Umziehen / der häufige Wechsel ist für Beziehungen schlecht / problematisch. / Viele Schauspieler haben eine Beziehung mit einem Kollegen / einer Kollegin. / Beziehungen zwischen Schauspielern sind schwierig (, weil beide egozentrisch sind) o. ä.   2,0

11. Sie bekommen nur eine Beteiligung. / Sie verdienen so schlecht, daß sie nebenher / nebenbei jobben / etwas anderes machen müssen o. ä.   2,0

12. (Man braucht) Talent / Begabung, eine (sehr) gute Konstitution / viel / eine unheimliche Kraft /, den starken Wunsch, Schauspieler zu sein /, Fleiß /, Disziplin o. ä.   2,0

erreichbar: 30,0

Zur Bewertung

Rechtschreibfehler und geringe formale Schwächen bleiben unberücksichtigt. Die jeweiligen Punkte werden jedoch nur vergeben, wenn das Verständnis der Antwort trotz eventueller Formfehler gewährleistet ist.

Als richtig gilt jede Antwort, die die im Lösungsschlüssel vorgeschlagene(n) dem Sinne nach trifft. Die im Lösungsschlüssel angegebenen Möglichkeiten sind Alternativen, die Angabe einer Antwort gilt auch dann als ausreichend, wenn die Frage im Plural formuliert ist. (Ausnahme: Wenn ausdrücklich mehr als eine Antwort, Angabe etc. verlangt wird!)

Gesamtergebnis

30–28 Punkte = sehr gut
27–24 Punkte = gut
23–19 Punkte = befriedigend
18–15 Punkte = ausreichend
13,5 bzw. 14 Punkte = nicht bestanden, ausgleichbar*
13– 0 Punkte = nicht bestanden

* Im Gesamtergebnis werden halbe Punkte – auch bei 13,5 Punkten – auf volle Punkte aufgerundet.

Aufbau Ihres Verb-Wörterbuchs

Lernen Sie täglich einige Verben.

Die mit einem Stern * gekennzeichneten Sätze werden in der Umgangssprache gebraucht.
Einige Partizip II-Formen werden als Adjektiv gebraucht. Sie sind mit dem Hinweis (= Adj.) gekennzeichnet.

A

abbauen – baute ab – hat abgebaut
1. Im Ruhrgebiet wird Steinkohle _____ .
2. Die Marktfrau hat ihr_____ Stand abgebaut.
3. Der Alkohol wird in d_____ Leber abgebaut.
4. Kevin _____ beim Marathonlauf abgebaut.

abbeißen – biß ab – hat abgebissen
1. Sie biß ein Stück v_____ Kuchen ab.
2. Er beißt _____ Stück von der Banane ab.

abberufen – berief ab – hat abberufen
Der Diplomat wurde _____ seinem Posten abberufen.

abbiegen – bog ab – hat/ist abgebogen
1. Der Radfahrer _____ nach rechts abgebogen.
2. Müller _____ in letzter Minute die Niederlage abbiegen können.

abbrechen (bricht ab) – brach ab – hat/ist abgebrochen
1. Das Kind hat einen Zweig vom Baum _____ .
2. Die Pioniere haben d_____ Zeltlager abgebrochen.
3. Die Baufirma brach d_____ Betonmauer ab.
4. Sie hat s_____ einen Schokoladenriegel abgebrochen.
5. Man hat d_____ Friedensverhandlungen erfolglos abgebrochen.
6. Als es klingelte, brach er mitten _____ Satz ab.
7. Mein_____ Tanzpartnerin ist der Absatz abgebrochen.
8. Er hat all_____ Brücken hinter sich abgebrochen.

abbrennen – brannte ab – ist abgebrannt
1. Bei dem Gewitter _____ zwei Bauernhöfe abgebrannt.
2. Keinen Pfennig in der Tasche! Ich _____ völlig abgebrannt!* (= Adj.)

abbringen – brachte ab – hat abgebracht
Nur mit Mühe haben wir ihn _____ seinem Plan abgebracht.

aberkennen – erkannte ab – hat aberkannt

Der Doktortitel wurde d_____ Betrüger aberkannt.

abfahren (fährt ab) – fuhr ab – hat/ist abgefahren

1. Der Bus _____ von der Haltestelle abgefahren.
2. Der LKW _____ ihm ein Bein abgefahren.
3. Die Reifen des Rennwagens _____ völlig abgefahren.

abfinden – fand ab – hat abgefunden

1. Die Firma hat alle entlassen_____ Kollegen abgefunden.
2. Sie hat sich nicht _____ ihrer Rolle als Hausfrau abgefunden.

abfliegen – flog ab – ist abgeflogen

1. Die Zugvögel _____ im Herbst abgeflogen.
2. Die Radkappe ist ihm auf der Autobahn _____.

abführen – führte ab – hat abgeführt

1. Man führte d_____ Spion in Handschellen ab.
2. Er führt die Gewerbesteuer _____ die Gemeinde ab.
3. Ihre Zwischenfrage führt _____ meinem Thema ab.
4. Das Medikament hat eine stark abführend_____ Wirkung.

abgeben (gibt ab) – gab ab – hat abgegeben

1. Gib dein_____ Bruder ein Stück Torte ab!
2. Wilfried muß sein Geld an sein_____ Frau abgeben.
3. Die Abgeordneten geben _____ Stimme ab.
4. Er gibt seine Stimme _____ seinen Lieblingskandidaten ab.
5. Der Kritiker gab ein vernichtendes Urteil _____ das Stück ab.
6. Bei seinem Charakter gibt er _____ guten Präsidenten ab.
7. Meine kleine Tochter gibt sich nicht gern _____ Jungen ab.

abgewöhnen – gewöhnte ab – hat abgewöhnt

1. Man sollte _____ das Rauchen abgewöhnen.
2. Der Lehrer gewöhnt sein_____ Schülern die Aussprachefehler ab.

abhalten (hält ab) – hielt ab – hat abgehalten

1. Das Dach hält d_____ Regen ab.
2. Halt mich bitte nicht _____ meiner Arbeit ab!
3. Die Versammlung wurde im Freien _____.

abhängen – hing ab – hängte ab – hat abgehangen – hat abgehängt

1. Die Wetterentwicklung hängt _____ vielerlei Faktoren ab.
2. Sein Leben _____ davon ab, daß er eine Bluttransfusion bekam.
3. Mit dem Porsche hat Patrick alle anderen Autos _____.
4. Hast du die Bettwäsche _____ der Leine abgehängt?

abhauen – hieb ab – hat abgehauen
        haute ab – ist abgehauen
1. Sie haben d_____ jungen Weihnachtsbäume abgehauen.
2. Er hieb die kleineren Äste _____ Baum ab.
3. Die Handwerker hauten den alten Putz _____ den Wänden ab.
4. Der Junge ist _____ zu Hause abgehauen.*

abhärten – härtete ab – hat abgehärtet
Eine Sauna härtet _____ Erkältungen ab.

abheben – hob ab – hat abgehoben
1. _____ mal den Deckel vom Topf ab!
2. Der Jumbojet hob _____ Boden ab.
3. Ich möchte gern 100 DM _____ meinem Konto abheben.

abholen – holte ab – hat abgeholt
Holen Sie bitte unser_____ Gast vom Flughafen ab!

abklingen – klang ab – ist abgeklungen
Die Entzündung _____ abgeklungen.

abkommen – kam ab – ist abgekommen
Rotkäppchen kam _____ rechten Weg ab.

abladen (lädt ab) – lud ab – hat abgeladen
1. Er hat d_____ schwere Kiste vom LKW abgeladen.
2. Er hat die Schuld immer _____ seine Kollegen abgeladen.

ablassen (läßt ab) – ließ ab – hat abgelassen
1. Er hat das Badewasser _____.
2. Er konnte nicht _____ seiner verrückten Idee ablassen.

ablegen – legte ab – hat abgelegt
1. Er legte d_____ Mantel ab.
2. Meine Sekretärin hat d_____ Akte bereits abgelegt.
3. Pedro wollte die Zentrale Mittelstufenprüfung _____.
4. Er legte seine Gewohnheit ab, nach dem Essen _____ rauchen.

ablehnen – lehnte ab – hat abgelehnt
1. Der Verletzte lehnte jed_____ Hilfe ab.
2. Raphael lehnte _____ ab, daß man ihm half.
3. Er lehnte es ab, mir _____ helfen.

ablenken – lenkte ab – hat abgelenkt
Er hat seine Mitschüler _____ Zuhören abgelenkt.

ablesen (liest ab) – las ab – hat abgelesen
1. Die Krankenschwester liest d_____ Thermometer ab.
2. Er liest die Ankunftszeiten _____ Fahrplan ab.
3. Er liest seiner Liebsten jeden Wunsch _____ den Augen ab.

abmachen – machte ab – hat abgemacht

1. Mach das Preisschild _____ dem Geschenk für Mama ab!
2. Wir haben abgemacht, _____ du heute spülst.
3. Wir haben abgemacht, uns morgen _____ treffen.

abmelden – meldete ab – hat abgemeldet

1. Er hat _____ beim Chef abgemeldet, bevor er ging.
2. Ich habe meinen Sohn wieder vom Gymnasium _____.

abmessen (mißt ab) – maß ab – hat abgemessen

Er hat die Entfernung _____ einem Bandmaß abgemessen.

abnehmen (nimmt ab) – nahm ab – hat abgenommen

1. Nimm den Deckel _____ Topf ab!
2. Er nimmt wie ein Gentleman seinen Hut _____ ihr ab.
3. Der Chirurg _____ ihm sein Raucherbein abgenommen.
4. Sie hat mit der Diät nur ein halb_____ Kilo abgenommen.
5. Die Inflation hat _____ ein paar Prozent abgenommen.
6. Das Gehirn nimmt oft im Alter _____ Leistung ab.
7. Der TÜV nimmt viel_____ technisch_____ Anlagen ab.
8. Der Richter nahm _____ Dieb seine Ausrede nicht ab.
9. Er nahm ihm nicht ab, _____ er das Geld gefunden hatte.

abordnen – ordnete ab – hat abgeordnet

Er hat den Soldaten _____ Schreibdienst abgeordnet.

abpassen (paßt ab) – paßte ab – hat abgepaßt

1. Der Taschendieb paßte d_____ günstigst_____ Moment ab.
2. Er paßte seinen Klassenkameraden ab, um ihn _____ erschrecken.

abraten (rät ab) – riet ab – hat abgeraten

Ich habe dir immer _____ Trampen abgeraten.

abreißen – riß ab – hat/ist abgerissen

1. Sie reißt d_____ Bindfaden ab.
2. Der Arzt riß d_____ Pflaster ab.
3. Die Bauarbeiter reißen d_____ alte Gebäude ab.
4. Dein Mantelknopf _____ abgerissen.
5. Die Funkverbindung zu dem Piloten _____ abgerissen.
6. Viele Kontakte _____ ihren früheren Freunden sind abgerissen.
7. Der Besucherstrom zu der Ausstellung reißt nicht _____ .
8. Keine Angst, man wird d_____ nicht den Kopf abreißen!*

absagen – sagte ab – hat abgesagt

1. Ich hatte keine Zeit und habe d_____ Arzt absagen müssen.
2. Ich habe d_____ Termin abgesagt.

abschaffen – schaffte ab – hat abgeschafft

1. Wegen der Allergie hat sie ihr_____ Katze abschaffen müssen.
2. In vielen Ländern hat man d_____ Todesstrafe abgeschafft.

abschalten – schaltete ab – hat abgeschaltet
1. Sie hat d——— Motor abgeschaltet.
2. Im Urlaub will ich nur eins: mal richtig ————————————!*

abschießen – schoß ab – hat abgeschossen
1. Der Indianer schießt ein——— Pfeil ab.
2. Die Luftabwehr hat d——— Hubschrauber abgeschossen.
3. Man hat ihm im Krieg ein——— Arm abgeschossen.
4. Mit seinem Faschingskostüm hat er d——— Vogel abgeschossen.

abschirmen – schirmte ab – hat abgeschirmt
Man schirmte ihn ——————— den neugierigen Reportern ab.

abschlagen (schlägt ab) – schlug ab – hat abgeschlagen
1. Er konnte seiner Tochter kein——— Bitte abschlagen.
2. Man hat ihm mit dem Schwert d——— Kopf abgeschlagen.
3. Die Maurer schlugen d——— Putz von der Fassade ab.
4. All——— anderen Marathonläufer waren weit abgeschlagen. (= Adj.)

abschleppen – schleppte ab – hat abgeschleppt
1. Der Abschleppwagen schleppt d——— PKW ab.
2. Ich will mich nicht ————— den schweren Paketen abschleppen.

abschließen – schloß ab – hat abgeschlossen
1. Schließ d——— Wohnung ab, bevor du gehst!
2. Er schloß den Mietvertrag ————— seinem Vermieter ab.
3. Er hat seine Meisterprüfung ————— gut——— Erfolg abgeschlossen.

abschmieren – schmierte ab – hat abgeschmiert
Der Mechaniker hat ————— Wagen abgeschmiert.

abschneiden – schnitt ab – hat abgeschnitten
1. Er schneidet ein——— Zweig vom Baum ab.
2. Von dem könntest du dir mal 'ne Scheibe ————————!*

abschreiben – schrieb ab – hat abgeschrieben
1. Der Schüler schreibt d——— Gedicht ab.
2. Er hat bei sein——— Examen abgeschrieben.
3. Die Rechenaufgabe war von seinem Nachbarn ———————.
4. Sie können d——— Investitionen steuerlich abschreiben.
5. Sie kann uns nicht besuchen und hat uns ———————.
6. Sie hatte d——— gestohlene Armband längst abgeschrieben.
7. Das Druckerfarbband hat s——— schnell abgeschrieben.

abschweifen – schweifte ab – ist abgeschweift
Der Professor ist häufig ————— Thema abgeschweift.

absehen (sieht ab) – sah ab – hat abgesehen
Der Richter sah ————— der Bestrafung des Jugendlichen ab.

absenden – sandte ab – hat abgesandt
Sie hat den Brief per Expreß ————— uns abgesandt.

abspalten – spaltete ab – hat abgespalten (abgespaltet)
1. Er hat mit der Axt ein——— Zweig von der Tanne abgespalten.
2. Der radikale Flügel der Partei hat s——— abgespalten.

abspringen – sprang ab – ist abgesprungen
1. Der Tramper sprang von d——— LKW ab.
2. Der Skispringer springt ————— der Sprungschanze ab.
3. Der Pilot ist ————— dem Fallschirm abgesprungen.
4. Der Hochspringer sprang ————— dem rechten Bein ab.
5. Ihm ist die Kette ————— Fahrrad abgesprungen.
6. Der Kaufinteressent ————— leider wieder abgesprungen.

abstammen – stammte ab – hat abgestammt
Stammt der Mensch ————— Affen ab?

absteigen – stieg ab – ist abgestiegen
1. Er ist ————— Rad abgestiegen.
2. Die Bergsteiger sind ————— Gipfel abgestiegen.
3. Die Fußballmannschaft ————— durch die Niederlage abgestiegen.
4. Er ist ————— einem drittklassigen Hotel abgestiegen.

abstimmen – stimmte ab – hat abgestimmt
1. Die Männer haben abgestimmt, was ————— tun sei.
2. Der Bundestag stimmte über d——— Gesetzesvorlage ab.
3. Armin stimmte sein Funkgerät ————— die richtige Frequenz ab.
4. Die gemeinsame Erklärung wurde ————— dem Partner abgestimmt.

abstoßen (stößt ab) – stieß ab – hat abgestoßen
1. Der Torwart stößt d——— Ball ab.
2. Er hat das Segelboot ————— Ufer abgestoßen.
3. Der Regenmantel stößt Wasser ————— .
4. Er stößt sich ————— beiden Füßen ab.
5. Gleiche magnetische Pole stoßen s——— ab.
6. Aggressive Menschen stoßen m——— ab.
7. Ich habe mein altes Auto billig ————————————.*

abstreiten – stritt ab – hat abgestritten
1. Sie streitet jed——— Schuld an dem Unfall ab.
2. Er hat ————————————, dabei gewesen zu sein.

abtreiben – trieb ab – hat/ist abgetrieben
1. Die Frau ————— aus einer Notlage heraus abgetrieben.
2. Das Floß ————— vom Ufer abgetrieben.

abtreten (tritt ab) – trat ab – hat/ist abgetreten
1. Er _____ sich wieder mal nicht die Schuhe abgetreten.
2. Der Grafiker trat seine Rechte _____ den Verlag ab.
3. Sie trat ihr_____ Platz an mich ab.
4. Der Innenminister _____ von der politischen Bühne abgetreten.

abtrocknen – trocknete ab – hat abgetrocknet
1. Ich habe das Geschirr _____.
2. Sie trocknet ihr_____ Kind die Tränen ab.
3. Das Kind trocknet _____ nach dem Bad selbst ab.

abwarten – wartete ab – hat abgewartet
1. Er wartet _____ Ablauf des Ultimatums ab.
2. Wir warten ab, _____ sich das Wetter bessert.
3. Abwarten und Tee _____!*

abwaschen (wäscht ab) – wusch ab – hat abgewaschen
1. Mutter wusch d_____ Geschirr ab.
2. Das Geschirr _____ abgewaschen.
3. Er hat sich den Schmutz _____ Gesicht abgewaschen.

abwehren – wehrte ab – hat abgewehrt
1. Die Regierung wehrte d_____ Vorwürfe der Opposition ab.
2. Man wehrte ein Verbrechen _____ ihm ab.

abweichen – wich ab – ist abgewichen
1. Das Flugzeug _____ vom vorgeschriebenen Kurs abgewichen.
2. Der zweite Vertrag _____ im Wortlaut von dem ersten ab.
3. Dein Aufsatz ist leider zu sehr vom Thema _____.
4. Man sollte nie _____ seinen Prinzipien abweichen.

abweisen – wies ab – hat abgewiesen
1. Die Bettlerin wurde an der Tür _____.
2. Hartmut hatte ihr_____ Bitte um etwas Geld abgewiesen.

abwenden – wendete ab – hat abgewendet
            wandte ab – hat abgewandt
1. Sie wandte ihr_____ Blick ab.
2. Als er seinen Vorgesetzten sah, _____ er sich schnell ab.
3. Sie hat sich innerlich von ihr_____ Mann abgewandt.
4. Man hat gerade noch ein_____ Katastrophe abgewendet.
5. Die Gefahr ist _____.

abzählen – zählte ab – hat abgezählt
1. Die Verkäuferin _____ das Kleingeld genau abgezählt.
2. Klar! Das kannst du dir _____ den fünf Fingern abzählen!*

abziehen – zog ab – hat/ist abgezogen
1. Der General _____ seine Truppen abgezogen.
2. Die Soldaten _____ abgezogen.
3. Er hatte vergessen, den Schlüssel _____.
4. Mutter will noch d____ Bettbezug abziehen.
5. Ich habe das Foto noch einmal für dich _____ lassen.
6. Die Steuern werden _____ Lohn automatisch abgezogen.

abzielen – zielte ab – hat abgezielt
Die Maßnahme zielte _____ eine Bekämpfung der Inflation ab.

achten – achtete – hat geachtet
1. Man sollte alt_____ Traditionen achten.
2. Sylvia achtet _____ ihre Figur.
3. Sie achtet dar_____ , _____ ihre Kinder höflich sind.
4. Er hat nicht darauf geachtet, _____ es teuer oder billig war.
5. Martin achtet darauf, modische Anzüge _____ tragen.

achtgeben (gibt acht) – gab acht – hat achtgegeben
Sie mußte immer _____ ihre kleine Schwester achtgeben.

adressieren – adressierte – hat adressiert
1. Ich adressiere d_____ Päckchen.
2. Den Brief hatte man _____ mich adressiert.

ähneln – ähnelte – hat geähnelt
1. Er ähnelt sein_____ Großvater.
2. Die Zwillinge ähneln s_____ stark.

amüsieren – amüsierte – hat amüsiert
Wir haben uns köstlich _____ seine Witze amüsiert.

anbauen – baute an – hat angebaut
1. Der Hausbesitzer hat ein_____ Balkon angebaut.
2. Es lohnt sich für die Bauern, Zuckerrüben _____.

anbieten – bot an – hat angeboten
1. Man hat _____ eine Beförderung angeboten.
2. Man bietet mir an, eine neue Aufgabe _____ übernehmen.
3. Man hat mir angeboten, _____ ich Abteilungsleiter werde.
4. Der Händler bietet die Ware _____ halben Preis an.

anbrechen (bricht an) – brach an – hat/ist angebrochen
1. Er _____ die Weinflasche schon angebrochen.
2. Eine neue Zeit _____ angebrochen.
3. Was machen wir mit dem angebrochen_____ Abend? (= Adj.)

anbrennen – brannte an – hat/ist angebrannt
1. Er hat sein_____ Zigarre mit einem Geldschein angebrannt.
2. Die Holzkohle _____ endlich angebrannt.
3. Hier stinkt's so! Ist das Essen _____?

ändern – änderte – hat geändert
1. Man kann ein_____ Erwachsenen nur schwer ändern.
2. Kann man etwas dar_____ ändern, wenn man Alkoholiker ist?
3. _____ ändert nichts, wie auch immer die Wahlen ausgehen.
4. Die Zeiten ändern _____ schnell.
5. _____ seinem Krankheitszustand hat sich nichts geändert.

androhen – drohte an – hat angedroht
1. Sie drohte an, ihre Koffer _____ packen.
2. Das Gericht drohte dem Beklagt_____ eine Geldbuße an.

anerkennen – erkannte an – hat anerkannt
1. Man hat sein_____ Leistungen anerkannt.
2. Er wurde _____ politischer Flüchtling anerkannt.

anfahren (fährt an) – fuhr an – hat/ist angefahren
1. Der Betrunkene _____ ein Kind angefahren.
2. Ich _____ mit dem Abschleppseil vorsichtig angefahren.
3. Sie war wütend und _____ ihn unbeherrscht angefahren.

anfangen (fängt an) – fing an – hat angefangen
1. Ich fange mein_____ Arbeit an.
2. Ich fange jetzt an _____ arbeiten.
3. Wann fängst du endlich _____ deiner Arbeit an?
4. Jürgen fängt da_____ an, sein Zimmer aufzuräumen.
5. Die Vorlesung fängt _____ ein paar Minuten an.
6. Du hast die Sache geschickt _____.
7. Was willst du _____ der vielen Freizeit anfangen?

anfassen (faßt an) – faßte an – hat angefaßt
1. Ich fasse kein_____ Schlange an.
2. Er hat mit seiner Frage ein heiß_____ Eisen angefaßt.
3. Er hat die Kinder zu hart _____.

anfragen – fragte an – hat angefragt
1. Sie hat telefonisch angefragt, _____ hoch der Preis war.
2. Er fragte _____ der Behörde an, wem das Grundstück gehörte.

anführen – führte an – hat angeführt
1. Der Leitwolf führte d_____ Meute an.
2. Man kann viele mit diesem Trick ganz schön _____.
3. Der Ankläger konnte neu_____ Schuldbeweise anführen.

angeben (gibt an) – gab an – hat angegeben
1. Er hat seine Adresse _____.
2. Der gibt ganz schön _____ seinem Porsche an!

angehen – ging an – hat/ist angegangen
1. Der Einbrecher erschrak, als plötzlich das Licht _____.
2. Der Fernseher _____ nach dem Blitzschlag nicht mehr angegangen.
3. Meine Privatpost geht mein_____ Frau nichts an.
4. _____ das Gerichtsurteil werden wir angehen.

angehören – gehörte an – hat angehört
Der Indianer gehört d_____ Stamm der Apachen an.

angewöhnen – gewöhnte an – hat angewöhnt
1. Er gewöhnt sein_____ Kindern das Zähneputzen an.
2. Sie müßte s_____ endlich einmal Pünktlichkeit angewöhnen!

angleichen – glich an – hat angeglichen
1. Man sollte sein Tempo d_____ Straßenverhältnissen angleichen.
2. Die Gehälter müssen d_____ Preisen angeglichen werden.
3. Die alten Eheleute haben s_____ einander angeglichen.

angreifen – griff an – hat angegriffen
1. Das Raubtier hat den Dompteur _____.
2. Alkohol greift d_____ Leber an.
3. Er greift mit seiner Bemerkung d_____ Kollegin an.
4. Alberts Gesundheit ist ziemlich _____. (= Adj.)

ängstigen – ängstigte – hat geängstigt
1. Die merkwürdig_____ Geräusche auf dem Speicher ängstigten sie.
2. Die kleine Anke ängstigt sich _____ jedem Fremden.
3. Man muß sich leider _____ den Frieden in der Welt ängstigen.

anhaben (hat an) – hatte an – hat angehabt
1. Bärbel hat ein_____ teur_____ Pelzmantel an.
2. Keine Angst, das Gewitter kann d_____ nichts anhaben!
3. Bei ihm zu Haus hat die Frau d_____ Hosen an!

anhalten (hält an) – hielt an – hat angehalten
1. Der Zug hat in Mülheim _____.
2. Er hielt vor Spannung d_____ Atem an.
3. Das schöne Wetter hielt leider nur einig_____ Tage an.
4. Er hat _____ ihre Hand angehalten.
5. Jetzt hör aber mal auf! Halt mal d_____ Luft an!*

anhängen – hängte an – hat angehängt
        hing an – hat angehangen
1. Vergiß nicht, den Anhänger an den Wagen _____!
2. Sie hängte ihr_____ Mann einen Seitensprung an.
3. Ihm hing d_____ Verdacht an, Schmiergelder angenommen zu haben.

anklagen – klagte an – hat angeklagt
1. Die Staatsanwaltschaft hat d_____ Terroristen angeklagt.
2. Er wurde d_____ fahrlässigen Tötung angeklagt.
3. Er wurde _____ versuchten Mordes angeklagt.
4. Man klagte sie an, ihr eigenes Kind umgebracht _____ haben.

anklopfen – klopfte an – hat angeklopft
1. Er hat _____ die Fensterscheibe angeklopft.
2. Er klopfte _____, aber niemand machte auf.

anknüpfen – knüpfte an – hat angeknüpft
Er knüpfte _____ die Gedanken seines Vorredners an.

ankommen – kam an – ist angekommen
1. Züge kommen _____ Deutschland meist pünktlich an.
2. Der Film kam gut _____ Publikum an.
3. Es kommt mir _____ ein paar Mark mehr oder weniger nicht an.
4. Es kommt dar_____ an, ob das Wetter gut wird.

anlassen (läßt an) – ließ an – hat angelassen
1. Wegen der Kälte hat er im Zimmer d_____ Mantel angelassen.
2. Der Autofahrer hat d_____ Motor angelassen.
3. Läßt du das Licht im Kinderzimmer _____?
4. Am Montag ein Feiertag? Die Woche läßt s_____ ja gut an!*

anlegen – legte an – hat angelegt
1. Das Boot legte _____ Ufer an.
2. Die Krankenschwester legt d_____ Verwundet_____ einen Verband an.
3. Die Gemeinde hat viel_____ Parks und Spielplätze angelegt.
4. Bei Kindern muß man im Verkehr andere Maßstäbe _____.
5. Er hat sein ganzes Geld _____ Aktien angelegt.
6. Der Verbrecher legte die Pistole _____ sein Opfer an.
7. Wenn er betrunken ist, legt er sich _____ jedem an.

anlehnen – lehnte an – hat angelehnt
1. Sie lehnte die Leiter _____ den Kirschbaum an.
2. Die Tür war nicht verschlossen worden, sondern nur _____.
3. Du brauchst jemanden, _____ den du dich anlehnen kannst.

anlügen – log an – hat angelogen
Sie hat ihr_____ Freundin angelogen.

anmachen – machte an – hat angemacht
1. Lotte machte _____ Fernseher an.
2. Andrea hat den Salat _____ Knoblauchsauce angemacht.

anmelden – meldete an – hat angemeldet
1. Ich melde meine Freundin _____ einem Volkshochschulkurs an.
2. Der Kurs interessiert mich. Ich melde m_____ bei der Volkshochschule an.

annähen – nähte an – hat angenäht
Sie hat den Knopf wieder _____ ihre Bluse angenäht.

annehmen (nimmt an) – nahm an – hat angenommen
1. Ich habe _____ Nachnahmesendung nicht angenommen.
2. Geschenke hat sie immer gern _____ mir angenommen.
3. Er nahm das fremde Kind _____ Sohn an.
4. Er nimmt sich sein_____ Kinder an.
5. Ich nehme einmal an, _____ du recht hast.

anordnen – ordnete an – hat angeordnet
1. Sie hat d_____ Geschenke auf dem Tisch liebevoll angeordnet.
2. Die Fallschirmspringer ordnen sich _____ einem Kreis an.
3. Die Obduktion der Leiche wurde _____.

anpassen (paßt an) – paßte an – hat angepaßt
1. Ein Chamäleon paßt sich farblich _____ seine Umwelt an.
2. Sie paßte sich ihr_____ Mann immer mehr an.

anprobieren – probierte an – hat anprobiert
Willst du mal mein neu_____ Kleid anprobieren?

anreden – redete an – hat angeredet
1. Sie redet ein_____ Fremd_____ auf der Straße an.
2. Darf ich Sie _____ „du" anreden?

anregen – regte an – hat angeregt
1. Kaffee und Tee regen d_____ Kreislauf an.
2. Die Zeitungsmeldung hat den Autor _____ einem Roman angeregt.

anreizen – reizte an – hat angereizt
Die Verpackung soll _____ Kauf anreizen.

anrufen – rief an – hat angerufen
1. Ich rufe jeden Tag meine Frau _____ Hause an.
2. Die Gläubigen haben Gott _____ Hilfe angerufen.
3. Man rief das Verfassungsgericht an, das Gesetz _____ prüfen.

anschaffen – schaffte an – hat angeschafft
1. Er hat sich ein_____ nagelneuen Mercedes angeschafft.
2. Sie hat s_____ vier Kinder angeschafft.
3. Sie muß _____ gehen. – Was? Sie geht auf den Strich?*

120

anschicken – schickte an – hat angeschickt
   Er wollte sich gerade _____ Gehen anschicken, als sie kam.

anschieben – schob an – hat angeschoben
   Die Batterie war leer. Er mußte sein_____ Wagen anschieben.

anschneiden – schnitt an – hat angeschnitten
   1. Sie schneidet die Geburtstagstorte _____ .
   2. Das heikl_____ Problem wurde im Gespräch nicht angeschnitten.
   3. Der Tennisspieler hat d_____ Ball angeschnitten.

anschwellen (schwillt an) – schwoll an – ist angeschwollen
   1. Der Fuß schwillt ja mächtig _____ ! Geh mal zum Arzt!
   2. Mund und Nase waren nach der Schlägerei _____ .
   3. Der Fluß _____ nach den Regenfällen angeschwollen.

ansehen (sieht an) – sah an – hat angesehen
   1. Die junge Frau sieht den Polizist_____ ganz unschuldig an.
   2. Der Versicherungsagent hat _____ den Brandschaden angesehen.
   3. Man sieht d_____ Jugendlich_____ sein_____ Unschuld an.
   4. Man sah ihm nicht an, _____ er schlief oder wach war.
   5. Der Lehrer sah den Jungen _____ den Übeltäter an.
   6. Ich sehe _____ als erwiesen an, _____ das Weltall endlich ist.

ansetzen – setzte an – hat angesetzt
   1. Die Katze setzte _____ Sprung an.
   2. Der Läufer setzte _____ Endspurt an.
   3. Er hat d_____ Bohrer an der falschen Stelle angesetzt.
   4. In diesem Punkt setzt mein_____ Kritik an.

anspielen – spielte an – hat angespielt
   Man sollte nie _____ die Schwächen eines Menschen anspielen.

ansprechen (spricht an) – sprach an – hat angesprochen
   1. Man hat mich auf der Straße _____ .
   2. Die Kinder sprechen den Lehrer _____ seinem Spitznamen an.
   3. Sie spricht ihn _____ den Vorfall von vorgestern an.
   4. Der Redner sprach andere Probleme _____ .
   5. Das Meßinstrument spricht _____ kleine Schwankungen an.
   6. Der Kranke sprach _____ die neue Medizin gut an.
   7. Die Vorführung hat mich in keiner Weise _____ .

anstecken – steckte an – hat angesteckt
   1. Zum Empfang hatte er all_____ seine Orden angesteckt.
   2. Ihr Lachen _____ alle angesteckt.
   3. Sie hat mich _____ ihrer Erkältung angesteckt.

121

anstehen – stand an – hat angestanden
1. Er hat lange in der Schlange _____ Lebensmitteln angestanden.
2. Für nächsten Monat stehen mehrere Dienstreisen _____ .
3. Zwei Gesetze standen im Bundestag _____ Beratung an.

ansteigen – stieg an – ist angestiegen
1. Der Wasserpegel steigt bei Flut drei Meter _____ .
2. Die Straße _____ zu steil an.
3. Im Hochsommer _____ die Temperaturen an.

anstellen – stellte an – hat angestellt
1. Stell bitte mal d_____ Fernseher an!
2. Wir mußten uns früher oft _____ Südfrüchten anstellen.
3. Man stellte Nachforschungen _____ dem Vermißten an.
4. Der Betrieb hat ihn _____ Pförtner angestellt.
5. Meine Tochter stellt _____ manchmal wirklich ungeschickt an.

anstiften – stiftete an – hat angestiftet
Er hat seinen Komplizen _____ einem Banküberfall angestiftet.

anstoßen (stößt an) – stieß an – hat angestoßen
1. Er hat d_____ Freund angestoßen, um ihm etwas mitzuteilen.
2. Wir haben _____ seine Gesundheit angestoßen.

anstreichen – strich an – hat angestrichen
1. Er hat d_____ Zaun schwarz angestrichen.
2. Er hat die wichtigsten Stellen im Heft _____ .
3. Der Lehrer streicht all_____ Fehler rot an.

anstrengen – strengte an – hat angestrengt
1. Das Krafttraining hat Bodo ganz schön _____ .
2. Er mußte sich bei d_____ Lateinarbeit sehr anstrengen.
3. Der Hauswirt strengte eine Kündigungsklage _____ ihn an.

antreffen (trifft an) – traf an – hat angetroffen
1. Man trifft den Anwalt selten in seinem Büro _____ .
2. Er traf seinen Jugendfreund _____ bester Gesundheit an.

antreten (tritt an) – trat an – hat/ist angetreten
1. Die Soldaten sind _____ Appell angetreten.
2. Er hat sein_____ neu_____ Arbeitsstelle angetreten.

antworten – antwortete – hat geantwortet
1. Sie antwortete _____ meine Frage.
2. Richard antwortete, _____ er ganz anderer Meinung sei.

anvertrauen – vertraute an – hat anvertraut
1. Sie hat mir anvertraut, _____ sie tablettensüchtig ist.
2. Ich vertraue d_____ Babysitter meine Kinder an.
3. Sie hat s_____ nur ihrem besten Freund anvertraut.

anweisen – wies an – hat angewiesen
1. Sein Job war es, im Theater den Leuten den Platz _____.
2. Die Zöllner wurden _____, schärfer zu kontrollieren.
3. Der Chef hat ihm sein_____ Arbeit angewiesen.
4. Der Geldbetrag wurde viel zu spät _____.
5. Behinderte sind oft _____ fremde Hilfe angewiesen. (= Adj.)

anwenden – wandte an – hat angewandt
               wendete an – hat angewendet
1. Er hat homöopathische Heilmittel _____.
2. Die Polizei hat Gewalt _____.
3. Der Fuchs _____ eine List an.
4. Die Regel kann man auch _____ andere Fälle anwenden.
5. Sie hat viel Sorgfalt _____ die Sache angewandt.

anzeigen – zeigte an – hat angezeigt
1. Der Kompaß zeigte den Wanderern d_____ Richtung an.
2. Der Wegweiser zeigt an, _____ wir gehen müssen.
3. Wegen Ruhestörung wurde er _____ der Polizei angezeigt.

anziehen – zog an – hat angezogen
1. Cäcilie zieht ihr_____ Puppe an.
2. Warte, ich muß m_____ noch anziehen!
3. Es ist kalt. Zieh d_____ einen Mantel an.
4. Du hast vergessen, die Handbremse _____.
5. Du mußt beim Weitsprung deine Beine _____.
6. Der Magnet zieht _____ Eisenstück an.
7. Die Frankfurter Buchmesse hat viele Menschen _____.
8. Die Ölpreise _____ in diesem Jahr stark angezogen.

anzünden – zündete an – hat angezündet
1. Zünde mal d_____ Gasofen an!
2. Nach dem Essen zündet er s_____ immer eine Zigarre an.

appellieren – appellierte – hat appelliert
Der UN-Generalsekretär appellierte _____ den Friedenswillen.

arbeiten – arbeitete – hat gearbeitet
1. Seit August arbeite ich _____ meiner Dissertation.
2. Sie arbeiten _____ an, den Fehler zu finden.
3. Ich arbeite für ein_____ groß_____ Elektrokonzern.
4. Ich arbeite als Lektor _____ einem großen Verlag.
5. Er hat _____ Fernfahrer für eine Spedition gearbeitet.

ärgern – ärgerte – hat geärgert
1. Siegfried ärgert immer sein_____ klein_____ Schwester.
2. Er ärgert sich _____ seine Verwandtschaft.
3. Petra ärgert sich dar_____ , wenn er zu spät zum Essen kommt.

4. Es ärgert ihn, übergangen ———— werden.
5. ———— ärgert ihn, wenn er beim Spielen verliert.

atmen – atmete – hat geatmet
1. Der Ertrunkene hat nicht mehr ————————.
2. An der See kann man sauber——— Luft atmen.

aufbauen – baute auf – hat aufgebaut
1. Die Maler haben ein Gerüst ————————.
2. Vitamine bauen d——— Organismus auf.
3. Er wurde ———— Spitzensportler aufgebaut.
4. Das Urteil baut (sich) ———— einem medizinischen Gutachten auf.

aufbinden – band auf – hat aufgebunden
1. Kannst du mein——— Knoten aufbinden?
2. Wer hat dir denn dies——— Märchen aufgebunden?
3. Er wollte mir ein——— Bären aufbinden.

aufblasen (bläst auf) – blies auf – hat aufgeblasen
1. Die Kinder bliesen d——— Luftballons auf.
2. Die Luftmatratze ist ————————.
3. Gib nicht so an! Blas d——— nicht so auf!*

aufbleiben – blieb auf – ist aufgeblieben
1. Das Fenster ist über Nacht ————————.
2. Die Kinder ———— bis Mitternacht aufgeblieben.

aufbrechen (bricht auf) – brach auf – hat/ist aufgebrochen
1. Der Autoknacker hat d——— Auto aufgebrochen.
2. Der Frost hat d——— Asphalt aufgebrochen.
3. Es war nett bei Ihnen, aber wir müssen jetzt ————————.
4. Die Expedition ———— frühzeitig aufgebrochen.

aufessen (ißt auf) – aß auf – hat aufgegessen
1. Sie wollte das Gemüse nicht ————————.
2. Alles ist schon ————————, es ist fast nichts mehr übrig.

auffahren (fährt auf) – fuhr auf – hat/ist aufgefahren
1. Der Fahrer ist zu dicht auf seinen Vordermann ————————.
2. Der Lastwagen ———— bei Nebel auf einen anderen aufgefahren.
3. Hier am Strand hat man Sand ————————.
4. Als das Telefon läutete, fuhr er ———— dem Schlaf auf.
5. Er ———— immer gleich auf, wenn man ihn ärgert.
6. Die Käseplatte, die er ———————— hat, war lecker!*

auffallen (fällt auf) – fiel auf – ist aufgefallen
1. Als Schüler ———— er nie unangenehm aufgefallen.
2. Die elegante ältere Dame ist jed——— aufgefallen.
3. Es ———— auf, daß sie zu enge Pullis trägt.

auffangen (fängt auf) – fing auf – hat aufgefangen
1. Er konnte die Tasse, die vom Tisch fiel, noch _____.
2. Man hat die Flüchtlinge in Lagern _____.
3. Man hat ein_____ Notruf von der Expedition aufgefangen.
4. Durch höhere Löhne will man Preissteigerungen _____.

auffordern – forderte auf – hat aufgefordert
1. Bruno forderte Christiane _____ Tanz auf.
2. Der Dichter wurde _____ Duell aufgefordert.
3. Man forderte den Minister auf, seinen Hut _____ nehmen.

auffressen (frißt auf) – fraß auf – hat aufgefressen
1. Der Bär hatte sein Opfer mit Haut und Haar _____.
2. Die Arbeit frißt ein_____ auf.*

aufführen – führte auf – hat aufgeführt
1. Bei den Bayreuther Festspielen wird nur Wagner _____.
2. In der Inventarliste werden all_____ Möbel aufgeführt.

aufgeben (gibt auf) – gab auf – hat aufgegeben
1. Der Händler hat sein klein_____ Geschäft aufgegeben.
2. Der Sportler gibt _____ Wettkampf auf.
3. Der Lehrer hat uns aufgegeben, einen Aufsatz _____ schreiben.
4. Ich muß schnell noch das Eilpaket _____ der Post aufgeben.

aufgehen – ging auf – ist aufgegangen
1. Die Sonne ist _____.
2. Die Tür _____ während der Fahrt aufgegangen.
3. Er ist ganz _____ seinem Beruf aufgegangen.
4. Mir _____ plötzlich aufgegangen, wie sehr wir ihn brauchen.
5. Mir geht ein Licht _____ ! Jetzt begreif ich's!*

aufhalten (hält auf) – hielt auf – hat aufgehalten
1. Die Bettlerin hielt die Hände _____ .
2. Er hat immer seiner Kollegin die Tür _____.
3. Seid wachsam! Haltet d_____ Augen auf!
4. Halten Sie d_____ Dieb auf!
5. Entschuldige, ein Telefonat hat mich noch _____.
6. Er hat sich einig_____ Monate im Ausland aufgehalten.
7. Der Lehrer kann sich nicht _____ jeder Frage aufhalten.
8. Der _____ mit seinen Fragen immer den ganzen Betrieb auf.*

aufhängen – hängte auf – hat aufgehängt
1. Sie hat beim Telefonieren einfach _____.
2. Sie hat d_____ Wäsche aufgehängt.
3. Man hat ein_____ Unschuldigen aufgehängt.

aufheben – hob auf – hat aufgehoben
1. Ich hebe das Blatt Papier _____ Boden auf.
2. Die gesetzliche Bestimmung ist _____ worden.
3. Er spart das Geld und hebt es _____ eine Anschaffung auf.

aufhören – hörte auf – hat aufgehört
1. Der Weg hört mitten im Wald _____ .
2. Hör bitte _____ dem Streit auf!
3. Sie haben endlich aufgehört, sich _____ streiten.

aufklären – klärte auf – hat aufgeklärt
1. Er hat mich _____ sein geheimnisvolles Verhalten aufgeklärt.
2. Das Verbrechen ist nie _____ worden.
3. Die Kinder _____ im Sexualkundeunterricht aufgeklärt worden.

aufkommen – kam auf – ist aufgekommen
1. Der Turner _____ nach dem Sprung etwas unsicher aufgekommen.
2. Der Ball ist hinter der Linie _____ .
3. Vielleicht kommt heute abend noch ein Gewitter _____ .
4. Er muß _____ den Unterhalt seiner Ex-Frau aufkommen.

aufladen (lädt auf) – lud auf – hat aufgeladen
1. Er hat die Steine _____ den Lastwagen aufgeladen.
2. Die Lichtmaschine lädt d_____ Autobatterie auf.
3. Die Akkus _____ aufgeladen.
4. Der Teppich lädt sich elektrisch _____ .
5. Er lädt s_____ zuviel Arbeit auf.

auflassen (läßt auf) – ließ auf – hat aufgelassen
1. Die Kinder lassen immer all_____ Türen auf.
2. In der Kirche darfst du den Hut nicht _____ !

auflehnen – lehnte auf – hat aufgelehnt
Er lehnte sich _____ seinen autoritären Vater auf.

auflesen (liest auf) – las auf – hat aufgelesen
1. Sie hat den Zettel von der Straße _____ .
2. Er liest d_____ Obst auf.

aufmachen – machte auf – hat aufgemacht
1. Gabriele macht _____ Fenster auf, um zu lüften.
2. Kannst du m_____ bitte meinen Reißverschluß aufmachen?
3. Eva macht eine Boutique _____ .
4. Hans macht sich erst spät _____ den Nachhauseweg auf.
5. Nach der bestandenen Prüfung haben wir ein Faß _____ *

aufnehmen (nimmt auf) – nahm auf – hat aufgenommen
1. Der Neue wird freundlich _____ .
2. Sie möchten _____ Kredit aufnehmen?

3. Der Boxer kann es _____ jedem anderen aufnehmen.
4. Er _____ die Nachricht mit Fassung aufgenommen.

aufopfern – opferte auf – hat aufgeopfert
   Die Mutter hat sich _____ ihre Kinder aufgeopfert.

aufpassen (paßt auf) – paßte auf – hat aufgepaßt
   Kannst du _____ mein Gepäck aufpassen?

aufprallen – prallte auf – ist aufgeprallt
   Das Flugzeug ist im Nebel _____ ein anderes aufgeprallt.

aufräumen – räumte auf – hat aufgeräumt
   1. Mutter muß wieder mal das Kinderzimmer _____.
   2. Die Polizei räumt _____ der Mafia auf.

aufregen – regte auf – hat aufgeregt
   1. Sei endlich still, du regst mich _____ !
   2. Es _____ ihn auf, wenn sein Kind zu spät kam.
   3. Er regte sich dar_____ auf, daß sein Kind zu spät kam.

aufreiben – rieb auf – hat aufgerieben
   1. Unsere Einheit wurde bei Stalingrad völlig _____.
   2. Er reibt s_____ in seinem Beruf auf.

aufreißen – riß auf – hat aufgerissen
   1. Er reißt d_____ Weihnachtspäckchen auf.
   2. Sie riß wegen dem Rauch all_____ Fenster auf.
   3. Schau mal, deine Hosennaht _____ aufgerissen.
   4. Er reißt _____ Staunen den Mund auf.
   5. Er hat ein tolles Mädchen _____.*

aufrufen – rief auf – hat aufgerufen
   1. Der Lehrer hat mein_____ Namen aufgerufen.
   2. Die Gewerkschaft rief _____ Generalstreik auf.

aufschieben – schob auf – hat aufgeschoben
   1. Er schiebt d_____ Schiebetür zum Balkon auf.
   2. Man hat d_____ Entscheidung bis morgen aufgeschoben.

aufschlagen (schlägt auf) – schlug auf – hat aufgeschlagen
   1. Er schlägt Seite 15 im Deutschbuch _____ .
   2. Auf dem Campingplatz schlugen wir d_____ Zelt auf.
   3. Man schlägt das Ei mit einem Messer _____ .
   4. Der Junge hat sich wieder mal beide Knie _____.
   5. Kurz nach der Ohnmacht schlug sie wieder d_____ Augen auf.
   6. Sie schlägt die Augen _____ ihm auf.
   7. Durch einen Windstoß schlug das Fenster _____ .
   8. Der Händler hat d_____ Mehrwertsteuer schon aufgeschlagen.

aufschließen – schloß auf – hat aufgeschlossen
1. Cornelia hat ihre Wohnungstür _____.
2. Der an zweiter Stelle liegende Läufer _____ aufgeschlossen.

aufschneiden – schnitt auf – hat aufgeschnitten
1. Vater schneidet d_____ Paketschnur auf.
2. Dieser alte Angeber hat aber mächtig _____!

aufschreiben – schrieb auf – hat aufgeschrieben
1. Bitte schreiben Sie m_____ Ihre Telefonnummer auf.
2. Karl-Heinz hat _____, was er erlebt hat.

aufsetzen – setzte auf – hat aufgesetzt
1. Das Flugzeug hat hart auf der Piste _____.
2. Würdest du vielleicht d_____ Teewasser aufsetzen?
3. Detlef setzte s_____ die Mütze auf.
4. Die Geschäftspartner haben ein_____ Vertrag aufgesetzt.

aufspielen – spielte auf – hat aufgespielt
1. Die Kapelle spielte _____ Tanz auf.
2. Gib nicht so an! Spiel d_____ nicht so auf, du alter Angeber!

aufspringen – sprang auf – ist aufgesprungen
1. Er _____ vor Freude vom Stuhl aufgesprungen.
2. Er sprang _____ den fahrenden Zug auf.
3. Das Tor zu dem Spukschloß _____ plötzlich aufgesprungen.
4. Hier hast du Creme. Deine Lippen sind _____.

aufstehen – stand auf – hat/ist aufgestanden
1. Die Tür _____ sperrangelweit aufgestanden.
2. Ich _____ heute morgen um vier aufgestanden.
3. Wir sind _____ Tisch aufgestanden.
4. Er ist heute mit d_____ linken Fuß zuerst aufgestanden.*

aufsteigen – stieg auf – ist aufgestiegen
1. Warme Luft _____ auf.
2. In der Frühe stiegen die Bergsteiger _____ Gipfel auf.
3. Er steigt _____ das Fahrrad auf.
4. Er ist _____ stellvertretenden Direktor aufgestiegen.
5. Unsere Mannschaft ist _____ die Bundesliga aufgestiegen.
6. _____ ihr stiegen Zweifel an der Richtigkeit der Aussage auf.

auftreiben – trieb auf – hat aufgetrieben
1. Hefe treibt d_____ Teig auf.
2. Hier hast du alles, was ich _____ Geld auftreiben konnte.
3. Wo hast du so schnell ein_____ Austauschmotor aufgetrieben?*

auftreten (tritt auf) – trat auf – ist aufgetreten
1. Er konnte mit sein_____ gebrochen_____ Fuß nicht auftreten.
2. Der Clown _____ im Zirkus Roncalli aufgetreten.
3. Rheuma _____ immer häufiger auf.
4. _____ den Matrosen trat früher oft Vitaminmangel auf.

aufwachen – wachte auf – ist aufgewacht
1. Ich _____ heute morgen um vier aufgewacht.
2. Der Patient ist nicht mehr _____ der Narkose aufgewacht.

aufwachsen (wächst auf) – wuchs auf – ist aufgewachsen
Meine Kinder _____ auf dem Lande aufgewachsen.

aufwenden – wandte auf – hat aufgewandt
          wendete auf – hat aufgewendet
Er hat sein ganzes Geld _____ seinen Urlaub aufgewendet.

aufziehen – zog auf – hat aufgezogen
1. Sturmwolken ziehen am Horizont _____ .
2. Sie hatte vergessen, ihre Uhr _____.
3. Er hat sie öfter _____ dummen Bemerkungen aufgezogen.
4. Wenn ihr nicht aufhört, werde ich ander_____ Saiten aufziehen!*

aufzwingen – zwang auf – hat aufgezwungen
1. Er zwang seiner Frau immer sein_____ Willen auf.
2. Dieser Gedanke zwingt sich ein_____ geradezu auf.

ausbleiben – blieb aus – ist ausgeblieben
1. Das vorhergesagte Unwetter ist _____.
2. Es konnte nicht _____, daß man ihm kündigte.

ausbrechen (bricht aus) – brach aus – hat/ist ausgebrochen
1. Der Kranke _____ sein Essen wieder ausgebrochen.
2. Der Vesuv _____ wieder ausgebrochen.
3. In der Lagerhalle brach ein Feuer _____ .
4. Aus dem Gefängnis _____ einige Gefangene ausgebrochen.
5. Der Rennwagen _____ plötzlich in der Kurve aus.
6. Die Zuschauer brachen _____ Gelächter aus.
7. Bei dem Verhör brach d_____ Einbrecher der Schweiß aus.
8. Ein Bürgerkrieg _____ ausgebrochen.
9. Anarchisten wollen _____ der Gesellschaft ausbrechen.

ausdenken – dachte aus – hat ausgedacht
1. Er hat s_____ einen guten Schachzug ausgedacht.
2. Stimmt das, oder hast du d_____ das nur ausgedacht?
3. Man kann sich die Folgen der Epidemie gar nicht _____.
4. Das ist nicht wahr, das ist alles nur _____.

ausdrücken – drückte aus – hat ausgedrückt
1. Er hat die Zigarette _____.
2. Sie konnte s_____ gut in der deutschen Sprache ausdrücken.
3. Der Autor drückte sich _____ komplizierten Sätzen aus.

auseinandergehen – ging auseinander – ist auseinandergegangen
1. Die Seminarteilnehmer gingen nach dem Essen _____.
2. Die Freunde gingen _____ Streit auseinander.
3. Ihre Ehe ist leider _____.
4. Unsere Urlaubsvorstellungen gehen ziemlich _____.
5. Du _____ in letzter Zeit ganz schön auseinandergegangen.*

ausersehen (ersieht aus) – ersah aus – hat ausersehen
Er hat seinen Sohn _____ seinem Nachfolger ausersehen.

ausfallen (fällt aus) – fiel aus – ist ausgefallen
1. Seine Haare _____ ihm wegen der Medikamente aus.
2. Das linke Triebwerk ist plötzlich _____.
3. Der Strom _____ wieder mal ausgefallen.
4. Hitzefrei! Der Unterricht _____ aus!
5. Sie _____ wegen einer Schwangerschaft ausgefallen.
6. Die Ernte _____ in diesem Jahr gut ausgefallen.
7. Die Niederlage _____ ziemlich deutlich ausgefallen.
8. Das Urteil ist _____ ihn ungünstig ausgefallen.

ausfressen (frißt aus) – fraß aus – hat ausgefressen
1. Der Hund hat sein_____ Napf ausgefressen.
2. Was _____ ihr schon wieder ausgefressen?*

ausführen – führte aus – hat ausgeführt
1. Der Rentner führte sein_____ Hund aus.
2. Die Bundesrepublik führt viel_____ Industrieerzeugnisse aus.
3. Der Soldat hat d_____ Befehl ausgeführt.
4. Sein_____ architektonisch_____ Pläne wurden nie ausgeführt.
5. Man bat ihn, seine Ideen näher _____.

ausfüllen – füllte aus – hat ausgefüllt
1. Bitte füllen Sie d_____ Formular aus!
2. Er füllt das Paket _____ Holzwolle aus.
3. Die Malerei füllt d_____ Künstler voll und ganz aus.
4. Dietlinde füllt ihre Zeit _____ einem Kreuzworträtsel aus.

ausgeben (gibt aus) – gab aus – hat ausgegeben
1. Du gibst zuviel Geld _____ den Urlaub aus.
2. _____für hast du das ganze Geld ausgegeben?
3. Pakete mit Nahrungsmitteln werden _____ die Bevölkerung ausgegeben.
4. Günther war gut gelaunt und hat einen _____.
5. Der Detektiv gab sich _____ Polizeibeamter aus.

130

ausgehen – ging aus – ist ausgegangen
1. Seine Zigarre ist ihm _____ .
2. Das Salz _____ ihr ausgegangen.
3. Ich _____ gestern abend mit meiner Freundin ausgegangen.
4. Die Anweisung ging _____ Ministerium aus.
5. Wir gehen da_____ aus, daß die Maschine pünktlich landet.
6. Wie sind die letzten Wahlen _____?
7. Die Diskussion ging aus _____ das Hornberger Schießen.*

ausgießen – goß aus – hat ausgegossen
1. Er goß die Gläser mit dem abgestandenen Bier _____ .
2. Die Arbeiter gossen die Risse _____ Zement aus.

ausgleiten – glitt aus – ist ausgeglitten
Er ist auf d_____ nassen Straße ausgeglitten.

aushalten (hält aus) – hielt aus – hat ausgehalten
1. Die Kranke hatte starke Schmerzen _____ .
2. Sie kann es _____ ihrem Mann nicht mehr aushalten.
3. So ein Lärm! Das ist ja nicht _____!*
4. Die Frau hatte ihren Liebhaber finanziell _____ .

aushelfen (hilft aus) – half aus – hat ausgeholfen
1. Die Schülerin hat während der Ferien im Hotel _____ .
2. Kannst du mir _____ 100 DM aushelfen?

aushungern – hungerte aus – hat ausgehungert
Die Belagerer der Stadt hungerten d_____ Eingeschlossenen aus.

auskennen – kannte aus – hat ausgekannt
Er kennt sich gut _____ Programmieren aus.

auskommen – kam aus – ist ausgekommen
1. Er ist nie _____ seinem Geld ausgekommen.
2. Ich _____ immer gut mit meinen Eltern ausgekommen.

auslachen – lachte aus – hat ausgelacht
1. Die Mädchen lachten d_____ Angeber aus.
2. Sie lachten ihn _____ seiner komischen Kleidung aus.

ausladen (lädt aus) – lud aus – hat ausgeladen
1. Er lädt d_____ Kisten aus.
2. Die Ware _____ bereits ausgeladen.
3. Er hat sein_____ Gäste wegen Krankheit wieder ausgeladen.

auslassen (läßt aus) – ließ aus – hat ausgelassen
1. Du hast ein Wort im Satz _____ .
2. Er hat seine Wut meistens _____ seinen Kindern ausgelassen.
3. Sie haben s_____ über die neue Kollegin ausgelassen.

auslaufen (läuft aus) – lief aus – ist ausgelaufen

1. Die Batterie ————— ausgelaufen.
2. Das Schiff ————— übermorgen aus.
3. Das Ultimatum läuft bald ————— .
4. Diese Fernsehserie ————— erst im nächsten Jahr aus.
5. Der Boxkampf lief böse für ihn ————— .

ausmachen – machte aus – hat ausgemacht

1. Mach bitte ————— Fernseher aus!
2. Im Nebel konnte man den Leuchtturm in der Ferne ——————————— .
3. Er macht ————— seinem Geschäftspartner einen Termin aus.
4. Wir haben ausgemacht, ins Kino ——— gehen.
5. Es macht ————— nichts aus, ob ich gewinne oder nicht.

ausmessen (mißt aus) – maß aus – hat ausgemessen

Er mißt d——— Zimmer mit dem Zollstock aus.

ausnutzen – nutzte aus – hat ausgenutzt
(= ausnützen – nützte aus – hat ausgenützt)

1. Vera nutzt ihr——— Freund aus.
2. Wir nützen es aus, ein Abonnement im Theater ————— haben.
3. Wir sollten heute das schöne Wetter ———————————!

auspacken – packte aus – hat ausgepackt

1. Im Hotel habe ich meinen Koffer ——————————— .
2. Der Kriminelle ——————— beim Verhör aus.

ausrechnen – rechnete aus – hat ausgerechnet

1. Wir müssen die Kosten erst ——————————— .
2. Hermann rechnet sich sein——— Gewinn aus.
3. Der Fabrikant hat sich ———————————, was er investieren will.

ausruhen – ruhte aus – hat ausgeruht

1. Marianne ruht sich ————— der Arbeit aus.
2. Er ruht sich ————— seinen Lorbeeren aus.*

ausscheiden – schied aus – ist ausgeschieden

1. Er ist ——— dem Berufsleben ausgeschieden.
2. Sie ist ——— Finale ausgeschieden.

ausschlafen (schläft aus) – schlief aus – hat ausgeschlafen

1. Du siehst so müde aus. Hast du nicht ———————————?
2. Er hat sein——— Rausch ausgeschlafen.
3. Im Urlaub schlafe ich m——— erst mal richtig aus.

ausschließen – schloß aus – hat ausgeschlossen

1. Man kann bei diesen Geschäften einen Betrug oft nicht ——————— .
2. Er wurde wegen Dopings ————— der Teilnahme ausgeschlossen.
3. Andreas wurde ————— der Gruppe ausgeschlossen.

ausschreiben – schrieb aus – hat ausgeschrieben
1. Schreib dein_____ sämtlichen Vornamen bitte aus!
2. Der Arzt schreibt ein Attest _____ .
3. Er schreibt einen Scheck _____ .
4. Man hat in der Zeitung eine interessante Stelle _____.
5. Sie haben Neuwahlen _____.
6. Sie haben eine Weltreise _____ ersten Preis ausgeschrieben.

ausschütten – schüttete aus – hat ausgeschüttet
1. Er hat sein_____ Waschschüssel ausgeschüttet.
2. Sie kam zu mir, um mir ihr Herz _____.
3. Eine hohe Dividende wurde _____.
4. Er hat das Kind _____ dem Bade ausgeschüttet.

ausschweigen – schwieg aus – hat ausgeschwiegen
Er hat sich _____ seine Nebeneinkünfte ausgeschwiegen.

aussehen (sieht aus) – sah aus – hat ausgesehen
1. Gestern hast du besser _____ als heute.
2. Es sieht _____ deinen Schulnoten schlecht aus.
3. Pech für dich! Jetzt _____ du aber ganz schön alt aus.*

aussprechen (spricht aus) – sprach aus – hat ausgesprochen
1. Du hast das Wort ganz falsch _____.
2. Er spricht nur _____ Wahrheit aus.
3. Er sprich d_____ Kollegen seinen Dank aus.
4. Sie haben sich _____ ihre Eheprobleme ausgesprochen.
5. Er spricht sich da_____ aus, den Umweltschutz zu verbessern.
6. Er spricht sich da_____ aus, das Kindergeld zu kürzen.

aussteigen – stieg aus – ist ausgestiegen
1. Helmut steigt _____ dem Zug aus.
2. Rudi _____ aus der kriminellen Szene ausgestiegen.

ausstellen – stellte aus – hat ausgestellt
1. Die Galerie hat modern_____ Aquarelle ausgestellt.
2. Der Personalchef stellt dem Angestellt_____ ein Zeugnis aus.

aussterben (stirbt aus) – starb aus – ist ausgestorben
1. Viele Pflanzen werden bald _____.
2. Saurier sind vor vielen Jahrhunderten _____.
3. Das Wort „Fräulein" _____ allmählich aus.

ausstoßen (stößt aus) – stieß aus – hat ausgestoßen
1. Er hatte ihm mit der Stange fast ein Auge _____.
2. Sie stieß einen lauten Schrei _____ .
3. Der Kranke wurde _____ der Dorfgemeinschaft ausgestoßen.
4. Er fühlt sich von aller Welt _____.
5. Das Werk _____ monatlich 10 000 Autos aus.

aussuchen – suchte aus – hat ausgesucht
1. Ich will _____ meinen Mann selber aussuchen.
2. Rosi hat einen dunkelroten Hut _____.

austeilen – teilte aus – hat ausgeteilt
1. Die Krankenschwester hat d_____ Essen ausgeteilt.
2. Der Lehrer hat Ohrfeigen und schlechte Noten _____.
3. Man teilte Weihnachtspakete _____ die Waisenkinder aus.

austragen (trägt aus) – trug aus – hat ausgetragen
1. Er trägt jeden Morgen d_____ Zeitung aus.
2. Die Post _____ heute schon ausgetragen.
3. Sie konnte d_____ Kind nicht austragen.
4. Konflikte muß man _____.
5. Er trug sich _____ der Mitgliedsliste aus.

austreten (tritt aus) – trat aus – hat/ist ausgetreten
1. Sie _____ aus der Kirche ausgetreten.
2. Das Pferd _____ ausgetreten.
3. Ich muß mal eben _____. Wo ist die Toilette?*

austrinken – trank aus – hat ausgetrunken
1. Er hat sein_____ Cola noch nicht ausgetrunken.
2. Das Glas Tee _____ schon ausgetrunken.

ausüben – übte aus – hat ausgeübt
1. Er übt den Beruf ein_____ Journalisten aus.
2. Der Kritiker hat Druck _____ den Politiker ausgeübt.

auswandern – wanderte aus – ist ausgewandert
Viele Iren sind _____ Amerika (_____ die USA) ausgewandert.

ausweichen – wich aus – ist ausgewichen
1. Das Auto konnte d_____ Fußgänger gerade noch ausweichen.
2. Er ist mein_____ Frage ausgewichen.

ausweisen – wies aus – hat ausgewiesen
1. Man hat den Dichter _____ dem Land ausgewiesen.
2. Er wies sich durch sein_____ Reisepaß aus.
3. Er wies sich _____ Weinkenner aus.

auswringen – wrang aus – hat ausgewrungen
Sie wrang d_____ nassen Tücher aus.

ausziehen – zog aus – hat/ist ausgezogen
1. Wegen der vielen Gäste _____ wir den Tisch ausgezogen.
2. Ich habe mein_____ Sohn den Pulli ausgezogen.
3. Wir _____ letztes Jahr aus der alten Wohnung ausgezogen.

B

backen (bäckt/backt) – buk/backte – hat gebacken
Zum Geburtstag hat Mutter _____ Kuchen gebacken.

baden – badete – hat gebadet
1. Die Kinder haben im Schwimmbad _____.
2. In der Badewanne baden sich unser_____ Kinder.
3. Unsere ganzen Ersparnisse sind im Krieg _____ gegangen.*

bangen – bangte – hat gebangt
Sie hat _____ das Leben ihres kranken Kindes gebangt.

basieren – basierte – hat basiert
Sein Verdacht basierte _____ reinen Vermutungen.

bauen – baute – hat gebaut
1. Er hat eine Burg auf den Berg _____.
2. Ute baut _____ deine feste Zusage.

beachten – beachtete – hat beachtet
Sie haben das Verbotsschild nicht _____.

beantragen – beantragte – hat beantragt
1. Ich muß meinen Jahresurlaub _____.
2. Ich beantrage, die Fahrtkosten erstattet _____ bekommen.

beantworten – beantwortete – hat beantwortet
1. Meine Brieffreundin hat endlich mein_____ Brief beantwortet.
2. Du hast m_____ Frage noch nicht beantwortet.

bearbeiten – bearbeitete – hat bearbeitet
1. Der Gärtner bearbeitet d_____ Blumenfeld.
2. Dieser Sachbearbeiter bearbeitet ein ander_____ Gebiet.
3. Er bearbeitete den überraschten Einbrecher _____ seinen Fäusten.
4. Gertraud bearbeitete ihren Vater, ihr das Auto _____ leihen.*

beauftragen – beauftragte – hat beauftragt
1. Er wurde _____ der Geschäftsleitung der Firma beauftragt.
2. Man beauftragte sie damit, das Geld zur Bank _____ bringen.

bedanken – bedankte – hat bedankt
1. Der Gast bedankt sich _____ der Gastgeberin.
2. Anne bedankt sich da_____ , daß ihr geholfen wurde.

bedenken – bedachte – hat bedacht
1. Er hat sie nicht in seinem Testament _____.
2. Das war unüberlegt. Er hatte das nicht gut _____.
3. Wenn man es recht _____, sind Menschen auch Tiere.
4. Man _____ die Uraufführung mit großem Beifall.

bedeuten – bedeutete – hat bedeutet
1. Er liebte seine Frau, und sie hat _____ viel bedeutet.
2. Das Urteil bedeutet, _____ er freigelassen wird.
3. Helga bedeutete _____ Fremden, sie in Ruhe zu lassen.

bedienen – bediente – hat bedient
1. Die Kellnerin bedient ihr_____ Gäste.
2. Er bedient sich fremd_____ Hilfe.
3. Beim Skatspiel: Du mußt Kreuz _____!

bedrängen – bedrängte – hat bedrängt
1. Der Bursche bedrängte d_____ hübsche Frau.
2. Die Journalisten bedrängten den Politiker _____ Fragen.

bedrohen – bedrohte – hat bedroht
1. Der Vulkanausbruch bedrohte d_____ Inselbevölkerung.
2. Der Entführer bedrohte den Gefangenen _____ einem Messer.

beeilen – beeilte – hat beeilt
1. Brigitte beeilt sich _____ dem Mittagessen.
2. Ute hat sich beeilt, nach Hause _____ kommen.

beenden – beendete – hat beendet
1. Wir beenden jetzt d_____ Diskussionsrunde.
2. Das Deutschlandlied beendete d_____ Wahlveranstaltung.

beerben – beerbte – hat beerbt
Der älteste Bauernsohn hat sein_____ Vater beerbt.

befassen (befaßt) – befaßte – hat befaßt
Er befaßte sich _____ Astrologie.

befehlen (befiehlt) – befahl – hat befohlen
1. Der General hat d_____ Angriff befohlen.
2. Der Einsatzleiter befahl, den tollwütigen Hund _____ töten.

befinden – befand – hat befunden
1. Der Goldschatz befand _____ in einem gesunkenen Schiff.
2. Die Prüfungskommission befand seine Leistungen _____ gut.
3. Man wird _____ die Asylfrage noch befinden müssen.
4. Der Kranke befindet _____ auf dem Weg der Besserung.

befolgen – befolgte – hat befolgt
Friedrich hat mein_____ gut_____ Rat leider nicht befolgt.

befragen – befragte – hat befragt
1. Der Journalist befragte ein_____ Straßenpassant_____.
2. Der Richter befragte ihn da_____, was passiert war.

befreien – befreite – hat befreit
1. Die Alliierten befreiten all_____ KZ-Insassen.
2. Man befreite das Land _____ Kolonialismus.
3. Die Bande befreite ihren Komplizen _____ dem Gefängnis.
4. Er konnte _____ selbst von den Fesseln befreien.

begeben (begibt) – begab – hat begeben
1. Die Gäste begeben _____ in den Salon.
2. Die folgende Geschichte hat sich bei meinem Freund _____.

begegnen – begegnete – ist begegnet
1. Ich _____ auf der Straße dem Bürgermeister begegnet.
2. Man begegnet unser_____ Pfarrer immer mit großer Achtung.

begehen – beging – hat begangen
1. Er möchte seinen runden Geburtstag festlich _____.
2. Er hat ein feig_____ Verbrechen begangen.
3. Kain hat einen Mord _____ seinem Bruder Abel begangen.

beginnen – begann – hat begonnen
1. Ich beginne mein_____ Arbeit.
2. Ich beginne _____ meiner Arbeit.
3. Er beginnt endlich damit, die Ansichtskarten _____ schreiben.
4. Uli hat seine Karriere _____ Tellerwäscher begonnen.

begleichen – beglich – hat beglichen
1. Er hat all_____ offenen Rechnungen beglichen.
2. Er hat eine alte Schuld _____.

begleiten – begleitete – hat begleitet
1. Er begleitet sein_____ Tochter in die Schule.
2. Der Pianist hat die Sängerin _____.

beglückwünschen – beglückwünschte – hat beglückwünscht
Darf ich Sie _____ Ihrer Beförderung beglückwünschen?

begnügen – begnügte – hat begnügt
Er wollte sich nicht _____ seinem Lohn begnügen.

begraben (begräbt) – begrub – hat begraben
1. Auf dem Friedhof werden die Toten _____.
2. Das ist also der Grund! Da liegt d_____ Hund begraben!

begreifen – begriff – hat begriffen
1. Ich kann deine Reaktion gut _____.
2. Sie begreift d_____ Mathematikaufgabe nicht.

begrenzen – begrenzte – hat begrenzt
Man hat die Studiendauer _____ acht Semester begrenzt.

begrüßen – begrüßte – hat begrüßt
1. Markus begrüßt all_____ Kollegen.
2. Der Chef begrüßt _____ , wenn die Mitarbeiter pünktlich sind.

behalten (behält) – behielt – hat behalten
1. Du kannst d_____ Gewinn ganz allein für dich behalten.
2. Irene kann kein Geheimnis _____ sich behalten.
3. Ich habe ihn _____ guter Erinnerung behalten.
4. Der Detektiv hat den Verdächtigen _____ Auge behalten.

behandeln – behandelte – hat behandelt
1. Der Lehrer hat dies_____ Thema behandelt.
2. Der Internist behandelt den Krank_____ .
3. Du solltest ihn _____ Freund behandeln.

beharren – beharrte – hat beharrt
Uwe ist uneinsichtig. Er beharrt _____ seinem Standpunkt.

behaupten – behauptete – hat behauptet
1. Rita behauptet, viel Geld _____ verdienen.
2. Die Soldaten behaupteten ihr_____ Stellung.
3. Gretel kann sich gut _____ ihren älteren Bruder behaupten.

beheben – behob – hat behoben
1. Der Reparaturdienst hat d_____ Schaden behoben.
2. Der Fehler an der Maschine war schnell _____ .

behelfen (behilft) – behalf – hat beholfen
1. Er kann s_____ schon ohne seinen Stock behelfen.
2. Wir behelfen uns vorläufig _____ einem Leihwagen.

beherrschen – beherrschte – hat beherrscht
1. Napoleon hat fast ganz Europa_____ .
2. Die Angst beherrschte all_____ sein_____ Gedanken.
3. Freddy beherrscht sein_____ Vokabeln wieder mal nicht.

behindern – behinderte – hat behindert
Die Bauarbeiten hatten d_____ Verkehr stark behindert.

beibringen – brachte bei – hat beigebracht
1. Er bringt ihm d_____ Regeln der deutschen Grammatik bei.
2. Ich kann meine Geburtsurkunde leider nicht mehr _____ .
3. Nach dem Unfall konnte ich kein_____ Zeug_____ beibringen.
4. Ein Außenseiter hat d_____ Champion die Niederlage beigebracht.

beipflichten – pflichtete bei – hat beigepflichtet
Jeder mußte sein_____ gut durchdachten Argumenten beipflichten.

138

beißen – biß – hat gebissen
1. Der Hund hat _____ Radfahrer ins Bein gebissen.
2. Ich habe _____ auf die Zunge gebissen.
3. Den letzten _____ die Hunde!
4. Die hat wohl der Storch _____ Bein gebissen. (= Sie ist schwanger)
5. Er mußte _____ den sauren Apfel beißen.
6. Manche haben bei den Kämpfen _____ Gras beißen müssen.*

beistehen – stand bei – hat beigestanden
1. Sie stand ihr_____ kranken Eltern bei.
2. In der Not sollte man s_____ gegenseitig beistehen.

beitragen (trägt bei) – trug bei – hat beigetragen
1. Der Ferienbeginn hat _____ dem Verkehrschaos beigetragen.
2. Mit einer Spende können Sie dazu _____, die Not zu lindern.

beitreten (tritt bei) – trat bei – ist beigetreten
Er ist nie ein_____ Partei beigetreten.

bekämpfen – bekämpfte – hat bekämpft
1. Man muß d_____ Dummheit in der Welt bekämpfen.
2. Die Kampfhunde bekämpften s_____ auf Leben und Tod.

bekanntgeben (gibt bekannt) – gab bekannt – hat bekanntgegeben
1. Er gab die Wahlergebnisse _____.
2. Die Ergebnisse sind bereits _____.

bekanntmachen – machte bekannt – hat bekanntgemacht
1. Die Verordnung wurde in der Zeitung _____.
2. Darf ich Sie _____ meiner Frau bekannt machen?

bekehren – bekehrte – hat bekehrt
1. Viele Völker hatten sich _____ Christentum bekehrt.
2. Der Missionar versuchte, die Dorfbewohner _____ bekehren.

bekennen – bekannte – hat bekannt
1. Sie bekannte ihr_____ Sünden.
2. Er bekannte sich _____ Buddhismus.
3. Der Angeklagte bekannte s_____ schuldig.
4. Er mußte alles klar und deutlich sagen und Farbe _____.*

beklagen – beklagte – hat beklagt
1. Man beklagte d_____ Tod des Präsidenten.
2. Sie beklagte sich _____ ihrem Chef _____ ihren Kollegen.

bekommen – bekam – hat/ist bekommen
1. Udo bekam groß_____ Hunger.
2. Ich habe von mein_____ Freund einen Ring bekommen.
3. Die Kidnapper bekamen das Kind _____ ihre Gewalt.

4. Birgit bekam es _____ der Angst zu tun.
5. Der Wein gestern abend _____ mir nicht gut bekommen.
6. Ich tat, was ich wollte. Ich hatte grün_____ Licht bekommen.*

beladen (belädt) – belud – hat beladen
1. Sie beladen d_____ LKW mit Paletten.
2. Was schleppst du da alles? Du bist ja furchtbar _____!

belasten – belastete – hat belastet
1. In dem Prozeß hat sie ihr_____ Freund schwer belastet.
2. Die Bank belastete sein Konto _____ dem Scheckbetrag.

belästigen – belästigte – hat belästigt
1. Der angetrunkene Gast hatte d_____ ander_____ Gäste belästigt.
2. Man hat mich _____ ständigen Telefonaten belästigt.

belaufen (beläuft) – belief – hat belaufen
Der Sachschaden beläuft sich _____ eine Million Mark.

belegen – belegte – hat belegt
1. Annette belegt die Brötchen _____ Salami.
2. Erika belegt ein_____ Kurs an der Volkshochschule (VHS).
3. Falschparker werden mit ein_____ Bußgeld belegt.

beleidigen – beleidigte – hat beleidigt
Warum hast du dein_____ best_____ Freundin beleidigt?

belieben – beliebte – hat beliebt
Fühlen Sie sich ganz frei und tun Sie, was _____ beliebt!

belügen – belog – hat belogen
1. Ich möchte gern wissen, wer hier _____ belügt.
2. Manche Leute belügen s_____ selbst.
3. Er hat ihn von hinten und vorne _____.*

bemächtigen – bemächtigte – hat bemächtigt
Er hat sich widerrechtlich mein_____ Grundstücks bemächtigt.

bemerken – bemerkte – hat bemerkt
1. Der Kaufhausdetektiv bemerkte ein_____ Ladendieb.
2. Haben Sie etwas _____ diesem Problem zu bemerken?

bemühen – bemühte – hat bemüht
1. Wir haben den Arzt _____ uns bemüht.
2. Beate bemühte sich _____ einen neuen Job.

benehmen (benimmt) – benahm – hat benommen
1. Nicht nur Kinder sollen s_____ gut benehmen.
2. Er benahm sich wie ein Elefant _____ Porzellanladen.*

beneiden – beneidete – hat beneidet
1. Grete hat immer ihr_____ reiche Freundin beneidet.
2. Alle Mädchen beneideten Helene _____ ihr Aussehen.
3. Man beneidete sie dar_____, so hübsche Beine zu haben.

benennen – benannte – hat benannt
1. Er konnte keinen einzigen Zeugen _____.
2. Die Straße hat man _____ dem Komponisten benannt.

benutzen – benutzte – hat benutzt
(= benützen – benützte – hat benützt)
1. Der Torjäger benutzte d_____ gut_____ Gelegenheit für ein Tor.
2. Er benutzt den Raum _____ Besenkammer.
3. Sie hat die Strohhalme _____ Basteln benutzt.

beobachten – beobachtete – hat beobachtet
1. Sie beobachtete den Einbrecher _____ dem Einbruch.
2. Sie hat _____, wie er in die Wohnung einbrach.

beraten (berät) – beriet – hat beraten
1. Der Steuerberater hat seinen Klient_____ beraten.
2. Er hat die Baupläne _____ seinem Architekten beraten.
3. Man hat mich _____ dieser Angelegenheit gut beraten.

berauben – beraubte – hat beraubt
1. Die Posträuber hatten einen Geldtransport _____.
2. Das kostbare Parfüm beraubte ihn sein_____ Sinne.

bereitstehen – stand bereit – hat bereitgestanden
1. Die Scharfschützen stehen _____ .
2. Die finanziellen Mittel für das Projekt haben _____.

bereitstellen – stellte bereit – hat bereitgestellt
Die Bank hat das Geld _____ die Sanierung bereitgestellt.

bergen (birgt) – barg – hat geborgen
1. Der Schatz konnte aus dem Wrack _____ werden.
2. Die Bergwacht hat den verletzten Kletterer _____ können.

berichten – berichtete – hat berichtet
1. Gerhard hat viel_____ Neuigkeiten berichtet.
2. Er berichtete dem Polizisten _____ dem Unfall.
3. Felix berichtete seiner Frau _____ den Unfall.
4. Er berichtete mir, _____ es zu dem Unfall kam.

bersten (birst) – barst – ist geborsten
Das Faß _____ geborsten, als es zu Boden fiel.

berücksichtigen – berücksichtigte – hat berücksichtigt
1. Wir können verspätet_____ Anträge nicht mehr berücksichtigen.
2. Man muß d_____ Ruhebedürfnis kranker Menschen berücksichtigen.
3. Das Urteil berücksichtigte, _____ er keine Vorstrafen hatte.

berufen – berief – hat berufen
1. Man berief ihn _____ obersten Richter.
2. Er beruft sich _____ das Urteil des Obersten Gerichts.

beruhen – beruhte – hat beruht
Sympathie beruht oft _____ Gegenseitigkeit.

beruhigen – beruhigte – hat beruhigt
1. Ein Bier am Abend _____ meistens.
2. Der Tierarzt hat den Löwen _____ einer Spritze beruhigt.
3. Es beruhigt mich, dich gesund _____ sehen.
4. Der Sturm und die See haben _____ beruhigt.

beschädigen – beschädigte – hat beschädigt
Er hat mir mein_____ link_____ hinter_____ Kotflügel beschädigt.

beschaffen – beschaffte – hat beschafft
1. Das Arbeitsamt hat ihm eine Stelle_____.
2. Er hat sich auf dem Schwarzmarkt einen Paß_____.
3. Wie ist der Gegenstand_____? (= Adj.)

beschäftigen – beschäftigte – hat beschäftigt
1. Das Unternehmen beschäftigt viel_____ Teilzeitkräfte.
2. Meine Sorgen beschäftigen _____ die ganze Nacht über.
3. Max beschäftigt sich seit einiger Zeit _____ Computern.

bescheißen* – beschiß – hat beschissen
1. Er bescheißt _____ Skatspiel.*
2. Du kannst einem leid tun. Du bist ganz schön _____ dran.* (= Adv.)

beschimpfen – beschimpfte – hat beschimpft
Die Fußballfans beschimpften d_____ Schiedsrichter.

beschließen – beschloß – hat beschlossen
1. Die Firmenleitung beschloß _____ Schließung des Werks.
2. Die Tarifpartner beschlossen, die Gehälter _____ erhöhen.
3. Es wurde beschlossen, _____ die Gehälter angehoben werden.

beschränken – beschränkte – hat beschränkt
1. Die Ausgangssperre hat die Bewegungsfreiheit_____.
2. Der Redner hat sich _____ wenige Sätze beschränkt.

beschreiben – beschrieb – hat beschrieben
1. Margot beschrieb _____ Polizei den Täter.
2. Sie beschrieb genau, _____ der Täter aussah.
3. Er hat die Tafel _____ lauter neuen Vokabeln beschrieben.

beschuldigen – beschuldigte – hat beschuldigt
1. Man beschuldigte ihn d_____ Korruption.
2. Sie beschuldigte ihr_____ Mann, daß er fremdgegangen wäre.
3. Er beschuldigte sie, das Geld unterschlagen _____ haben.

beschützen – beschützte – hat beschützt
1. Ein Schutzengel hat das Mädchen _____.
2. Er hat das Kind _____ dem sicheren Tod beschützt.

beschweren – beschwerte – hat beschwert
1. Er beschwerte die Papiere _____ einem Briefbeschwerer.
2. Maria beschwerte sich _____ Chef über die Belästigungen.

besetzen – besetzte – hat besetzt
1. Ich habe bereits diese beid_____ Stühle besetzt.
2. Die Hausbesetzer haben viel_____ leerstehend_____ Häuser besetzt.
3. Die ausgeschriebene Stelle wird _____ einem Experten besetzt.
4. Das Telefon ist seit einer Stunde _____. (= Adj.)

besichtigen – besichtigte – hat besichtigt
Der Versicherungsvertreter besichtigt _____ Schaden.

besinnen – besann – hat besonnen
1. Cordula hat sich ein_____ Besseren besonnen.
2. Einen Tag vor der Hochzeit besann sie _____ anders.
3. Ich besinne mich nicht, den Namen bereits gehört _____ haben.
4. Sie sollte sich _____ ihre Pflichten als Hausfrau besinnen!
5. Ich kann mich nicht dar_____ besinnen, ihn getroffen zu haben.

besitzen – besaß – hat besessen
Der Milliardär besaß mehrer_____ Luxusjachten.

besorgen – besorgte – hat besorgt
1. Das Kindermädchen besorgt auch _____ Haushalt.
2. Kannst du mir ein neu_____ Antragsformular besorgen?

besprechen (bespricht) – besprach – hat besprochen
1. Ich würde gern mal meine Pläne _____ Ihnen näher besprechen.
2. Die Toncassette wurde von einem Schauspieler _____.

bestehen – bestand – hat bestanden
1. Werner hat sein_____ Prüfungen mit Ach und Krach bestanden.
2. Es besteht kein_____ Hoffnung mehr.
3. Ich bestehe _____ deinem pünktlichen Erscheinen.

4. Jeder muß einmal vor sein———— Gott bestehen.
5. Die Flasche besteht ———— Glas.
6. Die Neuerung besteht in ein———— technisch———— Fortentwicklung.
7. Die Burg besteht schon ———— einem Jahrtausend.

bestehenbleiben – blieb bestehen – ist bestehengeblieben
1. Wirkliche Kunst bleibt ————————————.
2. Unsere Freundschaft wird hoffentlich ————————————.

besteigen – bestieg – hat bestiegen
1. Er bestieg d———— Mount Everest.
2. Der Reiter hat sein Pferd ————————————.
3. Der Hahn besteigt d———— Henne.

bestellen – bestellte – hat bestellt
1. Er bestellt die Ware ———— Großhändler.
2. Der Chef bestellt seine Arbeiter ———— die Baustelle.
3. Im Frühjahr wird ———— Feld bestellt.
4. Ich bestelle mein———— Freundin eine Cola.
5. Sie bestellte ihm, ———— seine Großmutter krank sei.
6. Du sitzt da wie ———— und nicht abgeholt!*

bestimmen – bestimmte – hat bestimmt
1. Der Richter bestimmt d———— nächst———— Verhandlungstermin.
2. Der König bestimmte ihn ———— seinem Berater.
3. Die Abgeordneten bestimmen selbst über d———— Höhe der Diäten.

bestrafen – bestrafte – hat bestraft
Er wird ———— seine Verbrechen bestraft.

bestreiten – bestritt – hat bestritten
1. Dein———— Darstellung möchte ich entschieden bestreiten.
2. Ich bestreite, ———— das so stimmt, wie du behauptest.
3. Er bestreitet sein———— Unterhalt durch Bettelei.
4. Die Versicherung muß all———— Reparaturkosten bestreiten.

besuchen – besuchte – hat besucht
Sonja besuchte behindert———— Kinder im Heim.

beteiligen – beteiligte – hat beteiligt
1. Unsere Firma beteiligt alle Mitarbeiter ———— Gewinn.
2. Linda will ———— an einem Schönheitswettbewerb beteiligen.

beten – betete – hat gebetet
1. Die Gemeinde betete ———— Gott.
2. Man betete ———— den Weltfrieden.

144

beteuern – beteuerte – hat beteuert
1. Der Verkehrssünder hat sein_____ Unschuld beteuert.
2. Er beteuerte sein_____ Freundin seine Treue zu ihr.
3. Sie beteuerte, _____ sie das Geld nicht gestohlen hatte.

betrachten – betrachtete – hat betrachtet
1. Er betrachtet d_____ untergehend_____ Sonne.
2. Man muß das Rauchen _____ krebsfördernd betrachten.
3. Lutz betrachtet ihre Hausarbeit _____ reines Vergnügen.

betragen (beträgt) – betrug – hat betragen
1. Die Breite beträgt ein_____ Meter.
2. Ein Lichtjahr _____ 9,461 Billionen Kilometer.
3. Er beträgt s_____ Fremden gegenüber etwas schüchtern.

betrauen – betraute – hat betraut
1. Man betraute ihn _____ einer verantwortungsvollen Tätigkeit.
2. Der Chef hat sie damit betraut, die Blumen _____ überreichen.

betrauern – betrauerte – hat betrauert
Man betrauert d_____ viel_____ Opfer der Flugzeugkatastrophe.

betreffen (betrifft) – betraf – hat betroffen
1. Der Streik _____ auch die Müllabfuhr.
2. Was mich _____, so bin ich damit nicht einverstanden.
3. Er reagierte nachdenklich und _____. (= Adv.)
4. Sind Sie auch _____ der Kündigung betroffen? (= Adj.)

betreiben – betrieb – hat betrieben
1. Er hat ein klein_____ Geschäft in der Seestraße betrieben.
2. Er betrieb ein_____ schwunghaft_____ Handel mit falschen Pässen.

betreten (betritt) – betrat – hat betreten
Der Lehrer hat d_____ Klassenzimmer betreten.

betrinken – betrank – hat betrunken
1. Theo hat _____ wieder einmal sinnlos betrunken.
2. Im Bierzelt _____ viele betrunken. (= Adj.)

betrügen – betrog – hat betrogen
1. Robert betrügt sein_____ Ehefrau.
2. Er betrog seinen Kumpan _____ dessen Anteil an der Beute.

betteln – bettelte – hat gebettelt
Er hat dort gesessen und _____ Geld gebettelt.

beunruhigen – beunruhigte – hat beunruhigt
1. Das Gewitter beunruhigte d_____ Vieh im Stall.
2. Du hast mich _____ deiner schlechten Nachricht beunruhigt.
3. Die Regierung ist _____ die Zunahme der Inflation beunruhigt.

beurteilen – beurteilte – hat beurteilt
1. Ich kann d———— Qualität von Tabak schlecht beurteilen.
2. Bei uns wird man nur ———— seiner Leistung beurteilt.
3. Man beurteilte seine Doktorarbeit ———— ausreichend.

bevorstehen – stand bevor – hat bevorgestanden
1. Seine Ankunft stand unmittelbar ———— .
2. Wer weiß, was uns alles im nächsten Jahrhundert ————————————?

bewahren – bewahrte – hat bewahrt
1. Er bewahrt d———— Dokumente im Tresor.
2. Eine Schutzimpfung kann dich ———— einer Grippe bewahren.

bewegen – bewog – hat bewogen
        bewegte – hat bewegt
1. Mein Freund bewegte sich ———— kriminellen Milieu.
2. Meine Gedanken haben sich ———— unsere Liebe bewegt.
3. Der Wind bewegte ———— Äste.
4. Die Blätter bewegten ———— im Wind.
5. Sein Tod hat mich sehr ———————— .
6. Die kritische Situation hat ihn zum Handeln ————————.
7. Seine Bemerkung bewog mich da———— , den Saal zu verlassen.

beweisen – bewies – hat bewiesen
Die lange Bremsspur bewies ———— Richter seine Schuld.

bewerben (bewirbt) – bewarb – hat beworben
1. Eduard bewirbt sich ———— diese Stelle.
2. Kurt hat sich ———— Personalchef beworben.

bewerten – bewertete – hat bewertet
1. Die Jury bewertet d———— Kür der Turnerin.
2. Sie bewertet ihre Leistung ———— sehr gut.

bewundern – bewunderte – hat bewundert
1. Ich bewundere ihr———— Geschicklichkeit.
2. Ich bewundere es, ———— geschickt sie ist.

bezahlen – bezahlte – hat bezahlt
1. Ich bezahle d———— bestellt———— Ware in bar.
2. Paul hat ———— einem Tausendmarkschein bezahlt.
3. Dieter bezahlt jetzt ———— das, was er angerichtet hat.
4. Er mußte für die Mutprobe ———— seinem Leben bezahlen.
5. Er hat da———— teuer bezahlen müssen, mich zu ohrfeigen.
6. Er war nicht schuld, aber er mußte d———— Zeche bezahlen.*

bezeichnen – bezeichnete – hat bezeichnet
Das kann man nur ———— eine große Dummheit bezeichnen!

beziehen – bezog – hat bezogen
1. Ilona hat die Betten _____ frischen Laken bezogen.
2. Heiner bezieht sein neu_____ Appartement.
3. Ilse bezieht ein gut_____ Gehalt.
4. Die Bundesrepublik bezieht die meisten Waren _____ der EG.
5. Ihre Antwort bezieht sich nicht _____ meine Fragestellung.

bezwingen – bezwang – hat bezwungen
1. Die Bergsteiger _____ den Mont Blanc bezwungen.
2. Er hat bei dem Wettkampf seinen Gegner _____.
3. Die Ritter haben d_____ belagerte Festung bezwingen können.
4. Sie konnte wieder mal ihre Neugier nicht _____.

biegen – bog – hat gebogen
1. Der Magier _____ die Gabel krumm.
2. Er biegt d_____ Zweige nach unten.
3. Er bog gerade _____ die Ecke, als ich an ihn dachte.
4. Die Brücke hat s_____ unter der Last gebogen.
5. Alle bogen sich _____ Lachen.*

bieten – bot – hat geboten
1. Josef kann seiner Frau kein_____ Urlaubsreise bieten.
2. Bei der Auktion hat man ihm viel _____ das Gemälde geboten.

bilden – bildete – hat gebildet
1. Die Gruppe bildet ein_____ Kreis.
2. Die Lehrerin bildet verschieden_____ Beispielsätze.
3. Man sagt, daß Lesen d_____ Verstand bildet.
4. Er ist sehr _____. (= Adj.)

binden – band – hat gebunden
1. Man hat ihn mit einem Strick _____ einen Baum gebunden.
2. Ich bin _____ und nicht mehr ledig. (= Adj.)
3. Ich kann nichts machen, mir sind die Hände _____.
4. Das sag' ich nicht. Das binde ich dir nicht _____ die Nase!*

bitten – bat – hat gebeten
1. Er bittet den Sanitäter _____ Hilfe.
2. Er bat ihn dar_____, schnell zu kommen.
3. Der soll das bezahlen. Den werden wir _____ Kasse bitten!*

blasen (bläst) – blies – hat geblasen
1. Der Wind _____ heute ganz schön stark.
2. Sein Chef hat ihm d_____ Marsch geblasen.*

bleiben – blieb – ist geblieben
1. D_____ Liebe bleibt.
2. Trotz der Erbschaft bleibe ich ein normal_____ Mensch.

3. Im Sommer bleibt _____ länger hell.
4. Trotz der schweren Verletzungen ist sie _____ Leben geblieben.
5. Das war zum Totlachen! Da blieb k_____ Auge trocken!*
6. Mach dir keine Illusionen! Bleib mal _____ dem Teppich!*
7. Bei diesem Kunden mußt du unbedingt _____ Ball bleiben!

bleibenlassen (läßt bleiben) – ließ bleiben – hat bleibenlassen
1. Mit dir wetten? Das werde ich lieber _____.
2. Laß den Blödsinn _____!*

bleichen – blich – ist geblichen
        bleichte – hat gebleicht
1. Die Farben _____ durch die Sonne geblichen.
2. Sie _____ ihre Haare gebleicht.

blicken – blickte – hat geblickt
1. Er blickt _____ Tür.
2. Der Astronom blickt _____ das Fernrohr.
3. Vater blickt _____ seine Zeitung.
4. Die ganze Welt blickte _____ die Stadt der Olympiade.

blitzen – blitzte – hat geblitzt
1. Es _____ grell geblitzt und dann krachend gedonnert.
2. Die Polizei hat d_____ Raser geblitzt.
3. Nach dem Putzen hat unser Wagen wieder _____.

blühen – blühte – hat geblüht
1. _____ Natur blüht.
2. Mein_____ Geschäfte blühen.

bluten – blutete – hat geblutet
1. D_____ Wunde blutet stark.
2. Ihm hat sein Zahnfleisch _____.

brachliegen – lag brach – hat brachgelegen
1. Die Felder liegen alle vier Jahre _____ .
2. Ein großer Teil unseres geistigen Potentials _____ brach.

braten (brät) – briet – hat gebraten
1. Deine Bratwurst _____ bereits auf dem Grill.
2. Reinhold hat die Koteletts _____ der Pfanne gebraten.

brauchen – brauchte – hat gebraucht
1. Ich brauche _____ Streichholz.
2. Gudrun braucht _____ die Hausaufgaben mehrere Stunden.
3. Du brauchst nicht _____ kommen, ich will dich nicht sehen!

brechen (bricht) – brach – hat/ist gebrochen
1. Der Pfarrer bricht d_____ Brot.
2. Ich _____ mir mein Schlüsselbein gebrochen.

3. Vorsicht, die Eisdecke ist dünn! Sie _____ leicht.
4. Er _____ durch die Eisdecke gebrochen.
5. Gerda hat _____ Versprechen gebrochen.
6. Er hat _____ der alten Tradition gebrochen.
7. Ihr war so schlecht, daß sie _____ mußte.
8. Immer mit der Ruhe! Man sollte nichts _____ Knie brechen.
9. Er hat in der Kneipe einen Streit _____ Zaun gebrochen.

bremsen – bremste – hat gebremst
1. _____ LKW bremste scharf.
2. Sie sollte _____ Temperament manchmal etwas bremsen.

brennen – brannte – hat gebrannt
1. _____ Lampe brannte den ganzen Tag.
2. Meine Haut brannte m_____ vom Meersalz und von der Sonne.
3. Er hat den Tonkrug im Brennofen _____.
4. Wir brennen dar_____ , die Fußballübertragung zu sehen.

bringen – brachte – hat gebracht
1. Der Zeitungsbote bringt mir mein_____ Morgenzeitung.
2. Du bringst mich _____ eine tolle Idee.
3. Was brachte die Polizei _____ die Spur des Täters?
4. Der Hinweis brachte die Polizei dar_____ , wer der Täter war.
5. Ich habe mein Examen glücklich hinter _____ gebracht.
6. Thomas hat es _____ seinem Beruf sehr weit gebracht.
7. Die Revolution bringt alles _____ Bewegung.
8. Er brachte die Geheimnummer _____ Erfahrung.
9. Er brachte ihr ihr Versprechen _____ Erinnerung.
10. Seine Unverschämtheit brachte mich _____ Fahrt.
11. Ohne Batterie kann man den Motor nicht _____ Gang bringen.
12. Alkohol am Steuer bringt dich und andere _____ Gefahr.
13. Die Entführer brachten den Industriellen _____ ihre Gewalt.
14. Evi bringt die Wohnung _____ Ordnung.
15. Mit den Fragen bringst du ihn ganz schön _____ Schwitzen.
16. Kaffee bringt mich morgens _____ Schwung.
17. Du bringst bei dem Streit zu viele Gefühle _____ Spiel.
18. Ein Gläschen Sekt bringt die Gäste _____ Stimmung.
19. Der Politiker wird mit der Mafia _____ Verbindung gebracht.
20. Die Rechnung brachte mich _____ Verlegenheit.
21. Seine ständige Unordnung brachte sie _____ Wut.
22. Man bringt das Unglück mit Sabotage _____ Zusammenhang.
23. Man bringt es weit _____ Fleiß und Ausdauer.
24. Ein Umzug bringt viel Arbeit _____ sich.
25. Er bringt ihn _____ sein rechtmäßiges Erbe.
26. Die Putschisten haben alle Sender _____ ihre Kontrolle gebracht.
27. Gabi hat es in ihrem Leben _____ etwas gebracht.

28. Der Kommissar brachte ihn _____ Reden.
29. Ich werde bei der Sitzung diesen Punkt _____ Sprache bringen.
30. Deine Vergeßlichkeit bringt mich noch _____ Verzweiflung.
31. Daniela brachte einen gesunden Jungen _____ Welt.
32. Ein guter Verkäufer bringt jede Ware _____ den Mann.
33. Der Spekulant hat seine Schäfchen _____ trockene gebracht.
34. Du hast einen Stein _____ Rollen gebracht.
35. Sie bringt es nicht _____ Herz, ihr Kind allein zu lassen.
36. Man kann nicht alle Interessen _____ einen Hut bringen.
37. Sein dauerndes Gemecker bringt mich _____ die Palme!*
38. Er hat ihn aus Habgier _____ die Ecke gebracht.*
39. Das mach' ich nicht! Da_____ bringen mich keine zehn Pferde!*

buchstabieren – buchstabierte – hat buchstabiert
   Johannes buchstabiert sein_____ Nachname_____ .

bügeln – bügelte – hat gebügelt
   Seit der Scheidung muß er sein_____ Hemden selbst bügeln.

bürgen – bürgte – hat gebürgt
   1. Sein Vater hat _____ den Bankkredit gebürgt.
   2. Das Produkt bürgt _____ seinem Namen für Qualität.

bürsten – bürstete – hat gebürstet
   1. Die Mutter bürstet _____ Kindern die Schuhe.
   2. Die Frau bürstet sich ihr lang_____ Haar.

D

dableiben – blieb da – ist dageblieben
   1. Bleib doch noch etwas _____ ! Ich fühle mich so allein.
   2. Sie wollte über Nacht _____ .

dahinschwinden – schwand dahin – ist dahingeschwunden
   1. Die Wasservorräte schwanden langsam _____ .
   2. Die Jugendjahre _____ schnell dahin.

dahinterkommen – kam dahinter – ist dahintergekommen
   Endlich kam sie _____ , was er vorhatte.

dahinterstecken* – steckte dahinter – hat dahintergesteckt
   1. Die Polizei wußte nicht, wer bei dem Bankraub _____ .*
   2. Er macht große Sprüche, aber es steckt nicht viel _____ .*

dalassen (läßt da) – ließ da – hat dagelassen
   Er hatte ihr für ihre Einkäufe ein paar Mark _____ .

daliegen – lag da – hat dagelegen
   1. Der Hund lag wie tot _____ .
   2. Das Meer _____ ruhig da.

danebentreffen (trifft daneben) – traf daneben – hat danebengetroffen
1. Er hat _____ Scheibenschießen weit danebengetroffen.
2. Du hast _____ deiner Vermutung völlig danebengetroffen.

danken – dankte – hat gedankt
1. Seine Großzügigkeit hat ihm niemand _____.
2. Niemand dankte es _____ , daß er so großzügig war.
3. Ich danke dir _____ dein hübsches Geschenk.
4. Wir danken Ihnen da_____ , daß Sie uns geholfen haben.

darstellen – stellte dar – hat dargestellt
1. Das Gemälde stellt ein_____ schlafend_____ Frau dar.
2. Du mußt deine Argumente deutlich _____.
3. Die Arbeit stellte s_____ schwieriger dar als erwartet.
4. Er versuchte, sich _____ besonders wichtig darzustellen.

dastehen – stand da – hat dagestanden
1. Er stand fassungslos _____ .
2. Die Firma hat im internationalen Vergleich ganz gut _____.
3. Wie _____ ich nun da!* Was sollen die Leute von mir denken?

dauern – dauerte – hat gedauert
1. Die Sommerferien haben sechs Wochen _____.
2. Das Oktoberfest dauert noch _____ zur Monatsmitte.

davonfahren (fährt davon) – fuhr davon – ist davongefahren
1. Die letzte U-Bahn ist gerade _____.
2. Mit diesem Wagen fährt er jed_____ davon.

davontragen (trägt davon) – trug davon – hat davongetragen
Er hat schwer_____ Verletzungen davongetragen.

davorstehen – stand davor – hat davorgestanden
1. Als er die Tür öffnete, hat der Nikolaus _____.
2. Die Diplomprüfung? Ich glaube, er steht kurz _____ .

dazwischenrufen – rief dazwischen – hat dazwischengerufen
Er hat während der Bundestagsdebatte _____.

debattieren – debattierte – hat debattiert
Die Parteien debattierten _____ die geplanten Reformen.

denken – dachte – hat gedacht
1. Denk _____ eine Zahl zwischen eins und zehn.
2. Ich habe mir schon gedacht, _____ du zu spät kommst.
3. Ich kann _____ schon denken, wer gewinnen wird.
4. Ich muß Tag und Nacht _____ dich denken.
5. Er hatte nicht im Traum dar_____ gedacht, im Lotto zu gewinnen.
6. Rainer denkt schlecht _____ seinen Chef.
7. Er denkt auch schlecht _____ seiner Kollegin.

dichthalten* (hält dicht) – hielt dicht – hat dichtgehalten

Hat er das Geheimnis verraten, oder hat er _____?*

dienen – diente – hat gedient

1. Der Präsident diente sein_____ Vaterland.
2. Das Eis dient _____ Kühlung.
3. Der Karton diente _____ Sitzgelegenheit.
4. Das rohe Fleisch dient d_____ Wasserschildkröten _____ Nahrung.

diktieren – diktierte – hat diktiert

1. Er diktiert sein_____ Sekretärin das Schreiben.
2. Er diktiert den Brief _____ Band.

dingen – dingte/dang – hat gedungen

Sie hatte ein_____ kaltblütigen Killer gedungen.

diskutieren – diskutierte – hat diskutiert

1. D_____ Plan wird von allen lebhaft diskutiert.
2. Die Journalisten diskutieren _____ den Wahlausgang.
3. Er diskutiert zuviel_____ seinen Kindern, statt zu handeln.

distanzieren – distanzierte – hat distanziert

Der Pressesprecher distanzierte sich _____ den Äußerungen.

dividieren – dividierte – hat dividiert

Primzahlen kann man nur _____ sich selbst oder 1 dividieren.

donnern – donnerte – hat gedonnert

1. Es _____ heute nacht laut gedonnert.
2. Er donnert mit den Fäusten _____ die Tür.
3. Der Zug donnerte _____ die Brücke.

dranbleiben – blieb daran – ist drangeblieben

1. Bleiben Sie bitte _____! Ich schau mal, ob er da ist.
2. Das Pflaster darf nicht ab! Das muß _____!

drängen – drängte – hat gedrängt

1. In dem Gewühl wurde ich zur Seite _____.
2. Die in Panik geratene Menge drängte sich _____ Notausgang.
3. Die Zeit hat sehr _____.
4. Sabine drängte ihn _____ Hochzeit, weil sie schwanger war.
5. In der Asylfrage drängte man _____ schnelle Entscheidungen.
6. Ich habe ihn mit meinen Fragen ganz schön _____ die Ecke gedrängt.*

draufgehen* – ging drauf – ist draufgegangen

1. Es war so eng. Keiner _____ mehr auf den Lastwagen drauf.*
2. Er wäre beinahe _____ dem Schußwechsel draufgegangen.*
3. Bei unserer Fete ist ein ganzes Faß Bier _____.*
4. Das ganze Geld geht bei ihm für Schnaps _____.*

draufhauen* – haute drauf – hat draufgehauen
  Vor Wut hat er ohne Rücksicht auf Verluste _____.*

draufkommen* – kam drauf – ist draufgekommen
  So ist das! Da wäre ich nie von allein _____.*

draufschlagen* (schlägt drauf) – schlug drauf – hat draufgeschlagen
  Er schlägt _____ dem Hammer drauf.*

drehen – drehte – hat gedreht
  1. Das Kamerateam dreht ein_____ Film.
  2. Ich drehe _____ meine Zigaretten selbst.
  3. Man dreht dem Gangster den Arm _____ den Rücken.
  4. Der Wind hat _____ gedreht.
  5. Die Diskussion dreht sich _____ Fragen des Mietrechts.
  6. Die Diskussion dreht sich _____ Kreise.
  7. Nach der Haft hat er bald wieder ein Ding _____.*

dreschen (drischt) – drosch – hat gedroschen
  Das Korn wird mit einer Dreschmaschine _____.

dringen – drang – hat gedrungen
  1. Die Kugel _____ ihm direkt ins Herz.
  2. Die Nachricht ist bis zu uns _____.
  3. Die Opposition hat _____ eine Gesetzesänderung gedrungen.

drohen – drohte – hat gedroht
  1. Uns drohte kein_____ Gefahr.
  2. Der Bankräuber droht d_____ Kassierer mit der Waffe.
  3. Der Chef hat ihm da_____ gedroht, ihn rauszuwerfen.
  4. Das baufällige Haus _____ zusammenzubrechen.

drucken – druckte – hat gedruckt
  1. Die interne Mitteilung wird von der Hausdruckerei _____.
  2. Charlotte druckt farbige Motive _____ ihr T-Shirt.

drücken – drückte – hat gedrückt
  1. Meine Schuhe drücken _____ vorn an den Zehen.
  2. Angelika drückt _____ den Klingelknopf.
  3. Der Direktor drückt sein_____ Mitarbeitern die Hand.
  4. Conny drückt das Baby _____ ihr Herz.
  5. Der Großhändler hat _____ Einkaufspreis gedrückt.
  6. Raffael drückt sich wieder mal _____ dem Abwasch.
  7. Sag mir ruhig mal, wo dich der Schuh _____.*

durchbrennen – brannte durch – ist durchgebrannt
  1. Die Sicherungen _____ bei dem Kurzschluß durchgebrannt.
  2. Der Junge ist sicher von zu Hause _____.*
  3. Der arme Kerl! Seine Frau ist ihm _____.*

durcheinanderkommen – kam durcheinander – ist durcheinandergekommen
1. Die Seiten waren nicht numeriert. Sie sind _____.
2. Er _____ in seinen Erinnerungen etwas durcheinandergekommen.

durchfahren – (fährt durch) – fuhr durch – ist durchgefahren
               (durchfährt) – durchfuhr – hat durchfahren
1. Wir fahren unter der Elbe _____ .
2. Mit diesem Zug können Sie bis Kiel ohne Umsteigen _____.
3. Sie durchfuhren d_____ Land kreuz und quer.
4. Bei dem schrecklichen Gedanken _____ es mich eisig.

durchführen – führte durch – hat durchgeführt
Der Inspekteur führt ein_____ unangemeldete Kontrolle durch.

durchhalten (hält durch) – hielt durch – hat durchgehalten
1. Die Gewerkschaft hielt den Streik zwei Monate _____ .
2. Den Streß _____ sie bestimmt gesundheitlich nicht durch.

durchkommen – kam durch – ist durchgekommen
1. Der Wagen des Präsidenten kommt hier _____ .
2. Er ist durch ein enges Loch im Zaun _____.
3. Der Wasserfleck ist durch die Tapete _____.
4. Es liegt zwar noch Schnee, aber die Tulpen kommen schon _____ .
5. Ich will nach Polen anrufen, aber ich komme nicht _____ .
6. Im Radio kam eine Suchmeldung _____ .
7. Der Kandidat kam erst beim zweiten Wahlgang _____ .
8. Die Ärzte hoffen, daß er trotz der Verletzungen _____.
9. Die Rentner _____ mit ihrer kleinen Rente kaum durch.
10. Mit Lügen kommst du bei mir nicht _____ !

durchnehmen (nimmt durch) – nahm durch – hat durchgenommen
In Biologie nehmen wir gerade das menschliche Skelett _____ .

durchreißen – riß durch – hat/ist durchgerissen
1. Sie hat das Hochzeitsfoto mitten _____.
2. Das Seil _____ bei der starken Belastung durchgerissen.

durchringen – rang durch – hat durchgerungen
Er konnte sich _____ keiner Entscheidung durchringen.

durchschlafen – (schläft durch) – schlief durch – hat durchgeschlafen
               (durchschläft) – durchschlief – hat durchschlafen
1. Nach der Schlaftablette habe ich die ganze Nacht _____.
2. Er _____ ausgerechnet den schönsten Teil der Strecke.

durchschneiden – schnitt durch – hat durchgeschnitten
               durchschnitt – hat durchschnitten
1. Er schnitt das Band _____. (Er _____ das Band.)

154

2. Der Gangster ———————————— das Telefonkabel.
   (... schnitt das Telefonkabel ————— .)
3. Er drohte, ihm die Kehle ————————— .
4. Die Autobahn ———————————— das Erholungsgebiet.
5. Ein Schrei ————————— die Stille.
6. Der Apfel ist ————————— .

durchstehen – stand durch – hat durchgestanden
   Nach dem Krieg haben wir schwere Zeiten ——————————— .

dürfen (darf) – durfte – hat gedurft
1. Der Rasen ————— nicht betreten werden.
2. Der Einbrecher dürfte über eine Leiter eingedrungen ————— .

duschen – duschte – hat geduscht
   Du duschst d————— schon eine Viertelstunde lang!

E

eignen – eignete – hat geeignet
   Schon wieder etwas kaputt! Ich eigne mich nicht ————— Spülen!

eilen – eilte – hat/ist geeilt
1. Die Angelegenheit ————— sehr geeilt.
2. Es hat mir ————— der Fernsehreparatur geeilt.
3. Es eilt mir sehr da————— , daß die Sache erledigt wird.
4. Liselotte ————— aus dem Haus geeilt.
5. Man ist der überfallenen Frau ————— Hilfe geeilt.

einarbeiten – arbeitete ein – hat eingearbeitet
1. Er arbeitet sein————— Nachfolger ein.
2. Sie hat s————— gut in ihre neue Stelle eingearbeitet.
3. Man arbeitete neue Übungen ————— das alte Lehrbuch ein.

einbauen – baute ein – hat eingebaut
   Das Regal wurde im Badezimmer ——————————— .

einbilden – einbildete – hat eingebildet
1. Er bildet ————— die Krankheit nur ein.
2. Als Millionär bildest du dir zuviel ————— dein Geld ein.

einbrechen (bricht ein) – brach ein – hat/ist eingebrochen
1. Man ————— heute nacht bei unserem Nachbarn eingebrochen.
2. Die Diebe ————— durchs Kellerfenster eingebrochen.
3. Er ————— ins Eis eingebrochen.
4. Der Winter ist ganz plötzlich ——————————— .

eindringen – drang ein – ist eingedrungen
1. Das Hochwasser ⎯⎯⎯⎯ in alle Keller eingedrungen.
2. Die Räuber drangen ⎯⎯⎯⎯ den Kassierer ein.
3. Der Kommissar drang mit Fragen ⎯⎯⎯⎯ ihn ein.

einfallen (fällt ein) – fiel ein – ist eingefallen
1. Die Truppen sind in das Land ⎯⎯⎯⎯⎯⎯⎯⎯ .
2. Mir ⎯⎯⎯⎯ keine passende Antwort eingefallen.
3. Niemals! Das fällt mir nicht ⎯⎯⎯⎯ Traume ein!*

einfangen (fängt ein) – fing ein – hat eingefangen
1. Sie fing die ausgebrochenen Pferde ⎯⎯⎯⎯ .
2. Der Maler hat die Stimmung auf seinem Bild gut ⎯⎯⎯⎯⎯⎯ .
3. Ich hab' mir bei dem Sauwetter 'ne Erkältung ⎯⎯⎯⎯⎯⎯ .*
4. Paß auf, daß du dir keine Ohrfeige ⎯⎯⎯⎯⎯⎯ !*

einführen – führte ein – hat eingeführt
1. Die Nadel wird dem Blutspender ⎯⎯⎯⎯ die Vene eingeführt.
2. Viele Bodenschätze müssen ⎯⎯⎯⎯⎯⎯ werden.
3. Er führt mich ⎯⎯⎯⎯ die Relativitätstheorie ein.
4. Sie führte ihren neuen Freund ⎯⎯⎯⎯ ihren Eltern ein.

eingehen – ging ein – ist eingegangen
1. Die bestellte Ware ist endlich ⎯⎯⎯⎯ uns eingegangen.
2. Der Pulli ist beim Waschen ziemlich stark ⎯⎯⎯⎯⎯⎯ .
3. Meine Pflanzen sind leider eingegangen, als ich ⎯⎯⎯⎯ Urlaub war.
4. Der Dichter ist ⎯⎯⎯⎯ die Literaturgeschichte eingegangen.
5. Wir sollten ⎯⎯⎯⎯ seinen Vorschlag eingehen.
6. Sei vorsichtig, wenn du ⎯⎯⎯⎯ ihm einen Vertrag eingehst!
7. Sie geht ein⎯⎯⎯⎯ Ehe mit einem Ausländer ein.

eingreifen – griff ein – hat eingegriffen
1. Die Luftwaffe hat ⎯⎯⎯⎯ die Kampfhandlungen eingegriffen.
2. Er hat mehrmals in die Diskussion ⎯⎯⎯⎯⎯⎯ .

einigen – einigte – hat geeinigt
1. Er hat sich glücklicherweise ⎯⎯⎯⎯ ihm geeinigt.
2. Sie einigten sich über d⎯⎯⎯⎯ Kaufpreis.
3. Sie einigten sich ⎯⎯⎯⎯ einen Kompromiß.

einkaufen – kaufte ein – hat eingekauft
1. Die Hausfrau kauft frisch⎯⎯⎯⎯ Gemüse ein.
2. Er kauft sich ⎯⎯⎯⎯ das Geschäft seines Vaters ein.

einladen (lädt ein) – lud ein – hat eingeladen
1. Ich lade mein⎯⎯⎯⎯ Freundin in die Oper ein.
2. Lisa lädt mich ⎯⎯⎯⎯ Essen ein.

einlassen (läßt ein) – ließ ein – hat eingelassen
1. Der Butler _____ die Gäste eingelassen.
2. Ich habe schon das Wasser _____ die Wanne eingelassen.
3. Du solltest dich nicht _____ Fremden einlassen.
4. Obwohl er kaum Zeit hat, läßt er sich _____ ein Gespräch ein.

einlegen – legte ein – hat eingelegt
1. Mutter hat saure Gurken _____.
2. Man legte heftigen Protest _____ den Beschluß ein.
3. Gegen d_____ Beschluß mußt du rechtzeitig Widerspruch einlegen.

einnehmen (nimmt ein) – nahm ein – hat eingenommen
1. Der Schrank nimmt d_____ ganzen Platz im Flur ein.
2. Ihre Truppen haben die Stadt _____.
3. Am verkaufsoffenen Samstag haben wir viel Geld _____.
4. Sie nimmt zur Vorbeugung gegen Malaria Tabletten _____ .
5. Er nahm eine abwartende Haltung _____ .
6. Die Diskussion nahm auf der Tagung ein_____ breiten Raum ein.
7. Der ist ziemlich von s_____ eingenommen, der arrogante Kerl!*

einpacken – packte ein – hat eingepackt
1. Können Sie das Geschenk _____ Geschenkpapier einpacken?
2. Wenn du das nicht mal weißt, kannst du _____.*

einreiben – rieb ein – hat eingerieben
1. Sie reibt d_____ Salbe in die Haut ein.
2. Er reibt das Leder _____ Schuhcreme ein.
3. Man sollte sich im Hochgebirge mit Sonnenöl _____.

einreißen – riß ein – hat eingerissen
1. Man hat das alte Stadtviertel _____.
2. Fernsehen beim Essen? Das laß ich gar nicht erst _____!*

einschlafen (schläft ein) – schlief ein – ist eingeschlafen
1. Der Nachtportier _____ eingeschlafen.
2. _____ sind meine Füße eingeschlafen.*
3. Unsere Brieffreundschaft ist mit der Zeit _____.

einschlagen (schlägt ein) – schlug ein – hat eingeschlagen
1. Vor Eifersucht hat er d_____ Tür eingeschlagen.
2. Man hatte ihm die Zähne _____.
3. Er schlägt einen Nagel _____ die Wand ein.
4. Der Blitz hat _____ die alte Buche eingeschlagen.
5. Sie schlägt alle ihre neuen Bücher _____ Papier ein.
6. Er hat mit dem Stock _____ das Pferd eingeschlagen.
7. Der Reiseführer schlug einen anderen Weg _____ .
8. _____ ein, die Wette gilt!
9. Die Regierung schlug ein_____ neuen Kurs in dieser Frage ein.

10. Er schlägt d——— Laufbahn eines Berufssoldaten ein.
11. Die Nachricht hatte wie eine Bombe ————————————.
12. Mir ist's egal; die sollen sich ruhig d——— Köpfe einschlagen.*

einschließen – schloß ein – hat eingeschlossen
1. Jeden Abend schließt er den Kassenbetrag ——————— den Tresor ein.
2. Die Belagerer haben d——— Stadt eingeschlossen.
3. Das Urteil schloß viel——— Interpretationsmöglichkeiten ein.

einschreiben – schrieb ein – hat eingeschrieben
Der Ausländer schreibt sich ——————— den Deutschkurs ein.

einschreiten – schritt ein – ist eingeschritten
Die Polizei ist ——————— die Rowdys eingeschritten.

einschüchtern – schüchterte ein – hat eingeschüchtert
1. Die fremde Umgebung hat das kleine Kind ————————————.
2. Er schüchterte die Flugzeugbesatzung ——————— einer Attrappe ein.

einsehen (sieht ein) – sah ein – hat eingesehen
1. Man kann das Zimmer von draußen nicht ————————————.
2. Er hat seine Personalakte ————————————.
3. Warum willst du deinen Fehler nicht ————————————?

einsenden – sandte ein – hat eingesandt
1. Ich habe d——— Bestellformular eingesandt.
2. Er hat den Leserbrief ——————— seine Tageszeitung eingesandt.

einsetzen – setzte ein – hat eingesetzt
1. Sie müssen das richtige Verb ————————————.
2. Nach dem Konzert setzte ein brausend——— Beifall ein.
3. Man setzte Hunde ——————— Rettung der Verschütteten ein.
4. Er hat seine ganze Erfahrung ——————— uns eingesetzt.

einspringen – sprang ein – ist eingesprungen
Herr Lange ist ——————— seinen kranken Kollegen eingesprungen.

einstehen – stand ein – hat eingestanden
1. Die Versicherung will nicht ——————— den Schaden einstehen.
2. Ich kann nicht da——— einstehen, daß die Kalkulation stimmt.

einsteigen – stieg ein – ist eingestiegen
1. Sophie steigt ——————— die Straßenbahn ein.
2. Er ist ganz groß ——————— den Drogenhandel eingestiegen.

einstellen – stellte ein – hat eingestellt
1. Er hat d——— Skibindung richtig eingestellt.
2. Die Zündung mußte ——————————— werden.
3. Man stellte in der Firma ein——— neuen Geldboten ein.

4. Die Zeitung hat d_____ Erscheinen eingestellt.
5. Nach der Operation haben s_____ Komplikationen eingestellt.
6. Sie kann sich nicht _____ seine Gewohnheiten einstellen.

einteilen – teilte ein – hat eingeteilt
1. Er teilte sein_____ Lebensmittel wegen der Knappheit ein.
2. Die Bundesländer hat man _____ Gemeinden eingeteilt.
3. Er wurde _____ Arbeitsdienst eingeteilt.

eintragen (trägt ein) – trug ein – hat eingetragen
1. Sie trägt ihr_____ Namen in die Liste ein.
2. Er trug s_____ ins Goldene Buch der Stadt ein.
3. Die Firma ist im Handelsregister _____.
4. Die Rede hat ihm viel Kritik _____.

eintreffen (trifft ein) – traf ein – ist eingetroffen
1. Ihr angemeldeter Besucher ist soeben _____.
2. Die vorhergesagte Katastrophe traf nicht _____ .

eintreten (tritt ein) – trat ein – hat/ist eingetreten
1. Der Feuerwehrmann _____ die Tür eingetreten.
2. Er hat s_____ einen Nagel in den Fuß eingetreten.
3. Der Dirigent tritt _____ den Saal ein.
4. Er _____ in die Partei eingetreten.
5. Die Verhandlungen sind _____ eine längere Pause eingetreten.
6. Es ist keine Besserung seines Krankheitszustandes _____.
7. Man sollte _____ seine Freunde eintreten.

einweisen – wies ein – hat eingewiesen
1. Sie hat das Auto in die Parklücke _____.
2. Man hat den Neuen _____ seine Aufgaben eingewiesen.

einwenden – wandte ein – hat eingewandt
        wendete ein – hat eingewendet
Er hatte nichts _____ meinen Vorschlag einzuwenden.

einwilligen – willigte ein – hat eingewilligt
Sie wollte nicht _____ die Scheidung einwilligen.

einzahlen – zahlte ein – hat eingezahlt
1. Sie zahlt das Geld _____ ihr Sparkonto ein.
2. Hast du d_____ Miete schon eingezahlt?

einziehen – zog ein – hat/ist eingezogen
1. Die Fischer haben die Netze _____.
2. Der Hund _____ den Schwanz ein und machte sich davon.
3. Als er fotografiert wurde, _____ er den Bauch ein.
4. Sie zieht ein Gummi _____ den Pyjama ein.
5. Der Architekt will eine Zwischenwand _____ lassen.

6. Die Notenbank hat d———— alten Geldscheine eingezogen.
7. Das Gericht hat sein ganz———— Vermögen eingezogen.
8. Man hatte ihn ———— Luftwaffe eingezogen.
9. Die Sonnenmilch zieht schnell ———— die Haut ein.
10. Wir sind in unsere neue Wohnung ————————.
11. Die Olympiasportler ———— ins Stadion eingezogen.
12. Die fremden Truppen zogen in die eroberte Stadt ————.
13. Er ist als Abgeordneter ———— Parlament eingezogen.

ekeln – ekelte – hat geekelt
　　Sie hat sich schon immer ———— Spinnen geekelt.

empfangen (empfängt) – empfing – hat empfangen
　　1. Der Bürgermeister empfing d———— Delegation.
　　2. Der Soldat hat ein———— Befehl empfangen.
　　3. Der Sender ist schlecht ———— empfangen.
　　4. Sie hat ———— ihm ein Kind empfangen.

empfehlen (empfiehlt) – empfahl – hat empfohlen
　　1. Der Arzt empfahl d———— Politiker eine Abmagerungskur.
　　2. Es empfiehlt s———— nicht, mit dem Rauchen zu beginnen.

empfinden – empfand – hat empfunden
　　1. Durch die Betäubung empfindet sie kein———— Schmerz.
　　2. Sie empfindet seine Hilfe ———— wohltuend.
　　3. Er ist uns egal. Wir empfinden nichts ———— ihn.
　　4. Er empfindet Achtung ———— älteren Menschen.

entbinden – entband – hat entbunden
　　1. Sie hat ein gesund———— Baby entbunden.
　　2. Der Geschäftsführer wurde ———— seiner Tätigkeit entbunden.

entbrennen – entbrannte – ist entbrannt
　　1. Romeo entbrannte ———— heißer Liebe zu Julia.
　　2. Ein heftiger Streit ———— zwischen den Parteien.
　　3. Ein blutiger Kampf ist ———— den Stützpunkt entbrannt.

entdecken – entdeckte – hat entdeckt
　　1. Die Kinder entdecken ein———— Geheimgang.
　　2. Kolumbus ———— Amerika.

enterben – enterbte – hat enterbt
　　Der Bauer hat sein———— ältesten Sohn enterbt.

entfliehen – entfloh – ist entflohen
　　Der Bankräuber konnte sein———— Verfolgern entfliehen.

entgegenkommen – kam entgegen – ist entgegengekommen
1. Seine Traumfrau kam _____ lächelnd entgegen.
2. Kannst du mir ein Stück _____?
3. Das kommt meinen Plänen sehr _____ .
4. Wir kommen Ihren Zahlungswünschen gern _____.

entgegnen – entgegnete – hat entgegnet
1. Er entgegnete d_____ Richter, daß er unschuldig sei.
2. Er konnte ihm _____ seine Frage nichts entgegnen.

entgehen – entging – ist entgangen
1. Er ist sein_____ gerechten Bestrafung nicht entgangen.
2. Die Fußballübertragung darfst du d_____ nicht entgehen lassen.

enthalten (enthält) – enthielt – hat enthalten
1. In Vollkornbrot _____ viele Ballaststoffe enthalten. (= Adj.)
2. Die Mehrwertsteuer _____ nicht im Preis enthalten. (= Adj.)
3. Das Buch _____ viele hübsche Illustrationen.
4. Der Abgeordnete _____ sich der Stimme enthalten.

entkommen – entkam – ist entkommen
1. Der Terrorist ist d_____ Polizei entkommen.
2. Die Ausbrecher _____ aus dem Gefängnis entkommen.
3. Er ist _____ die belgische Grenze entkommen.
4. Er ist nur knapp dem Tode _____ .

entlassen (entläßt) – entließ – hat entlassen
1. Die Firma _____ viele Mitarbeiter entlassen.
2. Er wurde _____ dem Gefängnis entlassen.
3. Der Lehrer entläßt die Klasse _____ die Pause.

entlasten – entlastete – hat entlastet
1. Ein Stock entlastet d_____ Hüftgelenke beim Gehen.
2. Der Zeuge entlastete d_____ Angeklagten.
3. Die Zeugenaussage entlastete ihn _____ dem schweren Verdacht.

entlaufen (entläuft) – entlief – ist entlaufen
Unsere Katze ist uns _____ .

entnehmen (entnimmt) – entnahm – hat entnommen
1. Er hat den Betrag _____ der Portokasse entnommen.
2. Er entnahm die Geldscheine ein_____ dicken Umschlag.

entrinnen – entrann – ist entronnen
Mit knapper Not sind die Bergsteiger d_____ Tod entronnen.

entscheiden – entschied – hat entschieden
1. _____ Los soll entscheiden.
2. Wir mußten uns _____ ein Urlaubsziel entscheiden.
3. Er hatte sich ganz plötzlich _____ Aufbruch entschieden.
4. Wegen Geldmangels hat er sich _____ den Kauf entschieden.
5. Der Schiedsrichter entscheidet _____ einen Strafstoß.
6. Das Wetter entscheidet dar_____ , ob wir einen Ausflug machen.

entschließen – entschloß – hat entschlossen
1. Nina entschließt sich _____ den netteren Bewerber.
2. Er entschließt sich _____ einem Urlaub an der See.
3. Ich bin fest da_____ entschlossen, die Stelle zu kündigen.

entschuldigen – entschuldigte – hat entschuldigt
1. Ich kann sein unhöflich_____ Verhalten kaum entschuldigen.
2. Christian entschuldigt sich _____ seine Unordnung.
3. Heide entschuldigt sich da_____ , daß sie wieder zu spät kommt.
4. Für dein unhöfliches Benehmen solltest du dich _____ ihr entschuldigen.

entsinnen – entsann – hat entsonnen
Ich konnte mich nicht mehr entsinnen, _____ er hieß.

entsprechen (entspricht) – entsprach – hat entsprochen
1. Der Bewerber entsprach voll und ganz unser_____ Erwartungen.
2. Die Behörde entsprach mein_____ Antrag.

entstehen – entstand – ist entstanden
1. An dieser Stelle _____ ein neues Gebäude entstanden.
2. _____ einer flüchtigen Bekanntschaft ist eine Ehe entstanden.

enttäuschen – enttäuschte – hat enttäuscht
1. Der Film hat mein_____ Freund sehr enttäuscht.
2. Ich war _____ , daß du nicht kommen konntest.
3. Wir waren _____ eure Absage sehr enttäuscht. (= Adj.)

entweichen – entwich – ist entwichen
1. Er _____ mit der Beute ins Ausland entwichen.
2. Aus den Ventilen ist radioaktiver Wasserdampf _____ .

entwickeln – entwickelte – hat entwickelt
1. Das Fotolabor hat die Filme _____ .
2. Die Sonneneinstrahlung entwickelte groß_____ Wärme.
3. Ich würde gern unser_____ Chef meine neuen Ideen entwickeln.
4. Nach der Hochzeit entwickelte er sich _____ einem Tyrannen.

entzweigehen – ging entzwei – ist entzweigegangen
Das Weinglas _____ entzweigegangen.

erbarmen – erbarmte – hat erbarmt
Gott hat sich d_____ Menschen erbarmt.

erbauen – erbaute – hat erbaut
1. Wer erbaute d_____ Turm von Babylon?
2. Nach Feierabend erbaut er sich _____ klassischer Musik.

erben – erbte – hat geerbt
1. Er hat d_____ Hof seines Vaters geerbt.
2. Sie hat ihre Schönheit _____ ihrer Mutter geerbt.

erblicken – erblickte – hat erblickt
1. Plötzlich erblickte er einen Fremd_____ vor sich.
2. Man erblickte _____ der Elektrizität einen Fortschritt.

ereignen – ereignete – hat ereignet
Die Geschichte ereignete _____ vor einigen Jahren.

erfahren (erfährt) – erfuhr – hat erfahren
1. Das Kind hat viel Zuwendung _____.
2. Gerd hat die Neuigkeiten _____ mir erfahren.

erfinden – erfand – hat erfunden
1. Du brauchst _____ Rad nicht noch einmal zu erfinden.
2. Margit hat diese Geschichte nur _____.

erfragen – erfragte – hat erfragt
Das demoskopische Institut erfragt d_____ Meinung der Leute.

erfreuen – erfreute – hat erfreut
1. Die Großmutter erfreut sich _____ den alten Fotos.
2. Tanzen erfreut sich wieder groß_____ Beliebtheit.
3. Du kannst sie _____ einer Schachtel Pralinen erfreuen.

erfrieren – erfror – hat/ist erfroren
1. Er hat s_____ die Füße erfroren.
2. Der Obdachlose ist unter einer Brücke _____.
3. Die Zimmerpflanzen _____ mir auf dem Balkon erfroren.
4. Sein Lächeln erfror ihm _____ den Lippen.

ergeben (ergibt) – ergab – hat ergeben
1. Die Bilanz ergab ein_____ hoh_____ Verlust.
2. Seine Unschuld ergab sich _____ einem sicheren Alibi.
3. Die Truppen ergaben s_____ dem Gegner.
4. Sie hat sich _____ ihr Schicksal ergeben.

erhalten (erhält) – erhielt – hat erhalten
1. Der Finder erhält ein_____ hohe Belohnung.
2. Kleine Geschenke erhalten d_____ Freundschaft.

erheben – erhob – hat erhoben

1. Alle hatten d_____ Glas erhoben.
2. Der Dicke erhob sich langsam _____ dem Sessel.
3. Das Volk hat sich _____ die Regierung erhoben.
4. Es wurde Anklage _____ den Beamten erhoben.

erholen – erholte – hat erholt

1. Der Minister erholt sich _____ den Reisestrapazen.
2. Wir haben _____ im Urlaub prächtig erholt.

erinnern – erinnerte – hat erinnert

1. Der Geruch von Äpfeln erinnert mich _____ mein_____ Kindheit.
2. Ich kann m_____ nicht mehr an sein Gesicht erinnern.
3. Erinnern Sie bitte Ihr_____ Bruder an unsere Verabredung.

erkälten – erkältete – hat erkältet

Zieh dir was Warmes an; du erkältest _____ sonst!

erkämpfen – erkämpfte – hat erkämpft

1. Der Sportler erkämpfte d_____ Goldmedaille.
2. Wir mußten _____ diesen Sieg schwer erkämpfen.

erkennen – erkannte – hat erkannt

1. Ich erkenne erst jetzt d_____ ganze Ausmaß des Schadens.
2. Ich erkenne ihn _____ sein_____ sächsischen Tonfall.
3. Du erkennst ihn dar_____ , daß er eine Baskenmütze trägt.
4. Der Richter erkannte _____ mildernde Umstände.

erklären – erklärte – hat erklärt

1. Elke hat ihm d_____ Mathematikaufgabe erklärt.
2. Der Parteivorsitzende erklärte sein_____ Rücktritt.
3. Die Regierung erklärt _____ Nachbarland _____ Krieg.
4. Das Gericht erklärte ihn _____ unzurechnungsfähig.

erkundigen – erkundigte – hat erkundigt

1. Ich habe m_____ beim Pförtner erkundigt, wo sein Büro war.
2. Ein fremder Herr hat sich _____ dir erkundigt.

erlassen (erläßt) – erließ – hat erlassen

1. Die Bundesregierung hat ein neu_____ Gesetz erlassen.
2. Wegen guter Führung _____ man ihm den Rest der Strafe erlassen.

erlauben – erlaubte – hat erlaubt

1. Sie erlaubt ihr_____ Kind, den ganzen Tag fernzusehen.
2. Meine Zeit erlaubt kein_____ weiter_____ Besuchstermin.
3. Er ist dümmer, _____ die Polizei erlaubt.*

erleben – erlebte – hat erlebt

1. Ich habe den Zweit_____ Weltkrieg nicht mehr erlebt.
2. Er wird sein blau_____ Wunder erleben.*

ermahnen – ermahnte – hat ermahnt
Der Richter hat den Zeugen ＿＿＿＿＿ Wahrheit ermahnt.

ernennen – ernannte – hat ernannt
Der Präsident ernannte ihn ＿＿＿＿＿ Bundesrichter.

eröffnen – eröffnete – hat eröffnet
1. Man eröffnete ＿＿＿＿＿ Berliner Festwochen.
2. Esther hat eine Boutique in der Bahnhofstraße ＿＿＿＿＿＿＿＿＿.
3. Er eröffnete sein＿＿＿ Frau, daß er ein Verhältnis hatte.

erregen – erregte – hat erregt
1. Die Abtreibungsdiskussion erregte d＿＿＿ Gemüter.
2. Niemand hat sich ＿＿＿＿＿ die Straßenmusikanten erregt.

erreichen – erreichte – hat erreicht
1. Ich habe gerade noch die Maschine nach Bremen ＿＿＿＿＿＿＿＿.
2. Der Notruf hat ein ander＿＿＿ Schiff erreicht.
3. Er hat ＿＿＿＿＿ erreicht, Olympiasieger zu werden.

erringen – errang – hat errungen
Unsere Mannschaft hat ein＿＿＿ Sieg errungen.

erscheinen – erschien – ist erschienen
1. Der Dirigent ＿＿＿＿＿ im Frack.
2. Der Schüler ＿＿＿＿＿ nicht zum Unterricht erschienen.
3. Er bemühte sich, ruhig ＿＿＿＿＿ erscheinen.
4. Die Zeitschrift ＿＿＿＿＿＿＿ monatlich.
5. Seine Verurteilung erschien ＿＿＿＿＿ wie ein böser Traum.

erschießen – erschoß – hat erschossen
Der Jäger hat d＿＿＿ Reh erschossen.

erschlagen (erschlägt) – erschlug – hat erschlagen
1. Kain hat sein＿＿＿ Bruder Abel erschlagen.
2. Nach der langen Fahrt war er völlig ＿＿＿＿＿＿＿.* (= Adj.)

erschrecken – erschreckte – hat erschreckt
　　　　　　　erschrak – ist erschrocken
1. Die Gasexplosion ＿＿＿＿＿＿ die Hausbewohner.
2. Der Hund hat das kleine Mädchen ＿＿＿＿＿＿.
3. Die Frau erschrak ＿＿＿＿＿ die schlimme Nachricht.
4. Das Kind ist ＿＿＿＿＿ dem Hund erschrocken.
5. Axel erschrak dar＿＿＿ , wie alt Florian geworden war.

ersehen (ersieht) – ersah – hat ersehen
Sie können seinen Wohnsitz ＿＿＿＿＿ der Akte ersehen.

ersetzen – ersetzte – hat ersetzt
Er ist ＿＿＿＿＿ niemanden zu ersetzen.

erstarren – erstarrte – ist erstarrt

Sie war _____ Schreck erstarrt.

erstrecken – erstreckte – hat erstreckt

1. Das Flußdelta erstreckt s_____ über viele Quadratkilometer.
2. Die Wehrpflicht erstreckt sich _____ alle jungen Männer.

ersuchen – ersuchte – hat ersucht

Das Gericht wurde _____ eine Terminverschiebung ersucht.

ertragen (erträgt) – ertrug – hat ertragen

1. Den Anblick von Schlangen konnte sie nicht _____.
2. Er kann _____ nicht ertragen, wenn man über seine Nase spricht.

ertrinken – ertrank – ist ertrunken

Bei dem Schiffsunglück _____ viele Passagiere ertrunken.

erwachen – erwachte – ist erwacht

1. Der Tag _____ erwacht, und die Vögel singen.
2. Er erwachte _____ tiefer Bewußtlosigkeit.
3. Sie ist _____ dem Lärm auf der Straße erwacht.

erwägen – erwog – hat erwogen

Man hat eine Verschärfung der Gesetze _____.

erwarten – erwartete – hat erwartet

1. Man erwartet heute abend ein schwer_____ Gewitter.
2. Ich erwarte _____ dir, daß du dich entschuldigst.

erweisen – erwies – hat erwiesen

1. Das Ganze erwies sich _____ ein Phantasieprodukt.
2. Man hat ihm d_____ letzte Ehre erwiesen.

erweitern – erweiterte – hat erweitert

Man hat das Zimmer _____ einige Meter erweitert.

erwidern – erwiderte – hat erwidert

1. Er erwiderte sein_____ Lehrer, daß er nichts getan hätte.
2. Der Lehrer erwiderte d_____ Gruß seines Schülers.

erzählen – erzählte – hat erzählt

1. Anna erzählt ihr_____ Tochter ein Märchen.
2. Opa erzählt immer Geschichten _____ seiner Kindheit.
3. Wolfgang erzählt _____ seinen Heiratsabsichten.
4. Katharina erzählt _____ ihren Beruf.

erzeugen – erzeugte – hat erzeugt

1. Die Firma hat chemische Produkte _____.
2. _____ Eisen erzeugt man Stahl.
3. Seine Härte _____ nur Widerstand.

erziehen – erzog – hat erzogen
1. Alexandra erzieht ihr_____ Sohn allein.
2. Man sollte die Kinder _____ Ehrlichkeit erziehen.

erzielen – erzielte – hat erzielt
Die Bauern haben dieses Jahr ein_____ Rekordernte erzielt.

essen (ißt) – aß – hat gegessen
1. Gertrud _____ immer nur Süßigkeiten.
2. Du kannst _____ richtig satt essen.
3. Eberhard hat sein_____ Teller nicht leer gegessen.
4. Vorsicht! Mit dem ist nicht gut Kirschen _____!
5. Er hat die Dummheit _____ Löffeln gegessen!*

experimentieren – experimentierte – hat experimentiert
Die Wissenschaftler haben _____ neuen Genen experimentiert.

F

fahnden – fahndete – hat gefahndet
Interpol fahndet _____ den organisierten Drogenhändlern.

fahren (fährt) – fuhr – hat/ist gefahren
1. Der Bus _____ zweimal täglich dieselbe Strecke.
2. Ich _____ mehrere Jahre einen LKW gefahren.
3. David _____ mein Gepäck zum Bahnhof gefahren.
4. Ich _____ gestern nach Duisburg gefahren.
5. Nervös fuhr sie sich _____ Haar.
6. Warum tust du das? Was ist plötzlich _____ dich gefahren?
7. Ein Choleriker fährt leicht _____ der Haut.*

fällen – fällte – hat gefällt
1. Die Waldarbeiter haben viel_____ Bäume gefällt.
2. Der Richter hat ein salomonisch_____ Urteil gefällt.
3. All_____ Entscheidungen fällt der Chef persönlich.

fallen (fällt) – fiel – ist gefallen
1. Benjamin _____ auf die Nase gefallen.
2. Sein Vater ist im Krieg _____.
3. Das lockige Haar fällt _____ Frau in die Stirn.
4. Wenn du nicht arbeitest, fällst du _____ die Prüfung.
5. Die Temperatur _____ unter den Gefrierpunkt gefallen.
6. Der Preis fällt beim Kauf _____ Gewicht.
7. Er fiel einem Erpresser _____ die Hände.
8. Beim Anblick der Maus fiel sie _____ Ohnmacht.
9. Dornröschen fiel _____ einen tiefen Schlaf.
10. Seine steile Karriere ist ihm nicht _____ den Schoß gefallen.
11. Unterbrich mich nicht immer! Du fällst mir dauernd _____ Wort.

12. Langer Besuch kann einem leicht _____ Last fallen.
13. Der fiel mit Jeans auf der Hochzeit total _____ dem Rahmen!
14. Wie taktlos! Der ist wieder mal _____ der Rolle gefallen!
15. Das Fußballspiel ist _____ Wasser gefallen.
16. Sie fiel immer gleich _____ der Tür ins Haus.
17. Er war so erleichtert. Ihm fiel ein Stein _____ Herzen.
18. Sie war einsam. Ihr ist die Decke _____ den Kopf gefallen.*
19. Er weiß sich zu helfen. Er ist nicht _____ den Kopf gefallen.* (= Adj.)
20. Ein echter Berliner ist nicht _____ den Mund gefallen.* (= Adj.)

fangen (fängt) – fing – hat gefangen
1. Unsere Katze hat ein_____ Vogel gefangen.
2. Es geht ihr besser. Sie hat sich wieder _____.

fassen (faßt) – faßte – hat gefaßt
1. Der Betrüger konnte durch einen Hinweis _____ werden.
2. Der Tank _____ ungefähr 100 Liter.
3. Sie konnte d_____ schlimm_____ Nachricht einfach nicht fassen.
4. Bei dem Lärm kann ich kein_____ klar_____ Gedanken fassen.
5. Er wollte mutig sein und hat s_____ ein Herz gefaßt.
6. So ein Unsinn! Da faßt man sich _____ den Kopf!
7. So eine gute Gelegenheit muß man _____ Schopfe fassen.
8. Einem nackten Mann kann man nicht _____ die Tasche fassen.*

fehlen – fehlte – hat gefehlt
1. Die Mutter fehlt ihr_____ Kindern sehr.
2. Klaus-Dieter hat _____ Unterricht gefehlt.
3. Es fehlt dem Land _____ Nahrungsmitteln für die Bevölkerung.
4. Eine Reifenpanne! Das hat uns gerade noch _____!

fehlschlagen (schlägt fehl) – schlug fehl – ist fehlgeschlagen
Die Bemühungen um einen Kompromiß sind _____.

feiern – feierte – hat gefeiert
1. Die Fans haben ihre Fußballhelden _____.
2. Wir haben sein_____ Geburtstag gefeiert.

feilschen – feilschte – hat gefeilscht
Beim Autokauf hat er _____ jede Mark gefeilscht.

fernbleiben – blieb fern – ist ferngeblieben
Sie ist ihr_____ Arbeitsplatz ferngeblieben.

fernhalten (hält fern) – hielt fern – hat ferngehalten
Sie hat das Kind _____ der Unfallstelle ferngehalten.

fernsehen (sieht fern) – sah fern – hat ferngesehen
1. Kinder sehen viel zu oft _____.
2. Gestern abend habe ich _____.

fertigbringen – brachte fertig – hat fertiggebracht
1. Wir müssen die Arbeit unbedingt heute noch _____.
2. Er brachte _____ nicht fertig, ihr die Nachricht zu sagen.

festbinden – band fest – hat festgebunden
Er bindet das Pferd mit dem Zügel am Baum _____ .

festhalten (hält fest) – hielt fest – hat festgehalten
1. Er hat _____ seiner Meinung festgehalten.
2. Ich habe m_____ an einem Griff festgehalten.

festnehmen (nimmt fest) – nahm fest – hat festgenommen
Die Polizei hat d_____ gefährlichen Ausbrecher festgenommen.

feststehen – stand fest – hat festgestanden
1. Unser Urlaubstermin steht bereits _____ .
2. _____ steht fest, daß Frauen meist älter werden als Männer.

feststellen – stellte fest – hat festgestellt
1. D_____ Hebel der Maschine wurde festgestellt.
2. Die Polizei stellte d_____ Halter des Wagens fest.
3. Er stellte fest, _____ die Berechnungen falsch waren.

finden – fand – hat gefunden
1. Stefanie hat ihre Kontaktlinsen endlich _____.
2. Ich finde nichts Schlimmes da_____ , wenn er langes Haar hat.
3. Ich finde _____ falsch, wie man die Asylanten behandelt.
4. Mit der Zeit wird sich schon eine Lösung _____.
5. Er hat _____ der hübschen Frau Gefallen gefunden.
6. Dem paßt nichts. Der findet immer ein Haar _____ der Suppe!*
7. Die Sache war für den Journalisten ein gefunden_____ Fressen.*

flechten (flicht) – flocht – hat geflochten
Könntest du mir mal mein_____ Zöpfe flechten?

fliegen – flog – hat/ist geflogen
1. Es war stürmisch. Papier und Blätter _____ durch die Luft.
2. Die Störche _____ nach Afrika geflogen.
3. Früher _____ ich selbst eine Cessna geflogen.
4. Niko _____ von der Schule geflogen.
5. Du fliegst _____ dem Zimmer, wenn du nicht ruhig bist.*

fliehen – floh – ist geflohen
1. Der Ausbrecher ist _____ dem Gefängnis geflohen.
2. Er ist _____ seinen Verfolgern geflohen.

fließen – floß – ist geflossen
1. Die Donau fließt _____ Schwarze Meer.
2. Bei seiner Feier ist der Sekt _____ Strömen geflossen.
3. In der Affäre _____ hohe Schmiergelder geflossen.

fluchen – fluchte – hat geflucht
1. Der Taxifahrer hat dauernd _____.
2. Er fluchte _____ den Politiker.
3. Er fluchte _____ die schwere Arbeit.

folgen – folgte – hat/ist gefolgt
1. Mein Hund hat mir immer _____ Wort gefolgt.
2. Jed_____ Winter folgt ein Frühling.
3. Er _____ ihr bis zu ihrer Haustür gefolgt.
4. _____ seine Rede folgte langer Beifall.
5. Aus d_____ Blutuntersuchung folgt, wieviel er getrunken hat.

fordern – forderte – hat gefordert
1. Man forderte d_____ Todesstrafe für den Mörder.
2. Sie forderte eine hohe Summe _____ ihrer Versicherung.
3. Er forderte ihn _____ Duell.

forschen – forschte – hat geforscht
Man forschte lange _____ dem Krankheitserreger.

fortfahren (fährt fort) – fuhr fort – ist fortgefahren
1. Er ist heute morgen mit dem Zug _____.
2. Er _____ mit seinem Vortrag fortgefahren.

fortfallen (fällt fort) – fiel fort – ist fortgefallen
Die Visapflicht ist für Tschechen _____.

fortschaffen – schaffte fort – hat fortgeschafft
_____ doch endlich die geliehenen Bücher fort!

fotografieren – fotografierte – hat fotografiert
1. Früher habe ich oft mein_____ Kinder fotografiert.
2. Ich fotografiere Porträtaufnahmen _____ einem Teleobjektiv.

fragen – fragte – hat gefragt
1. Ich habe mein_____ Lehrer etwas gefragt.
2. Er hat mich _____ dem Weg gefragt.
3. Bettina fragt ihre Eltern _____ Rat.
4. Ich habe mich gefragt, _____ sie noch ganz normal ist.

freihalten (hält frei) – hielt frei – hat freigehalten
1. Könntest du mir ein_____ Platz freihalten?
2. Ausfahrt _____!
3. Ich halte mir dies_____ Termin für unsere Besprechung frei.
4. Er hat seine Geburtstagsgäste im Lokal _____.

freilassen (läßt frei) – ließ frei – hat freigelassen
1. Die Kinder ließen den gefangenen Maikäfer wieder _____ .
2. Man hat die Geiseln endlich _____.

freisprechen (spricht frei) – sprach frei – hat freigesprochen
    Das Gericht sprach ihn _____ jeder Schuld frei.

fremdgehen – ging fremd – ist fremdgegangen
    Ihr Mann ist _____, ohne daß sie es ahnte.

fressen (frißt) – fraß – hat gefressen
    1. Die Kühe fressen d____ Heu.
    2. Das Fleckenmittel hat ein Loch _____ die Tischdecke gefressen.
    3. Die Trockenheit frißt _____ den Wasservorräten.
    4. Opa hat einen Narren _____ seinem Enkel gefressen.*

freuen – freute – hat gefreut
    1. Die Auszeichnung hat den Bildhauer _____.
    2. Ich freue _____ , daß du kommst.
    3. Susi freut sich ihr____ Lebens.
    4. Ich freue mich _____ dein glänzendes Examen.
    5. Lena freut sich dar____ , daß ihm ihr Geschenk gefällt.
    6. Bernd freut sich _____ die kommenden Sommerferien.
    7. Er freut sich _____ allen schönen Dingen der Natur.
    8. Er freut sich _____ ein Schneekönig.*

frieren – fror – hat/ist gefroren
    1. Ich glaube, _____ friert heute nacht.
    2. Das Wasser _____ gefroren.
    3. Ich _____ an meinen Ohren gefroren.
    4. Es friert m____ an meinen Füßen.
    5. Es war eiskalt. Ich hab' _____ wie ein Schneider.*

frisieren – frisierte – hat frisiert
    1. Meine Tochter frisiert ihr____ Püppchen.
    2. Die Friseuse frisiert d____ Modell die Haare.
    3. Der Steuerberater hat _____ Bilanz frisiert.*
    4. Leo hat d____ Moped frisiert, um es schneller zu machen.*

frühstücken – frühstückte – hat gefrühstückt
    Wir haben heute um acht _____.

fühlen – fühlte – hat gefühlt
    1. Er fühlte ein____ stark____ Schmerz in seiner Brust.
    2. Sie fühlte ihr____ Tod kommen.
    3. Der Arzt fühlt d____ Patient____ den Puls.
    4. Ich verstehe Sie und kann gut _____ Ihnen fühlen.
    5. Er hat im Dunkeln _____ dem Lichtschalter gefühlt.
    6. Mein Sohn fühlt _____ manchmal schon als Mann.
    7. Am wohlsten fühle ich mich _____ meinen eigenen vier Wänden.
    8. Er war beleidigt. Er fühlte sich _____ den Schlips getreten.*
    9. Man hat dem Bewerber gründlich _____ den Zahn gefühlt.*

führen – führte – hat geführt
1. Der Reiseleiter führte die Touristen durch _____ Museum.
2. Meine Schwester führt ihren Bruder _____ der Hand.
3. Meine Frau führt d_____ Haushalt.
4. Simone führt ein locker_____ Leben.
5. Warenhäuser führen ein breit_____ Warensortiment.
6. Unsere Mannschaft führte 1 _____ 0.
7. Die Demonstration führte _____ einem Verkehrschaos.
8. Er führt immer eine Waffe _____ sich.
9. Er hat _____ während der Haft gut geführt.
10. Wir haben ein längeres Gespräch miteinander _____.
11. Man sollte niemanden _____ Versuchung führen.
12. Er hat ihm seine Probleme _____ Augen geführt.
13. Der Betrüger hat ihn _____ Licht geführt.

funktionieren – funktionierte – hat funktioniert
Die Waschmaschine hat zum Glück wieder _____.

fürchten – fürchtete – hat gefürchtet
1. Jeder fürchtet sein_____ Gewalttätigkeiten.
2. Die Mieter fürchten, _____ ihnen der neue Eigentümer kündigt.
3. Alexander fürchtet, entlassen _____ werden.
4. Bei der Sturmflut mußten wir _____ unser Leben fürchten.
5. Peter fürchtet sich _____ d_____ Wolf.
6. Anita fürchtet sich da_____ , verlassen zu werden.

G

garantieren – garantierte – hat garantiert
1. Wir garantieren Ihnen ein_____ ausgezeichnete Qualität.
2. Man garantiert ein Jahr lang _____ die neue Uhr.

gären – gor/gärte – hat/ist gegoren/gegärt
1. Ein guter Champagner ist in der Flasche _____.
2. Der Wein hat viel_____ Wochen gegoren.
3. Es gärt _____ dieser Partei schon lange.

gebären (gebiert) – gebar – hat geboren
Sie hat ein gesund_____ Mädchen geboren.

geben (gibt) – gab – hat gegeben
1. Elke gibt dem Kellner ein gut_____ Trinkgeld.
2. Weißt du, wie viele Planeten _____ gibt?
3. Er hätte sein Leben _____ sie gegeben.
4. Behalte deine Meinung für dich, ich gebe doch nichts dar_____ .
5. Sie gibt sich selbstsicherer, _____ sie ist.
6. Er hat eine Geschichte _____ besten gegeben.

7. Ich würde etwas dar_____ geben, wenn ich noch mal jung wäre.
8. Na sowas! Sachen gibt's, d_____ gibt's gar nicht!*

gebrauchen – gebrauchte – hat gebraucht
1. Das alte Zeug kannst du doch nicht mehr _____.
2. Sie _____ zu oft im gesprochenen Deutsch das Präteritum.
3. Er setzt sich durch. Er kann seine Ellenbogen _____.

gedeihen – gedieh – ist gediehen
1. Deine Kinder _____ prächtig gediehen!
2. Manche Pflanzen _____ nur im Schatten.
3. Die Vertragsverhandlungen _____ schon weit gediehen.

gefallen (gefällt) – gefiel – hat gefallen
1. Ich finde deinen neuen Hut toll! Er gefällt _____ .
2. _____ hat ihm nicht gut auf dem Gymnasium gefallen.
3. Sie gefällt s_____ in ihrer neuen Rolle.
4. Das lasse ich mir nicht von dir _____!

geheimhalten (hält geheim) – hielt geheim – hat geheimgehalten
1. Er hatte das Versteck _____.
2. Der Bankkunde sollte das Codewort _____ anderen geheimhalten.

gehen – ging – ist gegangen
1. Wie _____ es übrigens deinen Eltern?
2. Gut hat es zwar nicht geschmeckt, aber _____ ging so.
3. Ein_____ funkgesteuert_____ Uhr geht immer ganz genau.
4. Schon gehört? Klaus geht seit neuestem _____ Claudia.
5. Bei den Verhandlungen ging es _____ die Verkaufspreise.
6. Es geht ihm dar_____ , immer das letzte Wort zu behalten.
7. Mit achtzehn mußte er _____ Bundeswehr gehen.
8. Als Achtzehnjähriger muß er sein_____ Wege gehen.
9. Sie ist _____ den Strich gegangen.
10. Ihr Traum vom großen Geld ist nicht _____ Erfüllung gegangen.
11. Ihre Beziehung ist leider _____ die Brüche gegangen.
12. Opa ist zwar schon älter, aber er geht _____ der Zeit.
13. Es geht nicht immer alles _____ Wunsch.
14. Ich gehe oft zu Fuß _____ Büro.
15. Jeder Urlaub geht einmal _____ Ende.
16. Das Porzellanservice ist _____ Bruch gegangen.
17. Der Junge kann schon seinem Vater _____ Hand gehen.
18. Unsere Weinvorräte gehen langsam _____ Neige.
19. So ein Durcheinander! Da geht ja alles drunter _____ drüber!
20. Das kannst du glauben. Dar_____ geb' ich dir Brief und Siegel.
21. Der Schrei ging mir _____ Mark und Bein.
22. Es ist zum Glück alles glatt _____ die Bühne gegangen.
23. Das Wasser geht ihm schon bis _____ Hals.

24. Die beiden Freunde sind durch dick _____ dünn gegangen.
25. Als der Polizist den Dieb sah, ging es ihm _____ den Kragen.*
26. So ein schlechtes Benehmen! Das geht _____ keine Kuhhaut!*
27. Das ging beinahe schief. Fast wäre das _____ Auge gegangen.*
28. Der wird immer wütend. Der geht immer gleich _____ die Luft.*
29. Das Geld ist ihm _____ die Lappen gegangen.*

gehorchen – gehorchte – hat gehorcht
   Kinder sollten ihr_____ Eltern gehorchen.

gehören – gehörte – hat gehört
  1. Der Ring gehört mein_____ Mutter.
  2. Wie heißen die Figuren, die _____ Schachspiel gehören?
  3. Mein Kind gehört _____ kein Internat.
  4. Es gehört _____ nicht, in der Nase zu bohren.

gelingen – es gelang – es ist gelungen
  1. Der Apfelstrudel ist mein_____ Frau wieder wunderbar gelungen.
  2. _____ ist ihm gelungen, befördert zu werden.

gelten (gilt) – galt – hat gegolten
  1. _____ ich gesagt habe, gilt.
  2. Dein Vertrauen gilt m_____ viel.
  3. Beim Fußball gelten andere Regeln als _____ Handball.
  4. Die Ermäßigung gilt nur _____ Gruppen.
  5. Das Burgtheater gilt _____ wichtigste Bühne Wiens.
  6. Es gilt, den Wettkampf _____ gewinnen.

genesen – genas – ist genesen
   Sie ist _____ einer schweren Krankheit wieder genesen.

genießen – genoß – hat genossen
  1. Wir haben unseren Urlaub _____ vollen Zügen genossen.
  2. Der hat heute schlechte Laune. Der ist nicht _____ genießen.*
  3. Sie hat auf der Eliteschule eine gute Erziehung _____.
  4. Unser Bundespräsident genießt ein hoh_____ Ansehen.

genügen – genügte – hat genügt
  1. Seine Leistungen genügten nicht d_____ Anforderungen.
  2. Drei Meter Stoff genügen _____ die Gardinen.
  3. _____ genügt, wenn du mir morgen Bescheid gibst.

geradestehen – stand gerade – hat geradegestanden
  1. Der Betrunkene konnte nicht mehr _____.
  2. Sein Vater mußte _____ die eingeworfene Scheibe geradestehen.

geraten (gerät) – geriet – ist geraten
1. Die Weihnachtsgans ist vorzüglich _____.
2. Wir sind _____ eine gefährliche Situation geraten.
3. Der Tourist ist _____ die Räuber geraten.
4. Das Kind ist ganz _____ seinem Vater geraten.
5. Der Läufer ist _____ Hintertreffen geraten.
6. Bei mir bist du _____ den Falschen geraten!*

geschehen (es geschieht) – es geschah – es ist geschehen
1. Der Unfall _____ gestern gegen 23 Uhr.
2. D_____ Opfer ist zum Glück nichts geschehen.
3. Was soll _____ dem Rest geschehen?
4. Geschieht _____ oft, daß er zu spät kommt?

getrauen – getraute – hat getraut
1. Er getraut s_____ nicht zu fragen.
2. Das Kind hat sich nicht _____ Hause getraut.

gewinnen – gewann – hat gewonnen
1. Siegrid hat d_____ Wette gewonnen.
2. _____ Eisenerz gewinnt man Eisen.
3. Die Philharmonie hat ihn _____ neuen Dirigenten gewonnen.
4. Ina hat nach der Schwangerschaft _____ Schönheit gewonnen.
5. Wir haben ihn _____ die Kandidatur zum Vorsitzenden gewonnen.
6. Ines hat die Familie ihres Freundes für _____ gewonnen.
7. Mit der Taktik ist kein Blumentopf _____ gewinnen!*

gewöhnen – gewöhnte – hat gewöhnt
1. Karin muß sich _____ ein_____ besser_____ Schrift gewöhnen.
2. Er kann sich nicht dar_____ gewöhnen, daß sie schnarcht.

gießen – goß – hat gegossen
1. Kannst du im Urlaub mein_____ Pflanzen gießen?
2. Volker gießt Milch _____ sein Glas.
3. Er hat d_____ Gastgeberin d_____ Wein auf den Teppich gegossen.
4. Draußen gießt _____ in Strömen.
5. Er hat sich einen _____ die Binde gegossen.*

glänzen – glänzte – hat geglänzt
Der Fußboden glänzte _____ Sauberkeit.

glauben – glaubte – hat geglaubt
1. Christina glaubte sein_____ Beteuerungen.
2. Früher habe ich ihm seine Abenteuergeschichten _____.
3. Ich glaube _____ nicht, daß du verschlafen hast.
4. Trudy glaubt immer noch _____ den Nikolaus.
5. Glaubst du etwa dar_____ , daß er hält, was er verspricht?
6. Er hatte d_____ Schachpartie schon verloren geglaubt.

7. Du bist mein Freund. Ich glaube dir natürlich _____ Wort!
8. Wer einmal lügt, d_____ glaubt man nicht. (Sprichwort)
9. Das glaub' ich nicht. Wer's _____ , wird selig!*
10. Der Fallschirmspringer hat dar_____ glauben müssen.*

gleichen – glich – hat geglichen
   Das Kind gleicht sein_____ Bruder.

gleiten – glitt – ist geglitten
   1. Das Segelflugzeug _____ sanft zu Boden geglitten.
   2. Die Tanzpaare gleiten _____ die Tanzfläche.
   3. Wir haben gleitend_____ Arbeitszeit.

glücken – glückte – ist geglückt
   Mein_____ Tante ist ein Lottogewinn geglückt.

graben (gräbt) – grub – hat gegraben
   1. An diesem Fluß wurde früher _____ Gold gegraben.
   2. Wer anderen eine Grube _____ , fällt selbst hinein. (Sprichwort)

gratulieren – gratulierte – hat gratuliert
   1. Man hat d_____ Sieger gratuliert.
   2. Ich gratuliere dir herzlich _____ Geburtstag.
   3. Ich gratuliere dir da_____ , daß man dich befördert hat.

greifen – griff – hat gegriffen
   1. Sie hat _____ seiner Hand gegriffen.
   2. Die Epidemie hat rasch _____ sich gegriffen.
   3. Er griff zu oft _____ Flasche.
   4. Ich habe dem armen Kerl öfter mal _____ die Arme gegriffen.
   5. Seine Anschuldigungen sind völlig _____ der Luft gegriffen.

grenzen – grenzte – hat gegrenzt
   1. Das Grundstück grenzt _____ einen Wald.
   2. Sein Verhalten _____ an Unverschämtheit gegrenzt.

gründen – gründete – hat gegründet
   1. Man gründete 1949 d_____ Bundesrepublik.
   2. Sein Verdacht gründet sich _____ eine(r) Beobachtung.

grüßen – grüßte – hat gegrüßt
   1. Er grüßt in der Rundfunksendung all sein_____ Bekannt_____ .
   2. Ich soll dich übrigens noch _____ Heidi grüßen.

gucken – guckte – hat geguckt
   1. Sie guckte _____ dem Fenster.
   2. Er guckte ganz schön dumm _____ der Wäsche!*
   3. Er hatte zu tief _____ Glas geguckt.*

gutgehen – ging gut – ist gutgegangen
1. Auf die dünne Eisfläche gehen? Wenn das mal _____!
2. Das ist zum Glück noch einmal _____.
3. Ob es _____ ihrer Ehe auf die Dauer gutgeht?

gutschreiben – schrieb gut – hat gutgeschrieben
Wir schreiben den Betrag Ihr_____ Konto gut.

H

haben (hat) – hatte – hat gehabt
1. Ich habe ein_____ Riesendurst.
2. Wir hatten früher Herrn Krause _____ Biologielehrer.
3. Mach schnell, ich habe _____ eilig.
4. Sie haben _____ Ihren Behauptungen recht gehabt.
5. Jeder sollte ein Recht _____ einen Arbeitsplatz haben.
6. Der Fabrikant hat gute Beziehungen _____ Regierungskreisen.
7. Marion hat alle Geburtstage _____ Gedächtnis.
8. Unseren Lateinlehrer habe ich noch _____ gut_____ Erinnerung.
9. Die Probleme bei Atomreaktoren hat man noch nicht _____ Griff.
10. Der Bankräuber hatte zwei Geiseln _____ sein_____ Gewalt.
11. Bianca hatte ihre Gefühle nicht mehr _____ Kontrolle.
12. Der Unfall hatte einen Prozeß _____ Folge.
13. Er hat eine Japanerin _____ Frau.
14. Ich habe gerade keine Briefmarke _____ Hand.
15. Sie hatten zum Glück eine erfahrene Kollegin _____ Seite.
16. Die Fernsehdiskussion hatte die Rolle der Frau _____ Thema.
17. Ich habe im Moment nicht mehr Bargeld _____ Verfügung.
18. Er hat immer seinen Vater _____ Vorbild gehabt.
19. Die Wanderer haben die Jugendherberge _____ Ziel.
20. Der ist intelligent! Der hat was _____ dem Kasten!*

haften – haftete – hat gehaftet
1. Das Foto haftet _____ der Wand.
2. Die Eltern haften _____ ihre Kinder.
3. Für die Garderobe wird nicht _____.

halten (hält) – hielt – hat gehalten
1. Der Klebstoff _____ nicht.
2. Der Torwart hat all_____ Bälle gehalten.
3. Der Eurocity hält _____ Klagenfurt.
4. Dein Eis _____ sich bestimmt nicht in der Sonne.
5. Das Wetter wird _____ hoffentlich noch halten.
6. Der Tante-Emma-Laden hat _____ nicht halten können.
7. Er hält sein_____ Vortrag an der Universität.
8. Stefan hält immer alles, _____ er verspricht.

9. Er hielt sein Versprechen. Er hatte Wort _____.
10. Simone hat auf dem Balkon Kaninchen _____.
11. Er hält _____ Weltrekord im Speerwurf.
12. Die Bank hielt ihn _____ kreditwürdig.
13. Ich halte es _____ wichtig, den Führerschein zu machen.
14. Man hält es _____ fraglich, ob er die Wahlen gewinnt.
15. Jeder muß sich _____ Recht und Gesetz halten.
16. Der Lehrling hält nicht viel _____ seinem Meister.
17. _____ moderner Malerei halte ich eigentlich nicht viel.
18. Martina kann ihr_____ Mund nicht halten.
19. _____ Alkoholkonsum sollte man Maß halten.
20. Das Kind kann _____ dem Vater kaum Schritt halten.
21. Paul hat Paula immer d_____ Treue gehalten.
22. Steffi hält _____ Garten in Ordnung.
23. Der Blitzkrieg hielt die ganze Welt _____ Atem.
24. Der Hund hat den Einbrecher _____ Schach gehalten.
25. Sie hält deshalb große Stücke _____ ihn.*
26. Ich wünsch' dir viel Glück. Ich halte d_____ den Daumen!*
27. Das ist egal. Das kannst du halten _____ ein Dachdecker.*

handeln – handelte – hat gehandelt
1. Hättest du bloß früher _____!
2. Umweltsünder handeln schlecht _____ der Natur.
3. Die Banken handeln _____ Wertpapieren und Aktien.
4. Roland handelt _____ jeden Pfennig.
5. Die Sage handelt _____ einem unbesiegbaren Drachen.
6. _____ handelt sich bei ihm um einen Drogendealer.

hängen – hing – hat gehangen
        hängte – hat gehängt
1. Das Poster hat über seinem Bett _____.
2. Die Haare haben ihr wirr ins Gesicht _____.
3. Florian hat sehr _____ seiner Oma gehangen.
4. Der Massenmörder wurde _____.
5. Astrid hat ihren Mantel _____ den Haken gehängt.
6. Sein Leben hing _____ einem seidenen Faden.
7. Laß mal nicht d_____ Kopf hängen, das wird schon wieder!
8. Ihr Lottogewinn wurde nicht _____ die große Glocke gehängt.
9. Er hat seinen Beruf _____ den Nagel gehängt.
10. Die haben Krach. Bei denen hängt d_____ Haussegen schief.*

hassen (haßt) – haßte – hat gehaßt
    D_____ Krieg sollte man hassen.

178

hauen – haute (hieb) – hat gehauen
1. Der Schlägertyp hat ihm eine _____.
2. Der Lehrer hat ihm das Heft _____ die Ohren gehauen.*
3. Mußt du dich _____ anderen Kindern immer hauen?*
4. Der Angeber soll mal nicht so _____ die Pauke hauen!*

heben – hob – hat gehoben
1. Er hob den Jungen _____ das Pferd.
2. Die Taucher haben das Wrack _____.
3. Bei der Atmung hebt und senkt _____ der Brustkorb.

heimfahren (fährt heim) – fuhr heim – hat/ist heimgefahren
1. Er hat seine Mutter _____ dem Moped heimgefahren.
2. Er ist gleich nach der Vorstellung _____.

heiraten – heiratete – hat geheiratet
1. Leo _____ nicht kirchlich, sondern nur standesamtlich.
2. Manuela heiratet ihr_____ Jugendliebe.

heißen – hieß – hat geheißen
1. Er heißt _____ Vornamen Joachim.
2. Die Straße heißt _____ dem Sozialdemokraten Friedrich Ebert.
3. Früher hat sie Karl-Marx-Straße _____.
4. In der Bibel heißt _____ : Liebe deinen Nächsten.
5. _____ heißt, er sei ins Ausland geflohen.
6. Jetzt heißt _____ , die Ärmel hochkrempeln.
7. Der König hieß d_____ Müllerstochter zu sich kommen.
8. Ich darf Sie alle herzlich bei uns willkommen _____.

heizen – heizte – hat geheizt
1. Er heizt _____ Sauna.
2. In Ostdeutschland heizt man viel _____ Braunkohle.

helfen (hilft) – half – hat geholfen
1. Sein_____ Freunde_____ sollte man immer helfen.
2. Kann ich dir _____ Spülen helfen?
3. Soll ich dir da_____ helfen, das Auto anzuschieben?
4. Ein warmes Bad hilft vielleicht _____ deine Nervosität.
5. Claus weiß s_____ immer zu helfen.
6. Ich errate das nicht. Hilf mir mal _____ die Sprünge*!

herabfallen (fällt herab) – fiel herab – ist herabgefallen
Dicke Schneeflocken fielen vom Himmel _____ .

herangehen – ging heran – ist herangegangen
Er wollte nicht so recht _____ seine Arbeit herangehen.

heranschleichen – schlich heran – hat/ist herangeschlichen
1. Die Indianer haben sich _____ die Cowboys herangeschlichen.
2. Die Pfadfinder _____ an das Lagerfeuer herangeschlichen.

heraufsteigen – stieg herauf – ist heraufgestiegen
1. Er steigt d——— Leiter zu mir herauf.
2. Er ist zu ihrem Fenster ———————————.

heraufziehen – zog herauf – hat/ist heraufgezogen
1. Der Hubschrauber hat ihn am Seil —————————.
2. Ein schweres Gewitter ———— heraufgezogen.

herausgeben (gibt heraus) – gab heraus – hat herausgegeben
1. Ich hab' kein Wechselgeld. Ich kann nicht ——————.
2. Sie mußten die gestohlenen Sachen wieder ——————.
3. Der Verlag gab ein neues Lexikon ———— .

heraushalten (hält heraus) – hielt heraus – hat herausgehalten
1. Er hielt den Kopf während der Fahrt ———— Fenster heraus.
2. Misch dich nicht ein! ———— du dich da heraus!
3. Damit will ich nichts zu tun haben. Haltet mich da ——— !

herausreden – redete heraus – hat herausgeredet
Er wollte sich ———— einer faulen Ausrede herausreden.

hereinfallen (fällt herein) – fiel herein – ist hereingefallen
1. Der Ball ist durch das offene Fenster ——————.
2. Sie fällt ———— jeden Trick herein.

hereinkommen – kam herein – ist hereingekommen
1. Das Kind ist durchs Fenster ——————.
2. Die neue Ware ———— leider noch nicht hereingekommen.

herfallen (fällt her) – fiel her – ist hergefallen
Die Wölfe fielen ———— das erschöpfte Reh her.

hergeben (gibt her) – gab her – hat hergegeben
1. Das ist meins! Gib das ————!
2. Gib mir bitte mal den Schraubenzieher ————!
3. Für das Projekt hatte ich meinen guten Namen ——————.
4. Der Marathonläufer mußte sein Letztes ——————.
5. Zu so etwas gibt er s——— nicht her, das macht er nicht.

herrschen – herrschte – hat geherrscht
1. In der Wüste herrscht groß——— Trockenheit.
2. Der Kaiser herrschte ———— große Gebiete.

hersehen (sieht her) – sah her – hat hergesehen
Kannst du mal für einen Moment ——————?

herstellen – stellte her – hat hergestellt
1. Man stellt ein——— Verbindung zu den Eingeschlossenen her.
2. Heute werden Putzmittel ———— umweltfreundlichen Stoffen hergestellt.

herumtreiben – trieb herum – hat herumgetrieben
1. Sie treibt s———— öfter in Kneipen herum.
2. Keine Ahnung, wo Peter ist. Wo der sich wieder ————————————?

herunterfallen (fällt herunter) – fiel herunter – ist heruntergefallen
Er ist ———— seinem Stuhl heruntergefallen.

herunterspringen – sprang herunter – ist heruntergesprungen
Die Katze ist vom Dach ————————————.

hervorbrechen (bricht hervor) – brach hervor – ist hervorgebrochen
Der Löwe ist ———— dem Gebüsch hervorgebrochen.

hervorheben – hob hervor – hat hervorgehoben
1. Die Überschrift muß man mit fetten Buchstaben ————————————.
2. Ich möchte hervorheben, ———— ich auf Pünktlichkeit Wert lege.

hervorrufen – rief hervor – hat hervorgerufen
1. Er rief seinen Hund unter dem Bett ———— .
2. Seine Bemerkung hat Verwunderung ————————————.
3. Krebs wird möglicherweise ———— Viren hervorgerufen.

herziehen – zog her – ist hergezogen
Die Fußballfans sind ———— den Schiedsrichter hergezogen.

hinabsteigen – stieg hinab – ist hinabgestiegen
1. Sie steigt in ihrem Brautkleid d———— Stufen hinab.
2. Er stieg ———— den Brunnen hinab.

hinarbeiten – arbeitete hin – hat hingearbeitet
Er hat ———— seine Beförderung hingearbeitet.

hinaufziehen – zog hinauf – hat/ist hinaufgezogen
1. Die Kinder zogen ihre Schlitten d———— Hang hinauf.
2. Man hat den Verwundeten ———— einem Seil hinaufgezogen.
3. Die Straße zieht s———— in engen Kurven zum Paß hinauf.
4. Der stechende Schmerz zog sich bis ———— Schulter hinauf.
5. Die Siedler sind den Fluß ————————————.

hinausgehen – ging hinaus – ist hinausgegangen
1. Er ist ———— seinem Freund auf die Straße hinausgegangen.
2. Das Fenster geht ———— den Hof hinaus.
3. Seine Leistungen gingen weit ———— meine Erwartungen hinaus.

hinauslaufen (läuft hinaus) – lief hinaus – ist hinausgelaufen
1. Er lief ———— Tür hinaus.
2. Die Verhandlungen liefen ———— keine Einigung hinaus.

hinaussehen (sieht hinaus) – sah hinaus – hat hinausgesehen
Die alte Frau sah den ganzen Tag ———— Fenster hinaus.

hinaussteigen – stieg hinaus – ist hinausgestiegen
1. Er steigt ————— Fenster hinaus.
2. Der Schornsteinfeger ————— auf das Dach hinausgestiegen.

hinbringen – brachte hin – hat hingebracht
1. Ich muß zum Arzt. Bringst du mich bitte ————— dem Auto hin?
2. Mach nur weiter so! Das ————— du schon hin!*

hindern – hinderte – hat gehindert
1. Der enge Rock hindert sie ————— Tanzen.
2. Er hinderte ihn dar————— , den Saal zu verlassen.

hindurchsehen (sieht hindurch) – sah hindurch – hat hindurchgesehen
————— den dünnen Stoff kann man hindurchsehen.

hineinlassen (läßt hinein) – ließ hinein – hat hineingelassen
Man ließ uns nicht ————— die Diskothek hinein.

hinfallen (fällt hin) – fiel hin – ist hingefallen
Er rutschte aus und fiel der Länge nach ————— .

hinfinden – fand hin – hat hingefunden
Er hat nicht ————— der Adresse hingefunden.

hinfliegen – flog hin – hat/ist hingeflogen
1. Zur Messe ist er mit seiner Privatmaschine —————————.
2. Er stolperte und ————— hin.*

hinhauen – haute hin – hat hingehauen
1. Er haute ————— der Axt kräftig hin.
2. Er haute seine Hausaufgaben einfach ————— .*
3. Die Übersetzung hat nicht —————————.*
4. Die Sache hat geklappt! Die hat —————————.*
5. Nach dem Mittagessen haue ich m————— oft eine Stunde hin.*

hinkommen – kam hin – ist hingekommen
1. Der Möbelpacker: Wo kommt das Klaiver ————— ?
2. Wo kommen wir denn ————— , wenn jeder tut, was er will?
3. Wo ————— denn bloß meine Autoschlüssel hingekommen?
4. Die Kinder kommen ————— ihrem Taschengeld nicht hin.
5. Sein Alter müßte ungefähr —————————, du hast recht.

hinsehen (sieht hin) – sah hin – hat hingesehen
1. Der Pianist sah ————— dem Dirigenten hin.
2. Sieh nicht so ————— , wenn jemand behindert ist.
3. Er kann nicht —————————, wenn jemand geschlagen wird.

hinterherfahren (fährt hinterher) – fuhr hinterher – ist hinterhergefahren
1. Er ist d————— Taxi hinterhergefahren.
2. Die Polizei ist ————— dem Fluchtauto hinterhergefahren.

hinüberrufen – rief hinüber – hat hinübergerufen
  Er rief etwas _____ die Straße hinüber.

hinunterstoßen (stößt hinunter) – stieß hinunter – hat hinuntergestoßen
  1. Er stieß ihn im Streit d_____ Treppe hinunter.
  2. Der Pelikan ist blitzschnell _____ und hat den Fisch gefangen.

hinwegkommen – kam hinweg – ist hinweggekommen
  Sie sind nicht _____ den Tod ihres Sohnes hinweggekommen.

hinwegsehen (sieht hinweg) – sah hinweg – hat hinweggesehen
  1. Vom Fernsehturm kann man _____ die ganze Stadt hinwegsehen.
  2. Über kleine Fehler darf man ruhig _____ .

hinweisen – wies hin – hat hingewiesen
  Wir weisen _____ unser Sonderangebot hin.

hinzukommen – kam hinzu – ist hinzugekommen
  1. Als ich _____ , war das Unglück schon passiert.
  2. Das Lager war voll, aber es kamen noch Asylanten _____ .
  3. _____ Lungenentzündung kamen noch Komplikationen hinzu.
  4. Hinzu kommt, _____ er nicht mehr ganz nüchtern war.

hochheben – hob hoch – hat hochgehoben
  1. Er hebt d_____ Gewicht hoch.
  2. Sie hat die Arme _____ .

hoffen – hoffte – hat gehofft
  1. Hoffen wir das Best____ !
  2. Der Häftling hofft auf sein_____ baldig_____ Freilassung.
  3. Wir hoffen dar_____ , daß sich die Wirtschaftslage bessert.

holen – holte – hat geholt
  1. Die Mutter holt ihr_____ Kind ein Taschentuch.
  2. Er hat erst einmal tief Luft _____ .
  3. Er will, daß ich ihm die Kastanien _____ dem Feuer hole.
  4. Du hast dir ja ein_____ ganz schön_____ Schnupfen geholt!*

hören – hörte – hat gehört
  1. Ich habe dich gestern abend nicht nach Hause kommen _____ .
  2. Christine hört am liebsten klassisch_____ Musik.
  3. Der Teenager hört nicht mehr _____ seine Eltern.
  4. Dora hörte nicht dar_____ , als man sie warnte.
  5. Ich habe die Geschichte _____ meinem Freund gehört.
  6. Frank hat da_____ gehört, daß eine Stelle frei wird.

hungern – hungerte – hat gehungert
  1. Viele _____ im Krieg gehungert.
  2. Es hungerte ihn _____ Gerechtigkeit.

hupen – hupte – hat gehupt
  Der Busfahrer hat laut —————————.

husten – hustete – hat gehustet
  1. Das Kind hustete d———— ganz———— Nacht über.
  2. Holger hat Blut —————————————.
  3. Du kannst mich mal! Ich werde dir ———————— husten.*

hüten – hütete – hat gehütet
  1. Er mußte wegen einer Lungenentzündung d———— Bett hüten.
  2. Hüte dich ———————— dem bösen Wolf!

I

informieren – informierte – hat informiert
  1. Ich habe meinen Vorgesetzten ———————— das Telefonat informiert.
  2. Harald informiert sich immer ———————— der Zeitung.
  3. Natascha ist immer dar———— informiert, was in der Welt passiert.

interessieren – interessierte – hat interessiert
  1. Computerspiele interessieren mein———— Tochter nicht.
  2. ———————— interessiert mich, was du gerade denkst.
  3. Ewald hat sich nie ———————— Mädchen interessiert.
  4. Der Kommissar interessierte sich da————, wo er gewesen war.
  5. Ich bin brennend ———————— dem Film interessiert. (= Adj.)

intrigieren – intrigierte – hat intrigiert
  Die Schwester der Königin intrigierte ———————— sie.

irren – irrte – hat/ist geirrt
  1. Sabine hat ———————— leider geirrt.
  2. Marlene hatte sich ———————— d———— Wahl ihres Partners geirrt.
  3. Entschuldige! Ich hab' mich ———————— der Tür geirrt.
  4. Er ———————— auf der Kirmes durch ein Spiegellabyrinth geirrt.

J

jagen – jagte – hat gejagt
  1. Der Hund jagt d———— Reh.
  2. Die Polizei jagt ———————— dem Täter.
  3. Bei dem Wetter jagt man keinen Hund ———————— die Tür.

jammern – jammerte – hat gejammert
  Er jammerte ———————— den Verlust seines Führerscheins.

jubeln – jubelte – hat gejubelt
  Das Volk jubelte ———————— den Sturz des Diktators.

K

kämmen – kämmte – hat gekämmt
1. Olga kämmt _____ Puppe die Haare.
2. Du hast vergessen, d_____ zu kämmen.

kämpfen – kämpfte – hat gekämpft
1. Der Gladiator kämpfte mit dem Löwe_____.
2. Er kämpft _____ jede Ungerechtigkeit.
3. Wir kämpfen _____ eine Gehaltserhöhung.
4. Sie kämpften bis _____ letzten Mann.

kaputtgehen – ging kaputt – ist kaputtgegangen
1. Deine Hose ist ja _____!
2. Bei seinem Polterabend _____ viel Porzellan kaputt.
3. Durch die Dürre _____ viele Pflanzen kaputtgegangen.*
4. Seine Beziehung ist _____.*
5. Durch Heroin geht man langsam, aber sicher _____.*

kaputtschlagen (schlägt kaputt) – schlug kaputt – hat kaputtgeschlagen
In seiner Wut hat er alle Möbel _____.

kaufen – kaufte – hat gekauft
1. Ronald hat teur_____ Schmuck gekauft.
2. Ich habe einen Strauß Tulpen _____ meine Frau gekauft.
3. Er hat sich _____ Gebrauchtwagenhändler einen Porsche gekauft.
4. Sei vorsichtig! Kauf nicht die Katze _____ Sack!

kennen – kannte – hat gekannt
1. Herr_____ Schneider kenne ich schon seit Jahren.
2. Er kennt seine Sekretärin _____ eine fleißige Mitarbeiterin.
3. Ich kenne den Ort _____ meine Westentasche.

kennenlernen – lernte kennen – hat kennengelernt
Den neu_____ Kollege_____ haben wir noch nicht _____.

kennzeichnen – kennzeichnete – hat gekennzeichnet
1. Er kennzeichnete den Waldweg _____ Schildern.
2. Sein Verhalten kennzeichnet ihn _____ Feigling.

klagen – klagte – hat geklagt
1. Sie klagte _____ starke Zahnschmerzen.
2. Man hörte die Frauen am Grab _____.
3. Sie klagte ihr_____ Freund ihr Leid.
4. Er hat _____ dem Landgericht geklagt.
5. Der Geschädigte hat _____ Schadensersatz geklagt.
6. Der Arbeitnehmer hat _____ seinen Arbeitgeber geklagt.

185

klappen – klappte – hat geklappt

1. Tobias klappt d_____ Autositz nach vorn.
2. Alles hat auf der Reise wunderbar _____.
3. _____ meiner Stellenbewerbung hat es leider nicht geklappt.
4. Es wird schon klappen, _____ ich Sonderurlaub kriege.

klären – klärte – hat geklärt

1. Der Polizeibeamte klärte d_____ Unfallhergang.
2. Der Kriminalfall hat s_____ geklärt.

klarwerden (wird klar) – wurde klar – ist klargeworden

Du mußt dir _____ die Konsequenzen einmal klarwerden!

kleben – klebte – hat geklebt

1. Hast du Kleber? Die Briefmarke hat nicht gut _____.
2. Kannst du d_____ Monika ein Pflaster aufs Knie kleben?
3. Das T-Shirt klebt _____ am Leibe, so schwitzt er.
4. Wenn du nicht sofort aufhörst, kleb' ich _____ eine.*

klettern – kletterte – ist geklettert

1. Barbara klettert _____ die Leiter.
2. Annette _____ bis oben auf den Baum geklettert.
3. Inge klettert ihr_____ Onkel auf _____ Schulter.

klingeln – klingelte – hat geklingelt

1. Mach die Tür auf, _____ hat geklingelt!
2. _____ Telefon klingelt mir zu oft.
3. Heute nacht hat mich Gabi _____ dem Bett geklingelt.
4. Ein Vertreter klingelt _____ d_____ Wohnungstür.

klingen – klang – hat geklungen

1. Süßer die Glocken nie _____ als in der Weihnachtszeit.
2. Die Melodie klang noch immer _____ meinen Ohren.
3. Was er erzählt, _____ wenig glaubhaft.

kneifen – kniff – hat gekniffen

1. Weil er schnarchte, hat sie ihn _____ den Arm gekniffen.
2. Er hat sich nicht getraut zu kommen. Er hat _____!*

kochen – kochte – hat gekocht

1. Wasser _____ bei 100 Grad Celsius.
2. Meine Mutter _____ sonntags immer Thüringer Klöße gekocht.
3. Die können's nicht besser. Die kochen auch bloß _____ Wasser!

kommen – kam – ist gekommen

1. Veronika kommt mittags _____ der Arbeit nach Haus.
2. Michael ist auf ein_____ toll_____ Idee gekommen.
3. Ich komme nicht dar_____, wie er heißt.
4. Die arme Mutter kommt nicht mal abends _____ Ausruhen!
5. Dein Husten kommt _____ vielen Rauchen.
6. Computer kommen in den Büros mehr und mehr _____ Gebrauch.

7. Schreibmaschinen hingegen kommen allmählich _____ Gebrauch.
8. Die Lawine kam _____ Rollen.
9. Die Schaukel kommt _____ Schwung.
10. Die militärische Lage ist _____ Bewegung gekommen.
11. Die beiden kamen nett miteinander _____ Gespräch.
12. Ulla kam mit ihren vielen Verhältnissen _____ Gerede.
13. Der Hund ist _____ die Jahre gekommen. Er ist ziemlich alt.
14. Er kam beim Erzählen immer vom Hundertsten _____ Tausendste.
15. Eine Gehaltserhöhung kam für meinen Chef nicht _____ Frage.
16. Eine Änderung des Grundgesetzes kommt nicht _____ Betracht.
17. Nach dem Hauskauf kamen sie _____ finanzielle Bedrängnis.
18. Wegen der Schulden ist sein Haus _____ den Hammer gekommen.
19. Erst zwei Stunden nach dem Unfall kam er wieder _____ sich.
20. Die Waschmaschinentrommel muß erst _____ Stillstand kommen.
21. Meine Kinder sind beide im Frühjahr _____ Welt gekommen.
22. Die Farben auf dem Bild kommen gut _____ Wirkung.
23. Die vermißte Akte kam wieder _____ Vorschein.
24. Ihr kam _____ Ohren, daß er ein Verhältnis hatte.
25. Die Kinder müssen im Bett endlich _____ Ruhe kommen.
26. Das Problem wird auf der Sitzung _____ Sprache kommen.
27. Die Vertragsverhandlungen kamen endlich _____ Abschluß.
28. Im Nationalitätenkonflikt kam viel Haß _____ Ausbruch.
29. Der Student kam mit seinen Gegenargumenten nicht _____ Zug.
30. Bei den Bergungsarbeiten kamen Bulldozer _____ Einsatz.
31. Die verdorbene Ware kommt nicht _____ Verkauf.
32. Deine Figur kommt in dem Abendkleid gut _____ Geltung.
33. Bei den Salzburger Festspielen kommt Mozart _____ Aufführung.
34. Ganz neue Tatsachen sind uns nun _____ Kenntnis gekommen.
35. Es kam _____ Abstimmung über die alternativen Vorschläge.
36. Glücklicherweise kamen seine Pläne nie _____ Ausführung.
37. Der Gesetzesentwurf ist in der Abstimmung _____ Fall gekommen.
38. Der Arbeitslose ist _____ die schiefe Bahn gekommen.
39. Otto kam m_____ zu dumm, da hab' ich ihn sitzenlassen.*
40. Der Alkoholiker ist _____ den Hund gekommen.*
41. Er ist im Leben nie _____ einen grünen Zweig gekommen.*
42. Seine Tochter ist endlich _____ die Haube gekommen.*
43. Wie er dazu kam? Der kam dazu wie die Jungfrau _____ Kind.*

können (kann) – konnte – hat gekonnt
1. Vögel _____ fliegen.
2. Die Mathematikaufgabe habe ich nicht _____.
3. Ich habe sie nicht lösen _____.
4. Das alte Gebäude _____ einstürzen.
5. Es _____ sein, daß er schon abgereist ist.

konzentrieren – konzentrierte – hat konzentriert
1. Der Orangensaft wird vor dem Transport _____.
2. Er muß sich ganz _____ die Prüfungsaufgabe konzentrieren.

korrespondieren – korrespondierte – hat korrespondiert
Ich habe oft _____ meinem Brieffreund korrespondiert.

korrigieren – korrigierte – hat korrigiert
1. Der Pilot hat d_____ Kurs korrigiert.
2. Gundula korrigiert ihr____ vielen Rechtschreibfehler.

kosten – kostete – hat gekostet
1. Willi kostet d_____ Bratensoße.
2. Susanne kostet, _____ das Fleisch gut gewürzt ist.
3. Die Umleitung hat uns viel Zeit _____.
4. So ein Leichtsinn kann dich d_____ Hals kosten!
5. Das kann man bezahlen. Das wird d_____ Welt nicht kosten!*

kränken – kränkte – hat gekränkt
1. Er hat sein_____ Frau schwer gekränkt.
2. Er kränkte sie _____ einem Hinweis auf ihr Alter.

kriechen – kroch – ist gekrochen
1. Eine Schnecke _____ über den Weg gekrochen.
2. Gestern abend bin ich früh ins Bett _____.*

kriegen* – kriegte – hat gekriegt
1. Gisela hat ein_____ Allergie gegen Katzenhaare gekriegt.*
2. Yvonne kriegt _____ Matthias Blumen.*
3. Der Fahrer kriegte sein_____ Wagen nicht mehr zum Stehen.*
4. Wir kriegen Dr. Bär _____ Vorgesetzten.*
5. Christa hat einen Millionär _____ Mann gekriegt.*
6. Paß auf, oder du kriegst _____ mit mir zu tun!*
7. Er hat von seinem Chef eins _____ Dach gekriegt.*
8. Als der Alarm losging, kriegten die Einbrecher kalt_____ Füße.*
9. Das hast du _____ den falschen Hals gekriegt.*
10. Reicht das nicht? Kannst du d_____ Hals nicht voll kriegen?*
11. Du kriegst d_____ Motten! Ach, du liebe Zeit!*
12. Laß das, sonst kriegst du was _____ die Löffel!*

krümmen – krümmte – hat gekrümmt
1. Er krümmte sich _____ Schmerzen.
2. Man hat ihm kein Haar _____.

krummnehmen (nimmt krumm) – nahm krumm – hat krummgenommen
1. Er konnte niemandem etwas _____.
2. Sie nahm es ihm krumm, _____ er den Termin vergessen hatte.

188

kümmern – kümmerte – hat gekümmert
1. Das Unglück der Flüchtlinge hat nur wenige _____.
2. Im Urlaub kümmert sich Christina _____ unseren Papagei.
3. Niemand kümmert sich dar_____ , wie es mir geht.
4. Er kümmert sich um jed_____ Dreck.*
5. Kümmer dich gefälligst _____ deinen eigenen Mist!*

kündigen – kündigte – hat gekündigt
1. Uschi hat _____ Zeitungsabonnement gekündigt.
2. Wegen Unregelmäßigkeiten hat man ein_____ Kollege_____ gekündigt.
3. Ich kündige dem ADAC mein_____ Mitgliedschaft.

kürzen – kürzte – hat gekürzt
1. Meine Mutter hat mir mein_____ Mantelärmel gekürzt.
2. D_____ Beamten wurden die Gehälter gekürzt.

küssen (küßt) – küßte – hat geküßt
1. Corinna küßt ihr_____ kleine Schwester.
2. Er küßt _____ Dame die Hand.
3. Hubert hat Gerlinde auf d_____ Wange geküßt.

L

lächeln – lächelte – hat gelächelt
1. Die Stewardeß hat immer freundlich _____.
2. Hannelore lächelt _____ die Frage ihres Kindes.

lachen – lachte – hat gelacht
1. Man sollte nicht _____ Behindert_____ lachen.
2. Die Kinder lachen dar_____ , was der Clown alles macht.
3. Seine Frau ist ein Drache, da hat er nichts _____ lachen.
4. Er blieb bei dem Streit d_____ lachende Dritte.
5. Und ob ich das schaffe! Das wäre ja _____!*
6. Das ist einfach lächerlich, da lachen ja d_____ Hühner!*
7. Er hat sich ein_____ Ast gelacht, so komisch war das.*

laden (lädt) – lud – hat geladen
1. Der LKW hat Lebensmittel _____.
2. Vorsicht! Das Gewehr ist _____.

landen – landete – hat/ist gelandet
1. Das Flugzeug aus Düsseldorf _____ soeben gelandet.
2. Der Pilot _____ die beschädigte Maschine sicher gelandet.
3. Hans-Georg kann mit seinem Charme nicht _____ Clara landen.*
4. Franz _____ wegen einem Einbruch im Gefängnis gelandet.*

langweilen – langweilte – ist gelangweilt
1. Seine alten Erzählungen langweilen m_____ auf Dauer.
2. Ich langweile mich immer _____ Fußball.
3. Er hat sich beim Fest mit seiner Tischdame _____.

lassen (läßt) – ließ – hat gelassen
1. Zum Glück hat mein Vater d_____ Rauchen gelassen.
2. Im Hotel _____ Kerstin immer die Wäsche im Koffer.
3. Sein____ Annäherungsversuche lassen mich völlig kalt.*
4. Dein Freund läßt d_____ übrigens schön grüßen.
5. Kann man alle kleinen Kätzchen _____ Leben lassen?
6. Im Gebirge darf man das Wetter nicht _____ acht lassen.
7. Laß mich mit deinen ständigen Vorwürfen _____ Ruhe!
8. Dorothea hat uns mit ihren Plänen _____ ungewissen gelassen.
9. Der Lehrer läßt Franz _____ Zweifel, ob er versetzt wird.
10. Nur ruhig Blut! Man sollte immer die Kirche _____ Dorf lassen.
11. Ihre Freundin hat sie _____ Stich gelassen.
12. _____ die Finger von meiner Freundin!*

laufen (läuft) – lief – ist gelaufen
1. Die Leute _____ aus dem brennenden Hotel gelaufen.
2. Der Motor _____ ziemlich laut.
3. D_____ Mädchen läuft die Nase.
4. Im Kino läuft seit gestern ein neu_____ Film.
5. Das Programm läuft nicht _____ meinem Computer.
6. Der Fernseher lief d_____ ganzen Tag.
7. Glücklicherweise _____ alles hervorragend.
8. Ein Alkoholiker läuft Gefahr, seine Stelle _____ verlieren.
9. Onkel Heinrich ist mir gestern _____ den Weg gelaufen.
10. Der ärgert sich. Dem ist 'ne Laus _____ die Leber gelaufen.*

laufenlassen (läßt laufen) – ließ laufen – hat laufenlassen
1. Du sollst doch das Wasser nicht ewig _____!
2. Nach dem Verhör hat man d_____ Taschendieb laufenlassen.

lauschen – lauschte – hat gelauscht
Das Publikum lauschte d_____ Vortrag des Dichters.

leben – lebte – hat gelebt
1. Der abgestürzte Bergsteiger hat zum Glück noch _____.
2. Sie lebt _____ einer bescheidenen Rente.
3. Er lebt nur _____ seine Hobbys.
4. Sie leben _____ dem Land.
5. Er lebt nur gerade mal _____ der Hand _____ den Mund.
6. Sie lebt mit dem ererbten Geld _____ großem Fuß.
7. Es gibt Menschen, die leben _____ Luft und Liebe.
8. Dem geht's gut! Der lebt _____ Gott in Frankreich.*

legen – legte – hat gelegt
1. Er legt _____ Paket vor die Tür.
2. Das Huhn hat ein _____ gelegt.
3. Sie hat die Karten _____, um die Zukunft vorherzusehen.
4. Der Sturm hat _____ wieder gelegt.
5. Er legt besonderes Gewicht _____ solide Sprachkenntnisse.
6. Sie legt Wert _____ ein gepflegtes Äußeres.
7. Der unheilbar Kranke hatte Hand _____ sich gelegt.
8. Er legte ihr die Erziehung seiner Kinder _____ Herz.
9. Leg nicht jedes Wort _____ die Goldwaage!
10. Er hat etwas Geld _____ die hohe Kante gelegt.
11. Er hat ihn mit dem Trick ganz schön _____ Kreuz gelegt.*

lehren – lehrte – hat gelehrt
1. Der Professor hat Neuer____ Geschichte gelehrt.
2. Die Geschichte lehrt uns, die Gegenwart _____ verstehen.

leiden – litt – hat gelitten
1. Der Verwundete leidet stark____ Schmerzen.
2. Sie leidet an ein____ Allergie gegen Hausstaub.
3. Das Volk litt unter d____ Herrschaft des Diktators.
4. Er hat dar____ gelitten, daß sie so eifersüchtig war.

leihen – lieh – hat geliehen
1. Könntest du m____ bis morgen 10 DM leihen?
2. Philipp hat s____ von mir Geld geliehen.

leisten – leistete – hat geleistet
1. Ich kann m____ dieses Jahr keinen Urlaub leisten.
2. Er hat sich ein____ übl____ Scherz geleistet.
3. Die Ambulanz hatte Erste Hilfe _____.
4. Die Bevölkerung leistete Widerstand _____ den Putsch.

leiten – leitete – hat geleitet
1. Viele Metalle leiten d____ Strom.
2. Ein Journalist hat d____ Diskussionsrunde geleitet.
3. Das Schreiben wurde _____ den Bürgermeister geleitet.
4. Das Erdgas wird _____ große Rohre geleitet.

lenken – lenkte – hat gelenkt
1. Ein Fahrschüler lenkt d____ Wagen.
2. Die Diskussion wurde in eine andere Richtung _____.
3. Der Zeitungsartikel lenkte die Aufmerksamkeit _____ ihn.

lernen – lernte – hat gelernt
1. Ich kann nicht gut auswendig _____.
2. Sie hat Schneiderin _____.
3. Olaf hat _____ seinen Fehlern gelernt.

4. Sven hat gelernt, _____ man strickt.

5. Er hat es gelernt, Geduld _____ haben.

lesen (liest) – las – hat gelesen

1. Ich habe die Tageszeitung _____.

2. Der Papst liest _____ Ostermesse.

3. Professor Schulte liest in dies_____ Semester Kant.

4. Sein Vorgesetzter hat ihm d_____ Leviten gelesen.*

lieben – liebte – hat geliebt

1. Adrian liebt nur groß_____ Frauen.

2. Sie liebt es nicht, gestört _____ werden.

liefern – lieferte – hat geliefert

1. Der Milchmann hat die Milch _____.

2. Die Untersuchung lieferte interessant_____ Ergebnisse.

3. Die Bürgerkriegsparteien lieferten s_____ erbitterte Kämpfe.

4. Der Großhändler liefert die Waren _____ die Einzelhändler.

5. Nichts mehr zu machen! So ein Pech! Du bist _____!*

liegen – lag – hat gelegen

1. Der Hund lag nicht _____ Körbchen, sondern auf d_____ Sofa.

2. Berlin liegt _____ Norddeutschland _____ der Spree.

3. Mir liegt dar_____ , daß du dabei bist.

4. Fremdsprachen liegen m_____ nicht so besonders.

5. Die Verspätung hat _____ einem Zugunglück gelegen.

6. Die alleinige Entscheidung liegt _____ unserem Chef.

7. Die Ausbildung meiner Tochter liegt mir sehr _____ Herzen.

8. Die Beweise für die Tat liegen klar _____ der Hand.

9. Die Kinder liegen schon _____ Schlaf.

10. Großvater liegt _____ Sterben.

11. Arbeitszeitverkürzung liegt _____ Interesse der Arbeitnehmer.

12. Immer mehr Hausbesitzer liegen _____ Streit mit den Mietern.

13. Die Völker im Nahen Osten lagen miteinander _____ Krieg.

14. Der Tango muß einem _____ Blut liegen.

15. Ich komm' nicht drauf, aber das Wort liegt mir _____ der Zunge.

16. Die Prüfung liegt mir schwer _____ Magen.

17. Die Nachbarn liegen sich immer _____ den Haaren.

18. Der tut nichts und liegt nur _____ der faulen Haut.

19. Als Student lag er noch seinem Vater _____ der Tasche.

20. Die lag ihm dauernd mit ihren Wünschen _____ den Ohren.

liegenlassen (läßt liegen) – ließ liegen – hat liegen(ge)lassen

1. Sie haben d_____ Obdachlosen einfach im Schnee liegenlassen.

2. Sie hat ihre Sonnenbrille im Bus _____.

3. Laß alles stehen und _____ und komm endlich!

4. Den kann ich nicht leiden! Den _____ ich links liegen.

loben – lobte – hat gelobt
1. Unser Dozent lobt sein_____ Studenten wenigstens ab und zu.
2. Er hat uns aber diesmal _____ den grünen Klee gelobt.

lockerlassen (läßt locker) – ließ locker – hat lockergelassen
Er hat nicht _____, bis sie schließlich nachgab.

lohnen – lohnte – hat gelohnt
1. Der Verletzte hat d_____ Helfer seine Hilfe gelohnt.
2. Es lohnt s_____ unbedingt, auf die Zugspitze zu fahren.

lösen – löste – hat gelöst
1. Das Wasser löst d_____ Zucker.
2. Er hat die Briefmarken _____ Briefumschlag gelöst.
3. Er hat sein_____ Beziehung mit ihr gelöst.
4. Er hat s_____ von ihr gelöst.

losfahren (fährt los) – fuhr los – ist losgefahren
1. _____ los! Beeil dich!
2. Der Panzer fuhr direkt _____ die Straßensperre los.

loskommen – kam los – ist losgekommen
Sie redete soviel; ich konnte nicht _____ ihr loskommen.

loslassen (läßt los) – ließ los – hat losgelassen
1. Warum halten Sie mich fest? _____ Sie mich los!
2. Die verrückte Idee _____ ihn nicht mehr los.
3. Wer hat denn den Kerl _____ die Menschheit losgelassen?*

lügen – log – hat gelogen
1. Mein_____ Kinder lügen so gut wie nie.
2. Sie lügt _____ gedruckt.
3. Beatrice hat das Blaue _____ Himmel gelogen.
4. Sie lügt, daß s_____ die Balken biegen.
5. Er lügt uns d_____ Hucke voll!*
6. Er lügt sich was _____ die eigene Tasche.*

M

machen – machte – hat gemacht
1. Mutter macht d_____ Betten.
2. _____ Erdöl macht man Benzin.
3. Der Direktor machte Herrn Schröder _____ Abteilungsleiter.
4. Es macht mir Spaß _____ wandern.
5. Du machst _____ mir nicht leicht, dir zu helfen.
6. Das Poster macht s_____ ganz gut über dem Schreibtisch.
7. Ralf macht sich nichts _____ Blondinen.
8. Aber allen Dunkelhaarigen macht er d_____ Hof.

9. Hiltrud macht sich nichts dar_____ , daß sie nachsitzen muß.
10. Ich muß mich jetzt endlich _____ meine Arbeit machen.
11. Sie hatte sich Hoffnung _____ eine Beförderung gemacht.
12. Er hat sich nie Gedanken _____ das Problem gemacht.
13. Er machte keinen Unterschied _____ Reich und Arm.
14. Sei freundlicher, denn der Ton _____ die Musik!
15. Sie haben sich ausgesprochen und rein_____ Tisch gemacht.
16. Ich muß jetzt was tun, sonst macht mir mein Chef d_____ Hölle heiß.
17. Er hat ihm d_____ Mund wäßrig gemacht.
18. Ich finde, eure Kinder haben s_____ prächtig gemacht!*
19. Mach, _____ du fortkommst!*
20. Verschwinde endlich, oder ich mach' d_____ Beine!*
21. Nach dem Unfall hat er sich _____ dem Staube gemacht.*
22. Das Baby hat _____ die Windeln gemacht.*

mahlen – mahlte – hat gemahlen
1. Der Müller hat das Korn _____.
2. Die Kaffeemühle mahlt den Kaffee _____ feinem Pulver.
3. Gottes Mühlen _____ langsam. (Sprichwort)

malen – malte – hat gemalt
1. Britta hat ein hübsch_____ Bild auf die Tapete gemalt.
2. Elisabeth malt s_____ die Lippen rot.
3. Nun mal mal nicht gleich den Teufel _____ die Wand!

malnehmen (nimmt mal) – nahm mal – hat malgenommen
Um 10 zu erhalten, muß man 5 mit 2 _____.

mangeln – mangelte – hat gemangelt
Es hat der Bevölkerung _____ Lebensmitteln gemangelt.

maschineschreiben – schrieb Maschine – hat maschinegeschrieben
1. Wo hast du mit zehn Fingern _____ gelernt?
2. Der Brief war wegen ihrer schlechten Handschrift _____. (= Adj.)

meiden – mied – hat gemieden
Man sollte zu groß_____ körperliche Anstrengungen meiden.

meinen – meinte – hat gemeint
1. Dirk meint etwas völlig ander_____ als du.
2. Er hatte _____ dem Schimpfwort den Polizisten gemeint.
3. Deine Eltern meinen _____ doch nur gut mit dir.
4. Sie meinte, Fabian irgendwo schon mal gesehen _____ haben.

melden – meldete – hat gemeldet
1. Ich melde mein_____ Versicherung den Glasschaden.
2. Die Wettervorhersage hat ein Sturmtief _____.
3. Herr Wagner hat _____ heute morgen krank gemeldet.

4. _____ Telefon hat sich keiner gemeldet.
5. Der Bundeswehrangehörige muß sich _____ seiner Einheit melden.
6. Franziska hat sich freiwillig _____ einem Spiel gemeldet.

melken – molk – hat gemolken
Früher hat man die Kühe mit der Hand _____.

merken – merkte – hat gemerkt
1. Der Lehrer hat nicht gemerkt, _____ ich gemogelt habe.
2. Man merkt nichts _____ seiner Unsicherheit.
3. D_____ neu_____ Vokabeln habe ich mir gut gemerkt.
4. Ich kann mir sein_____ Nam_____ einfach nicht merken.

messen (mißt) – maß – hat gemessen
1. Vor dem Tapezieren _____ sie die Höhe des Zimmers.
2. Die Krankenschwester hat mein_____ Temperatur gemessen.
3. Sie mißt m_____ auch noch den Puls.
4. Das Regal mißt genau ein_____ Meter.
5. Der Kontrolleur maß den Schwarzfahrer _____ strafendem Blick.
6. Die Amateurspieler messen _____ heute im Schach.

mieten – mietete – hat gemietet
Wir haben ein gemütlich_____ Reihenhäuschen gemietet.

mißachten – mißachtete – hat mißachtet
Der Betrunkene hat d_____ Verbotsschild mißachtet.

mißbrauchen – mißbrauchte – hat mißbraucht
1. Die Frau wurde von dem Räuber _____.
2. Der Abgeordnete hat sein_____ Rechte mißbraucht.

mißfallen (mißfällt) – mißfiel – hat mißfallen
Die dummen Streiche mißfielen d_____ Lehrer sehr.

mißlingen – mißlang – ist mißlungen
Der Flugversuch ist d_____ Schneider von Ulm mißlungen.

mißraten (mißrät) – mißriet – ist mißraten
Die Sahnetorte ist mein_____ Mutter etwas mißraten.

mißtrauen – mißtraute – hat mißtraut
1. Er mißtraut d_____ Frieden.
2. Sie hat d_____ Schmeicheleien des Heiratsschwindlers mißtraut.

mißverstehen – mißverstand – hat mißverstanden
Heiko hat sein_____ Hausaufgabe völlig mißverstanden.

mitbringen – brachte mit – hat mitgebracht
1. Ihr Freund hat ihr ein_____ Strauß Rosen mitgebracht.
2. Er brachte sein_____ Hund Knochen mit.

mithelfen (hilft mit) – half mit – hat mitgeholfen

Wenn jeder ———————————, sind wir gleich fertig.

mitkommen – kam mit – ist mitgekommen

1. Ich hatte eine Katze, die ———— in die Schule mitgekommen.
2. Meine Kinder kommen gut im Gymnasium ———— .
3. Kommst du heute abend mit ———— Kino?

mitteilen – teilte mit – hat mitgeteilt

1. Der Sprecher teilte d———— Verhandlungsergebnis mit.
2. Er teilte d———— Einwohnermeldeamt seine neue Adresse mit.

mitwirken – wirkte mit – hat mitgewirkt

Bekannte Interpreten wirkten ———— dem Konzert mit.

müssen (muß) – mußte – hat gemußt

1. Ein Spitzensportler ———— täglich trainieren.
2. Er hat noch seine Schulaufgaben machen ————.
3. Niemand hat ihn gezwungen. Er hat das nicht ————.
4. Wenn er nicht kommt, ———— er wohl krank sein.

N

nachdenken – dachte nach – hat nachgedacht

1. Er dachte ———— seine Antwort nach.
2. Er dachte dar———— nach, was er hätte antworten sollen.

nacheilen – eilte nach – ist nachgeeilt

Sie ist ihr———— Mann mit dem vergessenen Schlüssel nachgeeilt.

nachgeben (gibt nach) – gab nach – hat nachgegeben

1. Der Klüger———— gibt nach.
2. Man sollte nicht immer sein———— Gelüsten nachgeben.
3. Die Tür hat unter dem Druck ————.

nachgehen – ging nach – ist nachgegangen

1. Er ist dem Fremden ————.
2. Der Indianer ———— der Spur des Bären nachgegangen.
3. Deine Uhr geht ja ————! Es ist schon elf Minuten später.
4. Die Polizei ging all———— Hinweisen aus der Bevölkerung nach.
5. Nach dem Streik ging jeder wieder sein———— Arbeit nach.

nachlassen (läßt nach) – ließ nach – hat nachgelassen

1. Seine schulischen Leistungen ———— leider nachgelassen.
2. Ich laß nicht eher ———— , bis ich die ganze Wahrheit weiß.
3. Der Brunnen ist zu tief. Laß das Seil noch etwas ————.
4. Die Wirkung des Gifts ———— erst nach Stunden ————.
5. Das Kaufinteresse hat deutlich ————.

6. Die Kopfschmerzen haben zum Glück etwas _____.
7. Lassen Sie _____ Barzahlung drei Prozent vom Preis nach?

nachlaufen (läuft nach) – lief nach – ist nachgelaufen
1. Der Wachhund lief d_____ Flüchtling nach.
2. Er ist viel zu stolz, um ihr _____.

nachlesen (liest nach) – las nach – hat nachgelesen
Er hat das Zitat noch einmal bei Goethe _____.

nachschlagen (schlägt nach) – schlug nach – hat nachgeschlagen
1. _____ einfach im Wörterbuch nach, was das bedeutet!
2. Ich habe das Wort im Lexikon _____, aber nicht gefunden.

nachsehen (sieht nach) – sah nach – hat nachgesehen
1. Sieh mal _____ , wer bei uns geklingelt hat!
2. Er hat d_____ aufsteigenden Luftballon traurig nachgesehen.
3. Der Lehrer hat unser_____ Klassenarbeiten nachgesehen.
4. Man muß Jugendlich_____ vieles nachsehen.

nachstellen – stellte nach – hat nachgestellt
1. Im Herbst müssen wir die Uhren _____ eine Stunde nachstellen.
2. Ein Unbekannter hat der Frau _____.

nähen – nähte – hat genäht
1. Meine Mutter näht all ihr_____ Kleider selbst.
2. Die Wunde wurde von dem Chirurg _____.
3. Kannst du mir einen Knopf _____ die Hose nähen?

näherkommen – kam näher – ist nähergekommen
Nach dem Streit sind sie sich wieder _____.

nehmen (nimmt) – nahm – hat genommen
1. Meistens nehme ich d_____ Rad zur Arbeit.
2. Michaela, du sollst die Gabel nicht _____ Umrühren nehmen!
3. Der Vater nimmt s_____ Tochter an die Hand.
4. Meine Frau nahm mich _____ die Arme.
5. Sie nimmt ein Bettlaken _____ Tischdecke.
6. Mario nimmt s_____ zu viel_____ Scheib_____ Wurst aufs Brot.
7. Nächste Woche_____ meine Sekretärin Urlaub.
8. Sie nahm sich d_____ besten Anwalt.
9. Die Steuern werden meistens _____ den Ärmsten genommen.
10. Man sollte mehrere kleine Mahlzeiten _____ sich nehmen.
11. Ingrid nimmt ihr_____ Liebeskummer zu ernst.
12. Er hat Abschied _____ seiner Frau genommen.
13. Wir nehmen Bezug _____ Ihr Schreiben vom 3. März.
14. Er nahm _____ meine Entscheidung keinen Einfluß.
15. Er nahm _____ dem Vorfall keine Notiz.

16. Sie hat Rache _____ dem Mörder ihres Kindes genommen.
17. Man sollte _____ ältere Mitbürger mehr Rücksicht nehmen.
18. Er war unschuldig, aber er nahm die Schuld _____ sich.
19. Die Behörde hat zu meinem Brief Stellung _____.
20. Nicole nimmt ihre Migräne nur _____ Vorwand.
21. Du hast es versprochen, und ich nehme dich _____ Wort.
22. Nimm dich bloß _____ acht, sonst bekommst du Ärger mit uns.
23. Man muß das schwierige Unterfangen bald _____ Angriff nehmen.
24. Du solltest dein Recht auf Umtausch _____ Anspruch nehmen.
25. Mein Untermieter nimmt meine ganze Wohnung _____ Beschlag.
26. Der Feldherr nahm das Gebiet _____ Besitz.
27. Drücken Sie den Knopf, um das Gerät _____ Betrieb zu nehmen.
28. Mein Nachbar hat ein Paket für mich _____ Empfang genommen.
29. Mehrere vermummte Demonstranten wurden _____ Haft genommen.
30. Diese Angelegenheit will ich selbst _____ die Hand nehmen.
31. Wir mußten im Urlaub ein paar Regentage _____ Kauf nehmen.
32. Er nimmt immer seine Kinder gegen die anderen _____ Schutz.
33. Das alte Auto wird bei einem Neukauf _____ Zahlung genommen.
34. Er nimmt ihre Verspätung _____ Anlaß für einen Streit.
35. Johanna hat einen Ausländer _____ Mann genommen.
36. Er hat sich den Trainer _____ Vorbild genommen.
37. Er trieb seinen Spaß mit mir und nahm mich _____ den Arm.
38. Der Meister nahm den unpünktlichen Lehrling _____ Gebet.
39. Er hat alles gesagt und kein Blatt _____ den Mund genommen.
40. Er hat d_____ Mund zu voll genommen, dieser Angeber!
41. Beim Verhör hat man ihn ganz schön _____ die Zange genommen.
42. Nimm die Sache bloß nicht _____ die leichte Schulter!*
43. Das kannst du mir glauben. Dar_____ kannst du Gift nehmen!*
44. Er hat sich nicht die Butter _____ Brot nehmen lassen.*

neigen – neigte – hat geneigt
1. Der Tag hat s_____ geneigt.
2. Sie neigt bei ihren Geschichten immer _____ Übertreibungen.

nennen – nannte – hat genannt
1. Tanja nannte ihr_____ Vater die Namen ihrer Freundinnen.
2. Hannes nannte seine Tochter _____ seiner ersten Jugendliebe.
3. Ich nenne _____ ein großes Glück, daß wir uns begegnet sind.

nicken – nickte – hat genickt
Die Figur hat _____, wenn man Geld hineinwarf.

nötigen – nötigte – hat genötigt
Man mußte ihn immer _____ Essen nötigen.

198

nutzen – nutzte – hat genutzt
(= nützen – nützte – hat genützt)
1. Wir nützten/nutzten das herrliche Wetter _____ einem Ausflug.
2. Sprachkenntnisse nützen/nutzen ein_____ Globetrotter erheblich.

O

offenbleiben – blieb offen – ist offengeblieben
1. Das Dachfenster ist bei dem Gewitter _____.
2. Die Frage bleibt _____, wer der Schuldige war.

offenstehen – stand offen – hat offengestanden
1. Das Garagentor hat über Nacht _____.
2. Sein Mund stand ihm _____ Staunen offen.
3. Die Benutzung der Bibliothek _____ jedermann offen.
4. Mit abgeschlossenem Studium steht dir d_____ Welt offen.
5. _____ steht Ihnen offen, Ihren Anwalt zu informieren.
6. Unsere letzte Rechnung steht noch _____ .

öffnen – öffnete – hat geöffnet
1. Kannst du mal d_____ Fenster öffnen?
2. Würdest du d_____ Judith mal das Kleid öffnen?
3. Bei dem Erdbeben hat s_____ der Boden geöffnet.
4. Die Geschäfte _____ am langen Samstag geöffnet.

operieren – operierte – hat operiert
1. Der Chirurg hat d_____ Blinddarm operiert.
2. Man hat dem Soldaten eine Gewehrkugel _____ der Brust operiert.
3. Der General hat _____ einer glänzenden Taktik operiert.
4. Die Flugzeugträger operieren _____ Mittelmeer.

ordnen – ordnete – hat geordnet
1. Er ordnete sein_____ Belege für das Finanzamt.
2. Er hat die Bücher im Regal _____ Sachgebieten geordnet.

orientieren – orientierte – hat orientiert
1. Er orientierte mich _____ den Inhalt des Schreibens.
2. Die Seefahrer orientieren sich _____ den Sternen.

P

packen – packte – hat gepackt
1. Sie packt mein_____ Arm.
2. Er hat den Koffer ins Gepäcknetz _____.
3. Wenn du nicht zu streiten aufhörst, packe ich mein_____ Koffer.
4. Sie hat ihr_____ Siebensachen gepackt und ist verschwunden.*
5. Nur Mut! Man muß den Stier _____ den Hörnern packen!*

parken – parkte – hat geparkt
1. Viele Autos parken _____ dem Bürgersteig.
2. Er hat sein_____ Wagen direkt vor der Ausfahrt geparkt.

passen (paßt) – paßte – hat gepaßt
1. Da kann ich nicht mithalten, da muß ich _____.
2. Mein Konfirmationsanzug paßt m_____ nicht mehr.
3. Seine Frau paßt nicht _____ ihm.
4. Das Klavier paßte nicht _____ den Aufzug.
5. Jeans sind nicht die passend_____ Kleidung für die Oper. (= Adj.)
6. Das kommt mir ungelegen. Das paßt wie die Faust _____ Auge.*

passieren – passierte – hat/ist passiert
1. Die Touristenbusse passieren d_____ Grenze.
2. Die Hausfrau _____ die Äpfel durch ein Tuch passiert.
3. Am Wochenende _____ auf der Autobahn viel passiert.
4. Mein_____ Vater ist neulich eine komische Geschichte passiert.

pfeifen – pfiff – hat gepfiffen
1. Der Wanderer pfeift ein hübsch_____ Lied.
2. Der Schiedsrichter _____ bei dem Foul falsch gepfiffen.
3. Sie hat _____ ihrem Hund gepfiffen.
4. Der Wind hat ums Haus _____.
5. Er ist ruiniert. Er pfeift _____ dem letzten Loch.*

pflanzen – pflanzte – hat gepflanzt
Als Zeichen der Hoffnung hat er ein_____ Baum gepflanzt.

pflegen – pflegte – hat gepflegt
1. Ruth hat ihre bettlägerige Oma _____.
2. Nach dem Mittagessen pflegte er _____ schlafen.

plagen – plagte – hat geplagt
Er plagt seine Eltern _____ seinen ständigen Betteleien.

platzen – platzte – ist geplatzt
1. Iß nicht soviel, sonst _____ du noch!
2. Der Luftballon _____ mit einem lauten Knall geplatzt.
3. Er ist fast _____ Neid geplatzt.*

preisen – pries – hat gepriesen
1. Die Gefangenen haben ihre Befreier _____.
2. Du kannst d_____ glücklich preisen, daß du's geschafft hast!

probieren – probierte – hat probiert
1. Ich würde gern ein Stück von deiner Torte _____.
2. Darf ich mal probieren, _____ dein Eis schmeckt?
3. Sie probieren, den Fluß _____ überqueren.

produzieren – produzierte – hat produziert
1. Die Firma hat Pflanzenschutzmittel _____.
2. _____ der Müllverbrennung wird Strom produziert.
3. Es ist teuer, einen Film zu _____.
4. Dieser Angeber hat s_____ wieder mal vor allen produziert.

protestieren – protestierte – hat protestiert
Die Studenten haben _____ die Prüfungsordnung protestiert.

prüfen – prüfte – hat geprüft
1. Der Professor hat Anja _____ Mathematik geprüft.
2. Der TÜV prüft die Fahrzeuge auf vorhanden_____ Mängel.
3. Er prüft, _____ die Rechnungssumme stimmt.

prügeln – prügelte – hat geprügelt
1. Er ist brutal und prügelt oft sein_____ Frau.
2. Die Kinder prügeln s_____ wieder einmal.
3. Martin prügelt sich _____ seinem Freund.
4. Sie prügeln sich _____ den Ball.

putzen – putzte – hat geputzt
1. Meine Mutter hat all_____ Fenster geputzt.
2. Die Katzte putzt _____ .
3. Silke putzt ihr_____ klein_____ Bruder die Nase.

Q

quälen – quälte – hat gequält
1. Die Katze hat d_____ Maus noch lange gequält.
2. Der Schmerz quält d_____ Kranken.
3. Er quält sich _____ einem Problem.

quellen (quillt) – quoll – ist gequollen
Eine heiße Quelle quillt _____ der Erde.

R

rächen – rächte – hat gerächt
1. Er wollte sein_____ ermordeten Bruder rächen.
2. Er wollte sich _____ dem Mörder seines Bruders rächen.
3. Er hat sich _____ das erlittene Unrecht gerächt.

radfahren (fährt Rad) – fuhr Rad – ist radgefahren
1. In Holland _____ man viel Rad.
2. Ich _____ dort in meinem Urlaub auch radgefahren.
3. Er weigerte sich, im Regen _____.

rasieren – rasierte – hat rasiert
1. Mein Vater rasiert ————— immer naß.
2. Ich rasiere mich lieber ————— einem Rasierapparat.
3. Der Friseur hat mein——— Großvater den Schnurrbart rasiert.

raten (rät) – riet – hat geraten
1. ————————— Sie, wie der Autor heißt.
2. Der Bankier hat ihm ————— Kauf von Aktien geraten.
3. Ich——— dir, mit dem Rauchen aufzuhören.

rauben – raubte – hat geraubt
1. Die Bankräuber hatten das ganze Geld ————————————.
2. Sein Schnarchen raubt seiner Frau d——— Schlaf.
3. Sein——— Hobbys rauben ihm viel Zeit.

rauchen – rauchte – hat geraucht
1. D——— Schornstein raucht.
2. Meike raucht ein——— Schachtel pro Tag.
3. D——— Prüfungskandidaten rauchte der Kopf.*

reagieren – reagierte – hat reagiert
Sie hat bisher noch nicht ————— meinen Brief reagiert.

rechnen – rechnete – hat gerechnet
1. Christel ————— gerade einige Rechenaufgaben.
2. Die Wale rechnen ————— den Säugetieren.
3. Ich rechne ————— einer baldigen Versetzung ins Ausland.
4. Heike rechnete nicht mehr da———, daß sie gewinnen würde.

rechtfertigen – rechtfertigte – hat gerechtfertigt
Er versuchte, sich ————— faulen Ausreden zu rechtfertigen.

reden – redete – hat geredet
1. Marina hat blank——— Unsinn geredet.
2. Man sollte mit den Kindern ————— Gefahren im Verkehr reden.
3. Der Alte redet zu oft ————— den vergangenen Zeiten.
4. Er war so stur, er hat nicht mit sich ————— lassen.
5. Er redet ————— ein Buch.
6. Er hat mir ein Loch ————— den Bauch geredet.
7. Du brauchst deinem Chef nicht ————— dem Munde zu reden.
8. Du kannst ganz offen frei von d——— Leber weg reden.
9. Glaub dem nichts! Der redet viel, ————— der Tag lang ist!*

regieren – regierte – hat regiert
Eine Koalitionsregierung regiert d——— Bundesrepublik.

regnen – es regnete – es hat geregnet
1. ————— regnete ununterbrochen von früh bis spät.
2. Der Nieselregen regnete mein——— Freundin auf die neue Frisur.

reiben – rieb – hat gerieben
1. Sie hat die Äpfel _____.
2. Er rieb s_____ schadenfroh die Hände.
3. Sie rieb sich den Schlaf _____ den Augen.
4. Ich werde dir nicht alles _____ die Nase reiben!*

reimen – reimte – hat gereimt
1. „Brot" reimt sich _____ „tot".
2. So ein Blödsinn! Was redest du da für ungereimt_____ Zeug?

reinigen – reinigte – hat gereinigt
1. Die Hotelzimmer werden ab 11 Uhr _____.
2. Theresa hat die Bücher _____ Staub gereinigt.
3. Sie können s_____ ihre Schuhe mit der Bürste reinigen.

reisen – reiste – ist gereist
Goethe reiste mehrmals _____ Italien.

reißen – riß – hat/ist gerissen
1. Der Film _____ gerissen.
2. Der Hund _____ an seiner Kette gerissen.
3. Das Telefon hat ihn _____ dem Schlaf gerissen.
4. Er hat alle Macht _____ sich gerissen.
5. Die Fans haben sich _____ ein Autogramm gerissen.
6. Jetzt reißt mir aber d_____ Geduld!
7. Ich war innerlich hin _____ her gerissen.
8. Der Bestseller findet reißend_____ Absatz. (= Adj.)
9. Ruf mich an, wenn alle Stricke _____ !* Ich helfe dir.
10. Ich könnte ihn vor Wut in Stücke _____!*
11. Er hat sich das geklaute Geld _____ den Nagel gerissen.*

reiten – ritt – hat/ist geritten
1. Ich _____ den Deich entlang geritten.
2. Der Dressurreiter _____ einen Apfelschimmel geritten.

reizen – reizte – hat gereizt
1. Der Gedanke an einen Urlaub in der Karibik _____ mich sehr.
2. Der Junge hat d_____ Lehrer mit seiner Unaufmerksamkeit gereizt.
3. Das dumme Argument reizte ihn _____ Widerspruch.

rennen – rannte – ist gerannt
1. Der Jogger rennt jed_____ Morgen um den See.
2. Sie rennt wegen jeder Kleinigkeit gleich _____ Arzt.
3. Als er das Wildschwein sah, ist er _____ sein Leben gerannt.

reparieren – reparierte – hat repariert
1. Der Schuster hat meine Schuhe wieder _____.
2. Könnten Sie mein_____ Wagen bis Mittwoch reparieren?

repräsentieren – repräsentierte – hat repräsentiert
1. Ein Botschafter repräsentiert sein eigen_____ Land im Ausland.
2. Dieses Grundstück repräsentiert ein_____ groß_____ Wert.

reservieren – reservierte – hat reserviert
1. Ich habe d_____ schon einen Platz reserviert, Sabrina.
2. Wir haben für heute abend ein_____ Tisch im Hotel reserviert.
3. Man hat _____ den Gast ein Einzelzimmer mit Bad reserviert.

resultieren – resultierte – hat resultiert
Kriminalität resultiert oft _____ Jugendarbeitslosigkeit.

retten – rettete – hat gerettet
1. Er hat ein_____ Mensch_____ das Leben gerettet.
2. Bei der Überschwemmung retteten _____ viele auf die Dächer.
3. Man rettete sie _____ größter Not.
4. Der Hubschrauber rettete das Unfallopfer _____ dem Verbluten.

richten – richtete – hat gerichtet
1. Man hat d_____ Mörder gerichtet.
2. Das Gericht hat schnell _____ alle Asylfälle gerichtet.
3. Er richtete seine Frage _____ den Bürgermeister.
4. Seine Recherchen richteten sich _____ einen bestimmten Punkt.
5. Alle müssen sich _____ ihm und seinen Plänen richten.

riechen – roch – hat gerochen
1. Verdorben_____ Fisch riecht übel.
2. Das Bouquet eines guten Rieslings riecht _____ Pfirsich.
3. Mit geschlossenen Augen roch sie _____ dem Parfum.
4. Der Magenkranke roch unangenehm _____ dem Mund.
5. Ich ahnte es schon. Ich habe d_____ Braten gerochen!*

ringen – rang – hat gerungen
1. Die beiden Ringkämpfer ringen _____ den 1. Platz.
2. Sie hatte schon seit Wochen _____ dem Tode gerungen.
3. Der Asthmatiker mußte _____ Luft ringen.

rinnen – rann – ist geronnen
Der Schweiß rann ihm _____ der Stirn.

rufen – rief – hat gerufen
1. _____ du bitte die Kinder zum Essen?
2. Die Eltern rufen _____ dem verlorengegangenen Kind.
3. Mein Nachbar hat etwas _____ mir herüber gerufen.
4. Der Ertrinkende hat _____ Hilfe gerufen.
5. Man hat eine Stiftung _____ Leben gerufen.

rutschen – rutschte – ist gerutscht
1. Nach der Diät _____ mir die Hose gerutscht.
2. Er rutschte d_____ Treppengeländer hinunter.
3. Laß mich damit in Ruhe! Rutsch mir d_____ Buckel runter!*
4. Der hat Angst gekriegt, dem ist das Herz _____ die Hose gerutscht.*

S

sagen – sagte – hat gesagt
1. Der Präsident sagte einig_____ freundlich_____ Sätze.
2. Ich habe mein_____ Freund die Wahrheit gesagt.
3. Ich hatte nichts _____ ihr gesagt, sondern mit ihm gesprochen.
4. Er sagte sich, _____ er den Test schon schaffen würde.
5. Diese kitschigen Figuren sagen m_____ nichts.

sammeln – sammelte – hat gesammelt
1. Niklas hat Bierdeckel _____.
2. Man sammelt _____ die Hungernden in der Sahelzone.
3. Das Regenwasser sammelt _____ in der Dachrinne.
4. Vor meiner Rede will ich noch meine Gedanken _____.

saufen (säuft) – soff – hat gesoffen
1. Die Kühe saufen d_____ Wasser.
2. Er ist Alkoholiker. Er säuft _____ ein Loch!*

schaden – schadete – hat geschadet
Zuviel Schokolade schadet dein_____ Figur.

schaffen – schuf – hat geschaffen
          schaffte – hat geschafft
1. Gott _____ den Menschen nach seinem Bilde.
2. Ein unbekannter Künstler hat den Altar _____.
3. Die Möbelpacker haben die Kiste ins Bad _____.
4. Ich habe die Arbeit nicht mehr _____.
5. Leider _____ er die Prüfung nicht.
6. Der neue Arbeitsplatz war wie für ihn _____.
7. Der Streß am Arbeitsplatz hat ihn total _____.*

schalten – schaltete – hat geschaltet
1. Die Ampel schaltet _____ Rot.
2. Der Sender schaltet ein_____ Leitung zu dem Korrespondenten.
3. Wie schaltet man eigentlich _____ den Rückwärtsgang?
4. Ich habe schnell _____!* Das habe ich sofort begriffen.

schämen – schämte – hat geschämt
1. Das Kind schämt _____ wegen seiner Lüge.
2. Sie schämt sich nicht ihr_____ Liebe zu ihm.
3. Er schämte sich _____ seinen Freunden, weil er nackt war.
4. Er schämte sich, durchs Examen gefallen _____ sein.

schauen – schaute – hat geschaut
1. Er schaut aufmerksam auf d_____ Tafel.
2. Der Rentner schaut gelangweilt _____ dem Fenster.
3. Schau mal _____ das Kaleidoskop!
4. Meine Begleiterin schaute voll Sehnsucht _____ die Ferne.
5. Der Schüler schaut _____ Lehrer.
6. Die Kinder sind so ruhig. Kannst du mal _____ ihnen schauen?

scheiden – schied – hat/ist geschieden
1. Die Sprachgrenze scheidet Belgien _____ zwei Teile.
2. Seine Eltern haben _____ scheiden lassen.
3. Frau Becker ist aus Altersgründen aus dem Amt _____.

scheinen – schien – hat geschienen
1. Die Sonne scheint _____ die Dächer.
2. Hast du Sonnencreme? Die Sonne scheint m_____ auf die Glatze.
3. D_____ Angelegenheit scheint damit geklärt zu sein.

scheißen* – schiß – hat geschissen
1. Hätte der Hund nicht _____, hätte er den Hasen gekriegt.*
2. Der hat Angst. Der scheißt s_____ in die Hosen!*

schelten (schilt) – schalt – hat gescholten
1. Sie hat ihn ein_____ Taugenichts gescholten.
2. Häufig _____ sie den Jungen wegen seiner Vergeßlichkeit.

schenken – schenkte – hat geschenkt
1. Winfried schenkt sein_____ Mutter ein Gedicht zum Muttertag.
2. Laß das bleiben! Das kannst du d_____ schenken.*

scheren – schor – hat geschoren
1. Er hat den Schafen d_____ Fell geschoren.
2. Ihm ist egal, was du sagst. Er schert sich nicht dar_____.*

scherzen – scherzte – hat gescherzt
Die Kollegen scherzten _____ seine Ungeschicklichkeit.

scheuen – scheute – hat gescheut
1. Das Pferd scheute _____ den bellenden Hunden.
2. Er scheut kein_____ Kosten, um gesund zu werden.
3. Er scheute _____, ihr die ganze Wahrheit zu sagen.

schicken – schickte – hat geschickt
1. Sie schickt m_____ jede Woche eine Urlaubskarte.
2. Schick den Nachsendeantrag einfach _____ dein Postamt.
3. Bitte schick endlich die Kinder _____ Bett!
4. Man schickte _____ dem Arzt im Nachbardorf.
5. Eine kurze Hose schickt _____ nicht für einen Kirchenbesuch.
6. Man hat ihn _____ den April geschickt.

schieben – schob – hat geschoben

1. Sie schiebt ihr kaputt_____ Rad den Berg hinauf.
2. Er schob die Schuld _____ seine korrupten Minister.
3. Der gestürzte Diktator schob alle Schuld _____ sich.
4. Er schiebt alles Unangenehme _____ sich her.
5. Tu es jetzt, schieb nicht alles _____ die lange Bank!
6. Er wollte ihnen die Schuld _____ die Schuhe schieben.*
7. Wer sein Auto liebt, _____ schiebt.*

schießen – schoß – hat/ist geschossen

1. Der Jäger hat ein_____ Bock geschossen.
2. Die Soldaten schossen _____ alles, was sich bewegte.
3. Ihr _____ die Tränen in die Augen geschossen.
4. Mein Sohn ist ganz schön _____ die Höhe geschossen.
5. Mit seinem Eifer _____ er übers Ziel hinaus geschossen.
6. Die Antwort kam wie _____ der Pistole geschossen.
7. Immer langsam! So schnell _____ die Preußen nicht!*

schildern – schilderte – hat geschildert

1. Er schilderte sein_____ Urlaubsreise in den schönsten Farben.
2. Sie schilderte d_____ Polizei, wie der Fremde aussah.

schimpfen – schimpfte – hat geschimpft

1. Er hatte den Polizisten ein_____ „Bullen" geschimpft.
2. Er schimpft auf _____ Polizei.
3. Er schimpft über _____ brutale Durchgreifen.

schlafen (schläft) – schlief – hat geschlafen

1. Der Gast _____ auf der Couch im Wohnzimmer.
2. Vor der Hochzeit hatte sie nie _____ einem Mann geschlafen.

schlagen (schlägt) – schlug – hat/ist geschlagen

1. Der Lehrer hat nicht das Recht, ein_____ Schüler zu schlagen.
2. Er schlägt _____ der Fliege.
3. Er schlug ein_____ Nagel in die Wand.
4. Er hat den ersten Aufschlag _____ Netz geschlagen.
5. Er ist mit dem Kopf auf einen Stein _____.
6. Die Turmuhr _____ Mitternacht geschlagen.
7. Der Teppich hat Falten _____.
8. Der Löwe hat d_____ Zebra geschlagen.
9. Ich würde mich jederzeit _____ meine Freunde schlagen.
10. Die Penner schlagen sich _____ einen warmen Schlafplatz.
11. Der Hausbesitzer schlug den Einbrecher _____ die Flucht.
12. Der zweite Sieger _____ sich immerhin ganz gut geschlagen.
13. Ein Opportunist schlägt sich immer _____ die richtige Seite.
14. Ganz der Vater! Sein Kind _____ ganz nach ihm geschlagen.
15. Die schlechte Nachricht ist ihm _____ den Magen geschlagen.

16. Mein Herz schlägt _____ meine kleine Tanja.
17. Die erhoffte Beförderung mußt du dir _____ dem Kopf schlagen.
18. Er hat ihre Warnungen _____ den Wind geschlagen.
19. Man kann nicht alles _____ einen Leisten schlagen.
20. Ich habe mir die ganze Nacht _____ die Ohren geschlagen!*
21. Jetzt schlägt's dreizehn. Das schlägt d_____ Faß den Boden aus!*

schleifen – schliff – hat geschliffen
        schleifte – hat geschleift
1. Er hat das Schwert _____.
2. Brillanten sind _____ Diamanten. (= Adj.)
3. Das Brautkleid hat am Boden _____.
4. Er _____ die schwere Kiste ins Zimmer.
5. Beim Anfahren muß man die Kupplung etwas _____ lassen.

schließen – schloß – hat geschlossen
1. Der Kassierer hat das Geld _____ den Tresor geschlossen.
2. Am Mittag schließt d_____ Bank.
3. Der Diskussionsleiter schließt d_____ Diskussionsrunde.
4. Was schließt du _____ seinen Überlegungen?
5. Man sollte nicht immer von sich _____ andere schließen.
6. Ich habe einen Ehevertrag _____ meiner Frau geschlossen.

schlingen – schlang – hat geschlungen
1. Er schlang die Arme um sein_____ Freundin.
2. Die Schlange hat sich _____ den Baumstamm geschlungen.

schmecken – schmeckte – hat geschmeckt
1. Sie schmeckt d_____ Meersalz auf seinen Lippen.
2. Mein_____ Kindern schmeckt nie, was ich koche.
3. Die Hähnchen schmecken _____ Fischmehl.
4. Der Wein schmeckt _____ mehr.*

schmeißen* – schmiß – hat geschmissen
1. Er hat seine Klamotten auf den Boden _____.*
2. Er hat einen Stein _____ dem Hund geschmissen.*
3. Er hat an seinem Geburtstag ein_____ Runde Bier geschmissen.*
4. Das schaffen wir! Wir werden den Laden schon _____!*

schmelzen (schmilzt) – schmolz – hat/ist geschmolzen
1. Der ganze Schnee _____ durch das Tauwetter geschmolzen.
2. Die Sonne _____ den Schnee geschmolzen.

schneiden – schnitt – hat geschnitten
1. D_____ Schere schneidet nicht gut, laß sie schleifen!
2. Hast du d_____ Käse geschnitten?
3. Er hat _____ beim Rasieren geschnitten.
4. Die Friseuse hat d_____ ganz gut deine Haare geschnitten.

5. Sein Sohn ist ihm wie _____ dem Gesicht geschnitten.
6. Den hat er nie gegrüßt. Den hat er immer _____.*
7. Du hast d_____ geschnitten, wenn du meinst, ich helfe dir.*
8. Arno hat sich mit seinen Ansichten ganz schön _____ den Finger geschnitten.*

schneien – schneite – hat/ist geschneit
1. Es _____ die ganze Nacht über geschneit.
2. Er _____ ohne anzuklopfen plötzlich ins Zimmer geschneit.*

schreiben – schrieb – hat geschrieben
1. Er schreibt einen Brief _____ seine Eltern.
2. Die Autorin schreibt _____ einem neuen Roman.
3. Er hat _____ sein Tagebuch geschrieben, was passiert ist.
4. Er hat mir die Telefonnummer _____ einen Zettel geschrieben.
5. Der Arzt hat mein_____ Kollegen zwei Wochen krank geschrieben.
6. Merk dir das mal! Schreib dir das mal _____ die Ohren!*
7. Pech! Den Kredit müssen wir _____ den Schornstein schreiben.*

schreien – schrie – hat geschrien
1. Als sie Zähne kriegte, hat sie d_____ ganze Nacht geschrien.
2. Jemand hat _____ Hilfe geschrien!
3. Ihr lila Haar war _____ Schreien komisch.
4. Sie hat vor Panik _____ am Spieß geschrien.*

schreiten – schritt – ist geschritten
Der König _____ durch den Saal zum Thron.

schütteln – schüttelte – hat geschüttelt
1. Die Bäuerin hat den Apfelbaum _____.
2. Er schüttelte sich _____ Ekel.
3. Ihm fällt alles leicht. Er schüttelt alles _____ dem Ärmel.*

schützen – schützte – hat geschützt
1. Sonnencremes können wirksam _____ Hautkrebs schützen.
2. Der Deich schützt das Land _____ Sturmfluten.
3. Die Daten müssen vor unberechtigtem Zugriff _____ werden.
4. Sie schützt sich mit einem Hut _____ die Sonne.

schwärmen – schwärmte – hat geschwärmt
1. Die Käfer schwärmten _____ die Petroleumlampe.
2. Sie schwärmt _____ seinen kaffeebraunen Augen.

schweigen – schwieg – hat geschwiegen
1. Er hat _____ ihren Vorwürfen geschwiegen.
2. Die Pension war schlecht, ganz _____ schweigen von dem Essen!
3. Du kannst es mir sagen. Ich schweige _____ ein Grab!

schwellen (schwillt) – schwoll – ist geschwollen

        (schwellt) – schwellte – hat geschwellt

1. Die Beine _____ ihr vom vielen Stehen geschwollen.
2. Der Wind _____ die Segel geschwellt.

schwimmen – schwamm – hat/ist geschwommen

1. Fett _____ immer oben.
2. Wir _____ zum anderen Ufer geschwommen.
3. Er hat ein_____ neue Jahresbestzeit geschwommen.
4. Der Milliardär _____ nur so im Geld geschwommen.*

schwinden – schwand – ist geschwunden

Seine Kräfte _____ im eiskalten Wasser schnell geschwunden.

schwingen – schwang – hat geschwungen

1. Das Pendel der Uhr _____ hin und her.
2. Der Schmied schwang d_____ Hammer.
3. Sie schwang _____ aufs Pferd und ritt davon.
4. Jedes Wochenende schwingt er d_____ Tanzbein*

schwitzen – schwitzte – hat geschwitzt

1. Sie schwitzt nach dem Joggen _____ ganzen Körper.
2. Er _____ Blut und Wasser geschwitzt.*

schwören – schwor – hat geschworen

1. Er hat ein_____ Meineid geschworen.
2. Er schwor _____ seiner Ehre, unschuldig zu sein.
3. Ich schwöre _____ dieses Medikament!
4. Er hat s_____ geschworen, nie mehr zu heiraten.

sehen (sieht) – sah – hat gesehen

1. Ich sehe was, _____ du nicht siehst.
2. Warum siehst du immer _____ deine Uhr?
3. Es ist so still, kannst du mal _____ den Kindern sehen?
4. Ich habe das Unglück kommen _____ .
5. Du siehst d_____ Dinge eben anders als ich.
6. Er sah _____ seinem Adoptivvater einen echten Freund.
7. Ich sehe einen Vorteil dar_____, Fremdsprachen zu beherrschen.
8. Sie sieht sich schon _____ berühmte Schauspielerin.
9. Er sah _____ gezwungen, ihr die Wahrheit zu sagen.
10. Er sieht den Wald _____ lauter Bäumen nicht!
11. Horst hat gestern abend etwas zu tief _____ Glas gesehen.*
12. Klar! Das sieht doch ein Blinder _____ dem Krückstock!*

sehnen – sehnte – hat gesehnt

Er sehnte sich _____ seiner Heimat.

sein (ist) – war – ist gewesen

1. Es ist schön, wieder bei dir zu _____ .
2. Sie _____ in Griechenland.
3. Mein Steuerberater _____ in Urlaub.
4. Ohne Jacke wird d_____ bestimmt kalt.
5. Mein_____ Frau ist von dem Flug noch ganz schlecht.
6. M_____ war, als ob das Telefon geklingelt hätte.
7. Die Rechnung _____ innerhalb von 2 Wochen zu zahlen.
8. Diese antike Statue _____ kaum mit Geld zu bezahlen.
9. Es _____ nicht nötig, daß du mich abholst.
10. _____ ist an ihr, jetzt eine Entscheidung zu treffen.
11. Der Spiegel ist _____ geschliffenem Glas.
12. Ich bin _____ ein vereint_____ Europa.
13. Ich bin da_____ , daß wir uns jetzt ein bißchen beeilen.
14. Amnesty International ist _____ die Todesstrafe.
15. Wir sind ganz dein_____ Meinung.
16. Es war m_____ ein Vergnügen, mit Ihnen zusammenzuarbeiten.
17. Du bist _____ der Reihe.
18. Vor Kampfhunden sollte man auf _____ Hut sein.
19. Ein Journalist muß immer _____ dem laufenden sein.
20. Der Fahrstuhl ist wegen Reparatur _____ Betrieb.
21. Nach der längeren Verletzung war der Sportler _____ Übung.
22. Eine schwere Gewitterfront ist _____ Anzug.
23. Das neue Rathaus ist schon _____ Bau.
24. Ich war gerade _____ Begriff zu gehen, als du angerufen hast.
25. Das Weingut ist schon seit Generationen _____ Besitz der Familie.
26. Das Manuskript ist schon _____ Druck.
27. Ich habe keine Zeit. Ich bin nämlich ein bißchen _____ Druck.
28. Wegen der Verspätung bin ich etwas _____ Eile.
29. Die Kämpfe um strategische Punkte sind _____ vollem Gange.
30. Die Stabilität der Mark ist nicht _____ Gefahr.
31. Herr Steinke ist als Nachfolger _____ Gespräch.
32. Sie waren _____ dem Glauben, daß ihr Chef nichts merkte.
33. Das ganze Fußballstadion war _____ heller Begeisterung.
34. Bist du dir über die Konsequenzen _____ klaren?
35. Die neuen Verordnungen sind bereits _____ Kraft.
36. Er war nicht _____ der Lage, die Miete zu zahlen.
37. Leuchtraketen signalisieren, daß jemand _____ Not ist.
38. Deine Zeugnisnoten sind ganz _____ Ordnung.
39. Du meinst wohl, daß du immer _____ Recht bist!
40. Wenn Gefahr _____ Verzug ist, gelten andere Regeln.
41. Die Vorstellung ist erst Mitternacht _____ Ende.

senden – sendete – hat gesendet
        sandte – hat gesandt
1. Er hat sein——— Patenkind ein Weihnachtspäckchen gesandt.
2. Man hat das Telegramm ——— die falsche Adresse gesandt.
3. Der Rundfunk hat Trauermusik ———————.

setzen – setzte – hat gesetzt
1. Sie setzt d——— Kind auf den Rücksitz.
2. Sie setzte sich m——— auf den Schoß.
3. Er setzt ——— sein Lieblingspferd.
4. Sein Pferd setzt ——— das letzte Hindernis.
5. Das Bier muß ——— noch im Glas setzen.
6. Er hat die kaputte Maschine wieder instand ———.
7. Die Schlange der Wartenden setzt sich langsam ——— Bewegung.
8. Er setzte sich ——— den Besitz der geheimen Pläne.
9. Ein Brandstifter hatte den Bauernhof ——— Brand gesetzt.
10. Seine kluge Antwort hat alle ——— Erstaunen gesetzt.
11. Er setzt das Uhrwerk ——— Gang.
12. Bitte setzen Sie mich von Ihren Plänen ——— Kenntnis.
13. Wenn er sich etwas ——— den Kopf setzt, dann tut er es.
14. Die Behörden setzen bei Smogalarm ein Fahrverbot ——— Kraft.
15. Nach der Pause setzten sich die Soldaten wieder ——— Marsch.
16. Sie verstand es, sich ——— rechte Licht zu setzen.
17. Irgend jemand hat dieses Gerücht ——— Umlauf gesetzt.
18. Du sollst dich mit deinem Büro ——— Verbindung setzen.
19. Hanno will sich in Italien ——— Ruhe setzen.
20. Er setzte sich ——— die ungerechte Behandlung ——— Wehr.
21. Mutig wie er war, hatte er alles ——— eine Karte gesetzt.
22. Wer hat dir denn den Floh ——— Ohr gesetzt?
23. Setz dich endlich ——— deine vier Buchstaben!*
24. Wenn du nicht parierst, dann setzt ——— was hinter die Ohren.*

siegen – siegte – hat gesiegt
1. Bei der Ausschreibung hat die bessere Idee ———————.
2. Er hat gegen d——— Schachweltmeister gesiegt.
3. Die Alliierten siegten über d——— Dritt——— Reich.

singen – sang – hat gesungen
1. Wer kann mir ein schön——— Weihnachtslied singen?
2. Der Sänger sang ——— der Schönheit seiner Heimat.
3. Der Gefangene hat ——— Verhör gesungen.*
4. Von seiner Vergeßlichkeit kann ich ein Lied ———————!*

sinken – sank – ist gesunken
1. Der Ozeanriese war ——— den Meeresgrund gesunken.
2. Das Fieber ——— glücklicherweise gesunken.
3. Sie sank bewußtlos ——— Boden.

sinnen – sann – hat gesonnen
    Der Dichter sitzt und _____ den ganzen lieben langen Tag.

sitzen – saß – hat gesessen
    1. Sitzt du lieber _____ dem Sofa oder _____ Sessel?
    2. Er hat den ganzen Tag _____ Computer gesessen.
    3. Die Hose _____ nicht gut.
    4. Der Faustschlag hatte _____.
    5. Der ist dir überlegen. Der sitzt _____ längeren Hebel!*
    6. Sie _____ mehrere Jahre gesessen.* Nun ist sie wieder frei.
    7. Als die Schnapsflasche leer war, hatte er einen _____.*
    8. Der letzte Bus ist weg! Jetzt sitzen wir _____ der Patsche!*

sitzenbleiben – blieb sitzen – ist sitzengeblieben
    1. Meine Tochter ist in der Schule _____.
    2. Die Firma ist _____ ihren Produkten sitzengeblieben.

sitzenlassen (läßt sitzen) – ließ sitzen – hat sitzen(ge)lassen
    1. Er ist auf und davon und hat seine Familie _____.
    2. Von wegen Hochzeit! Mein Verlobter hat _____ sitzen(ge)lassen!

sollen – sollte – hat gesollt/sollen
    1. Du _____ auf der Stelle nach Hause kommen!
    2. Seine ältere Schwester hätte auf ihn aufpassen _____ .
    3. Mich nachts noch anzurufen? Das hätte er nicht tun _____ .
    4. Er _____ angeblich übersinnliche Kräfte haben.
    5. Schwimmen _____ bei Rheuma helfen.

sorgen – sorgte – hat gesorgt
    1. Die Mutter hat gut _____ ihre Kinder gesorgt.
    2. Sein Vorgesetzter sorgt da_____ , daß er befördert wird.
    3. Er sorgt s_____ zuviel.
    4. Sie sorgt sich _____ die Gesundheit ihrer Eltern.

sparen – sparte – hat gespart
    1. Wir hatten zum Glück etwas Geld _____.
    2. Ein Sozialhilfeempfänger muß auch _____ Essen sparen.
    3. Er hat etwas _____ sein Alter gespart.

spazierengehen – ging spazieren – ist spazierengegangen
    1. Sie _____ im Park spazierengegangen.
    2. Er hatte keine Lust _____.

spekulieren – spekulierte – hat spekuliert
    1. An der Börse spekuliert man _____ Aktien.
    2. Er hatte _____ einen größeren Aktiengewinn spekuliert.*

sperren – sperrte – hat gesperrt
1. Die Autobahn wurde nach dem Unfall _____.
2. Er hat die Tiere _____ den Käfig gesperrt.
3. Das Olympische Komitee hat d_____ gedopten Spieler gesperrt.
4. Die Gewerkschaft sperrt sich _____ längere Arbeitszeiten.

spielen – spielte – hat gespielt
1. Sie hat ausgezeichnet Geige _____ können.
2. Heute abend spielt Frankreich _____ Deutschland.
3. Er spielt den Ball zurück _____ Torwart.
4. Beim Skat wird oft _____ Geld gespielt.
5. Sie spielt das Gretchen _____ „Faust".
6. Der Film spielt _____ der Nachkriegszeit.
7. Er ist gar nicht mutig, aber er spielt immer d_____ Helden.
8. Fritzchen hat dem Lehrer ein_____ Streich gespielt.
9. Sprachkenntnisse spielen in der EG ein_____ wichtige Rolle.
10. Er spielt _____ dem Gedanken, sich selbständig zu machen.
11. Spiel nicht d_____ beleidigte Leberwurst!*

spinnen – spann – hat gesponnen
1. Sie spinnt d_____ Wolle mit einem alten Spinnrad.
2. Bist du verrückt geworden? Du _____ wohl!*

sprechen (spricht) – sprach – hat gesprochen
1. Unser Baby _____ schon ein paar Sätze.
2. Jakob spricht mehrer_____ Sprachen.
3. Der Pfarrer hat _____ seiner Gemeinde gesprochen.
4. Man versteht nichts, sprechen Sie _____ Mikrofon!
5. Sie hat es erlebt und spricht _____ Erfahrung.
6. Deine Ehrlichkeit spricht _____ dich.
7. Alles spricht da_____ , daß wir endlich eine Wohnung finden.
8. Alles spricht dagegen, _____ du Lottokönig wirst.
9. Er hat darüber gesprochen, _____ er umziehen will.
10. Er hat davon gesprochen, die Stelle _____ wechseln.
11. Ich weiß, wo_____ ich spreche.
12. Ich möchte den Chef _____ vier Augen sprechen.
13. Er hat mir mit seiner Meinung _____ dem Herzen gesprochen.

sprießen – sproß – ist gesprossen
Im Frühjahr sprießen die Blumen _____ dem Boden.

springen – sprang – ist gesprungen
1. Das Pferd sprang _____ den Wassergraben.
2. Der Löwe ist d_____ Antilope an den Hals gesprungen.
3. Das Glas _____ durch den hohen Ton gesprungen.
4. Sie kann nun mal nicht _____ ihren Schatten springen.

5. Das ist entscheidend! Das ist der springend_____ Punkt!
6. Er ist _____ Freude an die Decke gesprungen.*

starten – startete – hat/ist gestartet
1. Die Lufthansa-Maschine _____ pünktlich in Rom gestartet.
2. Er _____ bei der Staffel als erster gestartet.
3. Man _____ die Triebwerke der Rakete.
4. Die Firma _____ eine Werbekampagne für ihr Produkt gestartet.

stattfinden – fand statt – hat stattgefunden
Die Einweihung des Denkmals hat mittags _____.

staunen – staunte – hat gestaunt
1. Ich _____ , was du alles kannst!
2. Das Publikum hat _____ den Seiltänzer gestaunt.
3. Der war von den Socken! Der hat Bauklötze _____ !*

stechen (sticht) – stach – hat gestochen
1. Eine Wespe hat mich _____ den Finger gestochen.
2. Er fühlte in seiner Schulter einen stechend_____ Schmerz.
3. Er hat die Karodame mit dem Kreuzbuben _____.
4. Der Kerl wird übermütig. Den _____ der Hafer!*
5. Er sprang plötzlich auf wie _____ der Tarantel gestochen.*

stecken – steckte – hat gesteckt
1. Das Foto steckt _____ Fotoalbum.
2. Sie steckt ihr d_____ Spange ins Haar.
3. Er steckte sich das Clubzeichen _____ Revers.
4. Du brauchst den Kopf nicht _____ den Sand zu stecken!
5. Der Ärmste! Ich möchte nicht _____ seiner Haut stecken.*
6. Der Boxer kann jeden _____ den Sack stecken!*
7. Sie ist ihm überlegen. Sie steckt ihn _____ die Tasche!*
8. Er steckt bis über den Hals _____ Schulden.*
9. Die beiden Ganoven stecken _____ einer Decke.*

steckenbleiben – blieb stecken – ist steckengeblieben
1. Ihr ist eine Gräte im Hals _____.
2. Der Wagen _____ im Schnee stecken.
3. Die Kugel _____ in der Schulter steckengeblieben.
4. Er blieb mitten _____ seiner Rede stecken.

stehen – stand – hat gestanden
1. D_____ Wecker steht mal wieder.
2. Die neue Frisur steht d_____ wirklich gut.
3. Die Fernsehserie _____ und fällt mit den Hauptdarstellern.
4. Er steht _____ seinem Wort.
5. _____ Mord steht heute keine Todesstrafe mehr.
6. Mir steht der Sinn da_____ , eine Bergwanderung zu machen.

7. Das Mädchen kann schon selbst ihr_____ Mann stehen.
8. Die Pressefreiheit darf nicht _____ dem Spiel stehen.
9. Für alle Beamten steht eine Gehaltserhöhung _____ Aussicht.
10. Die Kirschbäume stehen _____ voller Blüte.
11. Die Bodenstation stand _____ Kontakt mit den Astronauten.
12. Der Minister hat _____ dem Ruf gestanden, korrupt zu sein.
13. Man stand über Funk miteinander _____ Verbindung.
14. Die Wahlergebnisse stehen _____ Widerspruch zu den Prognosen.
15. Die Spraydose steht _____ Druck.
16. Die Qualität steht _____ Kontrolle unseres Prüfers.
17. In der Intensivstation stehen alle _____ ständiger Aufsicht.
18. Die Änderung des Paragraphen 218 stand _____ Debatte.
19. Die Rezeption des Hotels steht Ihnen gern _____ Diensten.
20. Eine Fahrpreisänderung steht momentan nicht _____ Diskussion.
21. Er stand seiner Frau bei der Geburt _____ Seite.
22. Bei Rückfragen stehen wir Ihnen jederzeit _____ Verfügung.
23. Das ist etwas anderes! Das steht _____ einem anderen Blatt!
24. Meine Tochter kann schon _____ eigenen Füßen stehen.
25. Du stehst mit deiner Meinung _____ verlorenem Posten!
26. Er steht auch bei mir mit 100 DM _____ der Kreide.*
27. Er war entsetzt. Dem standen die Haare _____ Berge!*
28. Bei den Schulden steht ihm das Wasser bis _____ Hals.*
29. Das ist ein richtiger Mann! Ein gestanden_____ Mannsbild.* (= Adj.)
30. Ich stehe mehr auf dunkl_____ Männer als auf blonde.*

stehenbleiben – blieb stehen – ist stehengeblieben
1. Er_____ nicht stehen, als ich ihn rief.
2. Im Halteverbot darfst du nicht _____!
3. Meine Uhr_____ stehengeblieben.
4. Der Motor blieb _____, weil der Tank leer war.
5. Nur wenige Bäume entlang der Straße _____ stehengeblieben.
6. Die schmutzigen Tassen können ruhig bis morgen _____.
7. Bei welcher Lektion sind wir _____?

stehlen (stiehlt) – stahl – hat gestohlen
1. Man hat mein_____ Bruder das Auto gestohlen.
2. Er stahl s_____ heimlich aus dem Haus.
3. Ein toller Bursche! Mit dem kann man Pferde _____!*
4. Sie hat mit dem Kleid allen d_____ Schau gestohlen.*
5. Hau ab! Du kannst mir _____ bleiben!*

steigen – stieg – ist gestiegen
1. Nach den Regenfällen _____ der Wasserstand stark gestiegen.
2. Der Weg stieg steil d_____ Berg hinauf.
3. Der Schornsteinfeger steigt _____ das Dach.

4. Die Quecksilbersäule des Thermometers stieg _____ 40 Grad.
5. Bei einer Inflation steigen d_____ Preise schnell.
6. Das Faß Rohöl ist um einige Dollar _____ Preis gestiegen.
7. D_____ Frau steigen die Tränen in die Augen.
8. Sein Chef ist ihm mal richtig _____ Dach gestiegen.*

stellen – stellte – hat gestellt
1. Rosa stellt d_____ Essen auf den Tisch.
2. Würdest du bitte d_____ Bier kalt stellen?
3. Ich habe den Wecker _____ 6 Uhr gestellt.
4. Die Demonstranten stellten _____ den Panzern in den Weg.
5. Gert hat sein_____ Mitschüler ein Bein gestellt.
6. Der Quizmaster hat d_____ Kandidat_____ eine Aufgabe gestellt.
7. Er hat seinem Chef die Frage _____ der Bezahlung gestellt.
8. Der Ladendieb wurde von dem Kaufhausdetektiv _____.
9. Der Agent hat sich d_____ Behörden gestellt.
10. Man muß sich d_____ Asylproblematik stellen.
11. Stell einen Antrag _____ Verlängerung der Arbeitserlaubnis!
12. Stell deinen Antrag auf Wohngeld _____ der Wohngeldstelle!
13. Sie stellt zu hohe Ansprüche _____ ihren Freund.
14. Man sollte den Bewerber _____ die Probe stellen.
15. Der Angeklagte stellte seine Schuld _____ Abrede.
16. Man hatte ihm eine steile Karriere _____ Aussicht gestellt.
17. Die Versicherung stellte den Unfallbericht _____ Frage.
18. Die Kosten für den Versand müssen wir _____ Rechnung stellen.
19. Die Menschenrechte kann man nicht _____ Diskussion stellen.
20. Als er die Nacht über wegblieb, stellte sie ihn _____ Rede.
21. Ein Neureicher stellt seinen Reichtum gern _____ Schau.
22. Für den Umzug hat er uns seinen LKW _____ Verfügung gestellt.
23. Mehrere Kandidaten haben sich _____ Wahl gestellt.
24. Der wollte nicht und hat sich _____ die Hinterbeine gestellt.*
25. Du brauchst dein Licht nicht _____ den Scheffel zu stellen.*

sterben (stirbt) – starb – ist gestorben
1. Eine Fliege _____ bereits nach wenigen Tagen.
2. Er ist _____ einer Lungenentzündung gestorben.

sticken – stickte – hat gestickt
Sie hat ihr zum Muttertag ein klein_____ Kissen gestickt.

stillhalten (hält still) – hielt still – hat stillgehalten
Er hat beim Haareschneiden nicht _____.

stimmen – stimmte – hat gestimmt
1. Es stimmt einfach nicht, _____ du da erzählst.
2. Die Rechnung _____ nicht gestimmt.

3. Der Besuch seiner Kinder stimmte d———— Patient———— glücklich.
4. Auch Oppositionspolitiker stimmten ———— die Regierungspläne.
5. Ich stimme ———— diesen unsinnigen Plan.
6. Vor Konzertbeginn stimmte das Orchester d———— Instrumente.

stinken – stank – hat gestunken
1. Der Harzer Käse hat ganz schön ————————————!*
2. Geld stinkt bekanntlich ————.

stören – störte – hat gestört
1. Das Telefon hatte unser———— Unterredung gestört.
2. Radiomusik stört mich ———— Lernen.
3. Er störte sich dar————, daß sie im Bett rauchte.

stoßen (stößt) – stieß – hat/ist gestoßen
1. Ich bin im Dunkeln ———— die chinesische Vase gestoßen.
2. Der TÜV ist ———— einige technische Mängel gestoßen.
3. Sie hat sich ———— seinen schlechten Tischmanieren gestoßen.
4. Wie konntest du ihn nur so vor d———— Kopf stoßen?*
5. Der sieht nichts. Den muß man ———— der Nase darauf stoßen.*

strafen – strafte – hat gestraft
Er strafte d———— Schülerin mit einem bösen Blick.

strahlen – strahlte – hat gestrahlt
1. Die Sonne strahlte ———— die Dächer.
2. Die Braut strahlte ———— Glück.

sträuben – sträubte – hat gesträubt
Die Anwohner sträuben sich ———— den Bau der Autobahn.

streben – strebte – hat gestrebt
Junge Leute streben ———— Unabhängigkeit.

streichen – strich – hat/ist gestrichen
1. Der Maler ———— meine Wohnung neu gestrichen.
2. Mutter hat Butterbrote für die Kinder ————————————.
3. Man ———— einige Passagen aus dem Manuskript gestrichen.
4. Die Katze ———— ums Haus gestrichen.

streiken – streikte – hat gestreikt
1. Die Arbeiter streikten ———— höhere Löhne.
2. Der Motor hat ————————.*

streiten – stritt – hat gestritten
1. Mein Freund streitet sich häufig ———— seiner Schwester.
2. Sie haben sich ———— das Erbe gestritten.
3. ———— Geschmack läßt sich streiten.
4. Sie streiten ———— wie Hund und Katze.
5. Sie streiten ———— des Kaisers Bart: um eine unwichtige Sache.

streuen – streute – hat gestreut
Der Hausmeister hat Sand _____ den vereisten Weg gestreut.

strotzen – strotzte – hat gestrotzt
Der Riese strotzte _____ Kraft.

studieren – studierte – hat studiert
1. Toni hat Slawistik _____ .
2. Die Touristen studieren d_____ Informationsprospekt.

stürzen – stürzte – hat/ist gestürzt
1. Sie _____ aus dem Fenster gestürzt.
2. Der Reiter stürzte _____ Boden.
3. Die Putschisten _____ die Regierung gestürzt.
4. Ihr plötzlicher Reichtum hat sie _____ Unglück gestürzt.
5. Die Leibwächter stürzten _____ auf den Attentäter.

suchen – suchte – hat gesucht
1. Er suchte überall _____ seinen Haustürschlüsseln.
2. Wir haben ein_____ Korb voll Pilze gesucht.
3. Er hat sich ein_____ besser_____ Arbeitsstelle gesucht.

T

tanken – tankte – hat getankt
1. Vor der Grenze hat sie noch einmal _____ .
2. Er hat auf der Betriebsfeier zuviel _____ .*

tanzen – tanzte – hat/ist getanzt
1. Sie haben d_____ ganze Nacht hindurch getanzt.
2. Walter tanzt perfekt argentinisch_____ Tango.
3. Tanze mit mir _____ den Morgen!
4. Wir _____ übermütig durch das ganze Haus getanzt.
5. Ich habe keine Lust, immer _____ deiner Pfeife zu tanzen.*
6. Wenn die Katze fort ist, _____ die Mäuse auf dem Tisch. (Sprichwort)
7. Die Kinder tanzen ihr_____ der Nase herum.*

taugen – taugte – hat getaugt
1. Der Film taugt nicht _____ Kinder.
2. Der Kerl taugt eigentlich _____ nichts.

tauschen – tauschte – hat getauscht
1. Tauschst du dein Taschenmesser _____ meinen Kaugummi?
2. Würden Sie Ihren Platz _____ mir tauschen?

täuschen – täuschte – hat getäuscht
1. Mein erster Eindruck von ihm hat _____ .
2. Ich habe m_____ in dieser Sache getäuscht.
3. Der Betrüger hat sein Opfer _____ einem Trick getäuscht.

teilen – teilte – hat geteilt
1. Wir teilen uns die Miete. Sie wird _____ drei geteilt.
2. Die Torte wurde _____ gleich große Stücke geteilt.
3. Sie hat ihren Joghurt _____ ihrem Bruder geteilt.
4. Das Grundstück wurde _____ den Erben geteilt.
5. Die Klasse soll sich in zwei Gruppen _____.
6. Wenn _____ die Straße teilt, dann fahr links!
7. Die Gangster hatten s_____ untereinander die Beute geteilt.
8. Wim teilte voll und ganz mein_____ Meinung.

teilhaben (hat teil) – hatte teil – hat teilgehabt
Behinderte möchten auch gern _____ Geschehen teilhaben.

teilnehmen (nimmt teil) – nahm teil – hat teilgenommen
Der Bundespräsident nahm _____ den Feierlichkeiten teil.

telefonieren – telefonierte – hat telefoniert
1. Erich hat ein_____ Stunde lang ins Ausland telefoniert.
2. Er hat natürlich _____ seiner Freundin telefoniert.

terrorisieren – terrorisierte – hat terrorisiert
Der Diktator hat d_____ Bevölkerung terrorisiert.

töten – tötete – hat getötet
Man mußte d_____ tollwütig_____ Fuchs töten.

totschlagen (schlägt tot) – schlug tot – hat totgeschlagen
1. Er hat ihn im Affekt _____.
2. Sie hat die Zeit _____ Kreuzworträtseln totgeschlagen.

trachten – trachtete – hat getrachtet
Der Scharfschütze trachtete ihm _____ dem Leben.

tragen (trägt) – trug – hat getragen
1. Er trägt sein_____ Tochter gern auf den Schultern.
2. Das Eis hat noch nicht _____.
3. Der Pflaumenbaum _____ dieses Jahr besonders gut.
4. Festverzinsliche Wertpapiere tragen hoh_____ Zinsen.
5. Der Mörder hat schwer _____ seiner Schuld getragen.
6. Sie trägt die Verantwortung _____ das Scheitern der Beziehung.
7. Viele tragen schwere Bedenken _____ die geplante Autobahn.
8. Man hat den Interessen der Kundschaft Rechnung _____ tragen.
9. Sie tragen sich _____ dem Gedanken auszuwandern.
10. Theodor trägt sein ererbtes Geld _____ Schau.

trauen – traute – hat getraut
1. Der Pfarrer hat d_____ Paar getraut.
2. Er traut s_____ nicht in ein Flugzeug.
3. Sie hat sich nicht _____ fragen getraut.

4. Ich habe mein———— Augen nicht getraut.
5. Ich bin skeptisch. Ich traue———— Frieden nicht!*
6. Trau kein———— über Dreißig.*

trauern – trauerte – hat getrauert
Er trauert———— seinen verstorbenen Vater.

träumen – träumte – hat geträumt
1. Er hat ein———— wunderschönen Traum geträumt.
2. Der Junge träumte da————, Pilot zu werden.
3. Den Lottogewinn haben sie sich nicht———————— lassen!

treffen (trifft) – traf – hat/ist getroffen
1. Er———— meist schon beim ersten Steinwurf.
2. Ich———— Margarete neulich im Konzert getroffen.
3. Kathrin trifft s———— heimlich mit ihrem Freund.
4. Deine abfällige Bemerkung hat sie tief————————.
5. ———— hat mich tief getroffen, von ihrem Tod zu erfahren.
6. Wir sollten in dieser Sache ein———— Entscheidung treffen.
7. Wir———— noch keine Reisevorbereitungen getroffen.
8. Agnes hat ihr———— Wahl bereits getroffen.
9. Ich habe———— ihr für heute abend eine Verabredung getroffen.
10. Das trifft s———— gut, daß sie auch Zeit hat.
11. Er ist auf dem Foto gut————————.
12. Er hat damit den Nagel———— den Kopf getroffen.
13. Gustav hat mit seiner Bemerkung———— Schwarze getroffen.
14. Das traf mich wie ein Blitz———— heiterem Himmel!

treiben – trieb – hat/ist getrieben
1. Der Ballon———— über den See getrieben.
2. Der Bauer treibt d———— Kühe in den Stall.
3. Der Tunnel wurde in den Berg————————.
4. Im Frühjahr———————— zuerst die Schneeglöckchen.
5. Er hat sein ganzes Leben lang Sport————————.
6. Was———— ihr bei dem schlechten Wetter getrieben?
7. Die Geschäftsleute———— einen regen Handel getrieben.
8. Er treibt sie mit dem Trinken noch———— Scheidung.
9. Treib es nicht zu weit! Treib es nicht———— die Spitze!
10. Der Casanova hat es wirklich———— jeder getrieben.*

trennen – trennte – hat getrennt
1. Die Saalordner haben d———— Streithähne getrennt.
2. Das Wort hast du falsch————————.
3. Mutter trennt den Reißverschluß———— der Jacke.
4. Beim Sport werden die Jungen———— den Mädchen getrennt.
5. Unsere verschiedene soziale Herkunft trennt———— voneinander.
6. Ida lebt schon seit einem Jahr von ihr———— Mann getrennt. (= Adv.)

treten (tritt) – trat – hat/ist getreten
1. Er _____ den Hund getreten.
2. Eleonore tritt _____ dem Haus.
3. Er tritt _____ die verschlossene Tür.
4. Der Computervirus _____ mit einemmal zutage getreten.
5. Der publicityscheue Milliardär trat selten _____ Erscheinung.
6. Das Gesetz ist _____ Kraft getreten.
7. Achim und Gunhild _____ in den Stand der Ehe getreten.
8. Der Fluß ist _____ die Ufer getreten.
9. In vielen Diktaturen wird das Recht _____ Füßen getreten.

triefen – troff – hat/ist getrieft
1. Meine Haare triefen _____ Nässe.
2. Der Mantel hat vom Regen _____.
3. Das Wasser ist vom Regenschirm _____ den Boden getrieft.
4. Er kam mit triefend_____ Haaren von draußen herein.
5. Ich habe Schnupfen. _____ trieft die Nase.*

trinken – trank – hat getrunken
1. Wer hat sein_____ Orangensaft noch nicht getrunken?
2. Wir trinken _____ deine Gesundheit und alles, was wir lieben.
3. Hannah trinkt _____ jedem fremden Mann gleich Brüderschaft.
4. Er hat _____ dem vergifteten Wein getrunken.

trügen – trog – hat getrogen
1. Das ist ganz anders. Der Schein _____ .
2. Ihre Vorahnungen hatten sie nicht _____.

tun – tat – hat getan
1. Sie hat immer d_____ getan, was von ihr verlangt wurde.
2. Er tat so, als _____ er uns nicht kennen würde.
3. Kannst du mir ein_____ Gefallen tun?
4. Bei den alternativen Energien tut s_____ viel.
5. Mir tut _____ Rücken weh.
6. Du _____ zuviel des Guten.

turnen – turnte – hat geturnt
Evelyn hat ihr_____ Übung am Stufenbarren geturnt.

U

übelnehmen (nimmt übel) – nahm übel – hat übelgenommen
1. Er nahm ihm seine Verspätung _____ .
2. _____ Sie es mir bitte nicht übel, wenn ich jetzt gehe.

üben – übte – hat geübt
1. Mein Sohn übt d_____ Salto auf dem Trampolin.
2. Ralph übt sich _____ der Kunst des Bogenschießens.

3. Man übte heftige Kritik _____ seiner Rede.
4. Guido hat _____ seinen Idealen Verrat geübt.

überarbeiten – überarbeitete – hat überarbeitet
1. Der Lektor überarbeitete d_____ kurze Manuskript des Autors.
2. Er hat s_____ dabei nicht überarbeitet.

überbacken – überbackte – hat überbacken
Sie hat die Zwiebelsuppe _____ Käse überbacken.

überbieten – überbot – hat überboten
1. Er hat den Auktionspreis um ein Vielfaches _____.
2. Er überbot d_____ Schanzenrekord um zwei Meter.

übereinanderschlagen (schlägt übereinander) – schlug übereinander – hat übereinandergeschlagen
1. Er _____ die Beine übereinandergeschlagen.
2. Seine Beine _____ übereinandergeschlagen.

übereinkommen – kam überein – ist übereingekommen
1. Sie kamen überein, das gemeinsame Haus _____ verkaufen.
2. Er ist mit ihm _____ den Kaufpreis übereingekommen.

überessen (überißt) – überaß – hat überessen
Ich hatte m_____ mit der Weihnachtsgans überessen.

überfahren (überfährt) – überfuhr – hat überfahren
1. Der Laster hat ein Kind _____.
2. Wer die Ampel bei Rot _____, wird automatisch geblitzt.

überfallen (überfällt) – überfiel – hat überfallen
1. Die Posträuber haben d_____ Geldtransport überfallen.
2. Mein Mann überfällt mich oft _____ seinen spontanen Einfällen.

übergreifen – griff über – hat übergegriffen
Die Cholera hat auch _____ benachbarte Länder übergegriffen.

überholen – überholte – hat überholt
1. Es ist verboten, ein_____ Wagen rechts zu überholen.
2. Mein alt_____ Motor muß in der Werkstatt überholt werden.
3. Deine antiquierten Vorstellungen _____ völlig überholt. (= Adj.)

überlaufen (läuft über) – lief über – ist übergelaufen
        (überläuft) – überlief – hat überlaufen
1. Die Badewanne ist _____.
2. Die Deserteure sind _____ Gegner übergelaufen.
3. Alle Deutschkurse sind hoffnungslos _____. (= Adj.)

überlegen – überlegte – hat überlegt
1. Ich _____ gerade etwas.
2. Arthur hat _____ seine Antwort vorher gut überlegt.
3. Wir überlegen, _____ wir ein Kind adoptieren sollen.

überlisten – überlistete – hat überlistet
Der Flüchtling hat seine Verfolger mit einem Trick _____.

übernachten – übernachtete – hat übernachtet
Egbert hat bei uns in der Badewanne _____.

übernehmen (übernimmt) – übernahm – hat übernommen
1. Die Baufirma übernimmt d_____ Auftrag.
2. Niemand will die Verantwortung _____ das Unglück übernehmen.
3. Er hat _____ mit seinen Projekten etwas übernommen.

überqueren – überquerte – hat überquert
In Deutschland überquert kaum jemand d_____ Ampel bei Rot.

überraschen – überraschte – hat überrascht
1. Roger hat uns _____ seinem Besuch völlig überrascht.
2. Sie wurde _____ Spionieren überrascht.
3. Es überrascht mich, _____ du einverstanden bist.
4. _____ überrascht uns zu hören, daß ihr schon abreisen wollt.

überreden – überredete – hat überredet
1. Jochen wollte Klara _____ einem Glas Sekt überreden.
2. Wir mußten ihn _____ Segeln überreden.
3. Überrede sie doch da_____, daß sie dir ihr Auto leiht!

überschlagen (überschlägt) – überschlug – hat überschlagen
       (schlägt über) – schlug über – ist übergeschlagen
1. Seine Stimme hat _____ vor Zorn überschlagen.
2. Die politischen Ereignisse haben sich im Osten _____.
3. Sie hat _____, was der Urlaub wohl kosten würde.
4. Sie las nicht alles. Sie hat einige Kapitel _____.
5. Er hat sich fast überschlagen _____ lauter Dankbarkeit.*

übersetzten – übersetzte – hat übersetzt
       setzte über – hat übergesetzt
1. Der Dolmetscher übersetzt _____ Deutschen ins Polnische.
2. Sie hat den Prospekt _____ dem Russischen übersetzt.
3. Der Fährmann hat uns zum anderen Ufer _____.

überspringen – sprang über – ist übergesprungen
       übersprang – hat übersprungen
1. Mein Sohn hat die zweite Klasse _____.
2. Das Feuer ist auf die anderen Dächer _____.

übertreffen (übertrifft) – übertraf – hat übertroffen
1. Er übertraf unser_____ Erwartungen bei weitem.
2. Er hat alle _____ Schnelligkeit übertroffen.
3. Er war in Höchstform. Er übertraf_____ selbst.

übertreiben – übertrieb – hat übertrieben
1. Er hat maßlos_____.
2. Sie übertreibt es ein bißchen _____ dem Sport.

übertreten (übertritt) – übertrat – hat übertreten
        (tritt über) – trat über – ist übergetreten
1. Der Waffenhändler hat das Gesetz_____.
2. Sie ist zum Islam_____.

überweisen – überwies – hat überwiesen
1. Ich habe d_____ Hausbesitzer die Miete überwiesen.
2. Gastarbeiter überweisen viel Geld _____ ihre Angehörigen.
3. Ihr Hausarzt überwies sie _____ einen Frauenarzt.

überwerfen (überwirft) – überwarf – hat überworfen
        (wirft über) – warf über – hat übergeworfen
1. Er hat sich mit seinen Eltern völlig_____.
2. Als es klingelte, hat er sich ein Badetuch_____.

überwiegen – überwog – hat überwogen
1. In der Wählergunst haben die Demokraten klar_____.
2. Bei den ausländischen Touristen überwiegen d_____ Amerikaner.

überzeugen – überzeugte – hat überzeugt
1. Ich würde Christopher gern _____ Gegenteil überzeugen.
2. Der Chef überzeugt sich selbst da_____, daß alles stimmt.
3. Sie hat ihn davon überzeugt, _____ er studieren sollte.

überziehen – überzog – hat überzogen
        zog über – hat übergezogen
1. Die Betten wurden mit frischen Laken_____.
2. Sie hat mal wieder ihr Konto_____.
3. Der Moderator hat die Sendezeit _____ 5 Minuten überzogen.
4. Er hat sich einen warmen Pulli_____.

übriglassen (läßt übrig) – ließ übrig – hat übriggelassen
1. Wir_____ dir von der Torte noch was übriggelassen.
2. Unser Hotel hat nichts _____ wünschen übriggelassen.

umfallen (fällt um) – fiel um – ist umgefallen
1. Die Stehlampe _____ umgefallen.
2. Der Zeuge hat seine Aussage widerrufen; er ist_____.

umgehen – umging – hat umgangen
          ging um – ist umgegangen
1. Er hat alle gesetzlichen Bestimmungen _____.
2. Die Furcht vor dem Revolverhelden ging in dem Städtchen _____.
3. Er kann nicht _____ kleinen Kindern umgehen.

umkommen – kam um – ist umgekommen
1. Ihr erster Mann war im Krieg _____.
2. Er ist _____ einen Unfall umgekommen.
3. Mach das Fenster auf, hier kommt man _____ Hitze fast um!*

umschalten – schaltete um – hat umgeschaltet
1. Wenn Sie d_____ Hebel umschalten, bleibt die Maschine stehen.
2. Kannst du _____ einen anderen Sender umschalten?

umschmeißen* – schmiß um – hat umgeschmissen
1. Das Kind hatte alle Dominosteine _____.*
2. Der Chef darf meine Urlaubspläne nicht _____.*
3. Ein Gläschen Cognac wird dich nicht gleich _____!*

umsehen (sieht um) – sah um – hat umgesehen
1. Du darfst _____ nicht umsehen, wenn wir uns verstecken!
2. Der Kommissar sah _____ im Haus um.
3. Er sah sich immer wieder nach d_____ Blondine um.
4. Er hat sich _____ einer neuen Stelle umgesehen.
5. Junge Leute sollten reisen und sich _____ der Welt umsehen.

umspringen – sprang um – ist umgesprungen
          umsprang – hat umsprungen
1. Der Hund hat sein Herrchen wie wild vor Freude _____.
2. Zum Glück sprang beim Waldbrand d_____ Wind um.
3. Der Turnlehrer ist _____ seinen Schülern hart umgesprungen.

umsteigen – stieg um – ist umgestiegen
1. Du mußt in Konstanz _____ einen anderen Zug umsteigen.
2. Lothar ist _____ einen ganz anderen Beruf umgestiegen.

umziehen – zog um – hat/ist umgezogen
1. Die Schulzes _____ nach Dortmund umgezogen.
2. Wolfdieter _____ sich in der Umkleidekabine umgezogen.

umzingeln – umzingelte – hat umzingelt
Die Indianer umzingelten d_____ Lager der Siedler.

unterbieten – unterbot – hat unterboten
1. Er hat d_____ Rekord im Kugelstoßen noch unterboten.
2. Er unterbot den Preis _____ etliches.

unterbrechen (unterbricht) – unterbrach – hat unterbrochen
1. Das Telefonat wurde _____.
2. Man unterbrach d____ Sendung wegen einer Verkehrsmeldung.

unterbringen – brachte unter – hat untergebracht
Man hat mich in einem preiswerten Gasthof _____.

untergehen – ging unter – ist untergegangen
1. Seine Argumente _____ in der Diskussion untergegangen.
2. Viele Hochkulturen _____ im Laufe der Geschichte unter.
3. Die Schiffsbesatzung ist mit Mann und Maus _____.

unterhalten (unterhält) – unterhielt – hat unterhalten
1. Der Showmaster hat die Zuschauer bestens _____.
2. Sie haben _____ über den neuesten Film unterhalten.
3. Er unterhält noch ein_____ Sohn aus erster Ehe.
4. Es kostet viel Geld, das alte Schloß _____ unterhalten.
5. Die Mafia hat verschieden_____ Amüsierbetriebe unterhalten.

unterlassen (unterläßt) – unterließ – hat unterlassen
1. Es wird gebeten, das Rauchen in der U-Bahn zu _____.
2. Er unterließ _____ , seine Kollegen zu informieren.

unterliegen – unterlag – ist unterlegen
Sie unterlagen haushoch d_____ gegnerischen Mannschaft.

unterrichten – unterrichtete – hat unterrichtet
1. Der Lehrer unterrichtet seine Klasse _____ Geographie.
2. Sie hat ihn _____ vertrauliche Interna unterrichtet.
3. Die Fahrgäste wurden _____ der Zugverspätung unterrichtet.

unterscheiden – unterschied – hat unterschieden
1. Ich konnte d_____ Zwillinge kaum unterscheiden.
2. Man unterscheidet die Säugetiere _____ den Reptilien.
3. Man muß _____ verschiedenen Möglichkeiten unterscheiden.
4. Die beiden Brüder unterscheiden _____ in ihrem Charakter.

unterschlagen (unterschlägt) – unterschlug – hat unterschlagen
1. Unser Buchhalter hat einen großen Betrag _____.
2. Warum hast du unterschlagen, _____ du heiraten wirst?

unterschreiben – unterschrieb – hat unterschrieben
Bitte unterschreiben Sie hier unten d_____ Bestellformular!

unterstreichen – unterstrich – hat unterstrichen
1. _____ Sie bitte alle Verben im Text.
2. Einige Verben _____ bereits unterstrichen.
3. Sie haben recht, was Sie sagen, kann ich nur _____!

unterstützen – unterstützte – hat unterstützt
Er unterstützte sein_____ studierenden Sohn.

untersuchen – untersuchte – hat untersucht
1. Der Betriebsarzt hat mich _____.
2. Man untersuchte die Leiche _____ Hinweise für einen Mord.

untertreiben – untertrieb – hat untertrieben
1. Die Gefährlichkeit der Cholera sollte man nicht _____.
2. Er ist ein ausgezeichneter Fachmann, aber er _____ gern.

unterziehen – unterzog – hat unterzogen
Er mußte sich ein_____ ärztlichen Behandlung unterziehen.

urteilen – urteilte – hat geurteilt
1. Er urteilte nur _____ seinem ersten Eindruck.
2. Die Jury urteilte _____ die Entwürfe der Architekten.

V

verabreden – verabredete – hat verabredet
1. Sie hatten ein_____ genauen Zeitpunkt verabredet.
2. Die Freunde hatten sich _____ Schwimmen verabredet.
3. Wir hatten verabredet, uns am Marienplatz _____ treffen.
4. Ingo hat sich _____ heute abend mit seinem Freund verabredet.
5. Bist du heute schon _____?

verabschieden – verabschiedete – hat verabschiedet
1. Die Partygäste verabschiedeten sich _____ Roswitha.
2. Herr Hoffmann geht in Rente. Wir haben _____ verabschiedet.
3. Der Bundestag hat das neue Gesetz _____.

verachten – verachtete – hat verachtet
1. Der Maler verachtet d_____ eingebildet_____ Galeriebesucher.
2. Victor verachtet es, den Kinderwagen _____ schieben.
3. Ein selbstgebackener Kuchen ist nicht _____ verachten.*

verändern – veränderte – hat verändert
1. Die Erfindung des Automobils hat die Welt sehr _____.
2. Oliver hat sich sehr _____ seinem Vorteil verändert.

veranlassen (veranlaßt) – veranlaßte – hat veranlaßt
1. Der Bürgerkrieg veranlaßte die Familie _____ Flucht.
2. Der Chef hatte ihn veranlaßt, die Stelle _____ wechseln.
3. Der Zwischenfall veranlaßte uns da_____, den Code zu verändern.

verarbeiten – verarbeitete – hat verarbeitet
1. Die Papierfabrik verarbeitet alt_____ Zeitungspapier.
2. Er mußte sein_____ viel_____ Eindrücke von der Reise verarbeiten.
3. Das Korn wird _____ Brot verarbeitet.

verbauen – verbaute – hat verbaut
1. Die Kartons im Gang verbauen im Brandfall d_____ Fluchtweg.
2. Mit einem Handwerksberuf verbaust du dir nicht d_____ Zukunft.
3. Viele Steine wurden _____ den Turm verbaut.

verbergen (verbirgt) – verbarg – hat verborgen
1. Der Nebel verbirgt d_____ Sonne.
2. Der Ausbrecher hat sich _____ der Polizei verborgen.

verbessern – verbesserte – hat verbessert
1. Man hat d_____ Kantinenessen etwas verbessert.
2. Der Schüler hat all_____ Fehler in den Hausaufgaben verbessert.
3. Er hat sich _____ Hochsprung um einige Zentimeter verbessert.

verbeugen – verbeugte – hat verbeugt
Der Dirigent verbeugte sich _____ seinem Publikum.

verbieten – verbot – hat verboten
1. Das deutsche Recht verbietet nicht d_____ Prostitution.
2. Der Arzt hat mein_____ Vater verboten zu rauchen.
3. Es verbietet _____ von selbst, Rauschgift zu legalisieren.

verbinden – verband – hat verbunden
1. Die Krankenschwester hat die Wunde _____.
2. Man sollte das Angenehme _____ dem Nützlichen verbinden.
3. Mit ihrer Religion verbanden s_____ auch politische Ideen.
4. Uns _____ die Freude am Musizieren.

verbrennen – verbrannte – hat/ist verbrannt
1. Sie hat alle seine Liebesbriefe _____.
2. Er hat s_____ die Finger verbrannt.
3. Paß auf, daß du d_____ nicht am Ofen verbrennst!
4. Das Schnitzel _____ leider in der Pfanne verbrannt.
5. Sein Gesicht war von der Sonne _____.
6. Das Papier war _____ Asche verbrannt.
7. Paß auf, was du sagst. Verbrenn d_____ nicht wieder die Zunge!*

verbringen – verbrachte – hat verbracht
1. Sie haben ihren Urlaub auf Kuba _____.
2. Den letzten Abend sollten wir noch gemeinsam _____.
3. Er hatte sein Leben _____ bitterer Armut verbracht.
4. Er hatte die Nacht da_____ verbracht, Gedichte zu schreiben.

verdächtigen – verdächtigte – hat verdächtigt
Die Polizei verdächtigte ihn d_____ Diebstahls.

verdammen – verdammte – hat verdammt
1. In der Predigt verdammte der Pfarrer d_____ Fremdenhaß.
2. Seine Lähmung verdammte ihn _____ einem Leben im Rollstuhl.

verdanken – verdankte – hat verdankt

Er verdankte seine Rettung d_____ Bergwacht.

verderben (verdirbt) – verdarb – hat/ist verdorben

1. Das Fleisch _____ in der Wärme verdorben.
2. Er_____ seine Kinder durch schlechte Erziehung verdorben.
3. Mit ihrer schlechten Laune _____ sie ihm den Urlaub verdorben.
4. Durch Lesen bei Kerzenlicht hat er _____ die Augen verdorben.
5. Durch seinen Eigensinn hat er es _____ allen verdorben.

verdienen – verdiente – hat verdient

1. Bernhard verdient ein_____ gut_____ Beurteilung.
2. Die Baufirma hat gut _____ den Schwarzarbeitern verdient.
3. Er hat es verdient, den Nobelpreis _____ erhalten.
4. Er hat sich mit der Erfindung eine golden_____ Nase verdient.*
5. Der verdient sein Geld ja _____ Schlaf!*

vereinbaren – vereinbarte – hat vereinbart

Er hatte_____ ihm absolutes Stillschweigen vereinbart.

vererben – vererbte – hat vererbt

1. Der Fabrikant hat sein_____ Sohn ein Vermögen vererbt.
2. Charaktereigenschaften vererben _____ .

verfolgen – verfolgte – hat verfolgt

1. Der Detektiv verfolgte d_____ Unbekannten.
2. Er verfolgt mit dem Schachzug ein_____ bestimmten Plan.

verfügen – verfügte – hat verfügt

1. Nicht jedes Land verfügt _____ größere Goldreserven.
2. Das Gebäude verfügt über mehrer_____ Notausgänge.
3. Die Umweltbehörde verfügte d_____ Schließung des Werkes.

verführen – verführte – hat verführt

1. Der ältere Mann hat d_____ junge Mädchen verführt.
2. Sie hat ihn _____ Rauchen verführt.

vergeben (vergibt) – vergab – hat vergeben

1. Der Ehemann hat sein_____ Frau den Seitensprung vergeben.
2. Das Ministerium vergab den Auftrag _____ eine andere Firma.
3. Du vergibst _____ nichts, wenn du ihn auch einlädst.

vergehen – verging – hat/ist vergangen

1. Alle Lebewesen müssen _____ .
2. Leider vergehen sich manche Väter _____ ihren Kindern.
3. Er hat sich _____ ein ungeschriebenes Gesetz vergangen.
4. Sie ist fast _____ Sehnsucht nach ihrer Heimat vergangen.

vergessen (vergißt) – vergaß – hat vergessen
1. D_____ Termin habe ich doch glatt vergessen!
2. Er hatte sich vor Wut völlig _____.
3. Paß auf, sonst _____ du noch mal deinen Kopf!*

vergleichen – verglich – hat verglichen
1. Sie darf nicht Äpfel mit Birnen _____.
2. Er vergleicht das Essen seiner Frau _____ dem seiner Mutter.
3. Die Schüler sollten beide Baustile mit_____ vergleichen.
4. Der Beklagte hat _____ mit dem Kläger verglichen.

verhaften – verhaftete – hat verhaftet
Die Polizei hat den Betrüger _____.

verhalten (verhält) – verhielt – hat verhalten
1. Die Sache verhält _____ völlig anders, als Sie meinen.
2. Die Kinder sollen _____ endlich ruhig verhalten!
3. _____ meinen Einkünften verhält es sich nicht zum Besten.

verheimlichen – verheimlichte – hat verheimlicht
1. Sie hat bei der Einstellung ihre Schwangerschaft_____.
2. Er wollte seine Krankheit _____ seiner Frau verheimlichen.

verheiraten – verheiratete – hat verheiratet
1. Er hat seine Tochter _____ einem Ausländer verheiratet.
2. Er hat _____ mit einer Adligen verheiratet.
3. Seit wann seid ihr_____? (= Adj.)

verhelfen (verhilft) – verhalf – hat verholfen
Seine Freundin hat ihm _____ Flucht verholfen.

verhindern – verhinderte – hat verhindert
Seine schnelle Reaktion verhinderte ein_____ Zusammenstoß.

verhungern – verhungerte – ist verhungert
1. Viele Menschen _____ in der Nachkriegszeit verhungert.
2. Er wollte ihn _____ ausgestreckten Arm verhungern lassen.*

verkaufen – verkaufte – hat verkauft
1. Dagmar verkauft ihrer Bekannt_____ ihr altes Auto.
2. Sie verkauft ihren Wagen _____ eine Bekannte.
3. Die Exportfirma verkauft Stahl _____ Ausland.
4. Ihr wollt mich wohl _____ dumm verkaufen?*
5. Er war zu bescheiden. Er konnte _____ nicht gut verkaufen.*

verklagen – verklagte – hat verklagt
Das Unfallopfer hat den schuldigen Autofahrer _____.

verlangen – verlangte – hat verlangt
1. Raimund hat d_____ Geschäftsführer verlangt.
2. Der Kranke verlangte _____ einem Priester.
3. Er verlangte danach, seinen Anwalt _____ sprechen.
4. Sie verlangt _____ ihm, daß er ihr mehr Geld gibt.

verlängern – verlängerte – hat verlängert
1. Der Schneider verlängert mir mein_____ Mantelärmel.
2. Wir haben den Urlaub _____ eine Woche verlängert.
3. Die Laufzeit des Kredits wurde auf 12 Monat_____ verlängert.

verlassen (verläßt) – verließ – hat verlassen
1. Der Redner hat d_____ Tribüne verlassen.
2. Sie hat ihren Mann wegen eines jüngeren _____.
3. Ich kann mich ganz _____ meine Freunde verlassen.
4. Du kannst dich dar_____ verlassen, daß Boris gewinnt.
5. Die Ratten _____ das sinkende Schiff.

verlaufen (verläuft) – verlief – hat/ist verlaufen
1. Die Grenze _____ in der Mitte des Flusses.
2. Die Wasserfarben _____ auf dem Papier verlaufen.
3. Er hat s_____ in der fremden Stadt verlaufen.
4. Die Demonstranten _____ sich nach der Kundgebung verlaufen.

verlegen – verlegte – hat verlegt
1. Ich hatte mein_____ Paß verlegt. Er war nirgends zu finden.
2. Die Premiere wird _____ das kommende Wochenende verlegt.
3. Er hat seinen Wohnsitz _____ Land verlegt.
4. Der Teppichboden _____ verlegt worden.
5. Nach der Haftentlassung verlegte er sich _____ Einbrüche.
6. Berliner sind nie _____ eine Antwort verlegen. (= Adj.)

verleiten – verleitete – hat verleitet
Die Bande hat ihn _____ Autodiebstahl verleitet.

verletzen – verletzte – hat verletzt
1. Seine Bemerkung hat mich sehr _____.
2. Wobei hast du d_____ denn den Knöchel verletzt?

verlieben – verliebte – hat verliebt
Ich habe mich _____ eine ganz tolle Frau verliebt.

verlieren – verlor – hat verloren
1. Ich habe in der U-Bahn mein_____ Brieftasche verloren.
2. Der Weltmeister hat d_____ Schachpartie verloren.
3. Kristin hatte schon im Krieg ihr_____ Eltern verloren.
4. Der Umweltschutz hat nicht _____ Aktualität verloren.
5. Bei der Wette hat er ein Bier _____ seinen Freund verloren.

6. Der Vogelzug verlor s———— am Horizont.
7. Ich habe einige frühere Freunde ———— den Augen verloren.
8. Wir wollen über die dumme Sache kein Wort mehr————————!
9. Was wollte ich sagen? Ich hab' jetzt d———— Faden verloren.
10. Ruhig Blut! Nur nicht d———— Kopf verlieren!*
11. Der ist nicht zu ändern, an dem ist Hopfen und Malz————————.*

verloben – verlobte – hat verlobt
1. Sie haben s———— heimlich verlobt.
2. Er hat sich ———— seiner Schulfreundin verlobt.

vermeiden – vermied – hat vermieden
1. Man sollte möglichst jeden Fehler————————.
2. Soziale Härten müssen ———————— werden.
3. Er vermied ————, sie anzuschauen.

vermieten – vermietete – hat vermietet
1. Frau Schmidt vermietet ein möbliert———— Zimmer.
2. Sie hat ein———— berufstätigen Herrn ein Zimmer vermietet.
3. Sie vermietet das Zimmer ———— ein———— ausländisch———— Studentin.

vermuten – vermutete – hat vermutet
1. Der Notarzt hatte ein———— Herzinfarkt vermutet.
2. Sie vermutet ein———— Bären in der Höhle.
3. Ich kann nur vermuten, ———— das Geld gestohlen hat.

veröffentlichen – veröffentlichte – hat veröffentlicht
1. Man veröffentlichte den Leserbrief ———— der Süddeutschen Zeitung.
2. Der Doktorand veröffentlichte seine Arbeit ———— einem Verlag.

verordnen – verordnete – hat verordnet
Der Arzt hat dem Patient———— strenge Bettruhe verordnet.

verpassen (verpaßt) – verpaßte – hat verpaßt
1. Er hatte d———— letzt———— Straßenbahn verpaßt.
2. Du hast ein———— gut———— Gelegenheit verpaßt.
3. Die Hosteß hat ihm einen Strafzettel ————————.*

verpflichten – verpflichtete – hat verpflichtet
Jeder Arzt ist ———— Schweigen verpflichtet.

verraten (verrät) – verriet – hat verraten
1. Er wollte sein———— Freund das Geheimnis verraten.
2. Das Versteck der Anne Frank wurde ———— die Gestapo verraten.
3. Sein Gesichtsausdruck verriet sein———— Verlegenheit.
4. Dem bist du ausgeliefert. Du bist ———— und verkauft!*

verreisen – verreiste – ist verreist
Ich verreise nächst———— Woche.

versagen – versagte – hat versagt
1. Die Autobatterie hat bei der Kälte _____.
2. Die Baubehörde versagte d_____ Bauherrn die Baugenehmigung.
3. Ein Einsiedler versagt s_____ das Leben in der Zivilisation.

verschaffen – verschaffte – hat verschafft
1. Er konnte sich einen Paß auf dem Schwarzmarkt _____.
2. Der neue Lehrer hat sich sofort Respekt _____.
3. Er wollte es genau wissen und verschaffte s_____ Gewißheit.
4. Was _____ mir die Ehre Ihres Besuchs?

verschlafen (verschläft) – verschlief – hat verschlafen
1. Tut mir leid, ich _____ heute morgen verschlafen.
2. Er hat ein_____ wichtig_____ Termin verschlafen.

verschließen – verschloß – hat verschlossen
1. Die Haustür wird jeden Abend _____.
2. Sie hat sich sein_____ Bitten verschlossen.

verschreiben – verschrieb – hat verschrieben
1. Der Gynäkologe hat mein_____ Freundin d_____ Pille verschrieben.
2. Ich habe m_____ bei diesem Fremdwort verschrieben.
3. Sie hatte sich d_____ Obdachlosenproblem verschrieben.

verschweigen – verschwieg – hat verschwiegen
1. Er _____ uns sein schweres Leiden verschwiegen.
2. Er _____, daß er für den Geheimdienst gearbeitet hatte.
3. Ich kann alles sagen. Ich habe nichts _____ verschweigen.
4. Er _____ verschwiegen wie ein Grab. (= Adj.)

verschwinden – verschwand – ist verschwunden
1. Das Geld ist _____ dem Tresor verschwunden.
2. Der Taschendieb ist in der Menge _____.
3. Die Ladendiebin ließ den Schmuck in der Tasche _____.
4. Er war plötzlich _____ der Bildfläche verschwunden.*

versehen (versieht) – versah – hat versehen
1. Er versieht sein_____ Dienst als Pförtner im Krankenhaus.
2. Man hat das Haus _____ einem neuen Anstrich versehen.
3. Vor der Reise haben sie s_____ mit Proviant versehen.
4. Das ist kein Mann, sondern ein Baum. Du hast dich _____!

versetzen – versetzte – hat versetzt
1. Das Institut _____ viele Mitarbeiter nach Berlin versetzt.
2. Er war pleite und mußte seine goldene Uhr _____.
3. Der schlechte Schüler konnte nicht _____ werden.
4. Er versetzte ihm ein_____ Faustschlag ins Gesicht.
5. Die Musik versetzte sie in d_____ Zeit ihrer Jugend.

6. Versetz dich bitte mal _____ meine Lage!
7. Wir waren verabredet, aber sie _____ mich versetzt.

versichern – versicherte – hat versichert
1. Ich habe mich _____ einer privaten Krankenkasse versichert.
2. Er _____ bei der Allgemeinen Ortskrankenkasse (AOK) versichert.
3. Der Wagen ist _____ Diebstahl versichert.
4. Ich versichere Ihnen, _____ ich mein Möglichstes tun werde.

verspäten – verspätete – hat verspätet
1. Der Bus hat s_____ um eine Viertelstunde verspätet.
2. Du hast dich _____ dem Aufstehen verspätet.

versperren – versperrte – hat versperrt
1. Die umgefallenen Bäume versperren d_____ Straße.
2. Der Neubau hat ihnen d_____ Sicht auf den Wald versperrt.

verspotten – verspottete – hat verspottet
Der Redner der Opposition verspottete d_____ Regierungspartei.

versprechen (verspricht) – versprach – hat versprochen
1. Die Firma hat ihr_____ Angestellten höher_____ Löhne versprochen.
2. Er hatte ihr d_____ Ehe versprochen.
3. Der Nachrichtensprecher hatte _____ mehrmals versprochen.
4. Ich verspreche mir _____ Fitneßtraining eine bessere Figur.
5. Sie hat mir hoch _____ heilig versprochen zu kommen.*

verstecken – versteckte – hat versteckt
1. Die alte Dame hatte ihr_____ Schmuck im Schrank versteckt.
2. Anne Frank versteckte _____ im Hinterhaus vor der Gestapo.

verstehen – verstand – hat verstanden
1. Ich hatte d_____ Satz nicht verstanden.
2. Verstehst du mein_____ finanzielle Notlage?
3. Ich _____ nicht, wie das passieren konnte.
4. Er versteht es, die Frauenherzen _____ erobern.
5. _____ Demokratie versteht man nicht überall dasselbe.
6. Frauen verstehen angeblich nichts _____ Politik.
7. Sie versteht _____ aufs Stricken von hübschen Pullis.
8. Am besten verstehe ich mich _____ mein_____ jüngst_____ Bruder.
9. Alle Preise verstehen _____ inklusive Mehrwertsteuer.
10. Entwicklungshilfe versteht sich _____ Hilfe zur Selbsthilfe.
11. Es versteht sich _____ selbst, daß jeder die Hälfte zahlt.
12. Wovon redet ihr? Ich _____ immer nur Bahnhof.*

verstoßen (verstößt) – verstieß – hat verstoßen
1. Er hat seine Tochter _____ seinem Haus verstoßen.
2. Er hat _____ das Gesetz verstoßen.

versuchen – versuchte – hat versucht
1. Darf ich mal d_____ Pralinen versuchen?
2. Willst du mal versuchen, auf dem Surfbrett _____ stehen?
3. Ich versuche lieber erst mal, _____ die Milch sauer ist.
4. Bertolt versucht sich _____ Jongleur.
5. Renate versucht sich _____ Kanufahren.
6. Versuch es mal, _____ dem Schlüssel die Flasche zu öffnen!

verteidigen – verteidigte – hat verteidigt
1. Die Katze verteidigte ihr_____ Jungen.
2. Der Hund verteidigte ihn vor d_____ Angreifer.
3. Er hat die Doktorarbeit vor der Prüfungskommission _____.
4. Die Soldaten verteidigten s_____ gegen den Angriff.

verteilen – verteilte – hat verteilt
1. Die Flugblätter wurden in der Mensa _____.
2. Er verteilte sein ganz_____ Vermögen unter die Armen.
3. Carmen hat die Schokolade _____ die Kinder verteilt.
4. Die Hotelgäste wurden _____ ihre Zimmer verteilt.

vertiefen – vertiefte – hat vertieft
1. Der Brunnen muß bis zum Grundwasserspiegel _____ werden.
2. Er vertiefte sich _____ sein Buch.

vertrauen – vertraute – hat vertraut
1. Mein_____ Freunden kann ich absolut vertrauen.
2. Sie vertraut fest _____ ihr Glück.
3. Er vertraut dar_____, daß seine Frau ihm treu bleibt.

vertreten (vertritt) – vertrat – hat vertreten
1. Frau Wagner vertritt ihr_____ krank_____ Kollegin.
2. Er vertrat in der Diskussion mein_____ Standpunkt.
3. Der Förster vertrat d_____ Wilddieb den Weg.
4. Er hat s_____ beim Jogging den Fuß vertreten.

verüben – verübte – hat verübt
Die Nazis haben schwere Verbrechen _____ den Juden verübt.

verurteilen – verurteilte – hat verurteilt
1. Der Richter hat d_____ Einbrecher verurteilt.
2. Er verurteilte ihn _____ einem Jahr Freiheitsentzug.
3. Die Abgeordneten verurteilten d_____ Aggression.

verwandeln – verwandelte – hat verwandelt
Der Frosch verwandelte sich nach dem Kuß _____ einen Prinzen.

verwechseln – verwechselte – hat verwechselt
Pia hat meine Stimme _____ der meines Bruders verwechselt.

verweigern – verweigerte – hat verweigert
1. Er verweigerte jed_____ Auskunft.
2. Die Einreise wird den Wirtschaftsflüchtlingen _____.
3. Der Hund verweigerte sein_____ Herrn den Gehorsam.

verweisen – verwies – hat verwiesen
1. Man hat mich in dieser Angelegenheit _____ Sie verwiesen.
2. Die Mannschaft wurde _____ den zweiten Platz verwiesen.
3. Man hat den Schüler _____ der Schule verwiesen.

verwenden – verwendete – hat verwendet
               verwandte – hat verwandt
1. Zum Würzen sollte man wenig Salz_____.
2. Er verwendet das kleine Zimmer_____ Abstellraum.
3. Sie hat viel Zeit_____ die Erziehung der Kinder verwendet.
4. Es wäre schön, wenn Sie s_____ für mich verwenden würden.

verzeihen – verzieh – hat verziehen
1. Na gut, ich verzeihe d_____ .
2. Kannst du mir noch einmal mein_____ Vergeßlichkeit verzeihen?
3. Ich verzeihe dir, _____ du wieder den Termin verschlafen hast.

verzichten – verzichtete – hat verzichtet
1. Der Sohn hat _____ sein Erbteil verzichtet.
2. Er verzichtet dar_____ , in den Urlaub zu fahren.

verzollen – verzollte – hat verzollt
Die Reisenden müssen Kaffee, Alkohol und Tabakwaren _____.

voraussehen (sieht voraus) – sah voraus – hat vorausgesehen
1. Beobachter hatten _____ Sturz des Diktators vorausgesehen.
2. Man konnte _____, daß das so kommen würde.
3. Das war zu erwarten. Das war _____.

vorbeigehen – ging vorbei – ist vorbeigegangen
1. Er ging _____ der gesuchten Hausnummer vorbei.
2. Die Kugel _____ um Haaresbreite an ihm vorbeigegangen.
3. Auch die schönste Zeit geht einmal _____ .

vorbeikommen – kam vorbei – ist vorbeigekommen
1. Kommen Sie einfach mal _____ und besuchen Sie uns!
2. Sie machten Platz, damit er mit seinem Bauch _____.
3. Bei der Stadtrundfahrt sind wir an der Siegessäule _____.
4. Er ist gerade noch _____ einer Gefängnisstrafe _____.
5. An dieser Tatsache kommt doch niemand _____ .

vorbeilassen (läßt vorbei) – ließ vorbei – hat vorbeigelassen
Ich muß aussteigen. Könnten Sie mich _____?

vorbereiten – bereitete vor – hat vorbereitet
1. Mutter hat unser———— Ausflug ins Grüne gut vorbereitet.
2. Du solltest dich ———— die Mittelstufenprüfung vorbereiten.
3. Bereite dich schon mal dar———— vor, daß der Chef sauer ist.*

vorlesen (liest vor) – las vor – hat vorgelesen
1. Die Tante hat d———— Kindern ein schön———— Märchen vorgelesen.
2. Oma liest Opa ———— der Zeitung vor.

vorschlagen (schlägt vor) – schlug vor – hat vorgeschlagen
1. Der Diskussionsleiter hatte eine kurze Pause ————————————.
2. Sie schlug ihnen vor, nur in der Pause ———— rauchen.

vorsehen (sieht vor) – sah vor – hat vorgesehen
1. Der Vertrag sah ein———— dreimonatig———— Kündigungsfrist vor.
2. Das Programm ———— eine einstündig———— Mittagspause vorgesehen.
3. Dein Unterhemd sieht unter d———— Hemd vor.
4. Du solltest dich ———— ansteckenden Krankheiten vorsehen!

vorsetzen – setzte vor – hat vorgesetzt
1. Er setzte den Turm zwei Züge ————————.
2. Sie setzte d———— Kindern Pudding vor.

vorstellen – stellte vor – hat vorgestellt
1. Darf ich Ihnen mein———— Bruder vorstellen?
2. Der Verlobte wurde bei d———— Nachbarn vorgestellt.
3. Er hat s———— mir bisher noch nicht vorgestellt.
4. Ich stelle m———— jetzt einen weißen Strand mit Palmen vor.
5. Das Modehaus stellte sein———— neu———— Kollektion vor.

vorübergehen – ging vorüber – ist vorübergegangen
1. Sie ging an mir ————————, ohne mich anzusehen.
2. Es geht alles ————————, es geht alles vorbei.
3. Hier deine Medizin. Die Schmerzen werden bald ————————.
4. Die Ehescheidung ———— nicht spurlos an ihr vorübergegangen.

vorwerfen (wirft vor) – warf vor – hat vorgeworfen
1. Er hat sein———— Hund einen Knochen vorgeworfen.
2. Man hatte dem Deserteur Feigheit vor dem Feind ————————.
3. Ich habe mir nichts ————————, ich habe keine Schuld.

vorziehen – zog vor – hat vorgezogen
1. Wenn es dunkel wird, zieht er d———— Vorhänge vor.
2. Kannst du das Regal ————————? Dahinter liegen fünf Mark.
3. Er zieht seinen Teddy unter d———— Sofa vor.
4. Die Lehrerin zieht ihre Lieblingsschüler immer ————————.
5. Ich ziehe südländisches Essen d———— deutschen vor.
6. Montags habe ich keine Zeit. Können wir den Termin ————————?
7. Er zog ———— vor, seinen Anwalt reden zu lassen.

W

wachen – wachte – hat gewacht
1. Er hat die ganze Nacht am Bett des Kranken _____.
2. Der Datenschutzbeauftragte wacht _____ die Datenspeicherung.

wachsen (wächst) – wuchs – ist gewachsen
             (wachst) wachste – hat gewachst
1. Mein Gummibaum _____ nach dem Düngen kräftig gewachsen.
2. Mein_____ Onkel ist im Urlaub ein Vollbart gewachsen.
3. Er war d_____ starken psychischen Belastungen nicht gewachsen.
4. In der Waschanlage werden die Autos auch gleich _____.
5. _____ du deine Skier schon gewachst?
6. Über die dumme Sache _____ schon längst Gras gewachsen.
7. Laß dir über die Sache _____ grauen Haare wachsen!
8. Meine Kinder sind mir sehr _____ Herz gewachsen.
9. Seine Arbeit im Haushalt ist ihm _____ den Kopf gewachsen.
10. Wo der Kerl hinhaut, da _____ kein Gras mehr!*
11. Die Idee ist nicht _____ deinem Mist gewachsen!*
12. Verschwinde! Geh dahin, _____ der Pfeffer wächst!*

wagen – wagte – hat gewagt
1. David wagte d_____ Kampf mit Goliath.
2. Wagst du es, auf einem Seil _____ balancieren?
3. Wer nicht wagt, _____ nicht gewinnt. (Sprichwort)
4. Der Prüfungskandidat wagte sich _____ ein schweres Thema.
5. Er wagte sich _____ die Höhle des Löwen.

wählen – wählte – hat gewählt
1. Sie haben d_____ falsch_____ Telefonnummer gewählt.
2. Der Aufsichtsrat wählt d_____ Vorsitzenden.
3. Man wählte ihn in d_____ Vorstand.
4. Man sollte unter verschieden_____ Angeboten wählen können.
5. Er wählte zwischen ein_____ Rheinwein und ein_____ Mosel.
6. Man wählte sie _____ Schönheitskönigin.

wandern – wanderte – ist gewandert
1. Wir _____ um den See gewandert.
2. Das Gerümpel wandert _____ den Müllhaufen.*

warnen – warnte – hat gewarnt
1. Sei vorsichtig, ich warne d_____ zum letztenmal!
2. Das Blinklicht am Ufer warnte die Segelboote _____ dem Sturm.

warten – wartete – hat gewartet
1. Ich habe immer _____ Post von dir gewartet.
2. Wir haben noch _____ dem Essen auf dich gewartet.

3. Wor_____ warten wir noch? Gehen wir!

4. Das Auto ist regelmäßig von der Werkstatt _____ worden.

waschen (wäscht) – wusch – hat gewaschen

1. Das Bad ist besetzt. Regina _____ gerade ihre Pullis.

2. Roman wusch d_____ Wagen, um sein Taschengeld aufzubessern.

3. Er wäscht s_____ nie gründlich den Hals.

4. Bei der Scheidung wurde viel schmutzige Wäsche _____.

5. Er war_____ allen Wassern gewaschen.*

6. Er wäscht seine Hände _____ Unschuld.*

wechseln – wechselte – hat/ist gewechselt

1. Das Wetter _____ häufig gewechselt.

2. Ich habe vor einiger Zeit mein_____ Stelle gewechselt.

3. Wenn man ihn kritisiert, wechselt er sofort _____ Thema.

4. Goethe hat _____ Schiller Briefe gewechselt.

5. Sie wechselten einig_____ freundlich_____ Worte miteinander.

6. Könntest du mir eine Mark _____ Groschen wechseln?

7. Die Rehe _____ über die Straße gewechselt.

wecken – weckte – hat geweckt

1. Bitte wecken Sie m_____ morgen früh per Telefon.

2. Dornröschen wurde _____ einem hundertjährigen Schlaf geweckt.

3. Das Klassentreffen weckte _____ vielen alte Erinnerungen.

wegfallen (fällt weg) – fiel weg – ist weggefallen

Die Grenzkontrollen werden künftig innerhalb der EG _____.

weglaufen (läuft weg) – lief weg – ist weggelaufen

1. Der Junge ist sein_____ Eltern weggelaufen.

2. Die Katze ist _____ dem Hund nicht weggelaufen.

wegziehen – zog weg – hat/ist weggezogen

1. Sie zieht d_____ Gardine weg.

2. Er hat sein_____ schlafenden Vater die Decke weggezogen.

3. Sie zog ihr Kind _____ Treppengeländer weg.

4. Im Herbst _____ alle Zugvögel weg in den Süden.

5. Er ist _____ seinem Heimatort weggezogen, um Arbeit zu finden.

wehren – wehrte – hat gewehrt

1. Er hat s_____ bei der Schlägerei natürlich gewehrt.

2. Der Angestellte wehrte sich _____ die Vorwürfe des Chefs.

weichen – wich – ist gewichen

1. Die Schmerzen _____ durch die Betäubungsspritze gewichen.

2. Der Igel ist nicht _____ der Stelle gewichen.

3. Die Soldaten sind _____ der gegnerischen Übermacht gewichen.

weigern – weigerte – hat geweigert
1. Der Fahrer weigerte s_____ , einen Alkoholtest zu machen.
2. Er weigerte sich, Hilfe _____ leisten.

weinen – weinte – hat geweint
1. Wer wird denn _____, wenn man auseinandergeht?
2. Niemand weinte _____ ihn.
3. Das Volk weinte um d_____ verstorben_____ Dichter.
4. Sie hat Krokodilstränen _____.*

weisen – wies – hat gewiesen
1. Der Spaziergänger hat uns d_____ Weg aus dem Wald gewiesen.
2. Das Opfer wies bei der Gegenüberstellung _____ den Täter.
3. Die Kompaßnadel weist genau _____ Norden.
4. Sie hat den Vertreter _____ der Wohnung gewiesen.
5. Der Schüler wurde wegen Diebstahls _____ der Schule gewiesen.
6. Seine Argumente sind nicht _____ der Hand zu weisen.

weitergeben (gibt weiter) – gab weiter – hat weitergegeben
Er hat die Anwesenheitsliste _____ mich weitergegeben.

weitergehen – ging weiter – ist weitergegangen
1. Bitte _____! Nicht stehenbleiben!
2. Du mußt das ändern. So kann das nicht _____.
3. Mach dir nichts draus. Das Leben geht _____.

wenden – wendete – hat gewendet
        wandte – hat gewandt
1. Der Rettungswagen hat mitten auf der Autobahn _____.
2. Sie hat die Tischdecke _____, weil sie schmutzig war.
3. Das Blatt hat sich bei der Schachpartie _____.
4. Der Vortragende hat sich _____ den Fragesteller gewandt.
5. Er hat sich mit der Bitte _____ seinen Vorgesetzten _____.
6. Die Meuterer wandten sich gegen ihr_____ Kapitän.
7. Ich wende m_____ gegen jede Beamtenwillkür.

werben (wirbt) – warb – hat geworben
1. Er warb _____ die Zuneigung der Frauen.
2. Er hat mich _____ ein Zeitungsabonnement geworben.

werden (wird) – wurde – ist geworden
1. Reinhard wird sicher mal ein gut_____ Lehrer.
2. _____ all ihren guten Vorsätzen ist nichts geworden.
3. Durch seine Erziehung wurde er _____ einem Wunderkind.
4. Am Nordpol wird _____ im Sommer nicht Nacht.
5. Gestern abend ist _____ etwas spät geworden.
6. Auf der Achterbahn ist mein_____ Freund ganz schlecht geworden.

werfen (wirft) – warf – hat geworfen
1. Der Volleyballspieler warf den Ball _____ Netz.
2. Du sollst nicht _____ Steinen nach Hunden werfen!
3. Der Rausschmeißer warf ein_____ Randalierer aus dem Lokal.
4. Die Explosion warf ihn _____ Boden.
5. Die Polizisten warfen sich _____ den Flüchtigen.
6. Er warf einen Blick _____ die Uhr.
7. Darf ich mal einen Blick _____ ihre Küche werfen?
8. Unsere Hündin hat sieben Junge _____.
9. Der Tod seiner Eltern hat ihn _____ der Bahn geworfen.*
10. Du brauchst nicht gleich die Flinte _____ Korn zu werfen!*
11. Ich habe meine Urlaubspläne wieder _____ Bord geworfen.*
12. Er warf mit seinem Geld nur so um _____.*
13. Du wirfst ja alles _____ einen Topf!*
14. Er wollte mit der Wurst _____ der Speckseite werfen.*
15. Man sollte nicht alle Rentner _____ alten Eisen werfen!*

wetteifern – wetteiferte – hat gewetteifert
Die Turnierspieler wetteiferten _____ den ersten Platz.

widerrufen – widerrief – hat widerrufen
1. Galileo Galilei mußte seine Lehre _____.
2. Der Angeklagte hatte sein_____ Aussage widerrufen.

widersprechen (widerspricht) – widersprach – hat widersprochen
1. Tut mir leid, ich muß Ihr_____ Ansichten widersprechen.
2. Unsere Meinungen widersprechen s_____ .

widerstehen – widerstand – hat widerstanden
Eva konnte d_____ Versuchung nicht widerstehen.

widerstreben – widerstrebte – hat widerstrebt
Der Gedanke ans Hausfrauendasein widerstrebt ihr_____ Gefühl.

widmen – widmete – hat gewidmet
1. Sie widmete ihr_____ behindert_____ Kind sehr viel Zeit.
2. Er widmete s_____ ganz seiner Arbeit.

wiederfinden – fand wieder – hat wiedergefunden
1. Er hat sein_____ Brieftasche wiedergefunden.
2. Erst war er perplex, dann hat er seine Sprache _____.

wiederholen – wiederholte – hat wiederholt
1. Könnten Sie dies_____ Frage vielleicht wiederholen?
2. Mein Kind soll d_____ letzt_____ Schuljahr wiederholen.
3. Bei deinen Erzählungen wiederholst du d_____ andauernd.

wiegen – wog – hat gewogen
         wiegte – hat gewiegt
1. Heute morgen habe ich 77 Kilo _____.
2. Die Verkäuferin _____ die Wurst auf der Waage gewogen.
3. Grammatikfehler _____ schwerer als Zeichensetzungsfehler.
4. Unsere Oma _____ uns als Kinder immer in den Schlaf gewiegt.
5. Der Kommissar wiegte den Geiselnehmer _____ Sicherheit.

winden – wand – hat gewunden
1. Die Mädchen winden ein_____ Kranz aus Blumen.
2. Er windet das Seil _____ den Baum.
3. Er sagte es nicht direkt. Er hat s_____ wie ein Aal gewunden.

winken – winkte – hat gewinkt
1. Onkel Rolf winkt _____ dem Fenster.
2. Der Streifenwagen winkte d_____ Raser an die Seite.
3. M_____ winkt mit dieser Hochzeit vielleicht das große Glück.

wischen – wischte – hat gewischt
1. Wer muß diese Woche d_____ Treppe wischen?
2. Sie wischt ihr_____ Kind die Tränen aus dem Gesicht.
3. Er wischt s_____ den Schweiß von der Stirn.

wissen (weiß) – wußte – hat gewußt
1. Ich weiß ein toll_____ Geheimnis.
2. Niemand wollte etwas _____ den Kriegsverbrechen gewußt haben.
3. Er wußte um d_____ Manipulationen bei der Bilanz.
4. Er wußte seit langem dar_____ Bescheid.
5. Er hat sich kein_____ Rat mehr gewußt.
6. Der kennt sich aus, der weiß, _____ der Hase läuft!*
7. Keine Ahnung! Das _____ der Kuckuck!*

wohnen – wohnte – hat gewohnt
1. Viele Studenten wohnen _____ Wohnheimen.
2. Ich würde gern _____ dem Land und nicht in der Stadt wohnen.
3. Bei einer ganz netten Wirtin wohne ich _____ Untermiete.

wundern – wunderte – hat gewundert
1. Sein_____ komisch_____ Reaktion wundert mich wirklich.
2. _____ wundert mich, daß du diesmal allein verreisen willst.
3. Alfred wunderte sich _____ die Gastfreundschaft im Ausland.
4. Sie hat sich dar_____ gewundert, daß sie rote Rosen bekam.
5. Er wunderte sich, _____ sehr sich die Stadt verändert hatte.

wünschen – wünschte – hat gewünscht
1. Ich wünsche Ihnen all_____ Gute zum Geburtstag.
2. Man wünscht d_____ Brautpaar viel Glück.

3. Sie wünscht nichts als ihr_____ Ruhe.
4. Er wünscht, über den Vorfall lückenlos aufgeklärt _____ werden.
5. Ich wünsche dir _____ Herzen viel Erfolg!

Z

zahlen – zahlte – hat gezahlt

1. Ich würde jed_____ Preis zahlen.
2. Könnten Sie d_____ Betrag gleich in bar zahlen?
3. Die Einkommensteuer wird _____ das Finanzamt gezahlt.
4. Herbert hat seinen Beitrag _____ die Vereinskasse gezahlt.
5. Kann man den Videorecorder _____ monatlichen Raten zahlen?

zählen – zählte – hat gezählt

1. Als Kind habe ich gern die Güterwagen der Züge _____.
2. Ich zähle _____ zwanzig, dann suche ich euch.
3. Alkoholismus zählt _____ Krankheit.
4. _____ meinen besten Freund kann ich immer zählen.
5. Die Türkei und Griechenland zählen _____ NATO.
6. Ich darf m_____ zu seinen engsten Vertrauten zählen.
7. Die Tage des alten Königs waren _____.
8. Er tut, als ob er nicht _____ drei zählen könnte.*

zanken – zankte – hat gezankt

1. Die Nachbarn zanken s_____ öfters / öfters miteinander.
2. Sie zanken sich _____ den Obstbaum am Zaun.

zeichnen – zeichnete – hat gezeichnet

1. Er zeichnete ein_____ Schlange mit einem Elefanten im Bauch.
2. Leopold hat sein_____ Oma ein Bild gezeichnet.
3. Mitarbeiter unserer Firma können Vorzugsaktien _____.

zeigen – zeigte – hat gezeigt

1. Der Wegweiser zeigt _____ Süden.
2. Können Sie m_____ den Weg zum Bahnhof zeigen?
3. Der Zeiger der Turmuhr zeigt _____ zwölf.
4. Es wird _____ noch zeigen, wer recht behält.
5. Karsten zeigt sich heute _____ seiner besten Seite.
6. Als er zudringlich wurde, hat sie ihm d_____ Zähne gezeigt.
7. Sie hat ihrem Verehrer nur d_____ kalte Schulter gezeigt.*

zerbrechen (zerbricht) – zerbrach – hat/ist zerbrochen

1. Er _____ das Streichholz zerbrochen.
2. Die Tasse _____ zerbrochen.
3. Er ist fast _____ der Trauer um seinen Hund zerbrochen.
4. Er hat sich über das Problem d_____ Kopf zerbrochen.

zerfallen (zerfällt) – zerfiel – ist zerfallen
1. Die alte Ruine ist schon stark _____.
2. Das Römische Reich _____ unter dem Ansturm der Germanen.
3. Die Gliederung des Buchs zerfällt _____ drei Teile.

zerlaufen (zerläuft) – zerlief – ist zerlaufen
Das Eis ist in der Sonne _____.

zerreißen – zerriß – hat zerrissen
1. Er hat d_____ Liebesbrief zerrissen.
2. Ich könnte den Kerl vor Wut _____ der Luft zerreißen!*

zerschneiden – zerschnitt – hat zerschnitten
Sie hat die Zeitung mit dieser Schere _____.

ziehen – zog – hat/ist gezogen
1. Ausgerechnet Gottfried hat d_____ Hauptgewinn gezogen!
2. Der Zahn _____ ihm schon noch gezogen!
3. Wie lange hat der Tee schon _____?
4. Mach die Tür zu, _____ zieht!
5. Wir mußten _____ seiner Entscheidung die Konsequenzen ziehen.
6. Wir hatten einen Wohnungswechsel _____ Erwägung gezogen.
7. Ich habe darüber nur meine Frau _____ Vertrauen gezogen.
8. Niemand will deine Darstellung _____ Zweifel ziehen.
9. Ich muß in der Frage meinen Steuerberater _____ Rate ziehen.
10. Alle Kriegsverbrecher sollte man _____ Rechenschaft ziehen.
11. Schlampige Mitarbeiter muß man _____ Verantwortung ziehen.
12. Die Zugvögel _____ im Herbst nach Süden gezogen.
13. Er hat bei der Schlägerei d_____ kürzeren gezogen.
14. Er hat einen dicken Auftrag für die Firma _____ Land gezogen.*
15. Er _____ den Karren aus dem Dreck gezogen.*
16. Hier zieht's _____ Hechtsuppe!* Steht das Fenster offen?

zittern – zitterte – hat gezittert
Sie zitterte _____ lauter Angst.

zögern – zögerte – hat gezögert
Sie hatte _____ ihrer Antwort einige Sekunden gezögert.

zubewegen – bewegte zu – hat zubewegt
Der Mann mit dem Messer hat sich langsam _____ sie zubewegt.

zubinden – band zu – hat zugebunden
1. Hilfst du mir, das Paket _____?
2. Sie hat den Sack _____ einer Schnur zugebunden.
3. Der Sack _____ noch zugebunden. Hast du ein Taschenmesser?

zucken – zuckte – hat gezuckt
1. Das geköpfte Huhn hat noch lange _____.
2. Es war ihm egal. Er hat nur _____ den Achseln gezuckt.
3. Er hat das Huhn geschlachtet, ohne _____ der Wimper zu zucken.*

zudrücken – drückte zu – hat zugedrückt
1. Es war schwer, die Tür bei dem Sturm _____.
2. Trotz der Fehler hat der Lehrer ein Auge _____.

zufriedengeben (gibt zufrieden) – gab zufrieden – hat zufriedengegeben
Er mußte sich _____ ihrer kurzen Antwort zufriedengeben.

zufriedenlassen (läßt zufrieden) – ließ zufrieden – hat zufriedengelassen
1. Laß Manfred endlich in Ruh! Kannst du ihn nicht _____?
2. Mir reicht's! Laß mich _____ deinem Gemeckere zufrieden.*

zugeben (gibt zu) – gab zu – hat zugegeben
1. Geben Sie d_____ Kartoffelbrei etwas Butter zu!
2. Nach dem Applaus hat man noch einige Stücke _____.
3. Du solltest dein_____ Irrtum besser zugeben!

zugehen – ging zu – ist zugegangen
1. Der Reißverschluß ist nicht _____.
2. Die Studienbescheinigung geht Ihnen in Kürze _____ .
3. Die Arbeit geht d_____ Ende zu.
4. Er geht schon _____ die Neunzig zu.
5. In dem Spukschloß ging es nicht _____ rechten Dingen zu.

zuhören – hörte zu – hat zugehört
1. Die Studenten hörten interessiert sein_____ Vortrag zu.
2. Er war geistesabwesend und hat nur _____ halbem Ohr zugehört.

zumachen – machte zu – hat zugemacht
1. Sie machte ihr_____ Brüderchen die Schuhe zu.
2. Die meisten Kneipen haben schon um eins _____.

zunehmen (nimmt zu) – nahm zu – hat zugenommen
1. Er hat in letzter Zeit _____.
2. Sie hat deutlich _____ Gewicht zugenommen.

zurechtfinden – fand zurecht – hat zurechtgefunden
1. Mit d_____ Stadtplan finde ich mich hier ganz gut zurecht.
2. Nach der Entlassung fand er s_____ draußen nicht mehr zurecht.

zurechtkommen – kam zurecht – ist zurechtgekommen
1. Er _____ mit der Gebrauchsanweisung nicht zurechtgekommen.
2. _____ meinem früheren Chef bin ich nicht gut zurechtgekommen.
3. Ohne seine Frau kommt er ziemlich schlecht _____.

zürnen – zürnte – hat gezürnt

Der Vater zürnte d――― Tochter, die heiraten wollte.

zurückfahren (fährt zurück) – fuhr zurück – ist zurückgefahren

1. Er hatte etwas vergessen und fuhr nach Haus ――――――.
2. Erschrocken fuhr sie ―――― dem bärtigen Mann an der Tür zurück.

zurückgehen – ging zurück – ist zurückgegangen

1. Ich gehe d――― Weg zurück, um die Schlüssel zu suchen.
2. Bei Ebbe geht das Meer ――――― .
3. Das Fieber ist endlich ――――――.
4. Die Umsätze sind ――――――.
5. Der Weihnachtsbaum geht ―――― einen heidnischen Brauch zurück.

zurückgreifen – griff zurück – hat zurückgegriffen

Er mußte ―――― seine früheren Ersparnisse zurückgreifen.

zurückhalten (hält zurück) – hielt zurück – hat zurückgehalten

1. Er hielt sie vor d――― Sprung von der Brücke zurück.
2. Er hielt sie von ihr――― Entschluß zurück.
3. Kannst du d――― mit dem Trinken etwas zurückhalten?
4. Der Regierungssprecher hielt ―――― der Wahrheit zurück.

zurückkehren – kehrte zurück – ist zurückgekehrt

1. Die Zugvögel ―――― aus Afrika zurückgekehrt.
2. Er kehrte ―――― sein Heimatland zurück.

zurückkommen – kam zurück – ist zurückgekommen

1. Er ist erst nachts ―――― der Geschäftsreise zurückgekommen.
2. Ich komme später noch einmal ―――― Ihre Frage zurück.
3. ―――― Ihr Angebot kommen wir gern zurück.

zurücklassen (läßt zurück) – ließ zurück – hat zurückgelassen

1. Man hat ihn nicht in das brennende Haus ――――――.
2. Er hat alles in dem brennenden Haus ――――――.
3. Das Unfallopfer ließ eine sechsköpfige Familie ――――――.
4. Er hat ihr einen Abschiedsbrief ――――――.

zurückschrecken – schreckte zurück – ist zurückgeschreckt

Die Erpresser sind ―――― keinem Mittel zurückgeschreckt.

zurückweichen – wich zurück – ist zurückgewichen

Die Katze ist nicht ―――― dem Hund zurückgewichen.

zurückweisen – wies zurück – hat zurückgewiesen

1. Die Asylsuchenden wurden an der Grenze ――――――.
2. Dies――― bösartige Unterstellung müssen wir zurückweisen!

zurückziehen – zog zurück – hat/ist zurückgezogen
1. Sie zieht d_____ Vorhang zurück.
2. Die Militärbeobachter wurden aus dem Kampfgebiet _____.
3. Er hat seine Klage _____.
4. Er hat s_____ mit der Zeitung ins Arbeitszimmer zurückgezogen.
5. Von Frankfurt _____ sie wieder nach Kassel zurückgezogen.

zurufen – rief zu – hat zugerufen
1. Ich rief ihm _____ , er solle aufpassen.
2. Sie rief mir etwas Unverständlich_____ zu.

zusagen – sagte zu – hat zugesagt
1. Er hat mir d_____ Termin fest zugesagt.
2. Eine Arbeit am Schreibtisch sagt mein_____ Freund nicht zu.

zusammenbleiben – blieb zusammen – ist zusammengeblieben
Gänsepaare sind treu. Sie bleiben ihr Leben lang _____.

zusammenfinden – fand zusammen – hat zusammengefunden
Die Damen haben sich _____ Kartenspiel zusammengefunden.

zusammenhalten (hält zusammen) – hielt zusammen – hat zusammengehalten
1. Die geleimten Bretter hielten nicht gut _____.
2. Der Koffer wurde von einem Gürtel _____.
3. Die drei Musketiere haben immer _____.
4. Die Entenmutter hatte Mühe, ihre Kinder _____.
5. Er konnte seine paar Mark nicht _____.

zusammenschlagen (schlägt zusammen) – schlug zusammen – hat zusammengeschlagen
1. Man hat einen Ausländer in der Diskothek _____.
2. Die Wellen _____ über dem Boot zusammen.

zuschauen – schaute zu – hat zugeschaut
1. Ich konnte d_____ grausamen Film nicht zuschauen.
2. Viele Neugierige schauten _____ den Rettungsarbeiten zu.

zuschließen – schloß zu – hat zugeschlossen
Vergiß nicht, die Tür hinter dir _____!

zusehen (sieht zu) – sah zu – hat zugesehen
1. Viele haben _____ den Rettungsarbeiten zugesehen.
2. Sieh _____ , daß du pünktlich zu Hause bist!

zustehen – stand zu – hat zugestanden
D_____ Arbeitnehmern steht ein dreizehntes Gehalt zu.

zusteigen – stieg zu – ist zugestiegen
Der Schaffner: Ist noch jemand _____?

zustoßen (stößt zu) – stieß zu – hat/ist zugestoßen
1. Er stieß mit _____ Schwert zu.
2. Er hat die Schranktür _____ dem Ellbogen zugestoßen.
3. Hoffentlich ist ihr unterwegs nichts Schlimmes _____!

zustimmen – stimmte zu – hat zugestimmt
Die Verteidigung stimmte d_____ Gerichtsurteil zu.

zutrauen – traute zu – hat zugetraut
1. Man traut d_____ Läufer einen neuen Weltrekord zu.
2. Ich traue ihm zu, den Rekord _____ brechen.

zutreffen (trifft zu) – traf zu – hat zugetroffen
Die Beschreibung traf ganz genau _____ ihn zu.

zweifeln – zweifelte – hat gezweifelt
1. Viele Menschen zweifeln _____ der Existenz des Teufels.
2. Benno zweifelt nicht dar_____ , daß seine Lösung stimmt.
3. Der Schüler zweifelt, _____ er die richtige Lösung kennt.

zwingen – zwang – hat gezwungen
1. Man sollte niemanden _____ seinem Glück zwingen.
2. Sie zwang s_____ dazu, mit dem Rauchen aufzuhören.

Liste der starken Verben ohne Erweiterung

backen – backte – hat gebacken
befehlen (befiehlt) – befahl – hat befohlen
beginnen – begann – hat begonnen
beißen – biß – hat gebissen
bergen (birgt) – barg – hat geborgen
bersten (birst) – barst – ist geborsten
bewegen – bewog – hat bewogen
biegen – bog – hat gebogen
bieten – bot – hat geboten
binden – band – hat gebunden
bitten – bat – hat gebeten
blasen (bläst) – blies – hat geblasen
bleiben – blieb – ist geblieben
bleichen – blich/bleichte – ist geblichen/hat
   gebleicht
braten (brät) – briet – hat gebraten
brechen (bricht) – brach – hat/ist gebrochen
brennen – brannte – hat gebrannt
bringen – brachte – hat gebracht
denken – dachte – hat gedacht
dingen – dang/dingte – hat gedungen/
   gedingt
dreschen (drischt) – drosch – hat gedroschen
dringen – drang – ist gedrungen
empfehlen (empfiehlt) – empfahl – hat
   empfohlen
essen (ißt) – aß – hat gegessen
fahren (fährt) – fuhr – hat gefahren
fallen (fällt) – fiel – ist gefallen
fangen (fängt) – fing – hat/ ist gefangen
fechten (ficht) – focht – hat gefochten
finden – fand – hat gefunden
flechten (flicht) – flocht – hat geflochten
fliegen – flog – hat/ist geflogen
fliehen – floh – ist geflohen
fließen – floß – ist geflossen
fressen (frißt) – fraß – hat gefressen
frieren – fror – hat gefroren

gären – gärte – hat gegärt/ ist gegoren
gebären (gebiert) – gebar – hat geboren
geben (gibt) – gab – hat gegeben
gedeihen – gedieh – ist gediehen
gehen – ging – ist gegangen
gelingen – gelang – ist gelungen
gelten (gilt) – galt – hat gegolten
genesen – genas – ist genesen
genießen – genoß – hat genossen
geraten (gerät) – geriet – ist geraten
geschehen (geschieht) – geschah – ist
   geschehen
gewinnen – gewann – hat gewonnen
gießen – goß – hat gegossen
gleichen – glich – hat geglichen
gleiten – glitt – ist geglitten
glimmen – glomm/glimmte – hat geglommen
graben (gräbt) – grub – hat gegraben
greifen – griff – hat gegriffen
hängen – hing/hängte – hat gehangen/
   gehängt
halten (hält) – hielt – hat gehalten
hauen – haute (hieb) – hat gehauen
heben – hob – hat gehoben
heißen – hieß – hat geheißen
helfen (hilft) – half – hat geholfen
kennen – kannte – hat gekannt
klimmen – klomm – ist geklommen
klingen – klang – hat geklungen
kneifen – kniff – hat gekniffen
kommen – kam – ist gekommen
kriechen – kroch – ist gekrochen
laden (lädt) – lud – hat geladen
lassen (läßt) – ließ – hat gelassen
laufen (läuft) – lief – ist gelaufen
leiden – litt – hat gelitten
leihen – lieh – hat geliehen
lesen (liest) – las – hat gelesen

liegen – lag – hat gelegen
lügen – log – hat gelogen
mahlen – mahlte – hat gemahlen
meiden – mied – hat gemieden
melken – molk/melkte – hat gemolken
messen (mißt) – maß – hat gemessen
mißlingen – mißlang – ist mißlungen
mißraten (mißrät) – mißriet – ist mißraten
nehmen (nimmt) – nahm – hat genommen
nennen – nannte – hat genannt
pfeifen – pfiff – hat gepfiffen
pflegen – pflog/pflegte – hat gepflogen/
   gepflegt
preisen – pries – hat gepriesen
quellen (quillt) – quoll – ist gequollen
raten (rät) – riet – hat geraten
reiben – rieb – hat gerieben
reißen – riß – hat gerissen
reiten – ritt – hat/ist geritten
rennen – rannte – ist gerannt
riechen – roch – hat gerochen
ringen – rang – hat gerungen
rinnen – rann – ist geronnen
rufen – rief – hat gerufen
salzen – salzte – hat gesalzen/gesalzt
saufen (säuft) – soff – hat gesoffen
schaffen – schuf/schaffte – hat geschaffen/
   geschafft
schallen – scholl/schallte – hat geschallt
scheiden – schied – hat/ist geschieden
scheinen – schien – hat geschienen
scheißen – schiß – hat geschissen
schelten (schilt) – schalt – hat gescholten
scheren – schor – hat geschoren
schieben – schob – hat geschoben
schießen – schoß – hat geschossen
schlafen (schläft) – schlief – hat geschlafen
schlagen (schlägt) – schlug – hat/ist
   geschlagen
schleichen – schlich – ist geschlichen
schleifen – schliff/schleifte – hat geschliffen/
   geschleift
schleißen – schliß – ist geschlissen
schließen – schloß – hat geschlossen

schlingen – schlang – hat geschlungen
schmeißen – schmiß – hat geschmissen
schmelzen (schmilzt) – schmolz – hat/ist
   geschmolzen
schnauben – schnob/ schnaubte – hat
   geschnaubt
schneiden – schnitt – hat geschnitten
schrecken (schrickt/ schreckt) – schrak/
   schreckte – ist geschrocken/hat
   geschreckt
schreiben – schrieb – hat geschrieben
schreien – schrie – hat geschrien
schreiten – schritt – ist geschritten
schweigen – schwieg – hat geschwiegen
schwellen (schwillt) – schwoll – ist
   geschwollen
schwimmen – schwamm – hat/ist
   geschwommen
schwinden – schwand – ist geschwunden
schwingen – schwang – hat geschwungen
schwören – schwor – hat geschworen
sehen (sieht) – sah – hat gesehen
sein (ist) – war – ist gewesen
senden – sandte/sendete – hat gesandt/
   gesendet
sieden – sott/siedete – hat gesotten/gesiedet
singen – sang – hat gesungen
sinken – sank – ist gesunken
sinnen – sann – hat gesonnen
sitzen – saß – hat gesessen
spalten – spaltete – hat gespalten/gespaltet
speien – spie – hat gespien
spinnen – spann – hat gesponnen
spleißen – spliß – ist gesplissen
sprechen (spricht) – sprach – hat gesprochen
sprießen – sproß – ist gesprossen
springen – sprang – ist gesprungen
stechen (sticht) – stach – hat gestochen
stecken – stak/steckte – hat gesteckt
stehen – stand – hat gestanden
stehlen (stiehlt) – stahl – hat gestohlen
steigen – stieg – ist gestiegen
sterben (stirbt) – starb – ist gestorben
stieben – stob/stiebte – ist gestoben/gestiebt

stinken – stank – hat gestunken
stoßen (stößt) – stieß – hat/ ist gestoßen
streichen – strich – hat/ist gestrichen
streiten – stritt – hat gestritten
tragen (trägt) – trug – hat getragen
treffen (trifft) – traf – hat/ist getroffen
treiben – trieb – hat getrieben
treten (tritt) – trat – hat/ist getreten
triefen – troff/triefte – hat/ ist getroffen/
  getrieft
trinken – trank – hat getrunken
trügen – trog – hat getrogen
tun – tat – hat getan
verderben (verdirbt) – verdarb – hat
  verdorben
verdrießen – verdroß – hat verdrossen
vergessen (vergißt) – vergaß – hat vergessen
verlieren – verlor – hat verloren

wachsen (wächst) – wuchs – ist gewachsen
wägen – wog/wägte – hat gewogen
waschen (wäscht) – wusch – hat gewaschen
weben – wob/webte – hat gewoben/gewebt
weichen – wich – ist gewichen
weisen – wies – hat gewiesen
wenden – wandte – hat gewandt
werben (wirbt) – warb – hat geworben
werden (wird) – wurde – ist geworden
werfen (wirft) – warf – hat geworfen
wiegen – wog – hat gewogen
winden – wand – hat gewunden
winken – winkte – hat gewunken/gewinkt
wissen (weiß) – wußte – hat gewußt
wringen – wrang – hat gewrungen
zeihen – zieh – hat geziehen
ziehen – zog – hat gezogen
zwingen – zwang – hat/ist gezwungen

Schlüssel zum Verb-Wörterbuch

A

abbauen: 1. abgebaut 2. ihren 3. der 4. hat **abbeißen:** 1. vom 2. ein **abberufen:** von **abbiegen:** 1. ist 2. hat **abbrechen:** 1. abgebrochen 2. das 3. die 4. sich 5. die 6. im 7. Meiner 8. alle **abbrennen:** 1. sind 2. bin/war **abbringen:** von **aberkennen:** dem **abfahren:** 1. ist 2. hat 3. sind **abfinden:** 1. entlassenen 2. mit **abfliegen:** 1. sind 2. abgeflogen **abführen:** 1. den 2. an 3. von 4. abführende **abgeben:** 1. deinem 2. seine 3. ihre 4. für/an 5. über 6. einen 7. mit **abgewöhnen:** 1. sich 2. seinen **abhalten:** 1. den 2. von 3. abgehalten **abhängen:** 1. von 2. hing 3. abgehängt 4. von **abhauen:** 1. die 2. vom 3. von 4. von **abhärten:** gegen **abheben:** 1. Heb 2. vom 3. von **abholen:** unseren **abklingen:** ist **abkommen:** vom **abladen:** 1. die 2. auf **ablassen:** 1. abgelassen 2. von **ablegen:** 1. den 2. die 3. ablegen 4. zu **ablehnen:** 1. jede 2. es 3. zu **ablenken:** vom **ablesen:** 1. das 2. vom 3. von **abmachen:** 1. von 2. daß 3. zu **abmelden:** 1. sich 2. abgemeldet **abmessen:** mit **abnehmen:** 1. vom 2. vor 3. hat 4. halbes 5. um 6. an 7. viele technische 8. dem 9. daß **abordnen:** zum **abpassen:** 1. den günstigsten 2. zu **abraten:** vom **abreißen:** 1. den 2. das 3. das 4. ist 5. ist 6. zu 7. ab 8. dir **absagen:** 1. dem 2. den, **abschaffen:** 1. ihre 2. die **abschalten:** 1. den 2. abschalten **abschießen:** 1. einen 2. den 3. einen 4. den **abschirmen:** vor **abschlagen:** 1. keine 2. den 3. den 4. Alle **abschleppen:** 1. den 2. mit **abschließen:** 1. die 2. mit 3. mit gutem **abschmieren:** den **abschneiden:** 1. einen 2. abschneiden **abschreiben:** 1. das 2. seinem 3. abgeschrieben 4. die 5. abgeschrieben 6. das 7. sich **abschweifen:** vom **absehen:** von **absenden:** an **abspalten:** 1. einen 2. sich **abspringen:** 1. dem 2. von 3. mit 4. mit 5. vom 6. ist **abstammen:** vom **absteigen:** 1. vom 2. vom 3. ist 4. in **abstimmen:** 1. zu 2. die 3. auf 4. mit **abstoßen:** 1. den 2. vom 3. ab 4. mit 5. sich 6. mich 7. abgestoßen **abstreiten:** 1. jede 2. abgestritten **abtreiben:** 1. hat 2. ist **abtreten:** 1. hat 2. an 3. ihren 4. ist **abtrocknen:** 1. abgetrocknet 2. ihrem 3. sich **abwarten:** 1. den 2. ob 3. trinken **abwaschen:** 1. das 2. ist 3. vom **abwehren:** 1. die 2. von **abweichen:** 1. ist 2. weicht 3. abgewichen 4. von **abweisen:** 1. abgewiesen 2. ihre **abwenden:** 1. ihren 2. wandte (wendete) 3. ihrem 4. eine 5. abgewendet (abgewandt) **abzählen:** 1. hat 2. an **abziehen:** 1. hat 2. sind 3. abzuziehen 4. den 5. abziehen 6. vom **abzielen:** auf **achten:** 1. alte 2. auf 3. darauf, daß 4. ob 5. zu **achtgeben:** auf **adressieren:** 1. das 2. an **ähneln:** 1. seinem 2. sich **amüsieren:** über **anbauen:** 1. einen 2. anzubauen **anbieten:** 1. ihm 2. zu 3. daß 4. zum **anbrechen:** 1. hat 2. ist 3. angebrochenen **anbrennen:** 1. seine 2. ist 3. angebrannt **ändern:** 1. einen 2. daran 3. Es 4. sich 5. An **androhen:** 1. zu 2. Beklagten **anerkennen:** 1. seine 2. als **anfahren:** 1. hat 2. bin 3. hat **anfangen:** 1. meine 2. zu 3. mit 4. damit 5. in 6. angefangen 7. mit **anfassen:** 1. keine 2. heißes 3. angefaßt **anfragen:** 1. wie 2. bei **anführen:** 1. die 2. anführen 3. neue **angeben:** 1. angegeben 2. mit **angehen:** 1. anging 2. ist 3. meine 4. Gegen **angehören:** dem **angewöhnen:** 1. seinen 2. sich **angleichen:** 1. den 2. den 3. sich **angreifen:** 1. angegriffen 2. die 3. die 4. angegriffen **ängstigen:** 1. merkwürdigen 2. vor 3. um **anhaben:** 1. einen teuren 2. dir 3. die **anhalten:** 1. angehalten 2. den 3. einige 4. um 5. die **anhängen:** 1. anzuhängen 2. ihrem

3. der **anklagen:** 1. die/den 2. der 3. des 4. zu **anklopfen:** 1. an 2. an **anknüpfen:** an **ankommen:** 1. in 2. beim 3. auf 4. darauf **anlassen:** 1. den 2. den 3. an 4. sich **anlegen:** 1. am 2. dem Verwundeten 3. viele 4. anlegen 5. in 6. auf 7. mit **anlehnen:** 1. an 2. angelehnt 3. an **anlügen:** ihre **anmachen:** 1. den 2. mit **anmelden:** 1. zu 2. mich **annähen:** an **annehmen:** 1. die 2. von 3. als 4. seiner 5. daß **anordnen:** 1. die 2. zu 3. angeordnet **anpassen:** 1. an 2. ihrem **anprobieren:** neues **anreden:** 1. einen Fremden 2. mit **anregen:** 1. den 2. zu **anreizen:** zum **anrufen:** 1. zu 2. um 3. zu **anschaffen:** 1. einen 2. sich 3. anschaffen **anschicken:** zum **anschieben:** seinen **anschneiden:** 1. an 2. heikle 3. den **anschwellen:** 1. an 2. angeschwollen 3. ist **ansehen:** 1. Polizisten 2. sich 3. dem Jugendlichen seine 4. ob 5. als 6. es, daß **ansetzen:** 1. zum 2. zum 3. den 4. meine **anspielen:** auf **ansprechen:** 1. angesprochen 2. mit 3. auf 4. an 5. auf 6. auf 7. angesprochen **anstecken:** 1. alle 2. hat 3. mit **anstehen:** 1. nach 2. an 3. zur **ansteigen:** 1. an 2. steigt 3. steigen **anstellen:** 1. den 2. nach 3. nach 4. als 5. sich **anstiften:** zu **anstoßen:** 1. den 2. auf **anstreichen:** 1. den 2. angestrichen 3. alle **anstrengen:** 1. angestrengt 2. der 3. gegen **antreffen:** 1. an 2. bei **antreten:** 1. zum 2. seine neue **antworten:** 1. auf 2. daß **anvertrauen:** 1. daß 2. dem 3. sich **anweisen:** 1. anzuweisen 2. angewiesen 3. seine 4. angewiesen 5. auf **anwenden:** 1. angewandt (angewendet) 2. angewendet (angewandt) 3. wandte (wendete) 4. auf 5. auf **anzeigen:** 1. die 2. wohin 3. bei **anziehen:** 1. ihre 2. mich 3. dir 4. anzuziehen 5. anziehen 6. das 7. angezogen 8. haben **anzünden:** 1. den 2. sich **appellieren:** an **arbeiten:** 1. an 2. daran 3. einen großen 4. in 5. als **ärgern:** 1. seine kleine 2. über 3. darüber 4. zu 5. Es **atmen:** 1. geatmet 2. saubere **aufbauen:** 1. aufgebaut 2. den 3. zum 4. auf **aufbinden:** 1. meinen 2. dieses 3. einen **aufblasen:** 1. die 2. aufgeblasen 3. dich **aufbleiben:** 1. aufgeblieben 2. sind **aufbrechen:** 1. das 2. den 3. aufbrechen 4. ist **aufessen:** 1. aufessen 2. aufgegessen **auffahren:** 1. aufgefahren 2. ist 3. aufgefahren 4. aus 5. fährt 6. aufgefahren **auffallen:** 1. ist 2. jedem 3. fällt **auffangen:** 1. auffangen 2. aufgefangen 3. einen 4. auffangen **auffordern:** 1. zum 2. zum 3. zu **auffressen:** 1. aufgefressen 2. einen **aufführen:** 1. aufgeführt 2. alle **aufgeben:** 1. kleines 2. den/beim 3. zu 4. bei/auf **aufgehen:** 1. aufgegangen 2. ist 3. in 4. ist 5. auf **aufhalten:** 1. auf 2. aufgehalten 3. die 4. den 5. aufgehalten 6. einige 7. mit/bei 8. hält **aufhängen:** 1. aufgehängt 2. die 3. einen **aufheben:** 1. vom 2. aufgehoben 3. für **aufhören:** 1. auf 2. mit 3. zu **aufklären:** 1. über 2. aufgeklärt 3. sind **aufkommen:** 1. ist 2. aufgekommen 3. auf 4. für **aufladen:** 1. auf 2. die 3. sind 4. auf 5. sich **auflassen:** 1. alle 2. auflassen **auflehnen:** gegen **auflesen:** 1. aufgelesen 2. das **aufmachen:** 1. das 2. mir 3. auf 4. auf 5. aufgemacht **aufnehmen:** 1. aufgenommen 2. einen 3. mit 4. hat **aufopfern:** für **aufpassen:** auf **aufprallen:** auf **aufräumen:** 1. aufräumen 2. mit **aufregen:** 1. auf 2. regte 3. darüber **aufreiben:** 1. aufgerieben 2. sich **aufreißen:** 1. das 2. alle 3. ist 4. vor 5. aufgerissen **aufrufen:** 1. meinen 2. zum **aufschieben:** 1. die 2. die **aufschlagen:** 1. auf 2. das 3. auf 4. aufgeschlagen 5. die 6. zu 7. auf 8. die **aufschließen:** 1. aufgeschlossen 2. hat **aufschneiden:** 1. die 2. aufgeschnitten **aufschreiben:** 1. mir 2. aufgeschrieben **aufsetzen:** 1. aufgesetzt 2. das 3. sich 4. einen **aufspielen:** 1. zum 2. dich **aufspringen:** 1. ist 2. auf 3. ist 4. aufgesprungen **aufstehen:** 1. hat 2. bin 3. vom 4. dem **aufsteigen:** 1. steigt/stieg 2. zum 3. auf 4. zum 5. in 6. In **auftreiben:** 1. den 2. an 3. einen **auftreten:** 1. seinem gebrochenen 2. ist 3. tritt 4. Bei **aufwachen:** 1. bin 2. aus **aufwachsen:** sind **aufwenden:** für **aufziehen:** 1. auf 2. aufzuziehen 3. mit 4. andere **aufzwingen:** 1. seinen 2. einem **ausbleiben:**

1. ausgeblieben 2. ausbleiben **ausbrechen:** 1. hat 2. ist 3. aus 4. sind 5. brach 6. in 7. dem
8. ist 9. aus **ausdenken:** 1. sich 2. dir 3. ausdenken 4. ausgedacht **ausdrücken:** 1. ausgedrückt 2. sich 3. in **auseinandergehen:** 1. auseinander 2. im 3. auseinandergegangen
4. auseinander 5. bist **ausersehen:** zu **ausfallen:** 1. fallen/fielen 2. ausgefallen 3. ist 4. fällt
5. ist 6. ist 7. ist 8. für **ausfressen:** 1. seinen 2. habt **ausführen:** 1. seinen 2. viele 3. den
4. Seine architektonischen 5. auszuführen **ausfüllen:** 1. das 2. mit 3. den 4. mit **ausgeben:**
1. für 2. Wofür 3. an 4. ausgegeben 5. als **ausgehen:** 1. ausgegangen 2. ist 3. bin 4. vom
5. davon 6. ausgegangen 7. wie **ausgießen:** 1. aus 2. mit **ausgleiten:** der **aushalten:**
1. auszuhalten/ausgehalten 2. mit 3. auszuhalten 4. ausgehalten **aushelfen:** 1. ausgeholfen
2. mit **aushungern:** die **auskennen:** mit **auskommen:** 1. mit 2. bin **auslachen:** 1. den/die
2. wegen **ausladen:** 1. die 2. ist 3. seine **auslassen:** 1. ausgelassen 2. an 3. sich **auslaufen:** 1. ist 2. läuft 3. aus 4. läuft 5. aus **ausmachen:** 1. den 2. ausmachen 3. mit 4. zu
5. mir **ausmessen:** das **ausnutzen/ausnützen:** 1. ihren 2. zu 3. ausnutzen/ausnützen
auspacken: 1. ausgepackt 2. packte **ausrechnen:** 1. ausrechnen 2. seinen 3. ausgerechnet **ausruhen:** 1. von 2. auf **ausscheiden:** 1. aus 2. im **ausschlafen:** 1. ausgeschlafen
2. seinen 3. mich **ausschließen:** 1. ausschließen 2. von 3. aus **ausschreiben:** 1. deine
2. aus 3. aus 4. ausgeschrieben 5. ausgeschrieben 6. als **ausschütten:** 1. seine 2. auszu-
schütten 3. ausgeschüttet 4. mit **ausschweigen:** über **aussehen:** 1. ausgesehen 2. mit
3. siehst **aussprechen:** 1. ausgesprochen 2. die 3. dem/den 4. über 5. dafür 6. dagegen
aussteigen: 1. aus 2. ist **ausstellen:** 1. moderne 2. Angestellten **aussterben:** 1. aussterben 2. ausgestorben 3. stirbt **ausstoßen:** 1. ausgestoßen 2. aus 3. aus 4. ausgestoßen
5. stößt/stieß **aussuchen:** 1. mir 2. ausgesucht **austeilen:** 1. das 2. ausgeteilt 3. an **austragen:** 1. die 2. ist 3. das 4. austragen 5. aus **austreten:** 1. ist 2. hat 3. austreten **austrinken:** 1. seine 2. ist **ausüben:** 1. eines 2. auf **auswandern:** nach (in) **ausweichen:**
1. dem 2. meiner **ausweisen:** 1. aus 2. seinen 3. als **auswringen:** die **ausziehen:**
1. haben 2. meinem 3. sind

B

backen: einen **baden:** 1. gebadet 2. unsere 3. baden **bangen:** um **basieren:** auf **bauen:**
1. gebaut 2. auf **beachten:** beachtet **beantragen:** 1. beantragen 2. zu **beantworten:**
1. meinen 2. mir **bearbeiten:** 1. das 2. anderes 3. mit 4. zu **beauftragen:** 1. mit/von 2. zu
bedanken: 1. bei 2. dafür **bedenken:** 1. bedacht 2. bedacht 3. bedenkt 4. bedachte **bedeuten:** 1. ihm 2. daß 3. dem **bedienen:** 1. ihre 2. fremder 3. bedienen **bedrängen:** 1. die
2. mit **bedrohen:** 1. die 2. mit **beeilen:** 1. mit 2. zu **beenden:** 1. die 2. die **beerben:** seinen **befassen:** mit **befehlen:** 1. den 2. zu **befinden:** 1. sich 2. für 3. über 4. sich **befolgen:** meinen guten **befragen:** 1. einen Straßenpassanten 2. danach **befreien:** 1. alle
2. vom 3. aus 4. sich **begeben:** 1. sich 2. begeben **begegnen:** 1. bin 2. unserem **begehen:** 1. begehen 2. feiges 3. an **beginnen:** 1. meine 2. mit 3. zu 4. als **begleichen:** 1. alle
2. beglichen **begleiten:** 1. seine 2. begleitet **beglückwünschen:** zu **begnügen:** mit **begraben:** 1. begraben 2. der **begreifen:** 1. begreifen 2. die **begrenzen:** auf **begrüßen:**
1. alle 2. es **behalten:** 1. den 2. für 3. in 4. im **behandeln:** 1. dieses 2. Kranken 3. als **beharren auf/behaupten:** 1. zu 2. ihre 3. gegen **beheben:** 1. den 2. behoben **behelfen:**
1. sich 2. mit **beherrschen:** 1. beherrscht 2. alle seine 3. seine **behindern:** den **beibringen:** 1. die 2. beibringen 3. keine(n) Zeugen 4. dem **beipflichten:** seinen **beißen:** 1. den

2. mich/mir 3. beißen 4. ins 5. in 6. ins **beistehen:** 1. ihren 2. sich **beitragen:** 1. zu 2. beitragen **beitreten:** einer **bekämpfen:** 1. die 2. sich **bekanntgeben:** 1. bekannt 2. bekanntgegeben **bekanntmachen:** 1. bekanntgemacht 2. mit **bekehren:** 1. zum 2. zu **bekennen:** 1. ihre 2. zum 3. sich 4. bekennen **beklagen:** 1. den 2. bei, über **bekommen:** 1. großen 2. meinem 3. in 4. mit 5. ist 6. grünes **beladen:** 1. den 2. beladen **belasten:** 1. ihren 2. mit **belästigen:** 1. die anderen 2. mit **belaufen:** auf **belegen:** 1. mit 2. einen 3. einem **beleidigen:** deine beste **belieben:** Ihnen **belügen:** 1. wen 2. sich 3. belogen **bemächtigen:** meines **bemerken:** 1. einen 2. zu **bemühen:** 1. zu 2. um **benehmen:** 1. sich 2. im **beneiden:** 1. ihre 2. um 3. darum **benennen:** 1. benennen 2. nach **benutzen/benützen:** 1. die gute 2. als 3. zum/beim **beobachten:** 1. bei 2. beobachtet **beraten:** 1. Klienten 2. mit 3. in **berauben:** 1. beraubt 2. seiner **bereitstehen:** 1. bereit 2. bereitgestanden **bereitstellen:** für **bergen:** 1. geborgen 2. bergen **berichten:** 1. viele 2. von 3. über 4. wie **bersten:** ist/war **berücksichtigen:** 1. verspätete 2. das 3. daß **berufen:** 1. zum 2. auf **beruhen:** auf **beruhigen:** 1. beruhigt 2. mit 3. zu 4. sich **beschädigen:** meinen linken hinteren **beschaffen:** 1. beschafft 2. beschafft 3. beschaffen **beschäftigen:** 1. viele 2. mich 3. mit **bescheißen:** 1. beim 2. beschissen **beschimpfen:** den **beschließen:** 1. die 2. zu 3. daß **beschränken:** 1. beschränkt 2. auf **beschreiben:** 1. der 2. wie 3. mit **beschuldigen:** 1. der 2. ihren 3. zu **beschützen:** 1. beschützt 2. vor **beschweren:** 1. mit 2. beim **besetzen:** 1. beiden 2. viele leerstehende 3. mit, von 4. besetzt **besichtigen:** den **besinnen:** 1. eines 2. sich 3. zu 4. auf 5. darauf **besitzen:** mehrere **besorgen:** 1. den 2. neues **besprechen:** 1. mit 2. besprochen **bestehen:** 1. seine 2. keine 3. auf 4. seinem 5. aus 6. einer technischen 7. seit **bestehenbleiben:** 1. bestehen 2. bestehenbleiben **besteigen:** 1. den 2. bestiegen 3. die **bestellen:** 1. beim 2. an 3. das 4. meiner 5. daß 6. bestellt **bestimmen:** 1. den nächsten 2. zu 3. die **bestrafen:** für **bestreiten:** 1. Deine 2. daß 3. seinen 4. alle **besuchen:** behinderte **beteiligen:** 1. am 2. sich **beten:** 1. zu 2. für **beteuern:** 1. seine 2. seiner 3. daß **betrachten:** 1. die untergehende 2. als 3. als **betragen:** 1. einen/einige 2. beträgt 3. sich **betrauen:** 1. mit 2. zu **betrauern:** die vielen **betreffen:** 1. betrifft/betraf 2. betrifft 3. betroffen 4. von **betreiben:** 1. kleines 2. einen schwunghaften **betreten:** das **betrinken:** 1. sich 2. sind **betrügen:** 1. seine 2. um **betteln:** um **beunruhigen:** 1. das 2. mit 3. über **beurteilen:** 1. die 2. nach 3. als **bevorstehen:** 1. bevor 2. bevorsteht **bewahren:** 1. die 2. vor **bewegen:** 1. im 2. um 3. die 4. sich 5. bewegt 6. bewogen 7. dazu **beweisen:** dem **bewerben:** 1. um 2. beim **bewerten:** 1. die 2. als **bewundern:** 1. ihre 2. wie **bezahlen:** 1. die bestellte 2. mit 3. für 4. mit 5. dafür 6. die **bezeichnen:** als **beziehen:** 1. mit 2. neues 3. gutes 4. aus 5. auf **bezwingen:** 1. haben 2. bezwungen 3. die 4. bezwingen **biegen:** 1. bog 2. die 3. um 4. sich 5. vor **bieten:** 1. keine 2. für **bilden:** 1. einen 2. verschiedene 3. den 4. gebildet **binden:** 1. an 2. gebunden 3. gebunden 4. auf **bitten:** 1. um 2. darum 3. zur **blasen:** 1. bläst 2. den **bleiben:** 1. Die 2. normaler 3. es 4. am 5. kein 6. auf 7. am **bleibenlassen:** 1. bleibenlassen 2. bleiben **bleichen:** 1. sind 2. hat **blicken:** 1. zur 2. durch 3. auf/in 4. auf **blitzen:** 1. hat 2. den 3. geblitzt **blühen:** 1. Die 2. Meine **bluten:** 1. Die 2. geblutet **brachliegen:** 1. brach 2. liegt/lag **braten:** 1. brät 2. in **brauchen:** 1. ein 2. für 3. zu **brechen:** 1. das 2. habe 3. bricht 4. ist 5. ihr 6. mit 7. brechen 8. übers 9. vom **bremsen:** 1. Der 2. ihr **brennen:** 1. Die 2. mir 3. gebrannt 4. darauf **bringen:** 1. meine 2. auf 3. auf 4. darauf 5. mich 6. in 7. in 8. in 9. in 10. in 11. in 12. in 13. in 14. in 15. ins 16. in 17. ins 18. in 19. in 20. in 21. in 22. in 23. mit

24. mit 25. um 26. unter 27. zu 28. zum 29. zur 30. zur 31. zur 32. an 33. ins 34. ins 35. übers 36. unter 37. auf 38. um 39. dazu **buchstabieren:** seinen Nachnamen **bügeln:** seine **bürgen:** 1. für 2. mit **bürsten:** 1. den/ihren 2. langes

D

dableiben: 1. da 2. dableiben **dahinschwinden:** 1. dahin 2. schwinden/schwanden **dahinterkommen:** dahinter **dahinterstecken:** 1. dahintersteckte 2. dahinter **dalassen:** dagelassen **daliegen:** 1. da 2. liegt/lag **danebentreffen:** 1. beim 2. mit **danken:** 1. gedankt 2. ihm 3. für 4. dafür **darstellen:** 1. eine schlafende 2. darstellen 3. sich 4. als **dastehen:** 1. da 2. dagestanden 3. stehe **dauern:** 1. gedauert 2. bis **davonfahren:** 1. davongefahren 2. jedem **davontragen:** schwere **davorstehen:** 1. davorgestanden 2. davor **dazwischenrufen:** dazwischengerufen **debattieren:** über **denken:** 1. dir 2. daß 3. mir 4. an 5. daran 6. über 7. von **dichthalten:** dichtgehalten **dienen:** 1. seinem 2. zur 3. als 4. den, als **diktieren:** 1. seiner 2. auf **dingen:** einen **diskutieren:** 1. Der 2. über 3. mit **distanzieren:** von **dividieren:** durch **donnern:** 1. hat 2. an/gegen 3. über **dranbleiben:** 1. dran 2. dranbleiben **drängen:** 1. gedrängt 2. zum 3. gedrängt 4. zur 5. auf 6. in **draufgehen:** 1. ging 2. bei 3. draufgegangen 4. drauf **draufhauen:** draufgehauen **draufkommen:** draufgekommen **draufschlagen:** mit **drehen:** 1. einen 2. mir 3. auf 4. sich 5. um 6. im 7. gedreht **dreschen:** gedroschen **dringen:** 1. drang 2. gedrungen 3. auf **drohen:** 1. keine 2. dem 3. damit 4. droht **drucken:** 1. gedruckt 2. auf **drücken:** 1. mich 2. auf 3. seinen 4. an 5. den 6. vor 7. drückt **durchbrennen:** 1. sind 2. durchgebrannt 3. durchgebrannt **durcheinanderkommen:** 1. durcheinandergekommen 2. ist **durchfahren:** 1. durch 2. durchfahren 3. das 4. durchfuhr **durchführen:** eine **durchhalten:** 1. durch 2. hält **durchkommen:** 1. durch 2. durchgekommen 3. durchgekommen 4. durch 5. durch 6. durch 7. durch 8. durchkommt 9. kommen 10. durch **durchnehmen:** durch **durchreißen:** 1. durchgerissen 2. ist **durchringen:** zu **durchschlafen:** 1. durchgeschlafen 2. durchschlief **durchschneiden:** 1. durch (durchschnitt) 2. durchschnitt (durch) 3. durchzuschneiden 4. durchschneidet 5. durchschnitt 6. durchgeschnitten **durchstehen:** durchgestanden **dürfen:** 1. darf 2. sein **duschen:** dich

E

eignen: zum **eilen:** 1. hat 2. mit 3. damit 4. ist 5. zu **einarbeiten:** 1. seinen 2. sich 3. in **einbauen:** eingebaut **einbilden:** 1. sich 2. auf **einbrechen:** 1. hat 2. sind 3. ist 4. eingebrochen **eindringen:** 1. ist 2. auf 3. auf **einfallen:** 1. eingefallen 2. ist 3. im **einfangen:** 1. ein 2. eingefangen 3. eingefangen 4. einfängst **einführen:** 1. in 2. eingeführt 3. in 4. bei **eingehen:** 1. bei 2. eingegangen 3. im 4. in 5. auf 6. mit 7. eine **eingreifen:** 1. in 2. eingegriffen **einigen:** 1. mit 2. den 3. auf **einkaufen:** 1. frisches 2. in **einladen:** 1. meine 2. zum **einlassen:** 1. hat 2. in 3. mit 4. auf **einlegen:** 1. eingelegt 2. gegen 3. den **einnehmen:** 1. den 2. eingenommen 3. eingenommen 4. ein 5. ein 6. einen 7. sich **einpacken:** 1. in 2. einpakken **einreiben:** 1. die 2. mit 3. einreiben **einreißen:** 1. eingerissen 2. einreißen **einschlafen:** 1. ist 2. Mir 3. eingeschlafen **einschlagen:** 1. die 2. eingeschlagen 3. in 4. in 5. in 6. auf 7. ein 8. Schlag 9. einen 10. die 11. eingeschlagen 12. die **einschließen:** 1. in 2. die 3. viele **einschreiben:** in **einschreiten:** gegen **einschüchtern:** 1. eingeschüchtert 2. mit **einsehen:** 1. einsehen 2. eingesehen 3. einsehen **einsenden:** 1. das 2. an **einsetzen:**

1. einsetzen 2. brausender 3. zur 4. für **einspringen:** für **einstehen:** 1. für 2. dafür **einsteigen:** 1. in 2. in **einstellen:** 1. die 2. eingestellt 3. einen 4. das 5. sich 6. auf **einteilen:** 1. seine 2. in 3. zum **eintragen:** 1. ihren 2. sich 3. eingetragen 4. eingetragen **eintreffen:** 1. eingetroffen 2. ein **eintreten:** 1. hat 2. sich 3. in 4. ist 5. in 6. eingetreten 7. für **einweisen:** 1. eingewiesen 2. in **einwenden:** gegen **einwilligen:** in **einzahlen:** 1. auf 2. die **einziehen:** 1. eingezogen 2. zog 3. zog 4. in 5. einziehen 6. die 7. ganzes 8. zur 9. in 10. eingezogen 11. sind 12. ein 13. ins **ekeln:** vor **empfangen:** 1. die 2. einen 3. zu 4. von **empfehlen:** 1. dem, 2. sich **empfinden:** 1. keinen 2. als 3. für 4. vor **entbinden:** 1. gesundes 2. von **entbrennen:** 1. in 2. entbrannte 3. um **entdecken:** 1. einen 2. entdeckte **enterben:** seinen **entfliehen:** seinen **entgegenkommen:** 1. ihm 2. entgegenkommen 3. entgegen 4. entgegen **entgegnen:** 1. dem 2. auf **entgehen:** 1. seiner 2. dir **enthalten:** 1. sind 2. ist 3. enthält 4. hat **entkommen:** 1. der 2. sind 3. über 4. entkommen **entlassen:** 1. hat 2. aus 3. in **entlasten:** 1. die 2. den/die 3. von **entlaufen:** entlaufen **entnehmen:** 1. aus 2. einem **entrinnen:** dem **entscheiden:** 1. Das 2. für 3. zum 4. gegen 5. auf 6. darüber **entschließen:** 1. für 2. zu 3. dazu **entschuldigen:** 1. unhöfliches 2. für 3. dafür 4. bei **entsinnen:** wie **entsprechen:** 1. unseren 2. meinem **entstehen:** 1. ist 2. Aus **enttäuschen:** 1. meinen 2. enttäuscht 3. über **entweichen:** 1. ist 2. entwichen **entwickeln:** 1. entwickelt 2. große 3. unserem 4. zu **entzweigehen:** ist **erbarmen:** der **erbauen:** 1. den 2. an **erben:** 1. den 2. von **erblicken:** 1. Fremden 2. in **ereignen:** sich **erfahren:** 1. erfahren 2. von **erfinden:** 1. das 2. erfunden **erfragen:** die **erfreuen:** 1. an 2. großer 3. mit **erfrieren:** 1. sich 2. erfroren 3. sind 4. auf **ergeben:** 1. einen hohen 2. aus 3. sich 4. in **erhalten:** 1. eine 2. die **erheben:** 1. das 2. aus 3. gegen 4. gegen **erholen:** 1. von 2. uns **erinnern:** 1. an meine 2. mich 3. Ihren **erkälten:** dich **erkämpfen:** 1. die 2. uns **erkennen:** 1. das 2. an seinem 3. daran 4. auf **erklären:** 1. die 2. seinen 3. dem, den 4. für **erkundigen:** 1. mich 2. nach **erlassen:** 1. neues 2. hat **erlauben:** 1. ihrem 2. keinen weiteren 3. als **erleben:** 1. Zweiten 2. blaues **ermahnen:** zur **ernennen:** zum **eröffnen:** 1. die 2. eröffnet 3. seiner **erregen:** 1. die 2. über **erreichen:** 1. erreicht 2. anderes 3. es **erringen:** einen **erscheinen:** 1. erschien/erscheint 2. ist 3. zu 4. erscheint 5. ihm **erschießen:** das **erschlagen:** 1. seinen 2. erschlagen **erschrecken:** 1. erschreckte 2. erschreckt 3. über 4. vor 5. darüber **ersehen:** aus **ersetzen:** durch **erstarren:** vor **erstrecken:** 1. sich 2. auf **ersuchen:** um **ertragen:** 1. ertragen 2. es **ertrinken:** sind **erwachen:** 1. ist 2. aus 3. von **erwägen:** erwogen **erwarten:** 1. schweres 2. von **erweisen:** 1. als 2. die **erweitern:** um **erwidern:** 1. seinem 2. den **erzählen:** 1. ihrer 2. aus 3. von 4. über **erzeugen:** 1. erzeugt 2. Aus 3. erzeugt **erziehen:** 1. ihren 2. zur **erzielen:** eine **essen:** 1. ißt 2. dich 3. seinen 4. essen 5. mit **experimentieren:** mit

F

fahnden: nach **fahren:** 1. fährt 2. habe 3. hat 4. bin 5. durchs 6. in 7. aus **fällen:** 1. viele 2. salomonisches 3. Alle **fallen:** 1. ist 2. gefallen 3. der 4. durch 5. ist 6. ins 7. in 8. in 9. in 10. in 11. ins 12. zur 13. aus 14. aus 15. ins 16. mit 17. vom 18. auf 19. auf 20. auf **fangen:** 1. einen 2. gefangen **fassen:** 1. gefaßt 2. faßt 3. die schlimme 4. keinen klaren 5. sich 6. an 7. beim 8. in **fehlen:** 1. ihren 2. im 3. an 4. gefehlt **fehlschlagen:** fehlgeschlagen **feiern:** 1. gefeiert 2. seinen **feilschen:** um **fernbleiben:** ihrem **fernhalten:** von **fernsehen:** 1. fern 2. ferngesehen **fertigbringen:** 1. fertigbringen 2. es **festbinden:** fest **fest-**

halten: 1. an 2. mich **festnehmen:** den/die **feststehen:** 1. fest 2. Es **feststellen:** 1. Der 2. den 3. daß **finden:** 1. gefunden 2. dabei/daran 3. es 4. finden 5. an 6. in 7. gefundenes **flechten:** meine **fliegen:** 1. flogen 2. sind 3. habe 4. ist 5. aus **fliehen:** 1. aus 2. vor **fließen:** 1. ins 2. in 3. sind **fluchen:** 1. geflucht 2. auf 3. über **folgen:** 1. aufs 2. Jedem 3. ist 4. Auf 5. der **fordern:** 1. die 2. von 3. zum **forschen:** nach **fortfahren:** 1. fortgefahren 2. ist **fortfallen:** fortgefallen **fortschaffen:** Schaff **fotografieren:** 1. meine 2. mit **fragen:** 1. meinen 2. nach 3. um 4. ob **freihalten:** 1. einen 2. freihalten 3. diesen 4. freigehalten **freilassen:** 1. frei 2. freigelassen **freisprechen:** von **fremdgehen:** fremdgegangen **fressen:** 1. das 2. in 3. an 4. an **freuen:** 1. gefreut 2. mich 3. ihres 4. über 5. darüber 6. auf 7. an 8. wie **frieren:** 1. es 2. ist 3. habe 4. mich 5. gefroren **frisieren:** 1. ihr/ihre 2. dem 3. die 4. das **frühstücken:** gefrühstückt **fühlen:** 1. einen starken 2. ihren 3. dem Patienten 4. mit 5. nach 6. sich 7. in 8. auf 9. auf **führen:** 1. das 2. an 3. den 4. lockeres 5. breites 6. zu 7. zu 8. bei 9. sich 10. geführt 11. in 12. vor 13. hinters **funktionieren:** funktioniert **fürchten:** 1. seine 2. daß 3. zu 4. um 5. vor dem 6. davor

G

garantieren: 1. eine 2. für **gären:** 1. gegoren 2. viele 3. in **gebären:** gesundes **geben:** 1. gutes 2. es 3. für 4. darauf 5. als 6. zum 7. darum 8. die **gebrauchen:** 1. gebrauchen 2. gebraucht/gebrauchen 3. gebrauchen **gedeihen:** 1. sind 2. gedeihen 3. sind **gefallen:** 1. mir 2. Es 3. sich 4. gefallen **geheimhalten:** 1. geheimgehalten 2. vor **gehen:** 1. geht 2. es 3. Eine funkgesteuerte 4. mit 5. um 6. darum 7. zur 8. seiner 9. auf 10. in 11. in 12. mit 13. nach 14. ins 15. zu 16. zu 17. zur 18. zur 19. und 20. Darauf 21. durch 22. über 23. zum 24. und 25. an 26. auf 27. ins 28. in 29. durch **gehorchen:** ihren **gehören:** 1. meiner 2. zum 3. in 4. sich **gelingen:** 1. meiner 2. Es **gelten:** 1. Was 2. mir 3. beim 4. für 5. als 6. zu **genesen:** von **genießen:** 1. in 2. zu 3. genossen 4. hohes **genügen:** 1. den 2. für 3. Es **geradestehen:** 1. geradestehen 2. für **geraten:** 1. geraten 2. in 3. unter 4. nach 5. ins 6. an **geschehen:** 1. geschah 2. Dem 3. mit 4. es **getrauen:** 1. sich 2. nach **gewinnen:** 1. die 2. Aus 3. zum 4. an 5. für 6. sich 7. zu **gewöhnen:** 1. an eine bessere 2. daran **gießen:** 1. meine 2. in 3. der, den 4. es 5. hinter **glänzen:** vor **glauben:** 1. seinen 2. geglaubt 3. dir 4. an 5. daran 6. die 7. aufs 8. dem 9. glaubt 10. daran **gleichen:** seinem **gleiten:** 1. ist 2. über 3. gleitende **glücken:** Meiner **graben:** 1. nach 2. gräbt **gratulieren:** 1. dem 2. zum 3. dazu **greifen:** 1. nach 2. um 3. zur 4. unter 5. aus **grenzen:** 1. an 2. hat **gründen:** 1. die 2. auf **grüßen:** 1. seine Bekannten 2. von **gucken:** 1. aus 2. aus 3. ins **gutgehen:** 1. gutgeht 2. gutgegangen 3. mit **gutschreiben:** Ihrem

H

haben: 1. einen 2. als 3. es 4. mit 5. auf 6. zu 7. im 8. in guter 9. im 10. in seiner 11. unter 12. zur 13. als/zur 14. zur 15. zur 16. zum 17. zur 18. zum 19. zum 20. auf **haften:** 1. an 2. für 3. gehaftet **halten:** 1. hält 2. alle 3. in 4. hält 5. sich 6. sich 7. seinen 8. was 9. gehalten 10. gehalten 11. den 12. für 13. für 14. für 15. an 16. von 17. Von 18. ihren 19. Mit/Im 20. mit 21. die 22. den 23. in 24. in 25. auf 26. dir 27. wie **handeln:** 1. gehandelt 2. an 3. mit 4. um 5. von 6. Es **hängen:** 1. gehangen 2. gehangen 3. an 4. gehängt 5. an 6. an 7. den 8. an 9. an 10. der **hassen:** Den **hauen:** 1. gehauen 2. um 3. mit 4. auf **heben:** 1. auf 2. gehoben 3. sich **heimfahren:** 1. mit 2. heimgefahren **heiraten:** 1. heiratet

2. ihre **heißen:** 1. mit 2. nach 3. geheißen 4. es 5. Es 6. es 7. die 8. heißen **heizen:** 1. die 2. mit **helfen:** 1. Seinen Freunden 2. beim 3. dabei 4. gegen 5. sich 6. auf **herabfallen:** herab **herangehen:** an **heranschleichen:** 1. an 2. sind **heraufsteigen:** 1. die 2. heraufgestiegen **heraufziehen:** 1. heraufgezogen 2. ist **herausgeben:** 1. herausgeben 2. herausgeben 3. heraus **heraushalten:** 1. aus 2. Halte 3. heraus **herausreden:** mit **hereinfallen:** 1. hereingefallen 2. auf **hereinkommen:** 1. hereingekommen 2. ist **herfallen:** über **hergeben:** 1. her 2. her 3. hergegeben 4. hergeben 5. sich **herrschen:** 1. große 2. über **hersehen:** hersehen **herstellen:** 1. eine 2. aus **herumtreiben:** 1. sich 2. herumtreibt **herunterfallen:** von **herunterspringen:** heruntergesprungen **hervorbrechen:** aus **hervorheben:** 1. hervorheben 2. daß **hervorrufen:** 1. hervor 2. hervorgerufen 3. durch **herziehen:** über **hinabsteigen:** 1. die 2. in **hinarbeiten:** auf **hinaufziehen:** 1. den 2. an 3. sich 4. zur 5. hinaufgezogen **hinausgehen:** 1. mit 2. auf 3. über **hinauslaufen:** 1. zur 2. auf **hinaussehen:** zum **hinaussteigen:** 1. durchs 2. ist **hinbringen:** 1. mit 2. bringst **hindern:** 1. beim 2. daran **hindurchsehen:** Durch **hineinlassen:** in **hinfallen:** hin **hinfinden:** zu **hinfliegen:** 1. hingeflogen 2. flog **hinhauen:** 1. mit 2. hin 3. hingehauen 4. hingehauen 5. mich **hinkommen:** 1. hin 2. hin 3. sind 4. mit 5. hinkommen **hinsehen:** 1. zu 2. hin 3. hinsehen **hinterherfahren:** 1. dem 2. hinter **hinüberrufen:** über **hinunterstoßen:** 1. die 2. hinuntergestoßen **hinwegkommen:** über **hinwegsehen:** 1. über 2. hinwegsehen **hinweisen:** auf **hinzukommen:** 1. hinzukam 2. hinzu 3. Zur 4. daß **hochheben:** 1. das 2. hochgehoben **hoffen:** 1. Beste 2. seine baldige 3. darauf **holen:** 1. ihrem 2. geholt 3. aus 4. einen, schönen **hören:** 1. hören 2. klassische 3. auf 4. darauf 5. von 6. davon **hungern:** 1. haben 2. nach **hupen:** gehupt **husten:** 1. die ganze 2. gehustet 3. was **hüten:** 1. das 2. vor

I

informieren: 1. über 2. in 3. darüber **interessieren:** 1. meine 2. Es 3. für 4. dafür 5. an **intrigieren:** gegen **irren:** 1. sich 2. in der 3. in 4. ist **jagen:** 1. das 2. nach 3. vor **jammern:** über **jubeln:** über

K

kämmen: 1. der 2. dich **kämpfen:** 1. Löwen 2. gegen 3. für 4. zum **kaputtgehen:** 1. kaputtgegangen 2. ging 3. sind 4. kaputtgegangen 5. kaputt **kaputtschlagen:** kaputtgeschlagen **kaufen:** 1. teuren 2. für 3. beim 4. im **kennen:** 1. Herrn 2. als 3. wie **kennenlernen:** neuen Kollegen, kennengelernt **kennzeichnen:** 1. mit 2. als **klagen:** 1. über 2. klagen 3. ihrem 4. vor 5. auf 6. gegen **klappen:** 1. den 2. geklappt 3. Mit 4. daß **klären:** 1. den 2. sich **klarwerden:** über **kleben:** 1. geklebt 2. der 3. ihm 4. dir **klettern:** 1. auf 2. ist 3. ihrem, die **klingeln:** 1. es 2. Das 3. aus 4. an der **klingen:** 1. klingen 2. in 3. klingt **kneifen:** 1. in 2. gekniffen **kochen:** 1. kocht 2. hat 3. mit **kommen:** 1. von 2. eine tolle 3. darauf 4. zum 5. vom 6. in 7. außer 8. ins 9. in 10. in 11. ins 12. ins 13. in 14. ins 15. in 16. in 17. in 18. unter 19. zu 20. zum 21. zur 22. zur 23. zum 24. zu 25. zur 26. zur 27. zum 28. zum 29. zum 30. zum 31. zum 32. zur 33. zur 34. zur 35. zur 36. zur 37. zu 38. auf 39. mir 40. auf 41. auf 42. unter 43. zum **können:** 1. können 2. gekonnt 3. können 4. kann 5. kann **konzentrieren:** 1. konzentriert 2. auf **korrespondieren:** mit **korrigieren:** 1. den 2. ihre **kosten:** 1. die 2. ob 3. gekostet 4. den 5. die **kränken:** 1. seine 2. mit **kriechen:** 1. ist 2. gekrochen **kriegen:** 1. eine 2. von 3. seinen 4. zum 5. zum 6. es 7. aufs 8. kalte

9. in 10. den 11. die 12. hinter **krümmen:** 1. vor 2. gekrümmt **krummnehmen:** 1. krummnehmen 2. daß **kümmern:** 1. gekümmert 2. um 3. darum 4. jeden 5. um **kündigen:** 1. ihr 2. einem Kollegen 3. meine **kürzen:** 1. meine 2. Den **küssen:** 1. ihre 2. der 3. die

L

lächeln: 1. gelächelt 2. über **lachen:** 1. über Behinderte 2. darüber 3. zu 4. der 5. gelacht 6. die 7. einen **laden:** 1. geladen 2. geladen **landen:** 1. ist 2. hat 3. bei 4. ist **langweilen:** 1. mich 2. beim 3. gelangweilt **lassen:** 1. das 2. läßt/ließ 3. Seine 4. dich 5. am 6. außer 7. in 8. im 9. im 10. im 11. im 12. Laß **laufen** 1. sind 2. läuft 3. Dem 4. neuer 5. auf 6. den 7. läuft 8. zu 9. über 10. über **laufenlassen:** 1. laufenlassen 2. den **lauschen:** dem **leben:** 1. gelebt 2. von 3. für 4. auf 5. von, in 6. auf 7. von 8. wie **legen:** 1. das 2. Ei 3. gelegt 4. sich 5. auf 6. auf 7. an 8. ans 9. auf 10. auf 11. aufs **lehren:** 1. Neuere 2. zu **leiden:** 1. starke 2. einer 3. der 4. darunter **leihen:** 1. mir 2. sich **leisten:** 1. mir 2. einen üblen 3. geleistet 4. gegen **leiten:** 1. den 2. die 3. an 4. durch **lenken:** 1. den 2. gelenkt 3. auf **lernen:** 1. lernen 2. gelernt 3. aus 4. wie 5. zu **lesen:** 1. gelesen 2. die 3. diesem 4. die **lieben:** 1. große 2. zu **liefern:** 1. geliefert 2. interessante 3. sich 4. an 5. geliefert **liegen:** 1. im, dem 2. in, an 3. daran 4. mir 5. an 6. bei 7. am 8. auf 9. im 10. im 11. im 12. im 13. im 14. im 15. auf 16. im 17. in 18. auf 19. auf 20. in **liegenlassen:** 1. den 2. liegenlassen 3. liegen 4. laß **loben:** 1. seine 2. über **lockerlassen:** lockergelassen **lohnen:** 1. dem 2. sich **lösen:** 1. den 2. vom 3. seine 4. sich **losfahren:** 1. Fahr 2. auf **loskommen:** von **loslassen:** 1. Lassen 2. läßt/ließ 3. auf **lügen:** 1. Meine 2. wie 3. vom 4. sich 5. die 6. in

M

machen: 1. die 2. Aus 3. zum 4. zu 5. es 6. sich 7. aus 8. den 9. daraus 10. an 11. auf 12. über 13. zwischen 14. macht 15. reinen 16. die 17. den 18. sich 19. daß 20. dir 21. aus 22. in **mahlen:** 1. gemahlen 2. zu 3. mahlen **malen:** 1. hübsches 2. sich 3. an **malnehmen:** malnehmen **mangeln:** an **maschineschreiben:** 1. maschineschreiben 2. maschinegeschrieben **meiden:** große **meinen:** 1. anderes 2. mit 3. es 4. zu **melden:** 1. meiner 2. gemeldet 3. sich 4. Am 5. bei 6. zu **melken:** gemolken **merken:** 1. daß 2. von 3. Die neuen 4. seinen Namen **messen:** 1. mißt/maß 2. meine 3. mir 4. einen 5. mit 6. sich **mieten:** gemütliches **mißachten:** das **mißbrauchen:** 1. mißbraucht 2. seine **mißfallen:** dem **mißlingen:** dem **mißraten:** meiner **mißtrauen:** 1. dem 2. den **mißverstehen:** seine **mitbringen:** 1. einen 2. seinem **mithelfen:** mithilft **mitkommen:** 1. ist 2. mit 3. ins **mitteilen:** 1. das 2. dem **mitwirken:** bei **müssen:** 1. muß 2. müssen 3. gemußt 4. muß

N

nachdenken: 1. über 2. darüber **nacheilen:** ihrem **nachgeben:** 1. Klügere 2. seinen 3. nachgegeben **nachgehen:** 1. nachgegangen 2. ist 3. nach 4. allen 5. seiner **nachlassen:** 1. haben 2. nach 3. nach 4. läßt/ließ, nach 5. nachgelassen 6. nachgelassen 7. mir **nachlaufen:** 1. dem 2. nachzulaufen **nachlesen:** nachgelesen **nachschlagen:** 1. Schlag 2. nachgeschlagen **nachsehen:** 1. nach 2. dem 3. unsere 4. Jugendlichen **nachstellen:** 1. um 2. nachgestellt **nähen:** 1. ihre 2. genäht 3. an **näherkommen:** nähergekommen **nehmen:** 1. das 2. zum 3. seine 4. in 5. als 6. sich, viele Scheiben 7. nimmt 8. den 9. von

10. zu 11. ihren 12. von 13. auf 14. auf 15. von 16. an 17. auf 18. auf 19. genommen 20. zum/als 21. beim 22. in 23. in 24. in 25. in 26. in 27. in 28. in 29. in 30. in 31. in 32. in 33. in 34. zum 35. zum 36. zum 37. in 38. ins 39. vor 40. den 41. in 42. auf 43. Darauf 44. vom **neigen:** 1. sich 2. zu **nennen:** 1. ihrem 2. nach 3. es **nicken:** genickt **nötigen:** zum **nutzen/nützen:** 1. zu 2. einem

O

offenbleiben: 1. offengeblieben 2. offen **offenstehen:** 1. offengestanden 2. vor 3. steht 4. die 5. Es 6. offen **öffnen:** 1. das 2. der 3. sich 4. sind **operieren:** 1. den 2. aus 3. mit 4. im **ordnen:** 1. seine 2. nach **orientieren:** 1. über 2. an

P

packen: 1. meinen 2. gepackt 3. meine/meinen 4. ihre 5. bei **parken:** 1. auf 2. seinen **passen:** 1. passen 2. mir 3. zu 4. in 5. passende 6. aufs **passieren:** 1. die 2. hat 3. ist 4. Meinem **pfeifen:** 1. hübsches 2. hat 3. nach 4. gepfiffen 5. auf **pflanzen:** einen **pflegen:** 1. gepflegt 2. zu **plagen:** mit **platzen:** 1. platzt 2. ist 3. vor **preisen:** 1. gepriesen 2. dich **probieren:** 1. probieren 2. ob 3. zu **produzieren:** 1. produziert 2. Bei 3. produzieren 4. sich **protestieren:** gegen **prüfen:** 1. in 2. vorhandene 3. ob **prügeln:** 1. seine 2. sich 3. mit 4. um **putzen:** 1. alle 2. sich 3. ihrem kleinen

Q

quälen: 1. die 2. den 3. mit **quellen:** aus

R

rächen: 1. seinen 2. an 3. für **radfahren:** 1. fährt 2. bin 3. radzufahren **rasieren:** 1. sich 2. mit 3. meinem **raten:** 1. Raten 2. zum 3. rate **rauben:** 1. geraubt 2. den 3. Seine **rauchen:** 1. Der 2. eine 3. Dem/Den **reagieren:** auf **rechnen:** 1. rechnet 2. zu 3. mit 4. damit **rechtfertigen:** mit **reden:** 1. blanken 2. über 3. von 4. reden 5. wie 6. in 7. nach 8. der 9. wenn **regieren:** die **regnen:** 1. Es 2. meiner **reiben:** 1. gerieben 2. sich 3. aus 4. unter **reimen:** 1. auf 2. ungereimtes **reinigen:** 1. gereinigt 2. vom 3. sich **reisen:** nach **reißen:** 1. ist 2. hat 3. aus 4. an 5. um 6. die 7. und 8. reißenden 9. reißen 10. reißen 11. unter **reiten:** 1. bin 2. hat **reizen:** 1. reizt 2. den 3. zum **rennen:** 1. jeden 2. zum 3. um **reparieren:** 1. repariert 2. meinen **repräsentieren:** 1. eigenes 2. einen großen **reservieren:** 1. dir 2. einen 3. für **resultieren:** aus **retten:** 1. einem Menschen 2. sich 3. aus 4. vor **richten:** 1. den 2. über 3. an 4. auf 5. nach **riechen:** 1. Verdorbenes 2. nach 3. an 4. aus 5. den **ringen:** 1. um 2. mit 3. nach **rinnen:** von **rufen:** 1. Rufst 2. nach 3. zu 4. um 5. ins **rutschen:** 1. ist 2. das 3. den 4. in

S

sagen: 1. einige freundliche 2. meinem 3. zu 4. daß 5. mir **sammeln:** 1. gesammelt 2. für 3. sich 4. sammeln **saufen:** 1. das 2. wie **schaden:** deiner **schaffen:** 1. schuf 2. geschaffen 3. geschafft 4. geschafft 5. schaffte 6. geschaffen 7. geschafft **schalten:** 1. auf 2. eine 3. in 4. geschaltet **schämen:** 1. sich 2. ihrer 3. vor 4. zu **schauen:** 1. die 2. aus 3. durch 4. in 5. zum 6. nach **scheiden:** 1. in 2. sich 3. geschieden **scheinen:** 1. auf 2. mir 3. Die

scheißen: 1. geschissen 2. sich **schelten:** 1. einen 2. schilt **schenken:** 1. seiner 2. dir **scheren:** 1. das 2. darum **scherzen:** über **scheuen:** 1. vor 2. keine 3. sich **schicken:** 1. mir 2. an 3. ins/zu 4. nach 5. sich 6. in **schieben:** 1. kaputtes 2. auf 3. von 4. vor 5. auf 6. in 7. der **schießen:** 1. einen 2. auf 3. sind 4. in 5. ist 6. aus 7. schießen **schildern:** 1. seine 2. der **schimpfen:** 1. einen 2. die 3. das **schlafen:** 1. schläft/schlief 2. mit **schlagen:** 1. einen 2. nach 3. einen 4. ins 5. geschlagen 6. hat 7. geschlagen 8. das 9. für 10. um 11. in 12. hat 13. auf 14. ist 15. auf 16. für 17. aus 18. in 19. über 20. um 21. dem **schleifen:** 1. geschliffen 2. geschliffene 3. geschleift 4. schleifte/schleift 5. schleifen **schließen:** 1. in 2. die 3. die 4. aus 5. auf 6. mit **schlingen:** 1. seine 2. um **schmecken:** 1. das 2. Meinen 3. nach 4. nach **schmeißen:** 1. geschmissen 2. nach 3. eine 4. schmeißen **schmelzen:** 1. ist 2. hat **schneiden:** 1. Die 2. den 3. sich 4. dir 5. aus 6. geschnitten 7. dich 8. in **schneien:** 1. hat 2. ist **schreiben:** 1. an 2. an 3. in 4. auf 5. meinen 6. hinter 7. in **schreien:** 1. die 2. um 3. zum 4. wie **schreiten:** schritt/schreitet **schütteln:** 1. geschüttelt 2. vor 3. aus **schützen:** 1. vor/gegen 2. vor 3. geschützt 4. gegen **schwärmen:** 1. um 2. von **schweigen:** 1. zu 2. zu 3. wie **schwellen:** 1. sind 2. hat **schwimmen:** 1. schwimmt 2. sind 3. eine 4. hat **schwinden:** sind **schwingen:** 1. schwang/schwingt 2. den 3. sich 4. das **schwitzen:** 1. am 2. hat **schwören:** 1. einen 2. bei 3. auf 4. sich **sehen:** 1. was 2. auf 3. nach 4. sehen 5. die 6. in 7. darin 8. als 9. sich 10. vor 11. ins 12. mit **sehnen:** nach **sein:** 1. sein 2. ist/war 3. ist/war 4. dir 5. Meiner 6. Mir 7. ist 8. ist 9. ist 10. Es 11. aus 12. für, vereintes 13. dafür 14. gegen 15. deiner 16. mir 17. an 18. der 19. auf 20. außer 21. außer 22. im 23. im 24. im 25. im 26. im 27. unter/in 28. in 29. in 30. in 31. im 32. in 33. in 34. im 35. in 36. in 37. in 38. in 39. im 40. im 41. zu **senden:** 1. seinem 2. an 3. gesendet **setzen:** 1. das 2. mir 3. auf 4. über 5. sich 6. gesetzt 7. in 8. in 9. in 10. in 11. in 12. in 13. in 14. in 15. in 16. ins 17. in 18. in 19. zur 20. gegen, zur 21. auf 22. ins 23. auf 24. es **siegen:** 1. gesiegt 2. den 3. das Dritte **singen:** 1. schönes 2. von 3. beim 4. singen **sinken:** 1. auf 2. ist 3. zu **sinnen:** sinnt **sitzen:** 1. auf, im 2. am 3. sitzt 4. gesessen 5. am 6. hat 7. sitzen 8. in **sitzenbleiben:** 1. sitzengeblieben 2. auf **sitzenlassen:** 1. sitzen(ge)lassen 2. mich **sollen:** 1. sollst 2. sollen 3. sollen 4. soll 5. soll **sorgen:** 1. für 2. dafür 3. sich 4. um **sparen:** 1. gespart 2. am 3. für **spazierengehen:** 1. ist 2. spazierenzugehen **spekulieren:** 1. mit 2. auf **sperren:** 1. gesperrt 2. in 3. den 4. gegen **spielen:** 1. spielen 2. gegen 3. zum 4. um 5. im 6. in 7. den 8. einen 9. eine 10. mit 11. die **spinnen:** 1. die 2. spinnst **sprechen:** 1. spricht 2. mehrere 3. zu 4. ins 5. aus 6. für 7. dafür 8. daß 9. daß 10. zu 11. wovon/worüber 12. unter 13. aus **sprießen:** aus **springen:** 1. über 2. der 3. ist 4. über 5. springende 6. vor **starten:** 1. ist 2. ist 3. startete/startet 4. hat **stattfinden:** stattgefunden **staunen:** 1. staune 2. über 3. gestaunt **stechen:** 1. in 2. stechenden 3. gestochen 4. sticht 5. von **stecken:** 1. im 2. die 3. ans 4. in 5. in 6. in 7. in 8. in 9. unter **steckenbleiben:** 1. steckengeblieben 2. blieb 3. ist 4. in **stehen:** 1. Der 2. dir 3. steht 4. zu 5. Auf 6. danach 7. ihren 8. auf 9. in 10. in 11. in 12. in 13. in 14. in/im 15. unter 16. unter 17. unter 18. zur 19. zu 20. zur 21. zur 22. zur 23. auf 24. auf 25. auf 26. in 27. zu 28. zum 29. gestandenes 30. dunkle **stehenbleiben:** 1. blieb 2. stehenbleiben 3. ist 4. stehen 5. sind 6. stehenbleiben 7. stehengeblieben **stehlen:** 1. meinem 2. sich 3. stehlen 4. die 5. gestohlen **steigen:** 1. ist 2. den 3. auf 4. auf 5. die 6. im 7. Der 8. aufs **stellen:** 1. das 2. das 3. auf 4. sich 5. seinem 6. dem Kandidaten 7. nach 8. gestellt 9. den 10. der 11. auf 12. bei 13. an 14. auf 15. in 16. in 17. in 18. in

19. zur 20. zur 21. zur 22. zur 23. zur 24. auf 25. unter **sterben:** 1. stirbt 2. an **sticken:** kleines **stillhalten:** stillgehalten **stimmen:** 1. was 2. hat 3. den Patienten 4. für 5. gegen 6. die **stinken:** 1. gestunken 2. nicht **stören:** 1. unsere 2. beim 3. daran **stoßen:** 1. gegen 2. auf 3. an 4. den 5. mit **strafen:** die **strahlen:** 1. auf 2. vor **sträuben:** gegen **streben:** nach **streichen:** 1. hat 2. gestrichen 3. hat 4. ist **streiken:** 1. für 2. gestreikt **streiten:** 1. mit 2. um 3. Über 4. sich 5. um **streuen:** auf **strotzen:** vor **studieren:** 1. studiert 2. den **stürzen:** 1. ist 2. zu 3. haben 4. ins 5. sich **suchen:** 1. nach 2. einen 3. eine bessere

T

tanken: 1. getankt 2. getankt **tanzen:** 1. die 2. argentinischen 3. in 4. sind 5. nach 6. tanzen 7. auf **taugen:** 1. für 2. zu **tauschen:** 1. gegen 2. mit **täuschen:** 1. getäuscht 2. mich 3. mit **teilen:** 1. durch 2. in 3. mit 4. zwischen 5. teilen 6. sich 7. sich 8. meine **teilhaben:** am **teilnehmen:** an **telefonieren:** 1. eine 2. mit **terrorisieren:** die **töten:** den tollwütigen **totschlagen:** 1. totgeschlagen 2. mit **trachten:** nach **tragen:** 1. seine 2. getragen 3. trägt 4. hohe 5. an 6. für 7. gegen 8. zu 9. mit 10. zur **trauen:** 1. das 2. sich 3. zu 4. meinen 5. dem 6. keinem **trauern:** um **träumen:** 1. einen 2. davon 3. träumen **treffen:** 1. trifft/traf 2. habe 3. sich 4. getroffen 5. Es 6. eine 7. haben 8. ihre 9. mit 10. sich 11. getroffen 12. auf 13. ins 14. aus **treiben:** 1. ist 2. die 3. getrieben 4. treiben 5. getrieben 6. habt 7. haben 8. zur 9. auf 10. mit **trennen:** 1. die 2. getrennt 3. aus 4. von 5. uns 6. ihrem **treten:** 1. hat 2. aus 3. gegen 4. ist 5. in 6. in 7. sind 8. über 9. mit **triefen:** 1. vor 2. getrieft 3. auf 4. triefenden 5. Mir **trinken:** 1. seinen 2. auf 3. mit 4. von **trügen:** 1. trügt 2. getrogen **tun:** 1. das 2. ob 3. einen 4. sich 5. der 6. tust **turnen:** ihre

U

übelnehmen: 1. übel 2. Nehmen **üben:** 1. den 2. in 3. an 4. an **überarbeiten:** 1. das 2. sich **überbacken:** mit **überbieten:** 1. überboten 2. den **übereinanderschlagen:** 1. hat 2. sind **übereinkommen:** 1. zu 2. über **überessen:** mich **überfahren:** 1. überfahren 2. überfährt **überfallen:** 1. den 2. mit **übergreifen:** auf **überholen:** 1. einen 2. alter 3. sind **überlaufen:** 1. übergelaufen 2. zum 3. überlaufen **überlegen:** 1. überlege 2. sich 3. ob **überlisten:** überlistet **übernachten:** übernachtet **übernehmen:** 1. den 2. für 3. sich **überqueren:** die **überraschen:** 1. mit 2. beim 3. daß 4. Es **überreden:** 1. zu 2. zum 3. dazu **überschlagen:** 1. sich 2. überschlagen 3. überschlagen 4. überschlagen 5. vor **übersetzen:** 1. vom 2. aus 3. übergesetzt **überspringen:** 1. übersprungen 2. übergesprungen **übertreffen:** 1. unsere 2. an 3. sich **übertreiben:** 1. übertrieben 2. mit **übertreten:** 1. übertreten 2. übergetreten **überweisen:** 1. dem 2. an 3. an **überwerfen:** 1. überworfen 2. übergeworfen **überwiegen:** 1. überwogen 2. die **überzeugen:** 1. vom 2. davon 3. daß **überziehen:** 1. überzogen 2. überzogen 3. um 4. übergezogen **übriglassen:** 1. haben 2. zu **umfallen:** 1. ist 2. umgefallen **umgehen:** 1. umgangen 2. um 3. mit **umkommen:** 1. umgekommen 2. durch 3. vor **umschalten:** 1. den 2. auf **umschmeißen:** 1. umgeschmissen 2. umschmeißen 3. umschmeißen **umsehen:** 1. dich 2. sich 3. der 4. nach 5. in **umspringen:** 1. umsprungen 2. der 3. mit **umsteigen:** 1. in 2. auf **umziehen:** 1. sind 2. hat **umzingeln:** das **unterbieten:** 1. den 2. um **unterbrechen:** 1. unterbrochen 2. die **unterbringen:** untergebracht **untergehen:** 1. sind 2. gingen 3. untergegangen **unterhalten:** 1. unterhalten 2. sich 3. einen 4. zu 5. verschiedene **unterlassen:** 1. unterlassen 2. es unterliegen: der unterrichten: 1. in 2. über 3. von unterscheiden: 1. die 2. von 3. zwischen 4. sich unterschlagen: 1. unterschlagen 2. daß unterschreiben: das unterstreichen: 1. Unterstreichen 2. sind 3. unterstreichen unterstützen: seinen untersuchen: 1. untersucht 2. auf untertreiben: 1. untertreiben 2. untertreibt unterziehen: einer urteilen: 1. nach 2. über

V

verabreden: 1. einen 2. zum 3. zu 4. für 5. verabredet verabschieden: 1. von/bei 2. ihn 3. verabschiedet verachten: 1. die, eingebildeten 2. zu 3. zu verändern: 1. verändert 2. zu veranlassen: 1. zur 2. zu 3. dazu verarbeiten: 1. altes 2. seine vielen 3. zu verbauen: 1. den 2. die 3. für verbergen: 1. die 2. vor verbessern: 1. das 2. alle 3. im verbeugen: vor verbieten: 1. die 2. meinem 3. sich verbinden: 1. verbunden 2. mit 3. sich 4. verbindet verbrennen: 1. verbrannt 2. sich 3. dich 4. ist 5. verbrannt 6. zu 7. dir verbringen: 1. verbracht 2. verbringen 3. in 4. damit verdächtigen: des verdammen: 1. den 2. zu verdanken: der verderben: 1. ist 2. hat 3. hat 4. sich 5. mit verdienen: 1. eine gute 2. an 3. zu 4. goldene 5. im vereinbaren: mit vererben: 1. seinem 2. sich verfolgen: 1. den 2. einen verfügen: 1. über 2. mehrere 3. die verführen: 1. das 2. zum vergeben: 1. seiner 2. an 3. dir vergehen: 1. vergehen 2. an 3. gegen 4. vor vergessen: 1. Den 2. vergessen 3. vergißt vergleichen: 1. vergleichen 2. mit 3. miteinander 4. sich verhaften: verhaftet verhalten: 1. sich 2. sich 3. Mit verheimlichen: 1. verheimlicht 2. vor verheiraten: 1. mit 2. sich 3. verheiratet verhelfen: zur verhindern: einen verhungern: 1. sind 2. am verkaufen: 1. Bekannten 2. an 3. ins 4. für 5. sich verklagen: verklagt verlangen: 1. den 2. nach 3. zu 4. von verlängern: 1. meine 2. um 3. Monate verlassen: 1. die 2. verlassen 3. auf 4. darauf 5. verlassen verlaufen: 1. verläuft 2. sind 3. sich 4. haben verlegen: 1. meinen 2. auf 3. aufs 4. ist 5. auf 6. um verleiten: zum verletzen: 1. verletzt 2. dir verlieben: in verlieren: 1. meine 2. die 3. ihre 4. an 5. an 6. sich 7. aus 8. verlieren 9. den 10. den 11. verloren verloben: 1. sich 2. mit vermeiden: 1. vermeiden 2. vermieden 3. es vermieten: 1. möbliertes 2. einem 3. an eine ausländische vermuten: 1. einen 2. einen 3. wer veröffentlichen: 1. in 2. bei verordnen: Patienten verpassen: 1. die letzte 2. eine gute 3. verpaßt verpflichten: zum verraten: 1. seinem 2. an 3. seine 4. verraten verreisen: nächste versagen: 1. versagt 2. dem 3. sich verschaffen: 1. verschaffen 2. verschafft 3. sich 4. verschafft verschlafen: 1. habe 2. einen wichtigen verschließen: 1. verschlossen 2. seinen verschreiben: 1. meiner, die 2. mich 3. dem verschweigen: 1. hat 2. verschwieg 3. zu 4. ist verschwinden: 1. aus 2. verschwunden 3. verschwinden 4. von versehen: 1. seinen 2. mit 3. sich 4. versehen versetzen: 1. hat 2. versetzen 3. versetzt 4. einen 5. die 6. in 7. hat versichern: 1. bei 2. ist 3. gegen 4. daß verspäten: 1. sich 2. mit versperren: 1. die 2. die verspotten: die versprechen: 1. ihren, höhere 2. die 3. sich 4. vom 5. und verstecken: 1. ihren 2. sich verstehen: 1. den 2. meine 3. verstehe 4. zu 5. Unter 6. von 7. sich 8. mit meinem jüngsten 9. sich 10. als 11. von 12. verstehe verstoßen: 1. aus 2. gegen versuchen: 1. die 2. zu 3. ob 4. als 5. im 6. mit verteidigen: 1. ihre 2. dem 3. verteidigt 4. sich verteilen: 1. verteilt 2. ganzes 3. an 4. auf vertiefen: 1. vertieft 2. in vertrauen: 1. Meinen 2. auf 3. darauf vertreten: 1. ihre kranke 2. meinen 3. dem 4. sich verüben: an verurteilen: 1. den 2. zu 3. die verwandeln: in verwechseln: mit verweigern: 1. jede 2. verweigert 3. seinem verweisen: 1. an 2. auf 3. von verwenden: 1. verwenden 2. als 3. auf 4. sich **verzeihen:** 1. dir 2. meine 3. daß **verzichten:** 1. auf 2. darauf **verzollen:** verzollen **voraussehen:** 1. den 2. voraussehen 3. vorauszusehen **vorbeigehen:** 1. an 2. ist 3. vorbei **vorbeikommen:** 1. vorbei 2. vorbeikam 3. vorbeigekommen 4. an, vorbeigekommen 5. vorbei **vorbeilassen:** vorbeilassen **vorbereiten:** 1. unseren 2. auf 3. darauf **vorlesen:** 1. den, schönes 2. aus **vorschlagen:** 1. vorgeschlagen 2. zu **vorsehen:** 1. eine dreimonatige 2. hat, einstündige 3. dem 4. vor **vorsetzen:** 1. vor 2. den **vorstellen:** 1. meinen 2. den 3. sich 4. mir 5. seine neue **vorübergehen:** 1. vorüber 2. vorüber 3. vorübergehen 4. ist **vorwerfen:** 1. seinem 2. vorgeworfen 3. vorzuwerfen **vorziehen:** 1. die 2. vorziehen 3. dem 4. vor 5. dem 6. vorziehen 7. es

W

wachen: 1. gewacht 2. über **wachsen:** 1. ist 2. Meinem 3. den 4. gewachst 5. Hast 6. ist 7. keine 8. ans 9. über 10. wächst 11. auf 12. wo **wagen:** 1. den 2. zu 3. der 4. an 5. in **wählen:** 1. die falsche 2. den 3. den 4. verschiedenen 5. einem, einem 6. zur **wandern:** 1. sind 2. auf **warnen:** 1. dich 2. vor **warten:** 1. auf 2. mit 3. Worauf 4. gewartet **waschen:** 1. wäscht 2. den 3. sich 4. gewaschen 5. mit 6. in **wechseln:** 1. hat 2. meine 3. das 4. mit 5. einige freundliche 6. in 7. sind **wecken:** 1. mich 2. aus 3. bei **wegfallen:** wegfallen **weglaufen:** 1. seinen 2. vor **wegziehen:** 1. die 2. seinem 3. vom 4. ziehen 5. von/aus **wehren:** 1. sich 2. gegen **weichen:** 1. sind 2. von 3. vor **weigern:** 1. sich 2. zu **weinen:** 1. weinen 2. um 3. den verstorbenen 4. geweint **weisen:** 1. den 2. auf 3. nach 4. aus 5. von 6. von **weitergeben:** an **weitergehen:** 1. weitergehen 2. weitergehen 3. weiter **wenden:** 1. gewendet 2. gewendet 3. gewendet 4. an 5. an, gewandt 6. ihren 7. mich **werben:** 1. um 2. für **werden:** 1. guter 2. Aus 3. zu 4. es 5. es 6. meinem **werfen:** 1. ins 2. mit 3. einen 4. zu 5. auf 6. auf 7. in 8. geworfen 9. aus 10. ins 11. über 12. sich 13. in 14. nach 15. zum **wetteifern:** um **widerrufen:** 1. widerrufen 2. seine **widersprechen:** 1. Ihren 2. sich **widerstehen:** der **widerstreben:** ihrem **widmen:** 1. ihrem behinderten 2. sich **wiederfinden:** 1. seine 2. wiedergefunden **wiederholen:** 1. diese 2. das letzte 3. dich **wiegen:** 1. gewogen 2. hat 3. wiegen 4. hat 5. in **winden:** 1. einen 2. um 3. sich **winken:** 1. aus 2. den 3. Mir **wischen:** 1. die 2. ihrem 3. sich **wissen:** 1. tolles 2. von 3. die 4. darüber 5. keinen 6. wie 7. weiß **wohnen:** 1. in 2. auf 3. zur **wundern:** 1. Seine komische 2. Es 3. über 4. darüber 5. wie **wünschen:** 1. alles 2. dem 3. ihre 4. zu 5. von

Z

zahlen: 1. jeden 2. den 3. an 4. an 5. in **zählen:** 1. gezählt 2. bis 3. als 4. Auf 5. zur 6. mich 7. gezählt 8. bis **zanken:** 1. sich 2. um **zeichnen:** 1. eine 2. seiner 3. zeichnen **zeigen:** 1. nach 2. mir 3. auf 4. sich 5. von 6. die 7. die **zerbrechen:** 1. hat 2. ist 3. an 4. den **zerfallen:** 1. zerfallen 2. zerfiel 3. in **zerlaufen:** zerlaufen **zerreißen:** 1. den 2. in **zerschneiden:** zerschnitten **ziehen:** 1. den 2. wird 3. gezogen 4. es 5. aus 6. in 7. ins 8. in 9. zu 10. zur 11. zur 12. sind 13. den 14. an 15. hat 16. wie **zittern:** vor **zögern:** mit **zubewegen:** auf **zubinden:** 1. zuzubinden 2. mit 3. ist **zucken:** 1. gezuckt 2. mit 3. mit **zudrükken:** 1. zuzudrücken 2. zugedrückt **zufriedengeben:** mit **zufriedenlassen:** 1. zufriedenlassen 2. mit **zugeben:** 1. dem 2. zugegeben 3. deinen **zugehen:** 1. zugegangen 2. zu 3. dem 4. auf 5. mit **zuhören:** 1. seinem 2. mit **zumachen:** 1. ihrem 2. zugemacht **zuneh-**

men: 1. zugenommen 2. an **zurechtfinden:** 1. dem 2. sich **zurechtkommen:** 1. ist 2. Mit 3. zurecht **zürnen:** der **zurückfahren:** 1. zurück 2. vor **zurückgehen:** 1. den 2. zurück 3. zurückgegangen 4. zurückgegangen 5. auf **zurückgreifen:** auf **zurückhalten:** 1. dem 2. ihrem 3. dich 4. mit **zurückkehren:** 1. sind 2. in **zurückkommen:** 1. von 2. auf 3. Auf **zurücklassen:** 1. zurückgelassen 2. zurückgelassen 3. zurück 4. zurückgelassen **zurückschrecken:** vor **zurückweichen:** vor **zurückweisen:** 1. zurückgewiesen 2. Diese **zurückziehen:** 1. den 2. zurückgezogen 3. zurückgezogen 4. sich 5. sind **zurufen:** 1. zu 2. Unverständliches **zusagen:** 1. den 2. meinem **zusammenbleiben:** zusammen **zusammenfinden:** zum **zusammenhalten:** 1. zusammen 2. zusammengehalten 3. zusammengehalten 4. zusammenzuhalten 5. zusammenhalten **zusammenschlagen:** 1. zusammengeschlagen 2. schlagen/schlugen **zuschauen:** 1. dem 2. bei **zuschließen:** zuzuschließen **zusehen:** 1. bei 2. zu **zustehen:** Den **zusteigen:** zugestiegen **zustoßen:** 1. dem 2. mit 3. zugestoßen **zustimmen:** dem **zutrauen:** 1. dem 2. zu **zutreffen:** auf **zweifeln:** 1. an 2. daran 3. ob **zwingen:** 1. zu 2. sich

Notizen

Notizen

Notizen

Notizen

Notizen